U0113503

主编简介

彭江，教授（三级）、硕导、教育学博士，国家留学基金管理委员会公派赴美国密西根大学访问学者，入选重庆市高校优秀人才支持计划，任四川外国语大学教育发展研究院院长、重庆国际战略研究院秘书长、教育部出国留学培训与研究中心主任、重庆市国际教育发展研究中心主任。

陈功，教授（三级）、硕导、法学博士，国家留学基金管理委员会公派赴美博士后出站，任四川外国语大学教育发展研究院副院长、重庆国际战略研究院副秘书长、教育部出国留学培训与研究中心副主任、重庆市国际教育发展研究中心副主任。

"一带一路"
沿线国家高等教育发展战略研究

彭江　陈功 ● 主编

厦门大学出版社　国家一级出版社
XIAMEN UNIVERSITY PRESS　全国百佳图书出版单位

图书在版编目（CIP）数据

"一带一路"沿线国家高等教育发展战略研究 / 彭
江，陈功主编. -- 厦门：厦门大学出版社，2022.8
ISBN 978-7-5615-8551-1

Ⅰ．①一… Ⅱ．①彭… ②陈… Ⅲ．①高等教育－发
展战略－研究－世界 Ⅳ．①G649.1

中国版本图书馆CIP数据核字(2022)第052787号

出 版 人	郑文礼
责任编辑	李　宁　郑晓曦
美术编辑	张雨秋
技术编辑	许克华

出版发行 厦门大学出版社

社　　　址	厦门市软件园二期望海路 39 号
邮政编码	361008
总　　　机	0592-2181111　0592-2181406(传真)
营销中心	0592-2184458　0592-2181365
网　　　址	http://www.xmupress.com
邮　　　箱	xmup@xmupress.com
印　　　刷	厦门市竞成印刷有限公司

开本	787 mm×1 092 mm　1/16
印张	21.5
插页	2
字数	525 千字
版次	2022 年 8 月第 1 版
印次	2022 年 8 月第 1 次印刷
定价	96.00 元

本书如有印装质量问题请直接寄承印厂调换

厦门大学出版社
微信二维码

厦门大学出版社
微博二维码

目　录

第一章　俄罗斯高等教育发展战略研究

一、俄罗斯概况

俄罗斯是总统制联邦共和国。在总统制共和国中,总统拥有广泛的权力。研究人员认为,俄罗斯是一个混合政体的共和国,其中,总统在政府体制中占主导地位。因此,有时俄罗斯被称作半总统制共和国。俄罗斯是一个联邦国家,其基本法为 1993 年通过的宪法。目前,在俄罗斯现行宪法中包含一系列宪法修正案,其中主要的是 2008 年通过的修正案。这些修正案将俄联邦总统的任期从 4 年增加到 6 年,国家杜马议员的任期从 4 年增加到 5 年。这一举动引起了广泛的国际反响。根据俄罗斯国家宪法,俄罗斯国家体制建立在以下基本原则上,其中包括民主制、联邦制、社会国家原则,权力分立制、世俗国家原则,人权与人身自由的优先制、地方政府原则,多党制、意识形态多样性、法治国家原则,等。公众权力持有者的公共责任应为补充性,且其主要公共责任应受到宪法的保障。

法理上的俄罗斯是一个世俗国家。宪法保障"宗教信仰自由,个人以及集体信仰自由,选择、拥有以及传播宗教信仰自由,按照宗教信仰行事自由"。《俄罗斯联邦宪法》第148 条规定将"非法阻碍宗教组织活动或非法阻碍宗教仪式"入刑。

俄罗斯有基督教(主要是东正教)、伊斯兰教、佛教、犹太教以及其他宗教。

俄罗斯融合了多种文化,是一个多民族的国家。因此,俄罗斯具有高度的民族文化多样性和跨文化交际的能力。联合国认为,俄罗斯的多民族文化是世界文化不可分割的一部分,俄罗斯也是拥有丰富文化遗产的国家。俄罗斯物质精神文化发展的重要因素是东正教和多神教不同形式的影响以及现有的蒙古—鞑靼文化和西欧文化的影响。相应的多样化的文化遗产以各种各样的形式起源于所有的民族技艺形式之中。善恶斗争的永恒主题、高雅的艺术风格、完美的艺术手法、无边无际和神秘性使得俄罗斯文化作品在现代社会中越来越受欢迎。

根据俄罗斯联邦宪法的规定,公民必须接受基础公共教育。父母或抚养人有义务保障孩子接受基础公共教育。俄罗斯的教育系统包括学前教育、普通教育和职业教育。普通教育包括初等教育、基础教育和中等教育,还包括特殊(惩教)教育和其他儿童教育。职业教育也分为初等教育、中等教育和高等教育,还包括研究生教育和其他职业教育。

二、俄罗斯高等教育历史沿革

(一)俄罗斯公国时期

与其他国家一样,俄罗斯高等教育的历史可以从第一所大学和学院的建立说起。与欧洲相比,它们在俄罗斯的建立拖延了几个世纪。1687 年,在西梅翁·波洛茨基的倡议下,在莫斯科创建了斯拉夫-希腊-拉丁语学院,这是俄罗斯第一所高等教育机构。

俄罗斯高等教育发展的另一阶段是彼得一世的统治时期。改革以及工业发展迫切需要国家提供人力资源支持,因此俄罗斯开始建立非宗教的国立教育机构,如数学和航海学校(1701)、炮兵工程(普什卡尔斯基)学校(1701)、医学院(1707)、海事学院(1715)、工程学校(1719)以及多语种外语教学学校。

(二)俄罗斯帝国时期

1724年,根据彼得一世的命令,在圣彼得堡成立了科学院。科学院是俄罗斯第一所古典大学。在1755年莫斯科大学成立之前,继续建立了职业教育机构,为工业领域培养专家。在第一所古典大学成立近半个世纪之后,开始建立技术高等教育机构。

圣彼得堡国立矿业大学创建于1773年,是俄罗斯第一所工科高等院校。它由科学家M.B.罗蒙诺索夫为发展俄罗斯矿业而提议,经皇后叶卡婕琳娜二世同意后下令建成。

19世纪初,大学成了学习区的中心。根据1804年的大学章程,除了莫斯科、杰尔普特(1802)和维尔纽斯(1803)已有的大学外,还在喀山(1804)和哈尔科夫(1805)开设了大学。俄罗斯还开设了教学机构来培训教师,而圣彼得堡国立师范学院(1804)曾发挥了主导作用,该学院于1816年改组为主要师范学院。1819年,在此基础上建立了圣彼得堡大学(现为圣彼得堡国立大学)。但是,在19世纪初,俄罗斯的学生极少,大学也很少。例如,1808年在莫斯科大学所有院系只有135名学生。

尼古拉一世的教育政策受十二月党人起义的影响,教育变得更加保守。高等教育机构被剥夺了自主权,校长、院长和教授开始由公共教育部任命。1863年,在亚历山大二世改革的过程中恢复了大学的自主权(后来亚历山大三世废除了大学自治,尼古拉二世恢复了大学自治),也取消了对学生入学的限制。只有古典中学的毕业生和那些通过古典中学考试的学生才能进入大学。其他中学类型的毕业生,如实科中学的毕业生只能进入其他类型高等教育机构。

1892年,俄罗斯共计48所大学,1899年有56所,而在1917年有65所。随着本国工业、科学和工程事业的迅速发展,大学生人数也迅速增加。1893年,俄罗斯大学生的数量已经达到了25200人,1917年有135100人。1914—1915学年共计有105所高等院校,学生127000人。大多数高等学校位于彼得格勒、莫斯科、基辅和本国欧洲部分的其他一些城市,在中亚、白俄罗斯、高加索地区没有高等教育机构。在俄罗斯亚洲部分(喀山东部)的广大领土上仅建立了两所帝国国立大学:西伯利亚大学(1878)和托木斯克理工学院(1896)。

值得一提的是亚历山大二世改革时期出现了女子高等课程,即女子高等教育组织。在19世纪50年代初之前,未曾提过女性高等教育的问题。直到19世纪50~60年代,社会形势发生了巨大变化,不仅贵族有机会接受高等教育,女性也能参与到争取接受大学教育权利的斗争中。1869年,根据个人或一些机构的提议,并依靠他们的资金,俄罗斯政府决定为女性开设各种课程(主要是教学和医疗课程)。首个女子高等教育课程是在圣彼得堡开设的阿拉尔钦课程和莫斯科的卢比扬卡课程。此外,1870年在圣彼得堡开设了定期公开讲座,男女均可参加。这些讲座是在弗拉基米尔学校进行的,因此被人们称为"弗拉基米尔课程"。之后几年里分别在莫斯科、喀山、基辅和圣彼得堡等地也开设了此类课程。

1886 年,政府决定停止女性高等课程的招生,从 1888 年起,开始终止招生活动,直到 19 世纪末 20 世纪初才恢复为女性开设的课程,在不同的城市设立了一些女子高等教育课程。例如,1910 年在托木斯克开设了"西伯利亚女子高等课程"。自 1915—1916 学年起,女子高等教育课程被授予参加毕业考试和颁发高等教育文凭的权利。

（三）苏联时期

苏联时期的高等教育是在俄罗斯帝国时期采取的德国教育制度的逻辑延续,这个教育制度以威廉·冯·洪堡的思想为基础,分为三个阶段:第一阶段——中学(10 年);第二阶段(中等职业和人文教育专业)——首都和省级商业学校,理工学校和其他学校等;第三阶段(高等工程教育)——学院和大学(其中特别重视帝国大学和古典大学)。

1917 年十月革命后,许多大学,特别是军事院校都被停办了。高等教育质量大幅度下降。1923 年至 1930 年,由于阿纳托利·卢那察尔斯基的中等职业教育体系的改革,一些地区的实践机构、许多高校被改造成技术院校。

与 1917 年以前的情况一样,苏联的教育体系以三个层次为基础:中学教育(包括非全日制或直接的工作职业教育);中等专业职业教育是中等专业教育机构(中等技术学校);高等教育(基于高中或中等专业教育)——学院和大学。20 世纪 70—80 年代在世界领先国家开始大规模普及的高等教育,20 世纪 90 年代后半期在俄罗斯也开始盛行。

苏联高等教育制度改革中采取的措施包括:

1917 年 12 月 11 日,根据俄罗斯苏维埃联邦社会主义共和国的法令,将包括高校在内的所有教育机构划归到苏联人民委员会的管辖之下。1918 年 7 月 3 日,人民委员会举行了一次关于高校改革的会议,在会上作出了一些重要决定——免费接受高等教育原则和学生成员的民主化及无产阶级化。1918 年 7 月 4 日,所有高校被宣布成为国家教育机构。

1918 年 8 月 2 日,在高校改革会议材料的基础上,苏联人民委员会颁布了一项《高等教育招生规则》的法令。该文件规定,所有工人都有权进入任何高等学校,不论其是否受过教育。凡年满 16 岁的人,不论其国籍或性别如何,均可参加任何高校的课程,无须提交任何文凭、证书或毕业证书,免交学费。这些规则自法令签署之日起开始适用。

1918 年 10 月 1 日,苏联废除了学位和职称以及相关的权利和特权。1918 年至 1919 年,在大型工业中心和联盟共和国率先建立了数十所新的教育机构。各大学积极为新开办的技术教育机构培训教师。

1921 年,苏联人民委员会通过了《高等教育机构条例》,引入了新的高校管理体系。大学由理事会管理,系部由主席团管理。

1923 年,高校开始收取学费。军人、教育工作者、农民、残疾人、失业者、退休人员、奖学金获得者、苏联英雄(包括荣誉勋章获得者)和社会主义劳动英雄免缴学费。规定了免费高等教育名额的上限。共产主义高等教育机构、工人学院和教育技术学院不收学费。高校学费制度一直持续到 20 世纪 50 年代。

1938 年 8 月 29 日,苏联人民委员会通过了《关于高等远程教育》的决议,确定了可以进行函授教育的专业清单,并建立了独立的函授高校网络。

1932 年 9 月 19 日,苏联中央执委会通过了《关于高等学校和中等技术学校的教学大纲和制度》的决议,引进统一的教学计划和大纲,确立教师编制体系。与此同时,在高等院校设立了研究生院。1934年1月13日，苏联人民委员会通过了《关于学位和学衔》的决议，从而在苏联正式建立了学位和学衔制度。该决议规定设副博士和博士学位，取得学位者须通过研究生课程考试，或经过相应考验，并通过论文答辩。因此可以说，那时苏联的高等教育体系已经形成。

1950年，为了提高教育质量，一些当时没有现代技术和科学教育基础的高校被并入实力更强的高校。同年，为满足科技的进步，开设了一些新的高校和新的学科。1954年8月30日，根据苏联部长会议和苏共中央委员会第1836号法令，按照高校毕业生在校期间的专业和技能，开始实行实践分配。

20世纪60—80年代，苏联实行免费高等教育。根据统一的全日制招生规则，高校接收35岁以下完成中等教育的人。夜校和函授教育的形式没有年龄限制。在进入高校时，具有实际工作经验的人享有优先权。这些规定同样适用于长期在苏联境内居住的外国公民。

三、俄罗斯高等教育发展现状

（一）现行高等教育体系

俄罗斯高等教育是职业教育的一部分，俄罗斯称为"高等职业教育"（以下统一称"高等教育"），俄罗斯职业教育包括初等、中等、高等以及高校后[①]职业教育。本书所指的高等教育涵盖高等职业教育和高校后职业教育。旨在根据社会和国家需求为社会提供优质人才培训，满足个人在知识、文化和道德发展等方面的需求，深化和扩展教育、科学教育能力[②]。

《俄罗斯联邦教育法》第273-Φ3号自2013年9月1日起生效，最新修订版将于2019年7月29日起生效。俄罗斯的教育体制受单独的立法行为的管制，旨在维持和发展社会经济生活中最重要的一部分。

（二）学制

2003年9月，俄罗斯证书加入博洛尼亚进程[③]，俄罗斯大学的毕业证书逐渐在欧洲得到普遍承认，并使用全欧洲的统一标准学分制进行评价。俄罗斯现代高等教育体系是依据博洛尼亚原则所建立，在博洛尼亚进程框架下提出的新的教育体制。其引进西方学制，以便与国际接轨，便于留学生求学回国后的学历认证。因而，目前俄罗斯出现了新旧学制同时存在的情况：

单一旧学制：学士学位、专家学位、副博士学位、博士学位。保留苏联时期的5年制本科学位（俄罗斯称之为"专家学位"）。

---

① 此处作者将"послевузовский"一词译为"高校后的"，因为考虑到俄罗斯大学和中国大学概念有所出入，为避免歧义，处理为"高校后的"。

② https://ru.wikipedia.org/wiki/Высшее_образование_в_России，维基百科，最后访问日期：2019年1月15日。

③ 博洛尼亚进程是29个欧洲国家于1999年在意大利博洛尼亚提出的欧洲高等教育改革计划，旨在整合欧盟的高教资源，打通教育体制，形成欧洲统一高等教育区。

　　多层次新学制:学士、硕士、副博士、博士。"4＋6"学制,即 4 年制学士和 6 年制(4＋2)硕士。

　　在这种双轨制度下,出现了学制交叉现象,不同学校或者不同专业采用不同学制,或两种学制并行。但俄罗斯目前大多专业和学校基本都实行了新学制,还有一些大学仍保留旧学制,认为旧学制可以保证人才培养质量。

　　具体情况见表 1-1[①]、表 1-2[②]:

表 1-1　俄罗斯高等(职业)教育水平的特点(一)

高等教育水平	学　士	文凭专家	硕士研究生
录取条件	中等普通教育或同等学历	中等普通教育或同等学历	学士或文凭专家
学制(全日制)	4 年	5～6 年	2～3 年
所获高等教育证书	学士学位	专家学位	硕士学位
所获证书(学位)	文学学士、应用学士	文凭专家	硕士
教育特点	主要方向培养,但专业范围不局限	专注于所选方向的实践工作	进一步深入研究理论,侧重科研工作
国家最终认证形式	国家考试,论文答辩资格认证	国家考试和论文答辩	国家考试和硕士论文答辩
升学	硕士研究生	硕士研究生或副博士	副博士

---

　　① moiprava, http://moiprava. info/obrazovanie/pravo-na-professionalnoe-obrazovanie/pravo-na-vysshee-obrazovanie/395-osobennosti-vysshego-professionalnogo-obrazovaniya-v-rf,最后访问日期:2019 年 1 月 17 日。

　　② moiprava, http://moiprava. info/obrazovanie/pravo-na-professionalnoe-obrazovanie/pravo-na-vysshee-obrazovanie/395-osobennosti-vysshego-professionalnogo-obrazovaniya-v-rf,最后访问日期:2019 年 1 月 17 日。

表 1-2　俄罗斯高等(职业)教育水平的特点(二)

高等教育种类	硕士(国防部或内务部大学)	临床实习	实习助理
录取条件	研究生或专家	高级医学或药学教育	文化领域的研究生或专家
学制(全日制)	3～4 年(全日制) 4～5 年(函数)	2～3 年	2 年(仅全日制形式)
所获高等教育证书	副博士毕业证书	住院医师毕业证书	实习助理毕业证书
所获证书(学位)	研究员(资格证) 教师研究员(资格证) 副博士(学位)	专家	高级专家 高中教师
教育特点	教授知识、师范活动、实践、科研工作	进一步研究医学方法学、临床以及社会医学基础; 在医疗机构实习中锻炼技能熟练度	在高校导师和教研室指导下学习课程
国家最终认证形式(考核形式)	三门副博士考试、国家考试、论文答辩	三级技能考试	创新表演(表演、独奏、戏剧、展览或电影)
升学	博士论文答辩	选一个更窄的范围继续进行研究(副博士)	为获得博士学位须撰写博士论文,参加博士论文答辩

几点说明:

1.俄罗斯认为"专家学位"相当于其他国家的硕士学位,但是我国并没有这一学位,因此,在我国学历认证时只能认证为学士学位。

2.俄罗斯的"硕士"隶属于大学教育,而我国的"硕士"则属于研究生教育。此外,俄罗斯的研究生教育则是指大学后的教育,也就是第三层次,除了包括副博士、博士外,还包括临床实习、住院医师、高等军事院校、实习助理的学习,相当于副博士学位。

(三)教育形式

根据《俄罗斯联邦教育法》第 17 条"获取教育和教育的形式"的规定,高等教育有以下教育形式:

(1)全日制教育(очнаяформаобучения):所有课程直接在高校进行,讲座、研讨会、实践课的课堂形式便于师生正面交流。

（2）面授—函授教育（очно-заочная）：适合上班族，时间灵活，在校学习时间只需30%，其余70%的时间用于按照大学制定的教育计划进行自主学习。

（3）函授教育（заочная）：基本不需要在校学习，按照大学制定的教育计划自主学习，按规定参加学期考试。

（4）远程教育（дистанционная）：在线学习——讲座、课堂讨论形式，师生通过Skype或其他视频通信系统进行交流互动授课。

（5）网络教育（сетевая）：为学生提供几所高校教育资源、国外甚至其他教育组织的资源。

（四）高等院校类型

由于俄罗斯高等教育发达，俄罗斯几乎全部公民都有机会进入高校学习。目前俄罗斯高等院校有以下几种类型：

（1）大学（университеты）：设置多个学科供选择，师资力量雄厚，培养研究生，包括公立大学和私立大学。其中莫斯科国立大学和圣彼得堡国立大学是俄罗斯最古老的两所大学，对俄罗斯的社会发展具有重要意义。

大学按照专业又可分为综合大学、高等技术学院、高等农业院校、师范学院、医学院校、文科专业院校（经济和法律学院）、文化和艺术院校、体育院校等。

（2）联邦大学（федеральныеуниверситеты）：以联邦区域内的自治机构的形式创建，是为俄罗斯联邦主体的社会经济发展培养人才的科学和教育中心。联邦大学是基于教育活动有效性的评价标准展开教学点，整合教育和科研活动、促进材料和技术基础以及社会文化基础设施的现代化和改进，并努力融入全球教育空间。

（3）国立研究型大学（национальныеисследовательскиеуниверситеты）：基于科学和教育一体化的原则，实施基础研究和应用研究。俄罗斯联邦政府通过组织高校发展计划竞赛评选出并授予学校"国家研究型大学"的地位，有效期10年。该竞赛旨在为科学、技术、工程、社会和经济部门的发展以及高科技的开发和引进提供人才培养计划。值得注意的是，在对发展方案执行情况评估无效的情况下，俄罗斯联邦政府可能会剥夺该大学的"国家研究型大学"称号。

（4）学院（институт）：学院为本科、专科和硕士课程实施教育课程（研究生课程不是必需的）。学院以及其他大学对工人进行培训、再培训和（或）高级培训，但仅限于特定的专业领域。学院开展基础和或应用科学研究，但其范围不一定很广泛。

（5）研究院（академии）：实施各级高等教育的教育计划，为特定科学和科学教育活动领域的高素质工人提供培训、再培训和（或）高级培训。研究院主要在科学或文化领域开展基础和应用研究，也是相应领域内的主要科学和方法学中心。

（五）成绩评估机制

用来评价学生学习质量和情况。通过考试来进行评价，考试形式通常有笔试和口试，针对不同类型科目采取不同考试形式。评分标准均为5分制：5分（5分≥90分，5⁻≥85分）——优秀（отлично）、4分（4分≥70分，4⁻≥65分）——良好（хорошо）、3分（3分≥50分，3⁻≥45分）——及格（удовлетворительно）、2分及以下（≤30分）——不及格

(неудовлетворительно)。除考试外,还有一些日常测验。但是这种传统的 5 分制评分制度已经无法适应当前的高等教育,存在诸如下列问题:首先,5 分制难以评判学生个人发展的可能性,学生是发展变化的,其主要作用是考查学生知识掌握程度,督促学生学习,但是包括对创造性活动、个人成长和自我学习能力的评估。其次,很多时候还存在教师的主观判断。

(六)奖学金和学费

目前,俄罗斯的奖学金类型是根据 2012 年 12 月 29 日《俄罗斯联邦教育法》制定的。该法于 2013 年 9 月 1 日生效,2017 年 7 月 29 日进行了最新修订。从 2017 年 9 月 1 日起,奖学金增加了 5.9%),具体类型包括:

(1)国家学术奖学金;

(2)国家社会奖学金;

(3)研究生、住院医师、实习助理国家奖学金;

(4)俄罗斯联邦总统奖学金及政府奖学金;

(5)署名奖学金;

(6)法人或自然人委派奖学金(包括外派学生学习的奖学金);

(7)预科生奖学金(联邦法律对个别情况已有规定)。

国家奖学金分发对象为全日制本科生和研究生(обучающиесяпоочнойформе),金额依据 2016 年 12 月 27 日教育和科学部所规定的联邦预算拨款而定。

每年依据考试结果颁发两次学术奖学金,按月发放,只有通过考试获得"良好(4 分 хорошо)和优秀(5 分 отлично)",同时上学期无补考科目的学生才能竞争获得学术奖学金,不同学校的奖学金可能不同。此外,若学生在学习成绩、科学研究、社会和文化创新以及体育活动[包括获得全俄体育运动 "准备劳动与卫国"(Всероссийского физкультурно-спортивного комплекса "Готов к труду и обороне",ГТО)金牌]等方面表现优异,可获得更高奖学金。通过国家统一考试并申请到俄高校公费名额的学生,第一学期可获得奖学金,但从第二学期开始根据学生学习成绩分配奖学金,要求学生每个学期无不及格(<3 分)或要求重考的科目。除学术奖学金外,为鼓励和支持年轻一代,总统、政府、各州州长以及个人也设有奖学金。同时,除以上各类国家奖学金,高校还与私营公司有非国家奖学金联合计划,如俄罗斯联邦总统直属国民经济与国家行政学院(Российская академия народного хозяйства и государственной службы при президенте РФ,РАНХиГС)与英国 BP 公司合作以鼓励本科生和研究生(每月为大学学士和专科学生发放 1.5 万卢布、硕士 2 万卢布、副博士 3 万卢布)。但俄罗斯的奖学金额度明显低于欧洲各国类似奖学金额度。

据俄罗斯联邦教育和科学部称,俄罗斯奖学金自 2018 年 9 月 1 日起增加 4%,有效期至 2019 年年底,科学部在 2018 年初透露的信息,2018 年上半年计划基于 2017—2018 学年的奖学金指数提高 6%,自 2018 年 9 月 1 日起,奖学金基础额度将再次增加 4%。表 1-3 为目前俄罗斯国家奖学金的最低额度:

表 1-3　俄罗斯奖学金额度标准

		2017—2018 学年/卢布	2018—2019 学年（上调 4％后）/卢布
学术奖学金	技术学院（техникум）	856	890
	专科大学（коллдж）	856	890
	大学（вуз）	1571	1633
社会奖学金	技术学院	856	890
	专科大学	856	890
	大学	2358	2452
研究生、住院医师、实习助理		3000	3120
技术和自然科学方向研究生		7400	7696

注：技术学院和专科大学是有所区别的，见表 1-4①。

表 1-4　俄罗斯技术学院与专科大学的特点

基本区别	技术学院（техникум）	专科大学（коллдж）
学习年限	2～3 年（11 年级后） 3～4 年（9 年级后）	3～4 年
学习方向	偏重实践	偏重理论
学习方式	接近中学	接近大学
就业选择	技术型	技术型和创新型
培养水平	基础	中高级
所获资格	技术员	高级技术员

　　大约 57％的中学应届毕业生可获得高校公费名额，其他毕业生以及往届生则需要自费攻读学士学位。俄罗斯学费十分昂贵，部分大学校长解释学费用于教师及其他职工薪资、购买教学资源、翻新教学楼、购买电脑、完善校园基础设施、购买教学用具、奖金、物业费等。

（七）最重要的选拔机制：国家统一考试（ЕГЭ）

　　国家统一考试（ЕГЭ）是俄罗斯联邦中学的集中考试，它同时作为中学的毕业考试和大学或中等职业技术学校（Среднееспециальноеучебноезаведение）的入学考试，相当于我

---

　　①　https://proficomment.ru/stipendii-studentam-v-2018-godu/，俄罗斯职业评论网，最后访问日期：2019 年 1 月 20 日。

国的高考,实行全国统一命题、统一考试以及统一批阅标准。考试科目包括俄语(所有学科必考科目)、数学(所有学科必考科目)、外语(英语、德语、法语、西班牙语)、历史、文学、物理、化学、生物、地理、社会科学知识、信息技术共 11 科。但并不是所有科目都需要考,具体视情况而定,不同专业或不同学校要求有所不同。未来人工智能的发展已经达到一定水平,国家统一考试的评分将有望全权依靠计算机来完成,确保公平性。

考试时间通常 5—6 月开始,由于疆土广阔,全国统一考试时间不易,因而历时 1 个月,每年一次。自 2009 年来,一方面,ЕГЭ 作为中学毕业考试,俄语和数学是必考科目,各科均有最低分数线,若其他科目未通过,可在同年重考;但若俄语和数学未通过,则只能在第二年重新参加 ЕГЭ。另一方面,ЕГЭ 成为大学以及中等职业技术学校录取的主要参考(军事专业以及和国家机密相关的专业除外),学生入学需参加 ЕГЭ,大学通常设 4 门考试科目(特殊情况时设 3 门),俄语为各专业必考科目,还有一门是专业相关科目;中等职业技术学校通常设 2 门考试,俄语同样为必考科目,另一门考试科目考生可自选。但由于考试时间不统一,但全国统一试题,难免出现漏题现象,因此俄罗斯大学为保证生源质量,会开展入学录取考试,有些院校会增加面试环节,因而增加了竞争力。

值得一提的是,俄罗斯国家统一考试成绩有效期为两年,若第一年学生由于种种原因没能及时进入大学学习,可在第二年入学。但在我国,高考的有效期仅在当年有效。另一点与我国不同的是,俄罗斯大学录取率较高,可公费也可自费读大学。

为防止个人信息泄露,自 2009 年起俄罗斯教育科学监督局(Рособрнадзор)表示禁止私自在网上公布国家统一考试结果,仅授权地方信息统计中心(Региональный центр обработки информации,РЦОИ)在网上发布成绩结果。应试人员若对考试成绩有异议,可自国家统一考试成绩公布之日起 2 个工作日内提出复核申请,冲突委员会(Конфликтная комиссия)将进行复查审核,若发现成绩有误,将把相关信息传送到地方信息统计中心(РЦОИ)以便重新评估成绩。成绩合格,毕业生方可获得高中毕业证书。

四、俄罗斯高等教育国际化

(一)俄罗斯高等教育国际化发展的背景

"二战"后,苏联首次在高等教育领域开展国际交流与合作。国家为了培养专业人才,制定了一系列的高等教育发展规划。20 世纪 60 年代,人民友谊大学接收了来自世界各地的留学生。由于地缘政治的影响,大部分留学生都来自亚洲、非洲、拉丁美洲等发展中国家。欧洲和北美的留学生仅占所有外国学生的 3.2%。

20 世纪 60 年代至 90 年代,各大学及科学院不断举办国际科学竞赛,进行学术交流和国际科学合作,包括核物理、空间探索、医学和其他基础科学领域的大规模国际研究项目。苏联科学家的成就也得到了全世界的认可,使苏联成为世界上最具竞争力的国家之一。与此同时,出现了新的教育服务出口模式,如建立联合大学、设立境外分校和代表处等。在苏联的援助下,30 多个国家开设了 66 所大学和教育中心,可以让 10 多万人按照苏联的标准接受高等教育。这样的联合大学有:1963 年在喀布尔(阿富汗)和几内亚首都科纳克里成立的理工大学,在阿尔及利亚的安纳巴市成立的矿业研究所等。

1991 年年底苏联解体,政局动荡,俄罗斯高等教育的发展也十分缓慢。直至 21 世纪,俄罗斯高等教育才逐渐摆脱困境,走上了快速发展的道路。2003 年 9 月俄罗斯正式加入博洛尼亚进程,从此开启了俄罗斯高等教育国际化的新篇章。

(二)俄罗斯高等教育国际化的举措

2012 年 12 月 29 日俄罗斯颁布了"关于俄罗斯联邦教育"的联邦法令,该法令规定教育组织在以下五个领域开展国际合作:共同制定教育和科学计划;学生和教育组织工作人员的个人流动,进行和改进科学和教育活动;联合实施研究和创新项目;创建和发展教育网络;参加国际组织的活动,组织和举办国际教育活动(会议、研讨会等)。

1.学生流动

(1)招收留学生

21 世纪以来,俄罗斯高校留学生数量逐年增长。2001 年,俄罗斯高校留学生数量为 7.24 万人,占俄罗斯高校学生总数的 1.53%。2010 年,留学生数量为 17.56 万人,占在俄高校学生总数的 2.36%。[1]截至 2018 年,赴俄罗斯求学的留学生数量达 31.31 万人,占在俄高校学生总数的 7.12%。

表 1-5 2018 年俄罗斯高校留学生主要来源国[2]

来源国	留学生人数	占留学生总数的比例
哈萨克斯坦	71826	22.94%
中国	27127	8.66%
乌兹别克斯坦	24502	7.83%
乌克兰	22629	7.23%
土库曼斯坦	21187	6.77%
塔吉克斯坦	17051	5.45%
白俄罗斯	13293	4.25%
阿塞拜疆	12206	3.90%
印度	9816	3.14%
吉尔吉斯斯坦	7054	2.25%

从表 1-5 可看出,俄罗斯高校留学生主要来自亚洲的发展中国家,其中排在首位的是哈萨克斯坦,该国赴俄留学的人数为 7.18 万,占留学生总数的 22.94%。近年来,中国赴俄罗斯留学的人数迅猛增长,截至 2018 年,已成为俄罗斯高校留学生第二大来源国。俄罗斯高校针对中国学生的招生标准很低。对于有意留学俄罗斯的中国学生,只要具备高中以上文凭,均可进入俄罗斯的任何一所大学预科班学习。在预科考试及格毕业后,无须

---

① 刘淑华:《21 世纪以来俄罗斯高等教育国际化战略:动因、举措和特征》,载《中国高教研究》2018 年第 3 期。

② https://www.iie.org/en/Research-and-Insights/Project-Atlas/Explore-Data/Russia,国际教育学院网,最后访问日期:2019 年 1 月 20 日。

考试,一般都可直接进入大学本科专业学习。需要注意的是,只有在各门功课都通过考试并且通过毕业论文答辩的情况下,才能被授予国际承认的毕业证书。

赴俄留学生可以根据自己的兴趣爱好、就业前景等选择专业。最受欢迎的专业为工程专业。2018年共有6.91万留学生选择工程专业,占留学生总数的22.07%;位居第二的专业为商业和管理专业,共有6.30万人选择此专业,占留学生总数的20.11%;第三位是人文科学,选择此专业的人数为6.03万,占19.25%。

此外,有很多留学生赴俄罗斯学习美术和音乐。这里汇聚了世界最著名的艺术院校,如苏里科夫美术学院、列宾美术学院、柴可夫斯基音乐学院、格林卡国立音乐学院等。俄罗斯也是一个在艺术上有着悠久历史的国家,一个充满着文化艺术气息的民族。我们对俄罗斯美术也并不陌生,因为俄罗斯绘画艺术不仅为苏联的美学和美术教育奠定了基础,也对中国的近代艺术特别是近代美术教育的创建和发展产生了重大影响。

(2)派出留学生

随着俄罗斯高等教育国际化的不断发展,越来越多的大学生到国外求学,以寻求先进的教育理念和优质的教育资源。2018年,共有7.91万人出国留学,占俄罗斯大学生总数的1.8%。与同期来俄罗斯求学的人数相比,前者是后者的1/4。

表1-6　2018年俄罗斯派出留学生目的国[①]

目的国	俄罗斯派出留学生人数	占派出留学生的比例
中国	19751	24.96%
德国	14939	18.88%
美国	5412	6.84%
英国	4092	5.17%
法国	3968	5.15%
芬兰	3243	4.99%
意大利	2200	2.78%
加拿大	2062	2.61%
白俄罗斯	1616	2.04%

从表1-6可以看出,对于俄罗斯大学生而言,中国是最向往的留学目的国,这也得益于中俄两国的友好关系。尤其是近年来,中俄两国加深教育领域的交流与合作,使得俄罗斯大学生对博大精深的中国文化产生了浓厚的兴趣。据统计,2018年,赴中国学习的俄罗斯学生人数达19751,占派出留学生比例的24.96%。其次,德国、美国、英国、法国等西方国家的教育资源较为丰富,这也吸引了大量的俄罗斯学生去西方国家学习。

① https://www.iie.org/en/Research-and-Insights/Project-Atlas/Explore-Data/Russia.,国际教育学院网,最后访问日期:2019年1月20日。

2.涉外办学

（1）开办大学分校

随着高等教育国际化的不断推进，俄罗斯在国外设立了很多分校和代表处。截至2017年，俄罗斯共有46所高校参与了教育服务出口的规划，这些高校在国外共设立了35所分校和55所伙伴性和联营性机构。这些境外教育机构大多分布在独联体国家，占总教育机构的90.9%；其次是亚洲国家，占总机构的比例为6.9%。[①]

在独联体国家开办分校是俄罗斯高等教育发展的优先方向。对独联体国家来说，这种合作模式也是十分有效的。他们可以享有俄罗斯优质教育资源，并按照俄罗斯高等教育的标准，培养出国际化的、高水平的专业人才。

目前俄罗斯设立分校最多的高校是莫斯科国立大学。该高校分别在阿塞拜疆首都巴库、亚美尼亚首都埃里温、哈萨克斯坦首都阿斯塔纳和乌兹别克斯坦首都塔什干等城市设立分校。分校的建立使得当地的学生不用出国，就可以享受莫斯科国立大学优质的教育，还可以刺激当地经济的发展。通过分校的方式，俄罗斯可以拓宽海外教育市场，吸引优秀的生源，在教育全球化竞争中占据重要的位置。同时，这种方式也彰显了俄罗斯教育和文化软实力，对于传播俄罗斯文化也有重要的作用。

（2）合作办学

合作办学是中俄特有的一种教育合作模式。通过这种合作模式，中俄可以借鉴双方的教育管理经验，促进教育的改革与发展。与此同时，还可以培养出高素质的复合型人才。

中俄两国在高等教育领域的合作与交流由来已久，早在20世纪80年代，中苏关系正常化，两国也逐渐展开教育领域的合作。1995年，中俄两国政府签署了关于相互承认毕业证书和学位的协议，这有助于发展和深化两国在教育领域的合作。同年，东北农业大学与俄罗斯太平洋国立大学合作举办国际经济贸易专业、计算机科学与技术专业本科教育项目，这标志着两国正式开启了合作办学项目。

21世纪以来，随着中俄战略协作伙伴关系的不断深化，两国在教育领域也展开了更加深入和全面的合作与交流。截至2019年2月1日，中俄共有129个合作办学项目，10个合作办学机构。中俄合作办学项目大多集中在东北地区。其中黑龙江省依靠优越的地理位置，与俄罗斯各高校的合作最为密切，共有85个合作办学项目。[②]

中俄第一所合作办学机构为江苏师范大学圣彼得堡彼得大帝理工大学联合工程学院，其创办时间为2016年4月18日。联合工程学院是一面旗帜，不仅为以后中俄合作办学打下了坚实的基础，也对两国发展教育领域的合作有着重要的战略意义。

深圳北理莫斯科大学是由深圳市人民政府、北京理工大学和莫斯科国立大学共同举办的一所世界一流大学。该大学是在"一带一路"框架下成立的，符合中俄两国经济、文化

① Министерство образования и науки Российской Федерации.Экспорт Российских Образовательных Услуг：Статистический сборник（Выпуск 8）.Москва：Социоцентр，2018.

② 中华人民共和国教育部，http://www.crs.jsj.edu.cn/index/sort/1006，最后访问日期：2019年1月16日。

和教育的发展需求。2017年,深圳北理莫斯科大学面向全球招生,有大量的学生慕名而来。学生们不仅可以欣赏美丽的校园风光,还可以享有先进的教学设备和丰富的教学资源。该大学以中文和俄语为主进行教学,英语则为第二外语,有利于推进中俄教育和语言文化交流。

比较特殊的一所大学是上海合作组织大学,它并不是真正意义上的合作办学机构,而是上海合作组织成员国高校间的非实体合作网络,也是区域性的国际教育联盟。2007年8月,普京在上海合作组织峰会上提议建立该大学,旨在培养多元化的复合型人才。上海合作组织大学是一种新的教育一体化模式,在此平台上,科研人员可以进行学术交流,大学间也可以加强互动,各成员国也可以加深教育领域的合作以及制定在多边框架内实施联合教育项目。可以说是符合各成员国的利益,是一种合作共赢的模式。

目前,中俄合作办学的模式具体有:"1+1"模式、"3+1"模式和"2+2"模式、"4+2"模式和"2+4"模式、"2.5+2.5"模式、"3+2"模式和"1+5"模式等。① 其中最主要的形式是"2+2"模式,即在国内的大学学习两年,再到国外高校深造两年,这样既在国内学习了专业知识,又可以在国外提高外语水平。合作办学的模式充分利用国内外的教育空间,吸收和应用先进的教育经验,优化国家教育资源的配置,培养能够在国际上竞争的优秀人才。

3.科研国际化

(1)参与国际科研合作

高校是科学研究的重要场所,这里培养了无数个科学家和学者。想要提高教育质量,就必须开展科研合作。俄罗斯十分重视国际化的科研合作,不断拓宽国际科研合作方式,充分利用全球的科技资源,提高自主创新能力。

2003年11月,俄罗斯在罗马签署《俄罗斯与欧盟科学技术合作协议》,并在此框架下,不断促进与欧盟的合作。近年来,俄罗斯参与了很多国际科研项目,如"阿尔法空间站"和"欧洲大型强子对撞机"等。俄罗斯与德国加强在海洋、极地研究和生物技术领域的互动合作。中俄两国还签署了核能领域的7个合作文件,使两国科技领域的合作向前迈了一大步。

国际科技合作促进俄罗斯走创新发展的道路,在推进科技进程中,俄罗斯以创新科技为主体,加强科技与生产相结合,推动俄罗斯科技产品走向全世界,加速了俄罗斯科技的迅猛发展。②

(2)共建科研实验室

2013年10月,在中国农业科学院北京畜牧兽医研究所举行中俄牧草遗传资源联合实验室签约仪式。2017年12月,哈尔滨理工大学以副校长为首的代表团对圣彼得堡国立交通大学进行了访问,并就联合组建中俄电动机车联合实验室达成共识。联合实验室为中俄两国建立了稳定的合作平台,在这里两国专家们可以交流经验,共同研发新产品,并提升产品竞争力,对保持双方长期合作起了积极的推动作用。

4.中俄两国的合作与交流

近年来,随着中俄两国关系的不断紧密,教育领域的合作步入了一个新的发展时期。

---

① 刘昱洁:《中俄高校交流与合作的历史及现状》,载《学理论》2013年第35期。

② 高杰:《博洛尼亚框架下俄罗斯高等教育策略研究》,东北石油大学2017年硕士学位论文。

中俄两国高等教育合作形式也多种多样。除了上文提到的合作办学,还组织夏令营和冬令营活动,高校间联盟合作,举办校长论坛和校际协会,互办交流年,共建孔子学院等。这些合作与交流加深了两国人民的友谊,提升了两国的教育水平与质量。

(1)同类高校联盟

2013 年 10 月,中俄总理定期会晤,双方建议中俄高校间开展直接合作,并建立同类高校联盟。目前,两国经济类、工科类、教育类等高校建立了联盟。

2013 年 11 月 23 日,成立了中俄经济类大学联盟。自此联盟成立以来,各高校不断深入合作与交流,相继开展举办了夏令营、冬令营和校长论坛。经济类高校联盟对中俄经济的发展起了重要的推动作用。2014 年 4 月 18 日成立了中俄教育类高校联盟,共有 12 所中俄高校加入此次联盟。各成员举办了很多学术交流活动,探讨了中俄教育教学中的问题,为此提出了建设性的意见。2017 年 6 月 16 日成立中俄"长江—伏尔加河"高校联盟,共有 29 所中方高校和 36 所俄方高校加入。该联盟搭建了一个相互交流的平台,双方可以实现信息互通,资源互享,加强两河流域的经贸合作,从而为地方合作的进一步发展贡献力量。

(2)举办交流年

近年来,中俄通过互办交流年,促进了各领域的交流,包括"国家年""语言年""旅游年"和"中俄青年友好交流年"等主题年。其中"中俄青年友好交流年"于 2014 年 3 月 28 日开幕,于 2015 年 12 月 17 日闭幕,共开展了 100 多项活动,这些活动涉及文化、教育、艺术等领域。中俄各高校也都参与了形式多样的青年友好交流活动。青年交流年不仅能够促进中俄青年的交流交往,加深对彼此国家的了解,还能加强校际、国际间的交流,并为中俄关系的发展注入新活力,提供可持续的强大动力。

(3)共建孔子学院

孔子学院是俄罗斯学生了解中国文化的一个窗口,使得他们更加了解中国,并爱上中国。俄罗斯成立的第一所孔子学院是远东国立大学孔子学院,成立的时间是 2006 年 12 月 21 日。随着中俄关系的日益密切,相继在莫斯科、圣彼得堡、叶卡捷琳堡、喀山、新西伯利亚、托木斯克、梁赞、伏尔加格勒等城市建立孔子学院。截至 2019 年 2 月 26 日,俄罗斯共有 20 所孔子学院,其中首都莫斯科有 3 所,分别是莫斯科大学孔子学院、俄罗斯国立人文大学孔子学院和莫斯科国立语言大学孔子学院。孔子学院除了教授汉语,进行中文教师培训外,还开展各种中国文化的推广活动、进行国际科学研究项目合作等。这些都有利于推广汉语、传播中国的传统文化,把中俄两国人民紧紧地联系在一起。

2014 年 9 月 27 日,在北京举办了孔子学院日的启动仪式。自此,每一年的 9 月 27 日,在各地的孔子学院都会举办丰富多彩的庆祝活动,包括中国的书法、绘画、舞蹈、戏曲,汉语比赛等。这些活动展现了中华文化的传统之美,扩大了孔子学院在当地的影响,丰富了当地群众的业余生活,增强了学生汉语学习的热情。

中俄共建孔子学院,使俄罗斯学生进一步了解中国语言文化,领略到中华文化的独特魅力,从而使中华文化深深根植于俄罗斯民众的心里。孔子学院加强双方在语言教学领域的合作,顺应了时代发展的要求,有利于培养优秀的汉语翻译人才,更有利于加强两国人民的相互了解与友谊,增进两国的友好关系。

第二章 新加坡高等教育发展战略研究

一、新加坡国家发展概况[①]

新加坡,国名为新加坡共和国(The Republic of Singapore),国土总面积为722.5平方公里(截至2019年)。新加坡总人口564万(数据统计截至2018年6月),公民和永久居民399万。华人占75%左右,其余为马来人、印度人和其他种族。

新加坡是一个多语言国家,马来语为其国语,英语、华语、马来语、泰米尔语为其官方语言,英语则为行政用语。新加坡国民信奉的主要宗教为佛教、道教、伊斯兰教、基督教和印度教。新加坡共和国首都为新加坡(Singapore),现任国家元首为总统哈莉玛·雅各布(Halimah Yacob),2017年9月14日就任,任期6年。

新加坡是一个热带城市国家。位于马来半岛南端、马六甲海峡出入口,北隔柔佛海峡与马来西亚相邻,南隔新加坡海峡与印度尼西亚相望。由新加坡岛及附近63个小岛组成,其中新加坡岛占全国面积的88.5%。地势低平,平均海拔15米,最高海拔163米,海岸线长193公里。属热带海洋性气候,常年高温潮湿多雨。古称淡马锡,8世纪属室利佛逝王朝。18—19世纪是马来柔佛王国的一部分。1819年,英国人史丹福·莱佛士抵达新加坡,与柔佛苏丹订约,开始在新加坡设立贸易站。1824年,新加坡沦为英国殖民地,成为英国在远东的转口贸易商埠和在东南亚的主要军事基地。1942年被日本占领。1945年日本投降后,英国恢复殖民统治,次年划为直属殖民地。1959年实现自治,成为自治邦,英保留国防、外交、修改宪法、宣布紧急状态等权力。1963年9月16日与马来亚、沙巴、沙捞越共同组成马来西亚联邦。1965年8月9日脱离马来西亚,成立新加坡共和国;同年9月成为联合国成员国,10月加入英联邦。

(一)政治概况

新加坡独立以来,人民行动党长期执政,政绩突出,地位稳固,历届大选均取得压倒性优势。李光耀自新加坡1965年独立后长期担任总理,1990年交棒给吴作栋。1993年举行独立后首次总统全民选举,原副总理、新加坡职工总会秘书长王鼎昌当选为首位民选总统。2004年8月,李显龙接替吴作栋出任总理,并于2006年5月、2011年5月和2015年9月三度连任。2015年3月,李光耀逝世。

新加坡宪法规定:新加坡实行议会共和制。总统为国家元首。

[①] https://www.fmprc.gov.cn/web/gjhdq_676201/gj_676203/yz_676205/1206_677076/sbgx_677080/,中国外交部官网,最后访问日期:2019年3月21日。

新加坡国会实行一院制,议员任期 5 年。国会可提前解散,大选须在国会解散后 3 个月内举行。国会议员分为民选议员、非选区议员和官委议员。其中民选议员由公民选举产生。非选区议员从得票率最高的反对党未当选候选人中任命,最多不超过 6 名,从而确保国会中有非执政党的代表。官委议员由总统根据国会特别遴选委员会的推荐任命,任期两年半,以反映独立和无党派人士意见。第十二届国会于 2015 年 9 月 11 日选举产生,共有议员 92 人。其中民选议员 89 人(其中人民行动党 83 人,工人党 6 人),非选区议员 3人。现任议长陈川仁(Tan Chuan Jin)。

第十二届内阁于 2015 年 9 月 28 日组成,至今已进行多次小幅改组。主要成员有:总理李显龙(Lee Hsien Loong),副总理兼国家安全统筹部长张志贤(Teo Chee Hean),副总理兼经济及社会政策统筹部长尚达曼(Tharman Shanmugaratnam),以及外交、财政等各部部长共 19 人。

(二)经济

新加坡经济属外贸驱动型经济,以电子、石油化工、金融、航运、服务业为主,高度依赖中、美、日、欧和周边市场,外贸总额是 GDP 的 4 倍。经济曾长期高速增长,1960—1984年间 GDP 年均增长 9%。1997 年受到亚洲金融危机冲击,但并不严重。2001 年受全球经济放缓影响,经济出现 2% 的负增长,陷入独立之后最严重衰退。为刺激经济发展,政府提出"打造新的新加坡",努力向知识经济转型,并成立经济重组委员会,全面检讨经济发展政策,积极与世界主要经济体商签自由贸易协定。2008 年受国际金融危机影响,金融、贸易、制造、旅游等多个产业遭到冲击。新加坡政府采取积极应对措施,加强金融市场监管,努力维护金融市场稳定,提升投资者信心并降低通胀率,并推出新一轮刺激经济政策。2010 年经济增长 14.5%。2011 年,受欧债危机负面影响,经济增长再度放缓。2012年至 2016 年经济增长率介于 1%~2% 之间。2017 年 2 月,新加坡"未来经济委员会"发布未来十年经济发展战略,提出经济年均增长 2%~3%、实现包容发展、建设充满机遇的国家等目标,并制定深入拓展国际联系、推动并落实产业转型蓝图、打造互联互通城市等七大发展战略。(见表 2-1)

表 2-1　2017 年具体经济数据

国内生产总值	3239 亿美元
人均国内生产总值	5.5 万美元
国内生产总值增长率	3.6%
货币	新加坡元(Singapore Dollar)
对美元汇率(2017 年平均)	1 美元≈1.3807 新加坡元
通货膨胀率	0.6%
失业率	2.2%

(三)文化教育

在保留各民族传统文化的同时,鼓励向新加坡统一民族文化演变。

新加坡的教育制度强调双语、体育、道德教育,创新和独立思考能力并重。双语政策要求学生除了学习英文,还要兼通母语。政府推行"资讯科技教育",促使学生掌握电脑知识。学校绝大多数为公立,著名高等院校包括新加坡国立大学、南洋理工大学、新加坡管理大学和新加坡科技设计大学等。

(四)宗教①

新加坡提倡宗教与族群之间的互相容忍和包容精神,实行宗教自由政策,确认新加坡为多宗教国。根据 2010 年的人口调查,当中有宗教信仰的新加坡人占了人口的 83%。新加坡确实称得上多宗教融汇的大熔炉,这里有着各式各样的宗教建筑,许多历史悠久的寺庙已被列为国家古迹,而且每年都有不同的庆祝活动。

(五)对外关系以及与中国的关系②

立足东盟,致力维护东盟团结与合作、推动东盟在地区事务中发挥更大作用;面向亚洲,注重发展与亚洲国家特别是中、日、韩、印度等重要国家的合作关系;奉行"大国平衡",主张在亚太建立美、中、日、印战略平衡格局;突出经济外交,积极推进贸易投资自由化,已与多国签署双边自由贸易协定。已加入"全面与进步跨太平洋伙伴关系协定"(CPTPP)并完成国内审批手续。倡议成立了亚欧会议、东亚-拉美论坛等跨洲合作机制。积极推动《亚洲地区政府间反海盗及武装劫船合作协定》(ReCAAP)的签署,根据协定设立的信息共享中心于 2006 年 11 月正式在新加坡成立。共与 175 个国家建立了外交关系。

中新两国于 1990 年 10 月 3 日建立外交关系。建交以来,两国高层交往频繁。两国外交部自 1995 年起建立磋商机制,迄今已举行 10 轮磋商。两国除互设使馆外,新加坡在上海、厦门、广州、成都和香港地区设有总领事馆。中新经贸合作发展迅速。2013 年至 2017 年,中国连续 5 年成为新加坡最大贸易伙伴,新加坡连续 5 年成为中国第一大投资来源国。2018 年双边贸易额为 828.8 亿美元,增长 4.6%。其中,中方出口额为 491.7 亿美元,增长 9.2%;进口额为 337.1 亿美元,下降 1.6%。截至 2018 年 9 月底,新加坡对中国投资额累计约 940 亿美元。

两国在人才培训领域的合作十分活跃。2001 年,双方签署《中华人民共和国外交部关于中新两国中、高级官员交流培训项目的框架协议》,并分别于 2005 年、2009 年、2014 年和 2015 年四次续签。2004 年 5 月,双方决定成立"中国-新加坡基金",支持两国年轻官员的培训与交流。2009 年以来,双方已联合举办 6 届"中新领导力论坛"。1999 年,两国教育部签署《教育交流与合作备忘录》及中国学生赴新学习、两国优秀大学生交流和建立中新基金等协议,中国多所高等院校在新开办教育合作项目。2016 年,我国在新留学人员 10430 人。

---

① https://baike.so.com/doc/3800863-3992014.html#3800863-3992014-9.新加坡百度百科,最后访问日期:2019 年 3 月 23 日。

② https://www.fmprc.gov.cn/web/gjhdq_676201/gj_676203/yz_676205/1206_677076/sbgx_677080/.中国外交部官网,最后访问日期:2019 年 3 月 23 日。

二、新加坡高等教育发展简史

1965 年 8 月 9 日,新加坡脱离马来西亚,正式成为一个有主权、独立而民主的国家[①]。新加坡高等教育发展进程,根据不同历史时期,可划分为以下五个阶段[②]:

(一)殖民阶段

在新加坡,1965 年独立自主之前的时间统称为殖民时期。在殖民地居民强烈的受教育要求和殖民现实需要的情况下,殖民政府于 1905 年成立海峡殖民地及马来联邦国立医科学校。1912 年,该校改名为爱德华国王七世医学院,即新加坡第一所高等教育机构。1929 年英国人又创办了第一所以文科为主的文理学院——莱佛士学院。第二次世界大战结束后,人们对高等教育的呼声越来越高,亚历山大·卡尔-桑德斯勋爵(Sir Alexander Carr-Sanders)主持的教育委员会在详细研究国家建设需要和现有高等教育设施后,于 1948 年发表《卡尔-桑德斯委员会报告书》(Carr-Saunders Commission Report)[③]。1949 年,爱德华七世医学院和莱佛士学院正式合并,更名为马来亚大学,这便是新加坡第一所按照英国教育制度建立的可颁授学士学位的本科及综合性高等学府[④]。1957 年新加坡《教育法》(第 87 号法案)的制定,使得新加坡的教育和学校注册有了指导性文件。1959 年,马来亚大学新章程生效,马来亚大学更名为"新加坡马来亚大学"(University of Malaya in Singapore),1960 年马来亚联邦政府认为,马来亚大学吉隆坡分校应成为联邦的独立自主的国立大学,并表明将于 1962—1963 学年开始生效。同样,新加坡政府也表明从同一天起,新加坡分校应该成为独立的新加坡大学。于是,1962 年 1 月,新加坡大学正式成立。

由于殖民政府推行的是"英文至上"的教育政策,除了汉学系和马来研究系的部分课程,主要是用英语授课。新马华人社群捐款集资,于 1955 年兴办第一所新加坡华文大学——南洋大学,简称南大。创办初期,南洋大学采用的是中国大学制度[⑤]。

1954 年,由于经济形势所趋,需要大量具有专业技能的工人,新加坡的职业技术教育开始产生,新加坡理工学院便在此背景下成立[⑥]。1963 年新加坡政府全面考察新加坡教育发展的历史和现状,发表《教育调查报告书》,提出了一系列改革措施,其中包括大力推广职业技术教育、调整和扩充高等院校等[⑦]。同年,以华文为教学语言的一所职业技术专业学院成立,命名为"义安工艺学院"。

至此,新加坡高等教育系统雏形基本形成。

---

① 汤志明:《新加坡的高等教育制度》,载《政治大学学报》1990 年第 63 期。

② 路宝利:《新加坡大学自主政策的分析与解读》,载《黑龙江高教研究》2011 年第 1 期。

③ 黄建如:《比较高等教育:国际高等教育体制变革比较研究》,社会科学文献出版社 2008 年版,第 262~263 页。

④ 吕冰冰:《新加坡高等教育政策研究》,广西师范大学 2013 年硕士论文。

⑤ 路宝利:《新加坡大学自主政策的分析与解读》,载《黑龙江高教研究》2011 年第 1 期。

⑥ 吕冰冰:《新加坡高等教育政策研究》,广西师范大学 2013 年硕士论文。

⑦ 王大龙、曹克理:《当今新加坡教育概览》,河南教育出版社 1994 年版,第 67 页。

(二)发育成长时期

新加坡自 1965 年独立后,以李光耀总理为首的当局政府逐步清理高等教育院校殖民时期遗留的问题,对旧的教育结构和制度进行改革,建立和完善了具有本民族特点的教育结构和制度。第一,统一高等教育领导。新加坡政府通过使用津贴的办法,经历了近十年的时间,坚定而又谨慎地把大学的教育权和人事权收归政府,高等院校形式上也隶属于教育部,接受政策领导,但在学校发展和业务管理上具有自主权。政府通过这种直接和间接的管理形式,将各级各类教育纳入国民教育发展的轨道,使新加坡有限的高等教育资源在建设国家和发展经济中发挥最大作用[①]。第二,统一高等教育制度。新加坡是一个多种族、多语言文化的国家,因而从殖民时代沿袭下来的教育制度也是多元的。因此,新加坡政府在掌握教育大权的同时,以经济引导的办法,逐步将多元的教育制度统一起来,由内阁第一副总理吴庆瑞为首的教育调查委员会,经广泛征求教育部和有关部门高级官员,以及各级学校校长和教师的意见,考察其他国家的教育制度后,于 1979 年提出《吴庆瑞教育报告书》,建立了以"分流制"和"双语教育"为核心的新加坡现行教育制度[②]。第三,确立"教育配合经济发展"的方针。主要体现在:大学重点发展专业都与国家工业化发展密切相关,以及发展高等职业技术学校。

报告一出,新加坡政府把教育发展的重点转移到了高等教育上面,从质和量两个方面大力推进高等教育,以求在尽可能短的时间内培养出合乎国家需要的人才。继续推行"教育配合经济发展"的发展战略,进一步发展高等科技教育,调整和扩充高等院校,使之尽快适应现代科技进步的要求。主要表现在:第一,继续推行"分流制"和"双语教育"为核心的新加坡现代教育制度以实现促进新加坡经济的发展。第二,增设高等院校及扩建。1980年,新加坡大学和南洋大学合并为新加坡国立大学,并对已有专业进行了调整和充实。1981 年,新加坡政府在原南洋大学校址上成立南洋理工学院(今南洋理工大学的前身),为急速腾飞的新加坡经济培育工程专才。第三,设立专门的委员会,对新加坡经济的发展速度和所需的中高级人才、高等院校的长远扩展计划、现有院校招生规模、各个科系的学生配额做出预测[③]。

(三)塑造著名大学阶段

20 世纪 80 年代后期开始,新加坡高等教育就开始从精英教育向大众教育过渡。主要体现在:第一,扩大高等教育规模,新建高校。第二,扩大招生规模,让更多人接受高等教育[④]。新加坡的高等教育适龄人群入学率从 1980 年的 5% 提高到了 2015 年的 30%[⑤],在校生数量也翻了两番[⑥]。第三,鼓励成立私立大学。为了提升新加坡高等教育的质量

---

① 殷永清:《新加坡高等教育的历史发展及启示》,载《文教资料》2006 年第 33 期。

② 赖炎元:《新加坡的教育概况》,载《教育资料文摘》1987 年第 116 期。

③ 王大龙:《当今新加坡教育概览》,广东人民出版社 1992 年版,第 299 页。

④ B. Morris, *Trends in University Reform*, world bank 1997, p.67.

⑤ 王焕芝:《新加坡构建亚洲高等教育枢纽的路径与挑战》,载《比较教育研究》2017 年第 39 期。

⑥ Education Statistics Digest 2017, https://www.moe.gov.sg/about/publications/education-statistic, 最后访问日期:2019 年 1 月 20 日。

和形象,新加坡敞开大门欢迎国外大学在新加坡设立分校。十年间,新加坡私立教育机构从 1997 年的 305 所增加到 2007 年的 1200 所,提供国际课程以满足本国和国际学生需求①。第四,加大高等教育投资力度,提高教育质量(见表 2-2)。

表 2-2　1995—2016 年高等教育投资增长趋势②

年份	高等教育拨款(单位:千新元)	年份	高等教育拨款(单位:千新元)
1995	900171	2006	2351975
1996	999364	2007	2410538
1997	1133984	2008	2865478
1998	1010985	2009	3072091
1999	1018907	2010	3554419
2000	1506313	2011	4242479
2001	1794288	2012	3846318
2002	1647121	2013	4367236
2003	1829834	2014	4170881
2004	1697571	2015	4302171
2005	1765894	2016	4585085

　　20 世纪 90 年代新加坡高等教育的一个显著特点就是"国际化"。新加坡自自治以来就一直坚持以英语为主的双语教育政策,为高等教育的国际化发展奠定了基础。1991 年新加坡政府制定了跨世纪战略《新的起点》,明确了高等教育发展的国际化战略,希望通过充分利用国际人才和资源来弥补自身劳动力和资源的限制,积极吸引世界各地尤其是东南亚各国的留学生,力争将新加坡发展为国际学术文化中心③。1993 年,修订后的《新加坡教育法》提出"充分发挥每一个学生的潜力,培养每个学生的健康的道德价值观,使学生具备雄厚的基本技能基础,以适应飞速发展的世界的需求"的教育目标。在经济全球化背景下,新加坡政府大力发展国际教育服务业,为适应国际市场对于国际化人才的培养需求,着力培养掌握国际化知识、具备解决国际化问题能力和通晓国际规则的国际化人才④。1997 年,新加坡时任总理吴作栋宣布要将新加坡打造为"东方波士顿",一个集全球知识生产、创新创意和产学研一体化的区域人才培训中心和教育枢纽⑤,准备将新加坡国

---

　　①　黄建如、向亚雯:《新加坡建设地区教育中心的经验与不足——以环球校园计划为例》,载《大学(研究版)》2011 年第 4 期。

　　②　Yearbook of Statistics Singapore,2005,2012,2017.

　　③　路宝利:《新加坡大学自主政策的分析与解读》,载《黑龙江高教研究》2011 年第 1 期。

　　④　刘晓亮、赵俊峰:《新加坡高等教育国际化问题研究》,载《外国教育研究》2012 年第 12 期。

　　⑤　Mok K.H.,Singapore's global education hub ambitions:University governance change and transnational higher education,*International Journal of Educational Management*,2008,Vol.22,No.6,pp.527-546.

立大学和南洋理工大学建成亚洲的哈佛大学和麻省理工学院。为此新加坡政府聘请了 12 位国际著名大学学者、校长和企业家,成立了"国际学术咨询团"(International Academic Advisory Panel,IAAP),以探讨如何协助国大 NUS 和南大(NTU)重新定位,从而在教学和研究上取得卓越成就,提升国际地位①。1998 年,新加坡出台了"世界一流大学项目"(WCU Program),意在 10 年内至少吸引 10 所世界一流大学落地新加坡②。2002 年新加坡经济发展局(Singapore Economic Development Board)提出的"环球校园计划"(global schoolhouse project)使这一理念得以进一步落实。经过十多年的发展,该计划超额完成目标,吸引了 16 所世界一流大学落地新加坡,形成了本国高等教育的金字塔结构,从上而下分别为绝对精英化培养的国外一流大学分校—中坚力量的公立大学—侧重教学和应用研究的多样性补充性大学。

(四)大学自治阶段

2005 年,新加坡政府公布《自治大学——迈向卓越巅峰》(新加坡考察大学自治、治理与经费指导委员会的初步报告),根据该报告,新加坡对 3 所公立大学,即新加坡国立大学、南洋理工大学和新加坡管理大学,进行自治改革。这标志着新加坡大学正式进入建立现代大学制度和自主化发展阶段,主要体现在:第一,弱化政府控制,强化大学自治。新加坡政府由直接的管理和领导主体转变成为宏观的外部监督,政府在保证大学拥有稳定的经费来源的同时也鼓励大学通过多渠道募集教育经费。第二,改革和优化大学内部治理结构。第三,大学在自主化发展过程中,可以通过组建成员多元化的董事会,建立年报制度,加强大学与工厂企业之间的联系来加强大学和社会的联系,加大社会对大学发展的参与度,并保证大学的发展处于社会的监督之下③。

(五)适应创新阶段

由于新加坡政府对外国教育机构基本采取不干涉的态度,私立教育机构欺诈事件频发以及课程质量低下的问题使新加坡高等教育的声誉和信誉受到了损害,促使政府不得不作出反应。2009 年,新加坡政府便出台了新加坡《私立教育法》以维护新加坡高等教育的声誉④。在反思"环球校园计划"在实施过程中出现的问题后,对高等教育的发展目标进行了调整。2012 年 8 月,升大学渠道委员会主席黄循财向新加坡教育部部长提交了《关于 2015 年后大学教育途径的报告——"更为多样,更多机会"》(Report of the Committee on University Education Pathways Beyond 2015——Greater Diversity,More Opportunities,简称 CUEP 报告)。该报告集中探讨了有计划地提高公立大学的同级生入学比例,建立多样化的大学体系,提供继续教育的机会,建立多元的资助渠道并提供更多的

① 凌健:《新加坡大学国际化政策分析》,载《东南亚纵横》2009 年第 3 期。

② 黄建如、向亚雯:《新加坡建设地区教育中心的经验与不足——以环球校园计划为例》,载《大学(研究版)》2011 年第 4 期。

③ 王喜娟:《新加坡、马来西亚高等教育改革与发展》,广西师范大学出版社 2017 年版。

④ 李一、曲铁华:《新加坡"环球校园"计划政策评析》,载《高等教育研究》2017 年第 5 期。

信息服务等问题,重视高等教育质和量的同步提升①。同年 10 月,时任新加坡教育部部长林勋强(Lin Hng Kiang)也强调:"未来新加坡高等教育的发展目标将集中于提升高等教育和促进高等教育与经济之间的互动,而不是追求招生数量和对经济的贡献率。"②随着新加坡高等教育改革的深入推进,2017 年 3 月,新加坡教育部发布改革高等教育和终身学习环境的五年计划③。该计划旨在支持"未来技能"(skills future)运动,拓展新加坡居民受教育的学习途径,帮助个人找到兴趣所在,并在此基础上使其得到更加完善的教育。改革主要从扩大高等教育学习途径和提供终身学习机会两方面进行④。(见表 2-3)

表 2-3　新加坡高等教育发展历程中的重大报告及相应改革⑤

时间	出台机构	报告或政策名称	主张	意义
1956	新加坡立法议会各党派华文教育委员会	《新加坡立法议会各党派华文教育委员会报告书》	提出"英语+母语"的双语政策	肯定了母语教育的地位和双语教育的重要性
1959	人民行动党	《建国施政纲领》	发展实用教育以配合工业化和经济发展的需要	确立了新加坡教育的实用主义指导思想
1961	职业与技术调查委员会	《职业与技术调查报告书》	建立一个由初级到高级的技术教育系统	为新加坡高等职业技术教育奠定了基础
1979	英国谢菲尔德大学校长兼 英国拨款委员会主席丹顿爵士	《丹顿报告》	新加坡大学和南洋大学合并成为新加坡国立大学	标志着曾经是东南亚地区华文最高学府的南洋大学关闭,确保了新加坡国立大学在今后高等教育发展中的领军地位
1980	新加坡国立大学	《大学教育报告书》	提出加强通才教育	肯定了通才教育的重要性,注重培养学生的多方面能力
1986	经济委员会	《新加坡经济:新的方向》	建议大学和理工学院增加每年的招生数	新加坡高等教育从此进入大众化的发展阶段

---

①　李鹏虎、田小红:《新加坡〈2015 年以后升大学渠道委员会报告〉评析》,载《现代教育管理》2013 年第 12 期。

②　Minister Lim Hng Kiang's written reply to Parliament Questions on EDB's Global Schoolhouse initiative.(2012-10-17).https://www.mti.gov.sg/NewsRoom/Pages/Minister-Lim-Hng-Kiang's-written-reply-to-Parliament-Questions-on-EDB's-Global-Schoolhouse-initiative.aspx,accessed January 20,2019.

③　https://www.moe.gov.sg/news/press-releases/many-paths—new-possibilities—expanding-pathways-and-support-for-lifelong-learning,最后访问日期:2019 年 1 月 20 日。

④　王方舟:《新加坡发布高等教育和终身学习环境五年改革计划》,载《世界教育信息》2017 年第 10 期。

⑤　尹晗笑:《21 世纪以来新加坡高等教育变革研究》,辽宁师范大学 2015 年硕士学位论文。

续表

时间	出台机构	报告或政策名称	主张	意义
1989	丹顿爵士	《丹顿报告》	将南洋理工学院升格为南洋理工大学,支持新加坡大学应得到国际认可	为新加坡高等教育指明了国际化发展方向
1990	新加坡总理吴作栋	《新的起点》	为新加坡今后20年社会经济发展提出新的规划	确立了经济和教育的国际化发展战略
1991	新加坡工商部	《战略经济规划》	到2030年达到同美国一样的人均国民生产总值	肯定了提高整个人口教育水平,建立技术人才库及开发创造技术的重要性
1997	新加坡21世纪委员会	《凝聚,我们将产生影响》	让每个公民接受终身教育,大力发展面向产业需求的教育	肯定了终身教育的重要性
2003	审查大学院校和毕业生人力规划委员会	《重组大学部门——更多机会,更好的质量》	新加坡国立大学增设两个新校区,到2010年大学入学率(CPR)达到25%	扩大了高等教育的招生规模
2005	大学自治,治理和拨款督导委员会(UAGF)	《大学自治:迈向卓越巅峰》	使目前大学只有少许自主权转变为拥有完全自主权,成为对国家、社会负责任的高等学府	标志着新加坡大学自治改革的前期铺垫工作的完成和政策实际执行的开始
2008	大学扩张委员会(CEUS)	《大学扩张委员会报告》	改革现有的大学,建立新的大学,开展新的项目;到2015年受资助大学入学率(CPR)达到30%	保障了高等教育质与量协同发展,扩大高等教育规模,提升高等教育品质
2012	2015年后升大学渠道委员会(CUEP)	《2015年后升大学渠道委员会报告》	开展应用型大学模式,利用私立教育机构,发展继续教育培训项目;到2020年受资助大学入学率(CPR)达到40%	为2015年后新加坡高等教育发展提出新的战略规划

三、新加坡高等教育发展现状

新加坡现行教育体系建立于1979年,大致分为小学教育、中学教育和中学后教育。小学教育属于6年义务教育,侧重培养语言和算数技能,塑造健全性格、价值观和良好的习惯。在小六学年末,参加小学毕业考试(PSLE)。对于特殊儿童,则有特殊教育学校提供相应教育。学生根据毕业成绩,选择符合自己学习进度和兴趣的各类中学,包括私立中学、自主专才中学、快捷中学、普通中学(学术型)、普通中学(工艺型)和职业中学,进行 4~6 年不等的中学课程修读。修完相应课程,参加新加坡剑桥普通教育证书"初级水准"(N 水准)和"普通水准"(O 水准)考试。学生完成中学教育后,可根据"O 水准"考试成绩报读 2 年制大学预科课程的初级学院,或者 3 年制大学预科课程的高级中学[①]。修完预科课程后,学生可参加新加坡剑桥普通教育证书"高级水准"(A 水准)考试,并以此成绩决定是否能进入大学。

(一)新加坡高等教育概况

新加坡大学[②]包括 6 所政府资助的公立大学和归属新加坡教育部私立教育理事会(CPE)管制的私立大学,不仅培养适应当代经济发展的大学生,更为新加坡未来发展储备人才。私立大学的质量好坏取决于私立教育理事会颁发的教育信托计划认证(EduTrust),具有认证的学校才可以招收国际学生,教育信托计划认证分为 4 年优秀认证和 1 年临时认证。私立院校不能颁发教育部承认的文凭,其文凭证书由与国外合作的院校颁发。新加坡大学的学位设置分为学士学位、硕士学位、博士学位。攻读新加坡公立大学学士学位一般在 4 年左右,攻读新加坡私立大学学士学位一般在 2~3 年。完成相关课程并获得普通学士学位,在攻读学士学位阶段学习成绩优秀者可多读 1 年取得荣誉学位。荣誉学位分等级而设,但它仍属于学士阶段教育。在新加坡攻读硕士学位通常需要 1~2 年,攻读博士学位通常需要 2~5 年。

终生学习教育[③]是指为需要提高业务能力或学习新技能的成人提供时间灵活的继续教育。其中工艺教育学院可提供国家技工、高级国家技工和特级国家技工半日制培训课程,以及其他技能证书培训课程;理工学院可提供半日制项目培训;大学都可提供半日制本科或研究生同等学力课程。

(二)新加坡高等院校类型

新加坡的高等院校根据是否获得政府资助又可以分为公立院校和私立院校。公立院校包括:公立大学、理工学院、工艺教育学院和其他政府附属教育机构。

1.公立院校

(1)大学

新加坡国内现有 6 所公立大学:新加坡国立大学(NUS)、新加坡南洋理工大学(NTU)、新加坡管理大学(SMU)、新加坡科技设计大学(SUTD)、新加坡理工大学(SIT)、新加坡新跃社科大学(SUSS)。从世界大学学术排名(ARWU)、QS 世界大学排名、US News世界大学排名和泰晤士高等教育世界大学排名四大公认权威大学世界排名结果显示,新加坡综合实力最强的两所大学分别是:新加坡国立大学和新加坡南洋理工大学。(具体排名见表 2-4、表 2-5、表 2-6、表 2-7)

---

① 宋若云:《新加坡教育研究》,经济科学出版社 2013 年版。

② Post-Secondary Education,https://www.moe.gov.sg/education/post-secondary,最后访问日期:2019 年 1 月 20 日。

③ Yearbook of Statistics Singapore,2018.

表 2-4　2018 世界大学学术排名①

大学名称	新加坡排名	世界排名区间
新加坡国立大学	1	85
新加坡南洋理工大学	2	96
新加坡科技设计大学	3	801—900
新加坡管理大学	4	无
新加坡理工大学	5	无
新加坡新跃社科大学	6	无

表 2-5　2018 USN ews 世界大学排名②

大学名称	新加坡排名	世界排名区间
新加坡国立大学	1	38
新加坡南洋理工大学	2	49
新加坡管理大学	3	无
新加坡科技设计大学	4	无
新加坡理工大学	5	无
新加坡新跃社科大学	6	无

① 世界大学学术排名指标选择获诺贝尔奖和菲尔兹奖的校友的折合数(简称 Alumni)、获诺贝尔奖和菲尔兹奖的教师的折合数(简称 Award)、各学科领域被引用率最高的教师数(简称 HiCi)、在 Nature 和 Science 杂志上发表的论文折合数(简称 N8LS)、被科学引文索引(SCIE)和社会科学引文索引(SSCI)收录的论文数(简称 SCI)上述五项指标得分的师均数量(简称 PCP)等指标对世界大学的学术表现进行排名。http://www.shanghairanking.com/ARWU2018.html,最后访问日期:2019 年 1 月 20 日。

② US News 世界大学排名主要指标如下:全球研究声誉 12.5%,地区性研究声誉 12.5%,发表论文 10.0%,出版书籍 2.5%,学术会议 2.5%,标准化引用影响 10.0%,总被引用次数 7.5%,高频被引文献数量(在引用最多文献的前 10%)12.5%,高频被引文献百分比(在引用最多文献的前 10%)10.0%,国际合作 10.0%,高频被引文献数量(在各自领域被引次数最多的前 1%)5.0% 和高频被引文献百分比(在各自领域被引次数最多的前 1%)5.0%。https://www.usnews.com/education/best-global-universities/search? country=singapore,最后访问日期:2019 年 1 月 20 日。

表 2-6　2019 QS 世界大学排名[1]

大学名称	新加坡排名	世界排名区间
新加坡国立大学	1	11
新加坡南洋理工大学	2	12
新加坡管理大学	3	441—450
新加坡科技设计大学	4	无
新加坡理工大学	5	无
新加坡新跃社科大学	6	无

表 2-7　2019 泰晤士高等教育世界大学排名[2]

大学名称	新加坡排名	世界排名区间
新加坡国立大学	1	23
新加坡南洋理工大学	2	51
新加坡管理大学	3	无
新加坡科技设计大学	4	无
新加坡理工大学	5	无
新加坡新跃社科大学	6	无

（2）理工学院

新加坡共有 5 所公立理工学院[3]，分别是：新加坡理工学院（SP）、新加坡义安理工学院（NP）、新加坡淡马锡理工学院（TP）、新加坡南洋理工学院（NYP）和新加坡共和理工学院（RP）。

新加坡理工学院[4]创立于 1954 年，是新加坡第一所理工学院。学院着重于培养与训练未来的工程技术型人才，来支援未来新加坡社会的科技、经济与社会文化的发展。

---

[1]　QS 世界大学综合排名运用六方面的具体指数衡量世界大学，这六个指数和他们所占的权重分别是：学术领域的同行评价（Academic Peer Review），占 40％；全球雇主评价（Global Employer Review），占 10％；单位教职的论文引用数（Citations per Faculty），占 20％；教师/学生比例（Faculty Student Ratio），占 20％；国际学生比例（International Student Ratio），占 5％；国际教师比例（International Faculty Ratio），占 5％，总计 100％。https://www.topuniversities.com/universities/country/singapore，最后访问日期：2019 年 1 月 20 日。

[2]　泰晤士高等教育世界大学排名以教学、研究、论文引用、国际化、产业收入等 5 个范畴共计 13 个指标排名，每年更新一次。https://www.timeshighereducation.com/world-university-rankings，最后访问日期：2019 年 1 月 20 日。

[3]　http://www.edusg.com.cn/school/，最后访问日期：2019 年 1 月 20 日。

[4]　https://www.sp.edu.sg/sp/about-sp/at-a-glance，最后访问日期：2019 年 1 月 20 日。

新加坡义安理工学院[①]始建于1963年,覆盖商业、会计、环境、设计、工程、影视、健康医疗、人文社科等领域,其继续教育学院也是新加坡终生学习教育的主要支撑学院。

新加坡淡马锡理工学院[②]成立于1990年,是新加坡政府开办的五所公立综合性理工学院之一,学院还同企业界紧密合作,安排学生到企业中实习,已同237家企业成为良好合作伙伴。学院的毕业文凭在东南亚及英联邦国家申请海外就业通用,在国际上也被140余所著名大学认可。

新加坡南洋理工学院成立于1992年,是新加坡政府所属的以理工科为主的高等教育学府,是新加坡政府为了满足新加坡不断飞跃增长的经济和对人才的需求而建立的五所国立理工学院之一。为了让学院教育广受其他国家认可和毕业生更好就业,学院积极提高学院国际上的影响力,已与27个国家的企业和学校建立合作关系,在校生可通过实习、交换项目、国际比赛、研学等方式前往瑞士、英国、美国、韩国、泰国等地。

新加坡共和理工学院采取让学生和公司紧密合作,以实际解决问题的授课方式进行教学。所有学生均需在合作公司实习以提高实操能力和增加就业机会。

(3)工艺教育学院

工艺教育学院[③]建立于1992年,其前身是职业与工业培训局(VITB),主要通过校企合作,为"O"或"N"水准的中学毕业生提供全日制岗前培训课程和为在职人员提供技能提升半日制培训课程,覆盖应用与健康科学、商务服务、设计与传媒、电子与信息通信技术、工程、酒店等领域,并为修完相关课程的学生颁发国家技工证书、高级国家技工证书、特技国家技工证书和工艺教育学院技能证书。

(4)其他政府附属教育机构[④]

特定行业从业证书或在职研究生文凭也可以通过修读政府附属教育机构制定的相关课程或项目培训获得。包括:新加坡建筑管理学院(BCA)、新加坡航空学院(Singapore Aviation Academy)和新加坡知识产权学院(IP Academy)等私立教育机构。

2.私立院校

(1)艺术学院

艺术学院包括新加坡拉萨尔艺术学院(LASALLE)和新加坡南洋艺术学院(NAFA),旨在招收对艺术感兴趣的学生。两所学院虽为私立学院,但却被新加坡政府批准给予公立理工学院同等地位,为新加坡提供多方面和高质量的艺术教育,如音乐、戏剧、舞蹈、设计等。

拉萨尔艺术学院[⑤]创建于1984年,是一所综合性艺术院校,以强调创意的独特教学

---

① https://www1.np.edu.sg/annualreport/2017_2018/about-ngee-ann/,最后访问日期:2019年1月20日。

② https://www.tp.edu.sg/staticfiles/TP/Microsites/annualreport/2016_17/index.htm#numbers,最后访问日期:2019年1月20日。

③ https://www.ite.edu.sg/,最后访问日期:2019年1月20日。

④ https://www.moe.gov.sg/education/post-secondary,新加坡教育部官网,最后访问日期:2019年1月20日。

⑤ https://www.lasalle.edu.sg/about,最后访问日期:2019年1月20日。

理念和强调完整学术创意的途径为新加坡提供多方面和高质量的艺术教育,教学上注重理论和实践相结合。

南洋艺术学院始建于 1938 年,其前身是南洋美术专科学校。它以创新的课程内容和教学方法,以及多样化的艺术创作而闻名。

（2）Edu Trust 认证私立学院

私立院校[①]不能颁发教育部承认的文凭,其文凭证书由与国外合作的院校颁发。主要包括以下机构:新加坡管理学院（SIM）、新加坡楷博高等教育学院（KAPLAN）、新加坡 PSB 学院（PSB）、新加坡东亚管理学院（EASB）、新加坡詹姆斯库克大学（JCU）、新加坡科廷大学（CURTIN）、新加坡管理发展学院（MDIS）、新加坡 ERC 学院（ERC）、新加坡 TMC 学院（TMC）、新加坡英华美学院（INFORMATICS）、新加坡智源教育学院（KLC）等。

（三）学制

新加坡初级学院可提供 2 年制或 3 年制培训课程,入学时间为每年 2 月;工艺教育学院可提供选择 1～3 年不等学制课程供全日制学生或在职人员选择,入学时间为每年 7 月;理工学院提供 3 年制大专课程,入学时间为每年 4 月;艺术学院的课程可分为 3 年制大专课程、3 年制本科课程、1～2 年制硕士研究生课程,入学时间为每年 8 月;公立大学[②]可提供 4 年制本科课程,成绩优秀的可以加读 1 年以获得荣誉学位[③]、1～2 年制硕士研究生课程、2～5 年制的博士研究生课程,入学时间为每年 1 月和 8 月;私立大学可提供 1～2 年的语言/预科课程、2～3 年制大专课程、3～4 年的学士学位课程、1～2 年的硕士学位课程,入学时间大多集中在每年 1 月、4 月、7 月、10 月,但是具体的开课时间还是要根据学生申请的专业分析。

（四）新加坡大学行政体制

教育部下设 7 个职能部门[④]:行政管理局、新加坡课程发展中心、教育服务局、人事局、计划信息局、研究考试局、学校局。总体来说,教育部主要职能包括:负责制定和执行教育政策,主管政府主办和自主的学校,负责初级学院的发展,对私立学校进行监督等。高等院校形式上隶属于教育部,在学校发展和业务管理上具有自主权。政府通过这种直接和间接的管理形式,将各级各类教育纳入国民教育发展的轨道。长期以来,新加坡的公共教育由教育部统一管理,大学、理工学院和工艺教育学院等都是教育部下属的法定机构,即由国会立法成立的、以执行政府政策为主要职能的工作实体。

2005 年,新加坡政府公布《自治大学——迈向卓越巅峰》（新加坡考察大学自治、治理与经费指导委员会的初步报告）,根据该报告,新加坡对三所公立大学,即新加坡国立大学、南洋理工大学和新加坡管理大学,进行自治改革。并由教育部成立一个"大学自主指

---

① 　新加坡大学排名,http://www.edusg.com.cn/4/,最后访问日期:2019 年 1 月 20 日。

② 　http://www.nus.edu.sg,新加坡国立大学官网,最后访问日期:2019 年 1 月 20 日。

③ 　新加坡国立大学本科简介,http://www.nus.edu.sg/admissions,最后访问日期:2019 年 1 月 20 日。

④ 　刘坤:《中国、越南、新加坡高等教育管理体制比较研究》,广西师范学院 2010 年硕士学位论文。

导委员会"来监督学校相关政策和经费的管理,鼓励、培养大学生的主人翁意识①。2009年,新加坡科技设计大学成为第四所自治大学,2015年政府又将新加坡理工学院发展成为第五所可授予学位的自治大学,2016年新跃大学不再隶属于新加坡管理学院,升格为新加坡第六所自治公立大学,并于2017年改名为新跃社科大学。至此,6所新加坡公立大学全部实施自治改革。自治和企业化改革后,新加坡大学的管理模式发生了巨大转变。新加坡政府由直接管理转为宏观监督,大学进行公司化改革,成为非营利性的公司,自主经营、自负盈亏。新加坡政府对大学实行责任制管理,教育部制定了明确的责任框架体系(accountability framework),通过制度确保大学的发展符合国家的发展目标,并确保政府拨款的合理使用。该责任制体系包括政策性协议、绩效协议和质量保障框架协议。大学内部自治,设立大学董事会(Board of Trustees,BOT)。由于经费基本由政府全额拨款,因此政府在董事会有绝对控制权,董事会成员均由教育部任命,主要由资深学者、成功企业家和知名商界人士组成,是大学的最高领导。其主要职能②为:引导和规划大学的战略发展方向,确保大学发展目标得到贯彻和实施;任命和评估校长;确保大学资源得到有效使用。(见图2-1)

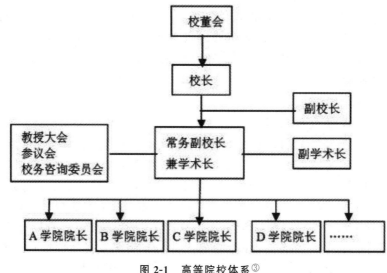

图2-1　高等院校体系③

学校一般分为学术和行政两个系列。学术方面由学校学术委员会(the academic board)负责,学校的日常运转由校长负责,各部门负责人和各学院院长通过副校长向校长负责。

---

①　Ministry of Education.Autonomous Universities:Towards Peaks of Excellence.*Preliminary Report of the Steering committee to Review University Autonomy*,Governance and Funding,Singapore:Ministry of Education,2005.

②　王喜娟:《新加坡、马来西亚高等教育改革与发展》,广西师范大学出版社2017年版,第57页。

③　吕玉辉:《新加坡高等教育透视及其借鉴》,载《高教探索》2016年第4期。

学术委员会[①]是学校的最高学术机构,它是大学学术治理体系的核心,是一个由大学所有终身制职员构成的机构。学术委员会每年召开一次会议。学术委员会通过它选举的咨询委员会、学术参议会以及学术参议会所设立的各个委员会,为学术事务提供意见。学术委员会依照相关法律法规及其章程,统筹行使学术事务的决策、审议、评定和咨询等职权,在人才培养、学科建设、学术评价、学术发展和学风建设等事项上发挥重要作用。学术参议会是学术委员会的核心代表机构。校长、教务长和首席规划总监(教务主任)是当然成员。学术参议会负责接收、签署或同意来自学术委员会委员的建议,建议修改管理学术事务的规则,选举学术参议会指导委员会。作为代表大学教职员工的官方机构,学术参议会使教职员工在学术管理上起着独立而且具有建设性的作用。它负责确定和讨论学校层面和跨学院之间的事务,对大学管理提出建议;为教师和管理层提供了一个学术讨论的场所。学术参议会还设立了"教育委员会""学术治理委员会""教师发展委员会""大学发展委员会"等,及时反省学校教育中存在的问题,为学校的教育教学改革提供政策咨询和决策依据,向管理层反映有关教职员工职业发展的情况,让教职员工感到他们在大学的发展中起着举足轻重的作用。

大学校长包括校长和副校长,由校董事会评估和任命,作为学校的主要领导,对校董会负责,并对学校负有全部的管理责任。大学领导层包括教务长、副教务长、部门主管、机构主任等,主要负责学校人力资源处、教务处、学生事务处、财务处、校友事务处、就业与实习指导处、国际关系处、设施策划与管理处等多个行政部门的管理[②]。

新加坡教育部规定,自治大学不需要建立统一的内部管理结构,相反,鼓励各所大学发展各自的特色,确保大学的内部治理结构能够与大学特定的需要和特色互相契合。所以新加坡大学内部治理的最突出的一点就是强调"赋权"[③],即大学自治不仅是教育部大学董事会赋权,更包括大学内部领导层向校长、系主任和教职工层层赋权,充分调动相关利益者参与大学改革与发展的积极性和主动性,以期优化大学内部的治理结构。

新加坡对教育的重视首先体现在对教育的财力投入上。有25%用于国防,20%用于教育,教育仅次于对军费的投入[④]。从图2-2中可以看出新加坡政府对教育的投入逐年增加,对高等教育的比重依然占据最大份额。

---

① 谭伟红:《新加坡的大学制度与大学治理研究——以新加坡南洋理工大学为例》,载《江西科技师范大学学报》2016年第2期。

② 谭伟红:《新加坡的大学制度与大学治理研究——以新加坡南洋理工大学为例》,载《江西科技师范大学学报》2016年第2期。

③ 王喜娟:《新加坡、马来西亚高等教育改革与发展》,广西师范大学出版社2017年版,第58页。

④ Yeo R.K., Li J.Beyond SER VQUAL, The competitive forces of higher education in Singapore, *Total Quality Management & Business Excellence*, 2014, Vol.22, No.1-2, pp.95-123

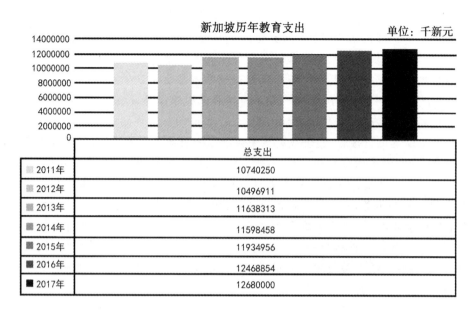

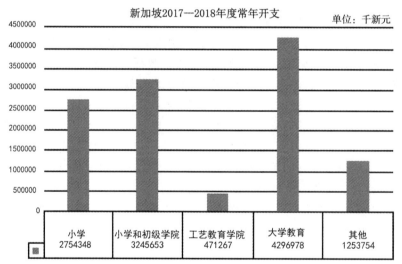

图 2-2　新加坡教育支出

(五)新加坡高等教育存在问题

1.国内民众对过度重视国际学生的质疑

自 20 世纪 90 年代起,新加坡政府全面开放拥抱全球化,并提出"全球学堂"项目,吸引了大量外国人才的到来。据新加坡 2018 年年鉴数据统计,新加坡外国人从 1990 年的311264(占据总人口 3047132 人的 10.2%)急剧增长到 2010 年的 1305011 人(占据总人口5076732 人的 25.7%),继而发展到 2017 年的 1646457 人[①](占据总人口5612253 人的29.3%)。为此引发国内民众的焦虑,一些民众怀疑新加坡所采取的国际化策略是否会限

---

① Yearbook of Statistics Singapore,2018:11

制他们及其子女的入学机会,也有人担心外国资本、人员和机构的流入抬高了生活成本并加剧了就业竞争,对国际学生的过分重视在某种程度上有忽视本土学生的风险,继而是新加坡国内日益高涨的反移民情绪,因此新加坡 2011 年选举民调[1]显示,人民行动党获得自 1965 年以来最低的得票率(60.14%),充分暴露出公众对这项开放政策心存芥蒂。

2.质量保障体系力度与目标过于理想的矛盾

自全球校园计划实施以来,新加坡私立教育机构呈井喷式增长,1997—2007 年新加坡私立教育机构从 305 所增加到 1200 所[2]。注册的全日制国际学生数从 1997 年的 9000人增加至 2007 年的 37000 人。截至 2008 年,私立教育机构注册学生总数约为 120000人,其中 45000 人来自海外。新加坡教育部对外国教育机构基本上采取不干涉的态度,因而大部分国际分校都是全部引入输出国的教育机制,仅有少数分校根据当地情况进行了调整。分校在办学水平上与总校参差不齐,总校对分校的管理十分松懈,放任自流,缺乏一套完整的监管体系。因此新加坡面临着越来越严重的质量信用危机,亟须建立具有本国特色、适合地区教育中心发展的国际分校质量保障体系。为了规范私立学校的运营,教育部于 2009 年通过了一项《私立教育法》,规定了私立教育的基本要求,涉及学校管理、学术规则以及学生保护等。法案颁布以来,面对一些突然关闭的私立营利性学校,国际学生措手不及,他们没有获得对学费的追索权以及学术救济又成为新的问题。

3.国家干预与学术自由问题

米迦勒·李指出新加坡高等教育中一直存在的一个问题,即国家对高等教育机构高度干预的行为是否能够为学术界、研究人员和大学生提供一个相对宽松的环境,以创业精神和创新意识对他们进行培养[3]。新加坡政府通过承担风险投资者的身份,已经限制了创新意识和创业精神的发展[4]。新加坡很难模仿像美国著名大学那样的创业生态系统,"秩序井然"的环境以及单纯的财政支持并不能有效促进创业,而创业文化的营造才是根本[5]。与国家在高等教育治理中的干预制度密切相关,学术自由和机构自治等问题也有可能成为海外顶尖大学考虑是否适合在新加坡创建分校的因素[6]。

四、新加坡高等教育发展战略

根据大多数人的说法,新加坡被认为是一个现代经济奇迹。新加坡于 1918 年由英国

① Waring,P.,Singapore's global schoolhouse strategy:retreat or recalibration? *Studies in Higher Education*,2014,Vol.39,No.5,pp.874-884.

② 黄建如、向亚雯:《新加坡建设地区教育中心的经验与不足——以环球校园计划为例》,载《大学(研究版)》2011 年第 4 期。

③ Michael H.Lee.,Researching Higher Education in"Asia's Global Education Hub":Trends and Issues in Singapore. *Education and Society*,2016,Vol.2,pp.5-25.

④ 乔佳娟、杨丽:《新加坡高等教育发展趋势、经验与问题——基于近三十年研究主题变化的探测》,载《黑龙江高教研究》2018 年第 10 期。

⑤ Tan,H.—Y.Rethinking the Temasek model.Straits Times,http://www.asiaone.com/Business/SME＋Central/Prime＋Movers/Story/A1Story20100210-197887.html,2016-6-16,accessed January 20,2019.

⑥ 王焕芝:《新加坡构建亚洲高等教育枢纽的路径与挑战》,载《比较教育研究》2017 年第 7 期。

人建立,1965 年获得完全独立。新加坡达到了令全世界羡慕的增长和发展水平。独立以来,新加坡国内生产总值平均增长 7.7%,人均国内生产总值平均增长 5.4%。教育一直是新加坡经济发展的主要动力。政府已将各级教育列为优先事项,并拥有世界上表现最佳的公立学校系统之一。亚太经合组织对学生数学、科学和语言能力的基准测试,其得分一直位居世界第一。

在过去 20 年中,高等教育在新加坡获得了突出地位,因此,在此期间,高等教育机构的数量增加了两倍。政府通过 1997 年的世界一流大学计划,寻求把著名的大学搬到新加坡。2002 年,它发起了"全球学校倡议",其目标是吸引 150000 名外国学生,到 2015 年,其高等教育对经济的贡献率为 5%。

新加坡在成为"东方波士顿"的雄心上取得了重大进展,并坚定地确立了自己作为该地区主要教育中心之一的地位,吸引了大约 75000 名外国人。此外,越来越多的新加坡人也选择在国内学习,因为他们现在的本地大学名列前茅,课程种类繁多,政府经费增加。然而,新加坡高等教育集群在进一步增长方面遇到了若干障碍。这些因素包括生育率下降,外国大学的退出,合作伙伴的增加。新加坡人在地区和全球范围内进行抗议,并加剧了反外国情绪。很明显,新加坡将不得不重新评估其高等教育集群发展战略,以刺激增长,在满足国民需求的同时,也满足整体经济发展的需要。

(一)新加坡高等教育国际化战略

1991 年,新加坡政府制定了跨世纪战略《新的起点》,明确了高等教育发展的国际化战略,希望通过充分利用国际人才和资源来弥补自身劳动力和资源的限制,积极吸引世界各地尤其是东南亚各国的留学生,力争将新加坡发展为国际学术文化中心。而后,新加坡总理吴作栋于 1997 年宣布要将新加坡国立大学、南洋理工大学构建成为世界级的一流大学,在新加坡再现以麻省理工学院、哈佛大学的学术、工业氛围而闻名的波士顿,将新加坡打造成为东方波士顿,一个集全球知识生产、创新创意和产学研一体化的区域人才培训中心和教育枢纽。1998 年,新加坡进一步出台了"世界一流大学项目"(WCU Program),意在 10 年内至少吸引 10 所世界一流大学落地新加坡[①]。2002 年新加坡经济发展局(Singapore Economic Development Board)又提出"环球校园计划"(global schoolhouse project)使这一理念得以进一步落实,经过 10 多年的发展,该计划超额完成目标,截至 2011 年,就吸引了 16[②] 所世界一流大学落地新加坡。基本实现了新加坡高等教育师资国际化、生源国际化、课程国际化等目标。

1.大力建设国际化的教师队伍

教师国际化是提升一个国家高等教育发展水平的关键要素。教师国际化的主要方式为"引进来"和"走出去"。在"引进来"这一方面,新加坡有自己的人力资源小组,每年在全球寻找那些重量级的专家学者予以引进,引进对象包括校长和普通教师。2010 年,新

---

① 黄建如、向亚雯:《新加坡建设地区教育中心的经验与不足——以环球校园计划为例》,载《大学(研究版)》2011 年第 4 期。

② EDB Singapore. Industry background,http://www.sedb.com/edb/sg/en_uk/index/industry_sectors/education/industry_background.html♯Link2♯Link2,2011-01-05,accessed April S,2019.。

加坡 3 所大学外籍教师比例均超过半数[1]。南洋理工大学外籍教师 50%,新加坡国立大学外籍教师 55%,新加坡管理大学外籍教师 59%。其中不乏著名的诺贝尔奖获得者、菲尔兹奖获得者等极具影响力的人物。而由新、美、中合作办学的新加坡科技设计大学,校长由美国麻省理工学院教授担任,照搬该学院教育体制,中国浙江大学提供部门课程,其国际化程度更高。此外新加坡各大学十分鼓励在校教师积极前往他国参加国际学术交流,进行项目合作研究等。新加坡的大学积极实施人才"走出去"战略,鼓励在校教师积极前往他国进行项目研究和科研合作。多元文化的交融、国际顶尖科研经验、优秀的师资队伍,都是其迈向更高阶段国际化的推手[2]。

2.学生国际化

学生国际化是高等教育国际化的重要指标。2011—2017 年,新加坡赴他国留学的学生数量保持增长趋势,年均增幅约 1000 人。相关数据显示,南洋理工大学 20% 的本科生和 38% 的研究生来自世界上 73 个不同的国家。学生国际化为校园提供了更加多元的环境,帮助每个学生更好地吸收多元文化,提高自身的国际竞争力[3]。

3.新加坡大学鼓励学生"请进来,走出去"以实现生源结构多元化

2002 年新加坡政府提出的环球校园计划中有一条就是计划到 2015 年吸引 15 万[4]国际学生来新加坡学习。为此新加坡政府多措并举,以免学费、提供政府津贴、助学贷款、发放奖学金等方式,大量吸引来自世界各国的优秀学生来新加坡高校就读,为今后国家的持续发展储备优秀人才。以新加坡管理大学为例,就读该校的国际学生比例"本科生占比 10%,来自 25 个国家,研究生占比 61%,来自 44 个国家"[5]。新加坡国立大学和南洋理工大学的在校生来源更加多元,覆盖全球 100 多个国家或地区。新加坡这样的举措不仅有益于高等教育的发展,同时也带动了经济的发展,更为国家未来发展的需要储备了大量高、精、尖人才。此外,为了培养具备全球化视野的人才,新加坡各高校积极开展内容丰富的学生赴海外交流学习的活动,鼓励本地学生走出去。譬如,新加坡国立大学在海外建立 11 个分校,遍布美国、加拿大、瑞士、德国、瑞典、中国、东南亚等,新加坡国立大学的学生可以到这些海外学院的校园内进行学习或者实习,可以进修课程也可以去公司工作[6]。南洋理工大学 70% 的学生都有机会去全球 540 所高校进行交流学习。这些国际化的学生活动既可以帮助学生获得国际经验,又可以方便学校建立全球声誉。

---

① 宋若云:《新加坡教育研究》,经济科学出版社 2013 年版,第 105 页。

② 瞿俊卿、巫文强:《新加坡高等教育国际化政策探析——以新加坡国立大学为例》,载《世界教育信息》2018 年第 3 期。

③ 瞿俊卿、巫文强:《新加坡高等教育国际化政策探析——以新加坡国立大学为例》,载《世界教育信息》2018 年第 3 期。

④ 黄建如、向亚雯:《新加坡建设地区教育中心的经验与不足——以环球校园计划为例》,载《大学(研究版)》2011 年第 4 期。

⑤ https://www.smu.edu.sg/about/facts#annual-report,最后访问日期:2019 年 4 月 5 日。

⑥ NUS Enterprise. NUS. http://enterprise.nus.edu.sg/educate/nus-overseas-colleges, accessed April 5,2019.

4.课程的国际化

新加坡高等教育在课程的设置上也走的是"国际化"道路。第一,教师在课堂上使用的授课语言的国际化,英语作为新加坡的官方语言,让每个新加坡人有了更多的接触全球化学习的可能性。新加坡人民各民族的母语为他们本国人的第二语言。因此,在新加坡,从幼儿园到大学教育,所有的课程知识均是由老师以英文进行传授,这一点足以证明新加坡在语言上的国际化。第二,课程内容的国际化。新加坡的高校及时了解世界科研前沿,及时更新课程内容设置,要么直接用国外最新教材,要么通过教师培训获取最新资讯,保证可以为课堂教学提供最先进和与时俱进的知识,让老师和学生敢于跳出安逸圈,获得全球化视野[1]。

1956年,新加坡总理李光耀提出《新加坡立法议会各党派华文教育委员会报告书》,确立"英语+母语"的双语教育政策,为新加坡课程国际化奠定了基础。新加坡大学积极推进与国际顶尖大学开展各种课程教学方面的合作项目,以期在课程方面与国外优秀大学保持统一。如新加坡国立大学与伦敦国王学院、东京大学、纽约大学等一起开设了217[2]门学士学位课程、双学位课程、联合学位课程、并行学位课程和双主修课程。又如南洋理工大学积极与加州理工学院、麻省理工学院、斯坦福大学、康奈尔大学、早稻田大学等全球知名大学院校进行双学士、双硕士课程,博士合作培养等项目[3]。新加坡科技设计大学更是通过新、美、中三国联合办学。

5.科研国际化[4]

第一,打造世界顶级的研发平台。新加坡政府依托已有的学术力量和学科基础,于2007年推出"卓越研究中心"计划,是其卓越科研体系构建中的点睛之笔。该计划由新加坡教育部和国家研究基金会共同投资75亿新元,拟用10年时间培养5个世界一流水准的研究中心。遴选的5个卓越中心是依托NUS创建的量子技术中心、新加坡癌症科学研究所,依托NTU创建的新加坡地球观测研究所、新加坡机械生物学研究所及依托NUS和NTU共同创建的新加坡环境生命科学工程中心。世界顶尖研发平台的创建,为新加坡高校科研实力及学术影响的提升提供了强劲支撑。

第二,搭建跨界融合的研发机构。新加坡高校科研国际化的一项重要举措就是注重与世界知名高校建立伙伴关系。比如NUS与马萨诸塞理工学院、约翰霍普金斯大学、杜克大学和耶鲁大学等主要机构建立了良好合作关系。最近的两次合作中,杜克大学与NUS医学院开发了杰出的"Team LEAD"学习模式,耶鲁-新加坡国立大学学院正在开创一种新形式的人文科学和未来的科学教育。NUS与包括中国高校在内的20所著名高校及全球300多所大学建有教育研究合作关系,设立了教育和研究的海外机构。此外,新加

---

① 禹小明、黄森、汪世珍:《新加坡高等教育国际化战略及其对我国地方高校的启示》,载《教育理论研究》2018年第30期。

② The NUS Story 2018, http://www. nus. edu. sg/images/resources/content/about/The-NUS-Story-CN.pdf? t=20181122,accessed November 22,2018.

③ Annual Report 2018,http://www.ntu.edu.sg/,accessed April 5,2019.

④ 彭蝶飞、李永贤、苏胜:《新加坡高等教育的国际化视野解析》,载《中国成人教育》2017年第21期。

坡政府携手美国、瑞士、英国、印度、中国等国家的 7 所顶尖高等学校,创立全球科技大学联盟,重点针对人口问题、环境变化、能源安全、粮食和水源供给等全球性的问题,从科技角度寻求解决方案,进一步增进跨学科和跨国界学术研究合作。

第三,开展校企合作的创新中心。新加坡大学十分注重与世界知名企业的合作研究,通过国际网络和联盟与主要国际企业成为协同创新攻关的合作伙伴。如 NTU 作为协同创新领域的成功典范,与英国劳斯莱斯(Rolls-Royce)的合作集中在为特别复杂的应用发展新型及更多的有效工具,与法国泰勒斯集团(Thales Group)合作成立 CINTRA 研究室,开发商业和防卫应用技术,此外还与欧洲航空防务及航天公司(EADS)、德国博世公司(Bosch)开展科技合作,推动产业的发展。

第四,构建高端前沿的学术团队。招募世界级的学者,为高层次学术人员提供一流的基础设施和学术环境,是新加坡高校开展高水平科学研究的前提。新加坡大学聘用人才的机制已实现了从基于资历向基于绩效的人力资源系统的转变,大学也完成了从政府主导到自主办学的变革。大学充分利用这些优惠政策积极发展,在广泛的战略选择领域培育和雇用了极有才干的学术人员。除了灵活的人力资源政策外,大学也通过薪酬、平台和项目来吸引人才。新加坡政府赋予 5 个卓越研究中心高度的自治权,其主任均是从国外吸引到新加坡的一流研究领袖,进而集聚了更多卓越的国际人才。如 NTU 为吸引世界著名学者及青年才俊,鼓励其通过积极申请新加坡政府的科研项目,获得数目不菲的科研经费,同时在经费使用方面赋予项目负责人充分自主权,还可通过项目聘请一批合同制的国外研究人员加盟团队,促进了科研项目的合作,也提升了 NTU 的国际科研影响力。

6.新加坡高等教育发展的实用性原则

新加坡教育战略方面主要采取实用性原则[1],注重实际教育效果,多培养应用型人才,以满足当前社会发展的人才市场需求。基于此,新加坡政府把高等教育的发展重心放在当前社会最需要的应用领域,大力培养市场专需人才。新加坡政府特设专业与技术教育委员,针对高校的专业、课程、教学内容等方面,对毕业生展开调查,以此来验证高校的课程设置是否能满足当前国家经济发展方向、社会实际需求。各个高校则以实用性、科学性、未来性为原则,灵活地根据不同时期国家经济发展的重点与市场需求来设置与调整本校的课程。新加坡各高校更加注重理论基础与实践应用的结合,培养学生的综合技能,积极开展校企合作,并为学生提供各类国际化企业实习机会。新加坡科技大学作为应用型大学的推广平台[2],2014 年起可授予自己的应用型学位。此外新加坡职业教育更是高度强调其实用性。新加坡职业技术教育包括的 5 所理工学院和工艺教育学院将实际的企业环境引入教学环境中,并将两者综合在一起,形成了"教学工厂"[3];采用"2+1"课程模式,两年进行基础和专业学习,一年在企业进行项目研究与实习;并建立"源于企业、用于企

---

①　吴凝:《试论新加坡高等教育的特点及其启示》,载《亚太教育》2016 年第 28 期。

②　Committee on University Education Pathways Beyond 2015.Greater Diversity,More Opportunities.Singapore:MOE,2012。

③　宋若云:《新加坡教育研究》,经济科学出版社 2013 年版,第 125 页。

业"的校企合作模式;聘用"双师型教师"等。因此理工学院学生就业率高达95%[①]以上,工艺教育学院也被联合国誉为世界级工人培训中心。

7.大学自主

新加坡从2005年开始实施"大学自主"改革。"大学自主"改革一方面增加了大学的办学自主权,另一方面也削减了大学的财政拨款。从体制改革的角度来看,这场改革的核心是改变新加坡国立大学和南洋理工大学目前的法定机构地位,使其成为有担保的企业型非营利有限公司,其地位与非营利私立教育机构(如新加坡管理大学)相似。体制改革背后所隐含的深层次意义则在于,大学不再仅属于政府,而是属于利益相关者,诸如政府、教职员工、学生、校友、捐助者等。具体来说,新加坡的"大学自主"改革增大了大学的自主权。

第一,大学委员会对学校发展的战略方向和优先领域具有更大的自主权,同时也要承担更大的责任。

第二,虽然政府仍然是大学办学经费的主要提供者,但随着政府拨款的减少,大学必须寻找其他经费来源。同时,大学可以自主决定经费项目的分配——是用于硬件建设还是人才引进,可以自主决定学费标准——包括不同课程之间学费的差异。通过经费改革,政府希望大学可以更有效地利用学校资源。

第三,2004年2月,新加坡大学招生委员会建议进行大学自主招生试点,新加坡国立大学和南洋理工大学可以按照本校设立的标准,录取10%的新生。

第四,2004年,新加坡设立了全国人力资源委员会,监督大学的专业设置是否与社会经济发展需求一致。但根据2005年的改革规定,如果大学招收缴纳全成本学费的留学生,可以不受全国人力资源委员会对专业设置和专业招生人数的限制。

第五,新加坡国立大学和南洋理工大学可以自主决定教师的聘任及提升,还有权决定员工的工资、福利待遇和绩效奖励,这样就有利于大学留住最优秀的人才[②]。

(二)新加坡高等教育发展趋势(以6所大学发展为例)

自1965年新加坡独立以来,因为本土自然资源的严重匮乏,因此新加坡政府决定大力发展人力资源,希望将其人力资源的发展作为一个可持续发展的战略。因此,发展高等教育被认为是一个关键性的战略措施。新加坡政府在高等教育方面大力增加投入,旨在提高高等教育质量。

新加坡政府特别重视高等教育,并且尤其重视精英教育模式。因为高等教育机构,特别是大学,在确定和培育精英方面能发挥不可替代的重要作用。除了经济上的大手笔投入以外,新加坡政府还促进并加强高校和企业合作,增强高校的社会服务功能;并建立和完善独特的评价体系,保证高等教育质量,促进大学科研评价国际化,增强学校的市场机制和国际竞争力,让高等教育机构肩负更多责任。下面为新加坡3所大学的国际化战略愿景,如表2-8所示。

---

① 宋若云:《新加坡教育研究》,经济科学出版社2013年版,第130页。

② Singapore Ministry of Education,*Autonomous Universities:Towards Peaks of Excellence*.Singapore Government,2005。

表 2-8　新加坡 3 所公立大学的国际化战略愿景

大学名称	国际化战略愿景
新加坡国立大学	提供高质量的教育和学生人才,以全球化、国际化为导向,培养学生技能和价值观,使他们能够充分发挥潜力;专注于高影响力的研究,推进知识创新及其应用,提升国际影响力。
南洋理工大学	成为一所伟大的全球性大学,通过当前建立的优良传统,在国际上取得成绩,并成为"东西合璧"的顶尖大学。
新加坡管理大学	打造一支国际级的师资队伍,加强与新加坡产业界、政府机构、社会组织和团体、科研机构及跨国企业的联系。

1.新加坡国立大学(NUS)

新加坡国立大学(简称国大)始建于 1905 年,是新加坡教育部属下的一所公办科研密集型大学,是新加坡历史最悠久且最富声望的大学,也是亚洲首屈一指的高等学府。校园横跨肯特岗、武吉知马、欧南园 3 大校区,拥有 17[①] 个学院(系),招收和培养本科生、硕士研究生、博士研究生、继续教育等各类人才。

带着"通过教育、研究及服务,改变人们的思维与行为方式"的使命,国大希望成为"一所立足亚洲、影响未来的世界级领先大学"。为此,国大坚持为所有学生打造全面多元的教育体制,全面建设师资队伍。学校现有教职工 12018[②] 人,均毕业于世界著名的高等学府(主要是欧美名校),保障了教学内容的国际化和教学品质的卓越性,也使大学在国际上得到了普遍的认同和赞誉。学校开设 217[③] 门学士学位课程、双学位课程、联合学位课程、并行学位课程和双主修课程,供来自全球 100 多个国家和地区的 28134[④] 名各类全日制学生选择。

除了高水准的教学,国大还取得了在研究领域的领先地位,其采取跨领域整合研究方针,同政府、工业、学术各界建立多方合作关系,设立卓越研究中心、智慧国研究群,以及30 所大学层级的研究机构与中心,公开发表论文 9789 篇,新项目或现行项目 4332 个,专利申请项目 374[⑤] 个等。

自 1997 年新加坡政府提出"东方波士顿"计划以来,国大不仅在海外多个国家设立了11[⑥] 所海外分院,包括中国北京、上海,德国慕尼黑,以色列,瑞典斯德哥尔摩,瑞士洛桑,

---

① http://www.nus.edu.sg/about,新加坡国立大学官网,最后访问日期:2018 年 11 月 12 日。

② NUS-Annual Report 2018,http://www.nus.edu.sg/annualreport/pdf/nus-annualreport-2018.pdf,最后访问日期:2018 年 11 月 12 日。

③ The NUS Story 2018, http://www.nus.edu.sg/images/resources/content/about/The-NUS-Story-CN.pdf? t=20181122,最后访问日期:2018 年 11 月 22 日。

④ Education Statistics Digest 2018,https://www.moe.gov.sg/about/publications/education-statistics,最后访问日期:2018 年 11 月 12 日。

⑤ The NUS Story 2018, http://www.nus.edu.sg/images/resources/content/about/The-NUS-Story-CN.Pdf? t=20181122,最后访问日期:2018 年 11 月 22 日。

⑥ Welcome to NUS 2018,http://www.nus.edu.sg/images/resources/content/about/welcome-to-nus.pdf,最后访问日期:2018 年 11 月 12 日。

美国硅谷、纽约等,更与遍及 40 个国家的 300[①] 多所大学开展交换生计划,使得 80% 的国大学生都有机会进行海外学习。

近年来,新加坡国立大学在国际高等学府的排名中不断飙升,在 2018—2019 年 QS 世界大学排名中,位列 11,已成为亚太地区备受瞩目的顶尖大学。

2.新加坡南洋理工大学(NTU)

南洋理工大学(简称南大)是新加坡教育部属下一所公立科研密集型大学,在纳米材料、生物材料、功能性陶瓷和高分子材料等许多领域的研究享有世界盛名,为工科和商科并重的综合性大学,为国际科技大学联盟(Global Alliance of Technological Universities,简称 G7 联盟)发起成员、环太平洋大学联盟成员、全球高校人工智能学术联盟创始成员、AACSB 认证成员、国际事务专业学院协会(APSIA)成员。前身为 1955 年创办的华文学校——南洋大学,1981 年,新加坡政府在南洋大学校址成立南洋理工学院,为新加坡经济培育工程专才。1991 年,南洋理工学院进行重组,正式将国立教育学院纳入旗下,更名为南洋理工大学。设有云南园、纬一和诺维娜 3 个校区,拥有商学院、工学院、文学院和理学院等八大学院,为来自 108 个国家或地区的近 22934[②] 名全日制本科生和研究生提供全方位的跨学科教育,包括双学位课程、双主修课程、博雅英才工程和博雅英才通识课程。现已培养 230300[③] 名毕业生,2017 年就业率达到了 90%。学校拥有 5300 名来自 81 个国家或地区的教职工,保障了教学内容的国际化和教学品质的卓越性,也使其在国际上得到了普遍的认同和赞誉。

本着"全方位教育,培养跨学科博雅人才"的使命,南大努力实现"创新高科技,奠定全球性卓越大学"的愿景。学校积极建设强大的国际联系网络,与麻省理工学院、斯坦福大学、康奈尔大学、北京大学、早稻田大学、剑桥大学、伦敦大学帝国学院,以及瑞士联邦高等工业学院等全球 540 所高校建立国际交流项目,每 10 名学生当中就有 7[④] 名学生到海外的高等学府修读相关科目、参加交流活动或国际竞赛等。同时,学生们也能在企业机构和工业园区实习并进行研究。南大的合作伙伴和国际联盟不断增加,为学生制造更多机会前往顶尖大学和知名企业进修实习[⑤]。其中包括劳斯莱斯公司、洛克希德·马丁公司和宝马公司等。蓬勃的国际关系网及国际合作项目,已成为南大与全球紧密相连的重要标志。

此外南大着重科研建设,设有许多顶尖的研究中心,包括南洋环境与水源研究院和南洋理工大学能源研究所等 19 所科研机构与中心。仅 2017—2018 年,就获得 114[⑥] 项专

---

① Welcome to NUS 2018,http://www.nus.edu.sg/images/resources/content/about/welcome-to-nus.pdf,最后访问日期:2018 年 11 月 12 日。

② Education Statistics Digest 2018,https://www.moe.gov.sg/about/publications/education-statistics,最后访问日期:2018 年 11 月 12 日。

③ NTU Annual Report 2018,http://www.ntu.edu.sg/,最后访问日期:2018 年 11 月 12 日。

④ NTU Annual Report 2018,http://www.ntu.edu.sg/,最后访问日期:2018 年 11 月 12 日。

⑤ Why Choose NTU Singapore? 2017 http://admissions.ntu.edu.sg/UndergraduateAdmissions/Pages/Why_NTU.aspx,最后访问日期:2018 年 11 月 12 日。

⑥ NTU Annual Report 2018,http://www.ntu.edu.sg/,最后访问日期:2018 年 11 月 12 日。

利,以卓越的学术和科研成果,跻身全球顶尖大学百强之列,在 2018—2019 年 QS 世界大学排名中,位列 12[①]。

3.新加坡管理大学(SMU)

新加坡管理大学(简称新大)创建于 2000 年 1 月 12 日,是亚洲首屈一指的大学,它拥有国际公认的世界级研究和优质教学。新大是新加坡政府立足于 21 世纪的人才需求、精心打造的国际一流财经和社会科学类高等学府。其目标是开展具有主导性的学术研究并培养具备全方位才能、创意和商业头脑的领导者,借此履行其为知识型经济创造并传播知识的使命。新大为莘莘学子精心营造一个互动性强、以科技为载体以及小班制教学的氛围,这些都是它独树一帜的办学特色。新大现有 355[②] 名全职教职工,其中外籍教师占比达 40%,来自 29 个国家;本科生 8182[③] 名,国际学生占比达 10%,来自 25 个国家;研究生 1828 名,国际学生占 61%,来自 44 个国家。其中全日制在校生 7979[④] 名,分布于 6 所学院:李光前商学院、会计学院、经济学院、社会科学学院、资讯系统学院以及法律学院。新大可提供一系列商业与其他领域的本科、硕士及博士学位课程,已为新加坡培养了 22800[⑤]名毕业生。

4.新加坡科技设计大学(SUTD)

新加坡科技设计大学(简称新科大)于 2012 年由麻省理工的托马斯·L.马尼安提(Thomas L.Magnanti)教授创校,学校教职工由麻省理工代为面试、招聘,博士及博士后有机会前往 MIT 进行交流学习。新科大与美国的麻省理工学院和中国的浙江大学一起合作办学,以其跨国界、跨学科、重实践、重实用的办学特点引人注目,把新加坡政府面向全球、开放办学的理念推向极致[⑥],它是一所集设计与创新于研究与工程中的顶尖研究型大学[⑦]。

新科大现有 200[⑧] 多名教职工,全日制在校生 1545[⑨] 名,分布在工艺与可持续设计、工程产品开发、工程系统与设计以及信息系统技术与设计四个院系。由于建校时间短,新科大因此暂时还未被收录在综合大学排名中。不过在一些国际专业排名中已经崭露头角。

根据麻省理工学院(MIT)2018 年 3 月 27 日发布的“全球前沿工程教育”(Global state of the art in engineering education)报告,新科大入选“全球十大工程教育新兴领

---

① http://ranking.promisingedu.com/qs,最后访问日期:2018 年 11 月 12 日。

② https://www.smu.edu.sg/about/facts♯annual-report,最后访问日期:2018 年 11 月 12 日。

③ https://www.smu.edu.sg/about/facts♯annual-report,最后访问日期:2018 年 11 月 12 日。

④ Education Statistics Digest 2018,https://www.moe.gov.sg/about/publications/education-statistics,最后访问日期:2018 年 11 月 12 日。

⑤ https://www.smu.edu.sg/about/facts♯annual-report,最后访问日期:2018 年 11 月 12 日。

⑥ 宋若云:《新加坡教育研究》,经济科学出版社 2013 年版,第 99 页。

⑦ Yearbook of Statistics Singapore,2018,最后访问日期:2018 年 11 月 12 日。

⑧ https://www.sutd.edu.sg/About-Us/People,最后访问日期:2018 年 11 月 12 日。

⑨ Education Statistics Digest 2018,https://www.moe.gov.sg/about/publications/education-statistics,最后访问日期:2018 年 11 月 12 日。

袖",并排名第一①;根据汤森路透旗下的学术排名机构 Clarivate Analytics 2017 年 9 月发布的全球创新报告,新科大在"通信领域全球最具影响力研究机构"中超过普林斯顿大学和卡耐基梅隆大学位列全球第五,是前十名中仅有的一所非美国的研究机构②;而根据计算机领域排名网站 CS Ranking 中的排名结果,新科大在自然语言处理(natural language processing)领域近三年(2014—2017 年)的顶级会议发表量排名全球第七③。

5.新加坡理工大学(SIT)

新加坡理工大学,原新加坡科技学院,新加坡政府 2014 年 3 月 28 日宣布,新加坡科技学院自 2014 年 3 月 28 日起升格为新加坡第五所公立大学,并更名为新加坡理工大学(Singapore Institute of Technology)。新加坡理工大学享有与其他公立大学同等的地位,同时也有自主权,可以颁发大学文凭、学位和证书。

新加坡理工大学注重实践操作,是一所应用型大学。其联合国外 9④ 所大学,分 5 个项目集群:工程、国际视听展科技、化学工程和食品科技、医疗健康和社会科学、设计和定制商贸,为在校生提供 43⑤ 种不同专业应用型学位课程。拥有全日制在校学生 6138⑥ 名,分散在 5 所理工学院和多佛校区里。

6.新加坡新跃社科大学(SUSS)

2016 年 10 月,新跃大学不再隶属于新加坡管理学院,升格为新加坡第六所公立大学,隶属教育部,获政府资助,并改名为新加坡新跃社科大学(Singapore University of Social Sciences),重点为社会科学领域培养专才,并延续它为工作人士提供终身学习的定位。新跃社科大学现有 15000⑦ 名在校生,其中全日制学生 1451⑧ 名,教职工 1480⑨ 名,

---

① 全球前沿工程教育报告.麻省理工学院 NEET.2018-03-27.http://neet.mit.edu/wp-content/uploads/2018/03/MIT_NEET_GlobalStateEngineeringEducation2018.pdf,最后访问日期:2018 年 11 月 12 日。

② NTU,SUTD and A∗Star among top in world for research in various fields:Study.The Straits Times.2017-09-27.https://www.straitstimes.com/singapore/education/ntu-sutd-and-astar-among-top-in-world-for-research-in-various-fields-study,最后访问日期:2018 年 11 月 12 日。

③ Computer Science Rankings.CS Ranking.http://csrankings.org/#/fromyear/2008/toyear/2018/index? nlp,最后访问日期:2018 年 11 月 12 日。

④ SIT Annual Report 2018,https://www.singaporetech.edu.sg/about/annual-reports.,最后访问日期:2018 年 11 月 12 日。

⑤ SIT Annual Report 2018,https://www.singaporetech.edu.sg/about/annual-reports.,最后访问日期:2018 年 11 月 12 日。

⑥ Education Statistics Digest 2018,http://www.moe.gov.sg/about/publications/education statistics,最后访问日期:2018 年 11 月 12 日。

⑦ http://www.unisim.edu.sg/about-suss/Overview/Pages/Facts-Figures.aspx,最后访问日期:2018 年 11 月 12 日。

⑧ Education Statistics Digest 2018,http://www.moe.gov.sg/about/publications/education statistics,最后访问日期:2018 年 11 月 12 日。

⑨ http://www.unisim.edu.sg/about-suss/Overview/Pages/Facts-Figures.aspx,最后访问日期:2018 年 11 月 12 日。

提供 70① 门课程,已培养 30000② 名毕业生。

从地理位置上而言,新加坡位于"一带一路"沿线的重要位置,是我国建设"一带一路"特别是"21世纪海上丝绸之路"的重要战略支点。中新两国的教育合作交流应加紧步伐。纵观新加坡高等教育发展战略及其6所大学的实施情况,新加坡政府正稳步加大教育投资,促进大学的自治改革,在明确大学责任的基础上进行管理体制的改革,加强大学办学自主权,推进高等教育的国际化,如语言国际化、课程国际化、教师国际化、学术资料库的国内外共享建设(包括国际化数字图书馆的建设),旨在吸引国外知名大学在国内设立分校或合作办学并与其加强国际交流与合作。新加坡政府在移民政策上也有多种方案,如投资居留政策、灵活签证政策、留学生优惠政策等,用以进行高科技素质人才的引进与培养等。

五、新加坡高等教育国际合作与交流

(一)新加坡高等教育国际化发展历程

在实现了高等教育大众化、扩大了高等教育规模后,新加坡政府意识到提高高等教育质量的重要性。1997年,新加坡总理宣布将新加坡建设成为"东方波士顿",把当时新加坡的两所大学——新加坡国立大学和南洋理工学院建设成为世界一流的教育机构,并要求两所学校分别以哈佛大学和麻省理工学院为榜样。同年,新加坡政府邀请了来自美国、日本以及欧洲大学的11名专家到新加坡,为如何达到这一目标提出建议。专家组提出了以下四方面的建议:第一,建立更灵活的录取标准,考虑学生支付能力设立学费标准,从而吸引世界各地优秀人才来新加坡就读;第二,在科研与研究生教育上,加强与世界知名科研机构的合作与联系;第三,拓宽本科生的课程,使学生对非技术问题具有更广泛的兴趣、对自然科学和社会科学形成更深层次的理解;第四,创造更优良的科研和教学环境,从而使两所大学能够聘请到世界一流的教授和研究者③。20世纪90年代中期以前,新加坡高等教育承袭的是英国体制,一直实行精英教育,管理也比较保守,政府控制和精英福利特征比较明显。1997年教育改革开始,大学办学和管理理念向美国体制靠拢,体现为:有控制地提高大学学费,扩大招生数量,鼓励大学自筹经费,逐步赋予大学人事和财务的自主权,将学校体制转为美国式以教授为中心的体制④。

在作出提高高等教育质量的决策之后,新加坡政府所采取的主要做法是给予大学充分的办学自主权。为促进新加坡国立大学、南洋理工大学更好的发展,新加坡政府于2004年4月任命成立了大学自主、管理、资助委员会,于2005年1月6日公布题为《大学

---

① http://www.unisim.edu.sg/about-suss/Overview/Pages/Facts-Figures.aspx,最后访问日期:2018年11月12日。

② http://www.unisim.edu.sg/about-suss/Overview/Pages/Facts-Figures.aspx,最后访问日期:2018年11月12日。

③ Sanderson, G.International Education Developments in Singapore, *International Education Journal*, 2008, Vol.2.

④ 凌健:《新加坡的大学国际化改革特点及其启示》,载《比较教育研究》2007年第7期。

自主：迈向卓越巅峰》的"大学自主"初期报告书，并于 2005 年 5 月正式确定议案。改革的目标是使目前大学只有少许自主权转变为拥有完全自主权，成为对国家、社会负责任的高等学府。大学自主后带来的改变将包括重组大学理事会，自行分配经费的使用，自主制定学费，自行制定招生条件，自行调度各院系招生的人数，全权处理人事的征聘、升迁和薪金分配等内容。大学自主后，政府的资助将由目前发展费的 100％ 和日常经费的 75％ 下调到总费用的 75％，但政府仍将是大学的最大资助者①。

除了在学校办学模式和内部管理体制上进行国际化之外，为了真正建设世界一流的高等教育，新加坡还大力吸引国际学生。与澳大利亚、新西兰等国家在高等教育领域发展教育服务贸易不同，由于特殊的地理位置和经济发展需要，新加坡发展高等教育国际化的目的类似于美国，即在于吸引世界优秀人才来新加坡工作。因此，新加坡并未对国际学生征收高额学费，国际学生的学费仅比新加坡本国学生的学费高 10％。例如，在南洋理工学院，新加坡学生的平均学费为每年 1800 新元，而国际学生每年仅需支付 1980 新元，新加坡政府对国际学生的补助达到了 8720 新元。在南洋理工大学，新加坡本国学生的学费为每年 5500 新元，国际学生学费为每年 6050 新元②。

新加坡政府还斥巨资设立了"国际学生奖学金"，以吸引外国精英。新加坡政府和大学从人才经济学的角度出发，把国际毕业生视为国家的一笔重要财富和投资。基于此，政府和大学格外重视校友会工作，国大和南大的国际校友在全球各个经济体建立的人脉关系，成为国家招商引资的巨大资源，并能引进一流的教授，为毕业生的良好就业提供支持等。

（二）新加坡与中国的教育合作交流

新加坡在全球化的发展过程中，与全世界保持密切联系，其中新加坡与中国的合作与交流也颇为频繁，因为两国对国际人才的需求，为合作的进行提供了动力来源，以下仅列举一些加以证明：

1.在"一带一路"沿线的 69 个国家中，共有 44 个国家引入了共 162 所海外分校。其中，从建设状态来看，正在运营的有 132 所，筹建中的有 7 所，已经关闭的有 23 所；从地理分布来看，亚洲有 145 所（西亚 71 所、东南亚 40 所、东亚 15 所、中亚 13 所、南亚 6 所），欧洲有 10 所（东欧 8 所、北欧 2 所），非洲有 6 所（南非共和国有 5 所、埃及有 1 所），大洋洲有 1 所。具体而言，新加坡的境内分校数量排在第三位，总量为 12 所③。

2.中新两国自建交以来，在文化和教育领域都取得了卓越的成就。1999 年中新两国在双方平等、友好和相互理解的基础上，就双边教育交流与合作事宜广泛地交换了意见。为进一步巩固和促进双边教育交流与合作，双方一致同意签订《新加坡共和国教育部与中华人民共和国教育部教育交流与合作备忘录》。2002 年 10 月 30 日，中国高校在海外成立的第一个研究生院——上海交通大学新加坡研究生院成立。2004 年 5 月 14 日，中国

---

① Singapore Ministry of Education，*Autonomous Universities：Towards Peaks of Excellence*，Singapore Government，2005.

② https://www.xzbu.com/9/view-9340956.htm，最后访问日期：2018 年 11 月 12 日。

③ https://www.sohu.com/a/214602513_670057，最后访问日期：2019 年 3 月 12 日。

教育部时任副部长章新胜与新加坡驻华大使共同签署了两国教育部《关于成立中国—新加坡基金的谅解备忘录》。2006 年 1 月 12 日,中国教育部时任部长周济在北京会见新加坡时任教育部长尚达曼一行,双方再次签署了《中新教育部教育交流与合作备忘录》。2002 年至今,我国教育部与新加坡教育部每年互换 50 名大学生、50 名中学生到对方国家进行为期 15 天的交流访问活动。这一切都显示了中新两国在教育领域希望紧密合作的意愿,并为今后中新两国的教育合作打下了良好的基础。两国教育部每年都会组织"新中大学生交流项目"和"新中中学生交流"旗舰项目①。

3.2018 年 7 月 12 日,华信研究院与新加坡大使馆在北京召开了中国—新加坡"一带一路"国际合作交流会。新加坡大使馆一等秘书王运生、白志鸿,二等秘书李嘉雯,华信研究院"一带一路"产业研究项目组研究员以及华信研究院特邀专家中国电子信息行业联合会执行秘书长高素梅、中国人民大学教授陈甬军、北京交通大学经管学院院长张秋生参加会议,会议由华信研究院产业经济研究所所长李芳芳主持②。

4.新加坡国立大学、南洋理工大学等先后开设了"一带一路"相关的短期培训课程③。

5.2017 年 5 月 14 日至 15 日,中国"一带一路"国际合作高峰论坛在北京隆重召开,成为全球焦点。作为"一带一路"重要沿线国,和多个中国城市深度合作的新加坡,一直以来因其高质量的教育享誉全球,自然成了"一带一路"教育行动中的重要角色。实际上,早在 2003 年新加坡东亚管理学院就已经开始在中国和东南亚地区多地开展合作办学模式。2019 年,响应"一带一路"的号召,他们进行整体战略规划和提升,使国际教育合作方式更多元化,真真正正地把新加坡式教育带到中国,搬到中国学生的家门口。为顺应"一带一路"和教育越来越国际化的时代潮流,东亚管理学院积极和中国各地区的院校进行交流,探讨合作,目前已经开设了友好学校、学分互认、联合办校等多种合作模式,把中新教育合作提到了一个新高度④。

6."一带一路"合作是当前中新关系的新重点。中新双方将继续加强"一带一路"框架下互联互通合作、金融支撑合作、三方合作,以及法律与司法这一新的重点领域合作。契合两国发展需要,把中新(重庆)战略性互联互通示范项目"国际陆海贸易新通道"和三方合作打造成两大合作新亮点。双方同意提升两国间各种交通方式的互联互通,进一步加强航空客货往来,加强人文交流,促进旅游发展,从而支持"一带一路"倡议。双方同意基于规则的营商环境有利于推进"一带一路"建设,将加强法律、司法交流与合作。

7.中新双方欢迎中新广州知识城上升为国家级双边合作项目,将继续提升共建水平,扩展在科技创新、高端制造业、知识产权保护和人才培养等领域的合作。双方将继续通过 7 个地方合作机制开拓新的合作领域,不断为新加坡参与中国地方经济发展注入新动力。双方欢迎新加坡和上海市探讨建立全面合作机制。

---

① 　刘进、张露瑶:《"一带一路"沿线国家的高等教育现状与发展趋势研究(六)——以新加坡为例》,载《世界教育信息》2018 年第 31 期。

② 　http://www.sohu.com/a/241107398_804346,最后访问日期:2019 年 4 月 8 日。

③ 　https://www.sohu.com/a/214602513_670057,最后访问日期:2019 年 4 月 8 日。

④ 　http://www.sohu.com/a/141780761_176912,最后访问日期:2018 年 11 月 20 日。

8.中新双方一致同意在现有紧密的文化合作基础上,落实好双方签署的文化合作谅解备忘录 2018—2020 年交流执行计划,进一步扩大和深化人文交流合作。双方将继续开展各层级的官员交流互访活动,办好中新领导力论坛和中新社会治理高层论坛,落实好两国中高级官员交流项目的框架协议。双方同意加强教育合作,探讨按照对等互惠原则商签两国大学生实习交流项目协议[①]。

9.清华同方思科系统技术有限公司与新加坡大众电子教学控股有限公司在北京签署合作协议,结成全方位战略合作伙伴关系,双方拟成立合营公司,将在近几年内投入两亿元开拓国内的网络教育、教育信息化市场。目前,全球最大的网上大学"全球 21 世纪大学"决定将全球总部设在新加坡,总投资为 9000 万新加坡元。作为全球总部,全球 21 世纪大学将在新加坡开发、制作和包装课程软件,然后通过最先进的科技手段将课程传递到全球。如果这一计划能够实现,届时将为中国与新加坡的网络教育合作提供一个良好的信息平台。

10.我国通过各种渠道赴新培训的人数超 5000 人,中国自费赴新留学人员也逾万人。近来新方也陆续派遣经济部门的负责官员来华考察学习,中新人才培训出现了双向互动的势头。

中新双方在教育上的合作与交流,为推进共建"丝绸之路经济带"区域教育大开放、大交流、大融合提供了大契机。"一带一路"沿线国家重要战略支点——新加坡,在教育上与中国加强合作、共同行动,既是共建"一带一路"的重要组成部分,又为共建"一带一路"提供人才支撑。

(三)对中国的启示

第一,提升师资队伍建设的国际化,国家和政府应在教育投资上加大力度。虽然我国在高等教育事业上的投入上逐年递增,但是国家大部分的资金还是集中在建设"双一流"高校以及"双一流"重点学科上。一些地方院校的投入力度依旧不够大,因此会导致某些院校的科研投入经费不足,从而影响科研实验任务的完成,造成学术科研上的恶性循环。学校管理层应该更加重视高校国际化的重要作用,建立起国际化办学理念,并在学校的政策中有意识地融入这些理念,争取将其付诸实践,政策上可以积极鼓励和激励教师们进行自我提升,实现国际化教学。同时也可在高校中建立专门的行政职能部门来负责高等教育国际化的工作,如来华交流学生的管理,定期聘请外国专家来进行学术交流等,该机构可专职负责高校的国际化工作,并制定国际化发展战略等。

第二,加大学生国际化优质教育资源的发展。可尝试与国外高水平大学进行合作办学,深化一流大学之间的国际合作。在高等教育起步阶段,新加坡竭尽所能引进国外优质教育资源,为其所用,并尝试将其进行本土化,认真借鉴好的高校建设经验,从而成功打造本土的一流大学。除了借鉴国际上高水平大学的成功办学经验外,我们还可尝试与其建立合作共赢的关系,携手打造科研中心、进行科研人才交流,或者进行科研项目合作研究等,从而促进学生的国际化发展。

---

① 中华人民共和国政府和新加坡共和国政府联合声明,http://www.yidaiyilu.gov.cn/zchj/sbwj/71719.htm,最后访问日期:2018 年 11 月 14 日。

第三,积极加入国际大学联盟,参与国际学术多边对话。蜚声国际的大学联盟比比皆是,如常春藤联盟、国际研究型大学联盟、国际科技大学联盟、世界大学联盟,环太平洋大学联盟、巴黎高科技工程师学校集团、美国大学协会、英国大学联盟等。加入国际大学联盟,可在国际学术舞台上发出中国之声,提高中国的影响力。同时也可以向优秀的大学进行取经学习,以期在中国的高等教育上实现更多的国际化课程交流。

第四,尽可能实现大学自主化管理,减少政府对高等教育的行政管理,充分发挥高校本身在办学上的主动权。

第三章　马来西亚高等教育发展战略研究

一、马来西亚发展概况

马来西亚简称大马,地处东南亚,面积约 33 万平方公里。虽然马来西亚名为国家,实则是一个由 13 个州和 3 个直辖区组成的联邦,其国境被南中国海划分为两部分:马来西亚半岛和东马来西亚。马来西亚半岛北接泰国,南与新加坡仅相隔柔佛海峡,东临南中国海,西濒马六甲海峡,包括 11 个州和 2 个直辖区;东马来西亚位于加里曼丹岛北部,南接印度尼西亚,并分别与文莱、菲律宾、越南隔海相望,包括 2 个州和 1 个直辖区。

据研究,马来西亚有人栖居的历史可追溯到距今 40000 年前。[①] 早在公元 1 世纪,一些印度和中国的商人与迁居者就涉海来到这片土地,推动了贸易港口和沿海城镇的崛起与兴盛,这也导致马来西亚深受印度文化和中国文化的影响。历史上,马来西亚出现了不少古国:公元 2 世纪,狼牙修国即在马来西亚半岛北部建立,并绵延至 15 世纪;司力维家岩王朝(Srivijayan Empire)于公元 7 世纪兴起,直至 13 世纪都占据着马来半岛南部的广阔区域;公元 13 世纪至 14 世纪,崛起的玛迦帕夷王朝(the Majapahit Empire)成功掌控了大半个马来半岛以及马来群岛;拜里米苏刺(Parameswara)在 15 世纪初建立了以马六甲海峡为中心的满刺加王国(the Malacca Sultanate),该王国统一马来半岛大部,并使得马六甲成为该区域重要的商业城市。[②]

及至近代,马六甲先后被葡萄牙、荷兰和英国所侵略。1726 年,英国将控制之下的槟城、马六甲、新加坡和纳闽岛组建成了一个新的殖民地——英属海峡殖民地(Straits Settlements)。此后,彭亨州、雪兰莪州、霹雳州、森美兰州和沙巴州陆续被大英帝国纳入统治版图之中。"二战"期间,马来半岛遭到日本入侵,日军占据马来亚、北婆罗洲、沙捞越州和新加坡达 3 年之久。"二战"结束以后,不甘继续被奴役的马来亚人民与英国进行了长期艰苦的斗争,终于取得胜利;1957 年 8 月 31 日,马来亚联合邦宣布独立,正式成为英联邦的成员国;1963 年 9 月 16 日,马来亚联合邦与沙巴州、沙捞越州和新加坡(1965 年新加坡退出)联合组建成为马来西亚。[③] 可见,虽然马来西亚历史较为悠久,但成为一个独立国家的时间并不长。

---

① Holme S.,Getaway to romance in Malaysia,http://www.stuff.co.nz /travel/6405497/Getaway-to-romance-in-Malaysia,accessed November 15,2018.

② Wikipedia,Malaysia,https://en.wikipedia.org/wiki/Malaysia,accessed November 15,2018.。

③ Wikipedia,Malaysia,https://en.wikipedia.org/wiki/Malaysia,accessed November 16,2018.

（一）人口

近年来,马来西亚的人口一直处于稳步增长状态。根据马来西亚统计局的预测,2018年马来西亚的人口总数将达到 3238 万人,比 2017 年的 3200 万人略有增加,其人口增长率为 1.1%。其中,马来西亚公民约为 2906 万人,非公民约为 332 万人。与 2017 年相比,2018 年马来西亚 0～14 岁的人口占总人口的比例从 24.1% 下降至 23.8%,65 岁以上人口的占比从 6.3% 攀升至 6.5%,显示出马来西亚社会呈老龄化趋势。[①]

马来西亚还是一个多种族的国家,包括马来人、华人、印度人和其他种族。其中,马来人数量约为 2007 万人,涵盖马来族、傣族、高棉族、占婆族以及沙巴州和沙捞越州的当地土著等种族,占马来西亚人口的比例为 61.98%;华人数量约为 669 万人,占马来西亚人口的比例为 20.66%;印度人数量约为 201 万人,占比为 6.21%;其他种族的数量约为 29.4万人,占比为 0.91%;非马来西亚公民人口约为 332 万人,占比为 10.24%。[②]

（二）政治

由于历史上曾被英国统治过,马来西亚的政治体制受英国政体的影响颇深,采用的是君主立宪联邦制:国家的最高领导是国家元首,是由 9 个有着世袭传统的州的统治者(称为苏丹)选举出来的,其他 4 个州并不参与选举,元首的任期为 5 年;赢得议会众议院多数席位的政党领袖将成为政府的总理,总理是政府的最高领导,名义上服从于元首的指挥,拥有执行法律法规和处理国家日常事务的权力,内阁就是在元首的同意下,由总理任命某些议会成员组建而成的。[③]

马来西亚的议会采用两院制结构,包括众议院和参议院:众议院的 222 个席位是由单选区民中选举产生的,最长任期可达 5 年;参议院共有 70 个席位,其中 26 个席位来自 13个州的议会成员,剩下的 44 个席位则由总理进行推荐,元首予以任命,参议院议员的任期仅为 3 年。每个州都拥有一个由单选区民选举而来的州议会,首席部长是州的最高统治者,他(她)是从州议会里多数党的议员中推选出来的。[④]

（三）经济

与韩国、新加坡一样,马来西亚也被誉为新型工业化市场经济体,[⑤]数十年来经济发

---

①　Department of Statistic Malaysia:Official Portal.Current Population Estimates,Malaysia,2017-2018. https://www. dosm. gov. my/v1/index. php? r = column/cthemeByCat&cat = 155&bul _ id = clpqTnFjb29HSnNYNUpiTmNWZHArdz09&menu_id=L0pheU43NWJwRWVSZklWdzQ4TlhUUT09,accessed November 16,2018.

②　Department of Statistic Malaysia:Population by states and ethnic group,MALAYSIA,2018.http://pqi.stats.gov.my/result.php? token=1ffce4aedb39858c035f57d401c4563c,accessed November 16,2018.

③　The Federation of International Trade Associations:Malaysia.http://www.Fita.org/countries/Malaysia html? ma_rubrique=cadre,accessed November 18,2018.

④　Wikipedia,Malaysia,https://en.wikipedia.org/wiki/Malaysia,accessed November 18,2018.

⑤　Boulton W.,Pecht M.,Tucker W.,Electronics Manufacturing in the Pacific Rim,World Technology Evaluation Center,Malaysia,http://www.wtec.org/loyola/em/04_07.htm,accessed November 18,2018.

展迅速:1957—2005 年,GDP 年均增长 6.5％,是亚洲增长最快的国家或地区之一;[1] 2014 年,马来西亚的 GDP 增长率为 6％,在整个东南亚国家联盟中排名第二,仅次于菲律宾的 6.1％;[2] 同年,按照购买力平价计算,马来西亚的 GDP 达到 7468.21 亿美元,在东南亚国家联盟中排名第三,在世界各国或地区排名中位列第 28 名;[3] 2014—2015 年,马来西亚的经济竞争力位列亚洲第 6 位,世界第 20 位,高于澳大利亚、法国和韩国等发达国家。[4]

马来西亚有着丰富的自然资源,加上得天独厚的地理优势,因此曾是世界上最大的锡、橡胶和棕榈油的生产国,石油也是该国的重要出口商品之一。自 20 世纪 80 年代以来,马来西亚也在积极采取一系列的政策措施,以改变之前以采矿业和农业为主体的经济结构,努力实现经济结构的多样化,大力发展旅游业就是其中的一个重要举措。

此外,早在 1991 年,当时的总理马哈蒂尔·穆罕默德就在《展望 2020》报告中展露了他的观点,"在 2020 年马来西亚要成为自给自足的工业化国家",为此必须要提高国家内生性的创新能力。国际社会和各类研究组织普遍对马来西亚成为发达国家持乐观态度,汇丰银行发表的报告中指出,马来西亚在 2050 年有望成为世界上第 21 大经济体,届时 GDP 将会达到 1.2 万亿美元,人均 GDP 达到 29247 美元。[5]

(四)文化

从历史脉络来看,马来西亚逐渐融合了多个民族,形成了如今多种族、多文化、多语言的国家:最早是当地的土著栖居于此,不久马来人也移居而来;随着海外贸易逐步兴起,一部分中国人和印度人也来到了马来西亚,带来了中国文化和印度文化;此后,由于多种原因,波斯文化、阿拉伯文化和英国文化也对马来西亚社会产生了一定的影响。因此,现在的马来西亚社会可谓是多种文化共冶一炉。1971 年,马来西亚政府发布《国家文化政策》,指出马来西亚文化应建基于马来人和当地土著的文化之上,它可以吸收其他文化的合理要素,但伊斯兰文化必须参与其中,同时确认了马来语是国家的官方语言。[6]

马来西亚最引人瞩目的节日是独立日,时间为每年的 8 月 31 日,是为了纪念 1957 年马来亚联合邦独立而设立的;马来西亚日为每年的 9 月 16 日,是为了纪念马来西亚的正式成立而设立的。其他的国家性的节日还包括劳动节(每年 5 月 1 日)和国王生日节(每年 6 月的第一个星期六)。

---

① Wikipedia,Malaysia,https://en.wikipedia.org/wiki/Malaysia,accessed November 18,2018.

② Damodaran R.,Malaysia's GDP grew 6pc in 2014;BNM.https://www.nst.com.my/news/2015/09/Malaysia％E2％80％99s-gdp-grew-6pc-2014-bnm? m=1,accessed November 18,2018.

③ International Monetary Fund;Report for Selected Countries and Subjects(Malaysia).http://www.imf.org/external/pubs/ft/weo/2014/02/weodata/weorept.aspx? sy＝2012&ey＝2019&scsm＝1&ssd＝1&sort＝country&ds＝&hr＝1&pr1.x＝15&pr1.y＝5&c＝548&s＝NGDPD％2CNGDPDPC％2CPPPGDP％2cppppC&grp＝0&a＝,accessed November 18,2018.

④ World Economic Forum.;Competitiveness Rankings,http://reports.weforum.org/global-competiveness-report-2014-2015/rankings/,accessed November 18,2018.

⑤ Platt E.,These Economies Will Dominate The World In 2050,https://www.businessinsider.com/these-economies-will-dominate-the-world-in-2050-2012-1? IR＝T&op＝1.accessed November 27,2018.

⑥ Wikipedia,Malaysia,https://en.wikipedia.org/wiki/Malaysia,accessed November 27,2018.

（五）教育

政府推行"国民教育政策"，努力塑造以马来文化为基础的国家文化，重视马来语在国民中的普及。同时，由于马来西亚华人众多，华文教育也比较普遍，有较为完整的华文教育体系。马来西亚实行小学免费教育，学制为 6 年；中学学制为 5 年，小学和中学的教学媒介语均为马来语。2015 年小学适龄儿童入学率为 96.6％，中学入学率为 91.1％。①

马来西亚高等教育体系包括公立高校和私立高校两部分，公立高校包括公立大学、学院和技术职业学院，私立高校包括私立大学、私立大学学院、私立学院和国外大学分校。马来西亚现有公立大学 20 所、私立大学 43 所、大学学院 10 所、私立院校 3 所，还有 239 所私立高校。这些高校大多以英文授课，部分私立大学学院和私立学院引进了英、美、加、澳、新西兰等国高等教育课程，学生毕业可获颁这些国家高校的大学本科及以上文凭，受世界多数国家的认可。从学制来看，专科学制为 2～3 年，本科学制为 3 年，硕士学制为 1～2 年、博士学制为 2～6 年。②

（六）宗教

马来西亚实行宗教自由，但伊斯兰教仍是马来西亚的主流宗教。2010 年人口和住房普查数据显示，大约有 61.3％的人信奉伊斯兰教，19.8％的人信奉佛教，9.2％的人信奉基督教，6.3％的人信奉印度教，1.3％的人信奉儒教、道教和其他中国传统宗教，0.7％的人宣称不信任何宗教，剩下 1.4％的人信奉其他宗教或是没有提供相关信息。值得关注的是，马来西亚国民信奉何种宗教与所属的种族有着密切的关系，比如华人往往信奉佛教，印度人往往信奉印度教。③

（七）与中国的关系

如前所述，早在公元 1 世纪，中国商人就涉海来到马来西亚从事商业贸易。1974 年 5 月 31 日，马来西亚和中国正式建交，成为东南亚国家联盟（简称东盟）中第一个与中国建交的国家。建交以来，中马两国不断拓展和深化双边关系，加强双方在广泛领域的协调与合作；先后签署了《中华人民共和国政府和马来西亚政府贸易协定》《中华人民共和国政府和马来西亚政府关于鼓励和保护投资协定》《中华人民共和国政府和马来西亚政府海运协定》《中华人民共和国政府和马来西亚政府民用航空运输协定》《科技合作协定》《广播电视节目合作和交流协定》《教育交流谅解备忘录》等涉及各领域的一系列合作协议。两国合作具有里程碑意义的重大事件包括：1999 年，两国签署了《中华人名共和国政府和马来西亚政府关于未来双边合作框架的联合声明》；2004 年，两国领导人就发展中马战略性合作达成共识；2013 年，两国建立全面战略伙伴关系。④

---

① 中华人民共和国外交部，《马来西亚国家概况》，https://www.fmprc.gov.cn/web/gjhdq_676201/gj_676203/yz_676205/1206_676716/1206x0_676718/，最后访问日期：2018 年 11 月 27 日。

② 中华人民共和国教育涉外监管信息网，《马来西亚》，http://www.jsj.edu.cn/nl/12027.shtml，最后访问日期：2018 年 11 月 27 日。

③ Wikipedia，Malaysia，https://en.wikipedia.org/wiki/Malaysia，accessed November 27，2018.

④ 中华人民共和国外交部，《中国同马来西亚的关系》，https://www.fmprc.gov.cn/web/gjhdq_676201/gj_676203/yz_676205/1206_676716/sbgx_676720/，最后访问日期：2018 年 11 月 30 日。

中马双方在经贸、农业、科技、教育等领域合作成效显著:据中国估计,2017 年中马双边贸易额 960.3 亿美元,同比上升 10.5%,占中国与东盟贸易额的 18.7%,中国连续 9 年成为马来西亚最大的贸易伙伴;截至 2017 年,中马双边往来 351.42 万人次,其中中国公民访马 228.17 万人次,马方来华 123.25 万人次,中国已连续 6 年是马来西亚在东盟国家外最大游客来源国。[①]

二、马来西亚高等教育发展简史

马来西亚高等教育最早可追溯到 1959 年马来亚大学吉隆坡分校的建立。回顾马来西亚高等教育 60 年来的发展,我们可以把马来西亚高等教育的历程大致划分为四个阶段,现逐一予以阐释。

(一)第一阶段(1959—1969 年)

如前所述,1959 年马来亚大学吉隆坡分校的建立可被视为马来西亚高等教育的开端。马来亚大学是 1949 年国王爱德华七世医学院与莱佛士学院合并而来的,1962 年马来亚大学的吉隆坡分校和新加坡分校分别演变成了马来亚大学和新加坡大学。作为当时国家的唯一的高等学府,马来亚大学的使命也非常明确,就是满足国家的需要,培养政府行政管理和公共服务所需要的人才。[②] 此时马来西亚的高等教育无疑属于精英性质的,尽管由于国家发展的需要,大学的招生人数逐年攀升(1959 年大学的学生数为 323 人,1967 年大学的学生数达到 4560 人)。[③]

从府学关系来看,从 1959 年直至 1967 年,马来亚大学享有极大的自治权,政府几乎不干预大学事务,除了给予财政支持来改善大学的基础设施和聘请学术人员。马来西亚政府对高等教育的第一次干预当属 1967 年高等教育规划委员会(the Higher Education Planning Committee)的成立,该委员会的任务就是"审视马来西亚高等教育政策举措的合理性,并根据国家可预测的需要和财政资源,提供高等教育发展改革的相关建议"。[④]成立不久,该委员会就发布报告,认为"从长远来看,马来西亚高等教育适龄人口的入学率应达到 20%"。为了实现这个目标,委员会还提出了升格马来西亚专业技术学校、加快农学院的建设发展等建议。[⑤]

(二)第二阶段(1969—1996 年)

1969 年 5 月 13 日,马来西亚爆发的种族骚乱不仅改变了整个国家的历史进程,也改

① 中华人民共和国外交部,《中国同马来西亚的关系》,https://www.fmprc.gov.ccn/web/gjhdq_676201/gj_676203/yz_676205/1206_676716/sbgx_676720/,最后访问日期:2018 年 11 月 30 日。

② Collins C. S., Lee M. N. N., Hawkins J. N et al., *The Palgrave Handbook of Asia Pacific Higher Education*, Palgrave Macmillan US, 2016, p.471.

③ Selvaratnam V., The Higher Education System in Malaysia: Metropolitan, Cross-Natinal, Peripheral Or National, *Higher Education*, 1985, No.14, p.483.

④ Collins C. S., Lee M. N. N., Hawkins J. N et al., *The Palgrave Handbook of Asia Pacific Higher Education*, Palgrave Macmillan US, 2016, p.471.

⑤ Selvaratnam V., The Higher Education System in Malaysia: Metropolitan, Cross-Natinal, Peripheral Or National, *Higher Education*, 1985, No.14, pp.483-484.

变了高等教育体系的发展轨迹。为了改变各种族之间社会、经济不平衡的状况,马来西亚政府制定了"新经济政策"(the New Economic Policy,NEP),高等教育也被视为"矫正"种族间不平等地位的重要手段。具体而言,政府主要通过以下两种途径来加强对高等教育的掌控:第一,在公立高校入学准入方面推行"种族配额制",即在所有公立高校的办学项目中,马来人和非马来人的入学比例应该为55:45,而且这些学生的入学权都归属教育部集中管控。此举充分显示了政府对大学内部事务的强力干涉,公立高校自此失去了在学生挑选及入学方面的控制权。第二,在高等教育领域加大立法力度,在此期间最为重要的立法当属 1971 年《大学和大学学院法案》(the Universities and University Colleges Act,UUCA)的出台。[①] 该方案不仅侵犯了大学的自治权,对学术自由有所损害,同时还极大地抑制了校园政治文化和学生的激进活动。

在此期间,马来西亚高等教育规模也迅速扩大:1969 年仅有一所大学——马来亚大学,1995 年大学数量达到了 9 所;1969 年,大学生数量不到 8000 人;到 1995 年,共有255050名学生在大学就读,其中在国内公立高校就读的学生达 153610 人,占学生总人数的 60.3%,还有 50600 名学生负笈海外。[②] 随着高等教育从精英阶段步入大众化阶段,大学的职能也发生了重大变化:以前是为国家培养管理人才和公务员,如今是为快速发展的经济体系培养技能型人才,以及努力消除经济方面、就业方面的不均衡与不平等。换言之,马来西亚高等教育不仅承担着促进经济发展的职能,而且在凝聚国家力量和解决种族间社会经济不平等方面也扮演着重要角色。[③]

(三)第三阶段(1996—2004 年)

1996 年,马来西亚高等教育正处于尴尬的境地,迫切需要改革:高等教育基本由政府提供财政资助,规模迅速扩大的高等教育给政府带来了沉重的财政负担;"种族配额制"导致众多非马来家庭的子女无法到公立高校接受高等教育;经济下滑导致许多想赴海外求学的学生有心无力;世界各国正流行"新自由主义"理念,呼吁减少政府干预,尊重市场的力量等等。在此背景下,马来西亚议会先后修订和颁布了 6 个与高等教育相关的法案:修订了《大学和大学学院法案》,以推进公立大学的企业化;颁布了《私立高等教育机构法案》(PHEIA)、《全国高等教育委员会法案》(NHECA)、《全国教育认证委员会法案》(NABA)和《国家高等教育基金公司法案》(NHEFCA)等等。通过这一系列的立法改革,马来西亚开始启动以"私有化"和"企业化"为特征的高等教育体制改革。

随着《私立高等教育机构法案》的颁布,私立高等教育机构开始迅猛发展:1995 年,马来西亚没有一所私立大学,到 2002 年已经拥有 12 所私立大学;私立高等教育机构的数量从 1992 年的 156 所发展到 2002 年的 707 所,增长了近 4 倍;1990 年在私立高等教育机构

---

① Collins C. S., Lee M. N. N., Hawkins J. N et al., *The Palgrave Handbook of Asia Pacific Higher Education*, Palgrave Macmillan US, 2016, p.472.

② Neville W., Restructuring tertiary education in Malaysia: the nature and implications of policy changes, *Higher Education Policy*, 1998, No.11, p.263.

③ Collins C. S., Lee M. N. N., Hawkins J. N et al., *The Palgrave Handbook of Asia Pacific Higher Education*, Palgrave Macmillan US, 2016, pp.472-473.

就读的学生数仅为35600人,到2000年已经增长到203000人,占当年高等教育就读学生总人数的53%。① 在对《大学和大学学院法案》进行修订以后,政府也开始对公立大学实行企业化,公立大学可以参与到商业冒险、设立公司以及提高自有基金和捐赠数额等与市场相关的活动中。1998年1月1日,马来亚大学率先实行企业化;1998年3月15日,马来西亚理工大学、马来西亚理科大学、马来西亚国民大学、马来西亚博特拉大学等四所大学联合成立控股公司,来统筹管理大学所有的商业活动。②

马来西亚政府允许私立高等教育机构的存在与发展还带来了另外一个后果,即海外高等教育资源的大量涌入,澳大利亚的斯温伯恩大学和莫纳什大学、英国的诺丁汉大学纷纷开始在马来西亚设立分校。对于无法授予学位的私立学院而言,为了提高自身的竞争力,吸引更多的学生前来就读,它们往往选择与海外大学合作办学,由此催生出众多的跨国教育项目,主要可划分为以下四种:(1)双联课程,学生先在马来西亚的大学或学院就读2~3年,然后再到合作大学就读,最终获得相应的学位;(2)特许授权课程,海外大学授权当地学院来实施课程教学;(3)联合学位课程,学生一般在国内学习,学业完成后将被授予联合学位或双重资格认证;(4)远程学习课程,海外大学课程提供网络课程,学生通过网络媒介远距离进行学习。③

(四)第四阶段(2004—2013年)

这一阶段最显著的特征是高等教育部(the Ministry of Higher Education,MoHE)的成立,这说明高等教育在促进以知识为基础的经济模式转型,推动马来西亚最终成为发达国家的发展目标等方面的重要作用已经得到了政府的充分认可和高度重视。高等教育部也陆续出台一系列的政策措施:在成立伊始,高等教育部即公布了发展蓝图,试图将来使马来西亚的高等教育成为区域高等教育枢纽;2007年,高等教育部发布了《国家高等教育战略规划》(the National Higher Education Strategic Plan,NHESP),希望把马来西亚高等教育建设成卓越的高等教育国际化枢纽,培养出一流的人才。为此,马来西亚竭力提高留学生的数量,力图在2020年留学生数量达到20万人。由于马来西亚的留学生主要来自中国、印度尼西亚、中东和中非,为了加强留学生的招募工作,马来西亚在北京、胡志明市、雅加达、迪拜等城市设立了一系列的马来西亚教育推广中心,高等教育部还在2013年设立了马来西亚全球教育服务中心,主要负责处理有意在马来西亚留学的国际学生的申请事宜。④

随着马来西亚高等教育国际化进程的不断深化,世界大学排名对其高等教育发展的

---

① Lee M.N.N.,Global Trends,National Policies and Institutional Responses:Restructuring Higher Education in Malaysia,*Educational Research for Policy and Practice*,2004,No.3,cite in Mei T.A.,Malaysian Private Higher Education,ASEAN Academic Press.

② Collins C.S., Lee M.N.N., Hawkins J.N et al.,*The Palgrave Handbook of Asia Pacific Higher Education*,Palgrave Macmillan US,2016,p.475.

③ Collins C.S., Lee M.N.N., Hawkins J.N et al.,*The Palgrave Handbook of Asia Pacific Higher Education*,Palgrave Macmillan US,2016,p.475.

④ Collins C.S., Lee M.N.N., Hawkins J.N et al.,*The Palgrave Handbook of Asia Pacific Higher Education*,Palgrave Macmillan US,2016,pp.476-478.

影响也越加显著。2004 年,马来西亚两所大学首次进入泰晤士高等教育排行榜前世界 200 强:马来亚大学排名第 89 位,马来西亚理科大学排名第 169 位。马来西亚高等教育政策也开始致力于让更多的大学进入各类大学排名榜前列,开始更多地强调科学研究。据统计,高等教育机构的研发经费由 2000 年的 17.1% 上升到 2011 年的 28.9%;在第九个马来西亚规划中,共有 2 亿林吉特的经费由高等教育部进行分配,用于基础性研究,另有 3.5 亿林吉特的经费由科学技术与创新部进行分配,用于应用性研究,而上述两项经费大多流向了公立大学。①

三、马来西亚高等教育发展现状

(一)规模

最新统计数据显示,马来西亚共有 733 所高等教育机构,其中,公立高等教育机构 221 所,私立高等教育机构 512 所。马来西亚国家高等教育研究中心也对高等教育毛入学率进行了分析,结果表明,马来西亚高等教育规模在迅速扩大:17~23 岁人口的毛入学率(the Gross Enrolment Ratio,GER)由 2005 年的 22% 攀升至 2011 年的 36%;接受高等教育的学生数由 2001 年的 60 万增加到 2011 年的 120 万,其中 58% 的学生在公立的高等教育机构就读,35% 的学生在私立的高等教育机构就读,还有 7% 的学生则选择出国,接受海外的大学教育。② 此外,马来西亚的留学生数量也呈现高速增长的态势,高等教育部提供的数据显示,2013 年马来西亚共接收各国留学生 83633 人,其中仅有 27.37% 的学生(29662 人)在公立高等教育机构就读,72.63% 的学生都在私立高等教育机构接受教育,相比 2002 年招收的留学生数(27872 人),增长了 3 倍左右;2002—2013 年间,马来西亚共招收留学生 70 余万人。③

(二)院校类型

马来西亚高等教育机构可分为三大类:学位授予机构、副学位授予机构和技能发展中心,具体类型包括大学、大学学院、多科技术学院以及社区学院等等。每一类机构都有公立与私立之分,其颁发的文凭和资质都各不相同:大学和大学学院有权授予本科学位和硕士学位,拥有学院地位的高等教育机构仅有权授予高级专科文凭,多科技术学院可提供技术类、职业类文凭以及高级专科文凭,社区学院只能提供技术类和职业类证书。④

在马来西亚现有的 221 所公立高等教育机构中,有 21 所大学、130 所学院(包括 MARA 初级技术学院、社区学院、大学预科学院和阿卜杜勒·阿曼学院)、30 所多科技术

① Collins C.S., Lee M.N.N., Hawkins J.N et al., *The Palgrave Handbook of Asia Pacific Higher Education*, Palgrave Macmillan US, 2016, pp.476-477.

② Shin J.C, Postiglione G.A., H F., *Mass Higher Education Development in East Asia*, Springer, Cham, 2015, pp.107-109.

③ Aziz M.I.A., Abdullah D., Finding the next "wave" in internationalization of higher education: focus on Malaysia, *Asia Pacific Education*, 2014, No.15, p.496.

④ Shin J.C, Postiglione G.A., H F., *Mass Higher Education Development in East Asia*, Springer, Cham, 2015, p.107.

学院、28 所教师教育学院和 12 所其他类型的机构；在 512 所私立高等教育机构中，有 38 所大学、22 所大学学院、364 所学院和 88 所其他类型的机构。此外，马来西亚还有 1068 个技能发展中心，其中约 1/3 是人力资源部、农业部等政府部门建立的。马来西亚高等教育机构的具体分布如下表 3-1 所示：

表 3-1　马来西亚高等教育机构分布情况

单位：所

机构类型	公立	私立
大学	21	38
大学学院	0	22
职业学院	130	364
多科技术学院	30	0
教师教育学院	28	0
其他	12	88
合计	221	512

资料来源：National Higher Education Research Institute. Public private equilibrium: Balancing growth with quality and equity of higher education in Malaysia. Penang: IPPTN, Universiti Sains Malaysia, 2013.

公立与私立高等教育机构之间是既互补又竞争的关系。一方面，私立高等教育机构弥补了公立高等教育机构教育机会不足的问题，使得更多的马来西亚学生能够上大学，同时在资源投入上两者也各有侧重：公立高等教育机构在对国家建设发展意义重大但需求相对有限的领域上投入资源，如数学、历史、哲学、农学、森林学、环境保护、社会科学等学科，私立高等教育则更聚焦于那些市场需求较为旺盛的学科领域，如医学、旅游管理、企业管理、信息通信与技术等学科。另一方面，私立高等教育机构也与高等教育机构争夺优秀的学生和学术人才，由于私立高等教育机构往往采用英语授课以及公立高等教育机构的准入标准更为严苛、竞争更为激烈等原因，近年来私立高等教育机构往往成为人们的首选。[①]

（三）法律法规

从发展历程上看，马来西亚高等教育的法制化始于 1996 年。当年颁布的《私立高等教育机构法案》(the Private Higher Education Institution Act，PHEIA)赋予了私立高等教育机构合法的身份，明确了私立大学、外国大学分校设立和运营的程序、标准及要求，促进了私立高等教育的大发展；《全国高等教育委员会法案》(the National Council on Higher Education Act，NHECA)规定了高等教育的管理机构，以便更好地统筹和监管高等教育的发展；《1996 年大学和大学学院（修正）法》[The Universities and University

---

① Samuel M., Tee M.Y., Symaco L.P., *Education in Malaysia: Developments and Challenges*, Springer Nature Singapore Pte Ltd, 2017, p.58.

Colleges(Amendment)Act 1996]目的在于将公立大学和大学学院的管理运营企业化,以促进公立大学的收入来源多元化,有效降低政府的财政负担,同时使公立大学获得更多的财务和行政方面的自主权。

随着高等教育规模的迅速扩大,许多低收入家庭子女难以承担大学学费的问题逐渐涌现出来。为了解决这个问题,1997 年马来西亚出台了《1997 年国家高等教育基金公司法》(The National Higher Education Fund Corporation Act,1997),旨在向需要的学生发放贷款,以帮助顺利就读,最初该贷款只针对公立高等教育机构的学生,后面逐渐覆盖到私立高等教育机构的学生。

此外,马来西亚政府也逐步构建了高等教育质量保障体系,1996 年《全国教育认证委员会法案》(the National Accreditation Board Act,1996)正式颁布;2007 年,《马来西亚资格认证机构法》(Malaysian Qualifications Agency Act,2007)取代上述法案,为马来西亚资格认证机构的设立铺平了道路。随后,政府出台了《马来西亚资格认证法》,通过了"马来西亚资格框架"(Malaysian Qualifications Framework,MQF),把整个高等教育及终身教育体系都纳入资格认证框架中,并成立了马来西亚高等教育部资格认证机构来负责具体实施。[①] 马来西亚高等教育质量保障体系已初见雏形。

(四)行政体制

在 1967 年之前,政府是不干涉大学的内部事务的,只为其提供财政支持,1967 年政府成立了高等教育规划委员会,旨在审视高等教育政策措施,并提供相关的发展建议,可谓是政府干涉高等教育的第一步。1969 年爆发的种族骚乱迫使政府正视种族间社会经济不平等的问题,并由此出台了高等教育入学的"种族配额制",公立高等教育机构的入学权被政府牢牢地抓在了手里。1971 年颁布的《大学和大学学院法》加强了对高等教育的管控,并由此侵犯了大学自治和学术自由,学生的激进活动也受到了抑制。该法案还规定,公立大学是公共服务的一部分,学者们也属于国家公务员,必须遵守政府系统的规章制度。[②]

到了 20 世纪 80 年代末,马来西亚经济出现衰退,规模日益扩大的高等教育更使得政府财政不堪重负,政府开始效仿英国和澳大利亚,开始承认私立高等教育机构的地位,并对公立高等教育机构进行"企业化"改革,政府对高等教育的管控也分为了两部分:政府仍然对公立高等教育机构实行严格控制,但对私立高等教育机构而言,政府变成了监管者。[③]

2004 年,马来西亚成立了高等教育部,由该部门全权负责高等教育的各项事务。虽然 2013 年曾与教育部合并,但 2 年后高等教育部又重新分离出来。此外,为加强对高等

---

① 教育部高等教育教学评估中心,《国(境)外部分高等教育评估机构的设置及比较》,http://www.pgzx.edu.cn/modules/gongzuojianbao_d.jsp? id=3101,最后访问日期:2018 年 12 月 29 日。

② Sirat M.,Kaur S.,Changing state-university relations:the experiences of Japan and lessons for Malaysia,*Comparative Education*,2010,Vol.46,No.2,pp.198-200.

③ Samuel M.,Tee M.Y.,Symaco L.P.,*Education in Malaysia:Developments and Challenges*,Springer Nature Singapore Pte Ltd,2017,p.61.

教育的质量保障,马来西亚还成立了国家学术监督局(Malaysia Qualification Agency, MQA)。无论是公立高等教育机构,还是私立高等教育机构,所开设的课程都必须通过高等教育部和国家学术鉴定局的双重核准,国家学术鉴定局还负责对课程质量进行监督审查。

(五)学制

马来西亚的高等教育机构类型分为大学、大学学院、职业学院、多科技术学院、教师教育学院及其他。大学、大学学院和部分职业学院具有颁发本校大专及大专以上文凭的资格。一般而言,专科的学制为2~3年,本科的学制为3年,硕士的学制为1~2年,博士的学制为2~6年。[①]

(六)特点

马来西亚高等教育历经60年的建设与发展,逐渐形成了类型多样、特点鲜明、日趋成熟的高等教育体系。总结起来,马来西亚高等教育具有以下四个特点:

1.类型多样的高等教育机构。从高等教育机构的办学类型来看,当前马来西亚高等教育涵盖了大学、初级技术学院、社区学院、大学预科学院、多科技术学院、教师教育学院和技能发展中心等类型。从高等教育机构的所有权来看,马来西亚高等教育机构分为公立和私立两大类,其中公立高等教育机构可分为研究型大学、综合性大学和专科型大学,私立高等教育机构可分为大学、大学学院、海外大学分校和各类学院。客观来讲,马来西亚高等教育已拥有了类型多样的高等教育机构,而且政府还鼓励各类高等教育机构凝练自身特色,实现错位发展中,可以预见,未来马来西亚高等教育将会呈现出百花齐放、百家争鸣的发展态势。

2.泾渭分明的公立与私立高等教育管理制度。从整体来看,马来西亚高等教育可分为公立高等教育和私立高等教育两大部分。尽管在私立高等教育机构就读的学生几乎占到了马来西亚高等教育就读总人数的半壁江山,但马来西亚政府对公立高等教育和私立高等教育采用的是两种完全不同的管理制度。虽然私立高等教育在马来西亚高等教育迅猛发展过程中起到了举足轻重的作用,然而现行的教育管理制度与政策却更加倾向于公立高等教育机构的发展,私立高等教育机构的角色和作用在很大程度上被忽视了。[②]

3.蓬勃发展的国际留学生教育。马来西亚很早就将发展国际留学生教育视为提高本国高等教育的国际化水平和增加政府财政收入的一大举措,采取多种措施从伊朗、印度尼西亚、中国、也门等国大力招募留学生,努力把本国建设成为区域高等教育枢纽。2002—2013年的十余年间,马来西亚共招收国际留学生700901人;[③] 2015年,马来西亚国际留学生达到了106000人;根据最新出台的教育发展规划,政府已经把扩大国际留学生招收

---

① 《马来西亚》,http://www.jsj.edu.cn/ n1/12027.shtml,中华人民共和国教育涉外监管信息网,最后访问日期:2018年12月29日。

② Collins C. S., Lee M. N. N., Hawkins J. N et al., *The Palgrave Handbook of Asia Pacific Higher Education*, Palgrave Macmillan US, 2016, p.479.

③ Abd Aziz M. I., Abdullah D., Finding the next "wave" in internationalization of higher education: focus on Malaysia, *Asia Pacific Education Review*, 2014, No.15, p.496.

数量作为打造国际教育枢纽、实现高等教育全球卓越的"重要拼图",马来西亚国际留学生的人数正逐年稳步上升,2019 年留学生人数已达 127583 人,政府希望到 2025 年能让这个数字翻倍,招收 250000 名国际留学生。[①]

4.如火如荼的高等教育改革转型。自 20 世纪 90 年代,马来西亚提出要在 2020 年成为中等收入国家的发展目标后,近 30 年来始终为了这个目标不懈奋斗。尤其是马来西亚意识到高等教育在促进国家经济繁荣和社会进步方面的巨大作用后,更是陆续出台了一系列的高等教育发展战略来推动其发展转型,如《国家高等教育战略计划(跨越 2020)》(以下简称《战略计划》)(The National Higher Education Strategic Plan beyond 2020)、《国家高等教育战略计划行动方案(2007—2010)》(以下简称《行动方案》)(The National Higher Education Action Plan 2007—2010)、《国家高等教育战略计划第二阶段行动方案(2011—2015)》(以下简称《第二阶段行动方案》)(The National Higher Education Action Plan Phase 2 2011—2015)等。这些发展战略目标清晰,内容丰富,涉及高等教育体系的方方面面,如能顺利得以实现,马来西亚高等教育的整体质量和效能势必会再上一个新的台阶。

(七)存在问题

尽管马来西亚高等教育近年来取得了长足的进步,但不可否认,现今马来西亚高等教育仍存在以下重大问题亟待解决:

1.适宜高等教育机构职能充分履行的配套机制尚不健全。当前的大学和其他高等教育机构已经变成了一个重要且复杂的系统,它们不仅教育和培养经济发展所需要的未来的人力资源,而且也为未来的社会培养合格的成员。对马来西亚这个翼望进入高收入国家行列的岛国来说,在以知识经济为基础的经济体系中,高等教育机构在创造和传播知识方面的作用更是不容小觑。而要想高等教育机构充分发挥自身的全部潜力,几个关键的要素必不可少:大学自治、学术自由、优化治理结构、充足的经费和人才等等。[②] 虽然马来西亚已经启动了一系列的高等教育改革,但从当前情况来看,在上述各方面需要解决的问题还比较多,适宜高等教育机构充分履行其职能的配套机制尚不健全。

2.毕业生失业率高企。马来西亚高等教育在短时间内从精英教育阶段跨越到大众化教育阶段,固然是一大成就,但也不可避免地带来了许多问题,其中较为突出的就是毕业生的就业问题。按照当时马来西亚人力资源部副部长的说法,2010 年共有 387900 名马来西亚人未能找到工作,其中 16.9% 的失业者是大学毕业生。[③] 有研究机构也指出,2011年有 44000 名马来西亚大学生毕业即失业。有关专家在认真分析调研后明确指出,这些毕业生未能顺利就业的原因主要是不具备用人单位期望的技能,再加上英语交流能力不

---

① Ministry of Education Malaysia.,*Malaysia Education Blueprint* 2015-2025(*Higher Education*),Kementerian Pendidikan Malaysia,2015,p.22.

② Collins C. S., Lee M. N. N., Hawkins J. N et al.,*The Palgrave Handbook of Asia Pacific Higher Education*,Palgrave Macmillan US,2016,p.479.

③ Knight J.,*International Education Hubs：Student，Talent，Knowledge-Innovation Models*,Springer Science＋Busininess Media,2014,p.116.

强、解决实际问题的能力偏弱以及缺乏基本的职业规范,面临失业在情理之中。[1] 上述问题又充分暴露出马来西亚高等教育在人才培养过程中的各项短板和"软肋",需要政府严肃对待并加以解决。

3.研发能力偏弱。马来西亚高等教育规模越来越大,但学术界研发能力偏弱的短板却越加明显。最近的调查研究显示,马来西亚的出版物和专利申请记录的数量虽然在东盟国家里名列第二位,但依照国家标准来看,仍是远远不够的。[2] 如果从研究影响力指标(用每篇论文的引用数来测算)来看,马来西亚在研发能力方面的差距更为明显:2015 年马来西亚的研究影响力在世界各国及地区中排名第 136 位,而新加坡、泰国和中国台湾地区分别名列第 46 位、第 75 位和第 84 位。[3] 究其原因,这主要与马来西亚的研究人员、科学家和工程师(RSE,分别指 researcher、scientist 和 engineer)人数不足有关。为了实现马来西亚未来的发展愿景和战略规划目标,政府测算,到 2020 年需要 493830 名 RSE。[4] 但培养、招募乃至留住如此庞大的人才,对马来西亚来说并不容易。

4.高等教育发展规划的关系处理不当。众所周知,马来西亚政府近期出台了许多的高等教育发展战略与规划,对未来高等教育的发展目标、重大举措和保障条件进行了勾画。如 2015 年颁布的《2015—2025 年马来西亚教育蓝图(高等教育)》(以下简称《2015—2025 年高等教育蓝图》)(Malaysia Education Blueprint 2015—2025)对马来西亚高等教育而言,就是一个里程碑式的规划设计。它意味着高等教育战略从"政策"走向了"政治",即未来教育行政部门需要出台一系列的教育蓝图来实现国家的行政目标,而不能像之前那样只是零碎地、阶段性地颁布短期的教育政策。因此,从这个意义上讲,《2015—2025 年高等教育蓝图》的基本内涵、指导思想和主要措施与以前出台的《战略计划》的政策取向完全不同,两者之前应该是取代的关系。但在实践中,许多教育管理人员、高等教育机构及其他相关利益者仍在考虑两者之前的共通之处,因为涉及《战略计划》实施的诸多基础设施和基础工作已经完成,推翻重来既意味着前功尽弃,也意味着资源的巨大浪费。[5] 但如果循着之前的发展战略,又达不到政府所确立的 2025 年高等教育发展目标。之所以造成如此窘境,自然是与马来西亚政府关于高等教育的顶层设计混乱无序、朝令夕改有关,然而如何解决这个棘手的问题,又将考验马来西亚政府高层的政治智慧和政治魄力。

---

[1] Grapragasem S., Krishnan A., Mansor A.N., Current Trends in Malaysian Higher Education and the Effect on Edcuation Policy and practice: An Overview, *International journal of Higher Education*, 2014, Vol.3, No.1, p.89.

[2] Selvaratnam V., *Malaysia's Higher Education and Quest for Developed Nation Status by 2020*, ISEAS-Yusof Ishak, 2016, p.216.

[3] Hunter M., Time to Put University Research in Malaysia under the Microscope, *Malaysian Insider*, 2015-10-12.

[4] Grapragasem S., Krishnan A., Mansor A.N., Current Trends in Malaysian Higher Education and the Effect on Edcuation Policy and practice: An Overview, *International journal of Higher Education*, 2014, Vol.3, No.1, pp.87-90.

[5] Collins C.S., Lee M.N.N., Hawkins J.N et al., *The Palgrave Handbook of Asia Pacific Higher Education*, Palgrave Macmillan US, 2016, p.479.

四、马来西亚高等教育发展战略

进入 21 世纪以来,马来西亚为了建成以知识为基础的经济体系,进一步推动国家的经济繁荣和社会发展,并在 2020 年迈入发达国家行列,开始把高等教育质量放到了重中之重的位置,进而出台了一系列关于高等教育的发展战略与蓝图规划,如《战略计划》《行动方案》《第二阶段行动方案》《2015—2025 年高等教育蓝图》等。下面笔者试对上述马来西亚的发展战略与规划进行述评。

(一)21 世纪以来马来西亚高等教育发展战略概述

1.《战略计划》

《战略计划》是马来西亚高等教育部于 2007 年 8 月 27 日出台的,可谓是整个高等教育发展转型的奠基性文件。马来西亚之所以出台这个高等教育战略计划,是与国家的发展愿景息息相关的。一方面,马来西亚已经明确了国家的发展目标,要在 2020 年步入发达国家的行列,成为高收入国家;另一方面,马来西亚决定转变经济增长方式,试图通过增强自身高附加值产品的生产能力,来提升国家在全球价值生产链中的地位。因此,高等教育的地位和作用就显得越发重要:高等教育必须要承载全国人力资本发展的重任,培养思想活跃、品德高尚、富有创新创造意识、具有批判性思维、适应性强的各类人才;另外,还必须创设出适宜于个体充分挖掘及实现自身潜力的整体环境。[①] 在此背景下,《战略计划》应运而生。

《战略计划》的雏形可追溯到 2005 年 7 月发布的《哈拉提句报告》(Halatuju Report),高等教育部组建了专门的研究委员会,在综合马来西亚"第九个发展规划"的要素和《哈拉提句报告》反馈意见的基础上,制定了《高等教育转型报告》,并于 2007 年 1 月正式向公众发布。《战略计划》正是在上述两个报告的基础上,在充分咨询关键利益群体的前提下,逐步完善成型的。具体而言,该发展战略把马来西亚高等教育的未来发展划分为四个阶段:奠定基础阶段(2007—2010 年)、加强改进阶段(2010—2015 年)、成就卓越阶段(2016—2020 年)和荣耀与可持续发展阶段(2020 年后)。[②]

为顺利达成目标,该战略还出台了七大战略推进计划[③]:(1)扩大高等教育入学机会,促进教育公平;(2)提高教育教学质量;(3)强化科研和创新工作;(4)加强高等教育机构建设;(5)强力推动国际化;(6)培育国民终身学习习惯;(7)增强高等教育部的传输系统。

2.《行动方案》

在实施《战略计划》的大背景之下,高等教育部出台了《行动方案》,以便着力启动高等教育领域内关键改革,并将重心聚焦到高等教育质量提升上来。行动方案致力于为马来

[①]　Ministry of Higher Education,*Malaysia*,*National Higher Education Action Plan 2007-2010*,MOHE,2007,pp.7-8.

[②]　Ministry of Higher Education,*Malaysia*,*National Higher Education Action Plan 2007-2010*,MOHE,2007,p.6.

[③]　Shin J. C., Postiglione G. A., H F., *Mass Higher Education Development in East Asia*,Springer,Cham,2015,p.109.

西亚培养第一流的人力资本,并细致阐述了为达成此目标所实施的高等教育改革的推进机制与相应的时间表。

行动方案分为三大部分:一是"制度性支柱",即政府为了帮助高等教育机构(尤其是那些新建的和发展滞后的高等教育机构)而实施一系列措施,目的是促进这些高等教育机构的持续健康发展,涉及治理结构、领导力、学术界、教与学、研究与开发等五个关键领域;二是"关键事项",旨在促进宏观高等教育体系的转型,使得整个国家能够在世界各国发展中取得竞争优势,这些事项包括"顶尖大学计划"、"我的智囊 15 计划"、学术绩效审计、终身学习、毕业生培训项目等;三是"实施保障",包括高等教育部的转型、项目治理方式的转变、项目结构的调整等等。行动方案的具体实施框架详见图 3-1。

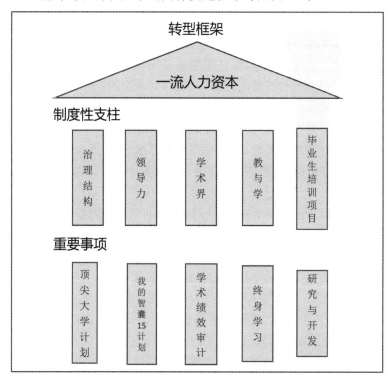

图 3-1　国家高等教育战略计划行动方案转型实施框架图[1]

(1)制度性支柱

①治理结构

行动方案关于大学治理结构的改革主要涉及以下方面:重新界定大学董事会、副校长和学术评议会的职责,使之清晰明确;加强对大学董事会的问责,以确保大学的发展与国家的目标保持高度一致;大学的自治权进一步扩大,高等教育机构将对领导层、实际绩效

---

①　Ministry of Higher Education,*Malaysia*,*National Higher Education Action Plan* 2007-2010,MOHE,2007,p.16.

和资助肩负起更多的责任。① 换言之,政府试图通过这次改革,把治理的权力交还给高等教育机构,使其拥有更大的自治权,同时也希望大学的发展目标能与政府的期望保持一致,如变得更具有竞争力,留住最好的学术人才,贡献出更有分量的研究成果等等。②

需要说明的是,由于政府几乎不干涉私立高等教育机构的日常管理,关于治理结构的改革仅限于公立高等教育机构。当然,私立高等教育机构也被鼓励从这次改革中汲取"营养",以帮助它们取得更好的绩效。③

②领导力

政府认为,为了实现设想的整个国家高等教育的转型,高等教育机构领导者的角色将变得至关重要。而要想加强高等教育机构的领导力建设,则必须高度关注以下事项:明确区分和界定高等教育机构中所需要的领导者的角色与职责,进一步促进高等教育机构关键领域领导者的筛选、发展、评估与更替等过程的制度化,培养出该领域的众多后备人才。④

③学术界

政府认为,学术人才既是决定任何一个高等教育机构是否卓越的关键因素,也是大学生学习和效仿的榜样。因此,每一个高等教育机构都必须创设出一种能孕育卓越文化的学术环境,以便能够吸引最有能力的学术人才,能够激发现有教师的学术研究和职业发展动力。高等教育机构要进一步加强与本地知名企业、跨国公司的合作,顶尖大学也可以开发一些教师职业发展项目,使得其他高等教育机构的学术人才也能从中受益。对于在学术研究方面取得的突出成就,政府和学术界必须给予充分的认可和奖励,同时还要为学术人员提供个人职业发展的机会。⑤

④教与学

政府必须秉承一种观点,即用均衡的思维来塑造学生,学生不仅要精通某个专业领域,还必须对其他领域的知识和经验有所涉猎。为此,高等教育部需要实施跨学科的整体项目,而且把学生的沟通交流能力和创业技能作为培养的重点。另外,为了增加国家统一的意识,还必须在学生中积极推行跨文化理解和多样性的课程。对于高等教育机构而言,则需要引入更有活力、更高效的课程以及教学法领域的相关课程,因为在高等教育课程设

---

① Ministry of Higher Education,*Malaysia*,*National Higher Education Action Plan* 2007-2010,MOHE,2007,pp.19-20.

② Higher Education in Malaysia,https://studymalaysia.com/education/higher-education-in-malaysia/the-malaysian-higher-education-system-an-overview,accessed January 10,2019.

③ Ministry of Higher Education,*Malaysia*,*National Higher Education Action Plan* 2007-2010,MOHE,2007,p.18.

④ Higher Education in Malaysia,https://studymalaysia.com/education/higher-education-in-malaysia/the-malaysian-higher-education-system-an-overview,accessed January 10,2019.

⑤ Ministry of Higher Education,*Malaysia*,*National Higher Education Action Plan* 2007-2010,MOHE,2007,p.24.

计中采用跨学科的方法,将有助于塑造和激发学生的创造力、创新思维、领导力和创业精神。[①]

政府对高等教育机构的学术人员赋予了更高的期望,他们被寄望于呈现该专业领域的学术成果,同时在教学方面也要体现出自己的专业性和竞争性。评估被视为教学法的重要组成部分,也是所有学术人员必须掌握的一项技能。为了有效评估高等教育的质量,政府已经建立了马来西亚资格框架(Malaysian Qualification Framework,MQF)来重点评估教育产出。而为了确保马来西亚资格框架的顺利实施,政府还将建立马来西亚资格认证机构(Malaysian Qualifications Agency,MQA),用来取代之前的国家认证委员会(National Accreditation Board),该机构将为各种类型的教育课程提供可资参照的课程标准和评估依据。[②]

⑤研究与开发

据统计,2003 年,马来西亚 10000 个劳动者中仅有 21 人是 RSE,而同期欧盟国家10000 个劳动者中 RSE 的数量达到了 100 人。因此,马来西亚迫切需要迅速增加 RSE 的数量。此外,为了在某些科学领域或技术领域取得突破性进展、获得最新的前沿知识,政府必须培育一种对研究工作充满激情、奉献精神和庄重承诺的文化,使得 RSE 职业领域变得对人们更加有吸引力。

此外,为了提高研发的产出,马来西亚整个国家的创新体系必须进一步完善,并将相关政策举措贯彻落实。研究型大学与各种高等教育机构的研发中心、公立的研究机构以及工业界之间的链接必须得到持续加强乃至优化,来推动研发成果的商业化。这类协同合作还必须扩展到国际范围内,确保能够产出更优质的成果,能够吸引国外优秀人才、研究项目和资助经费的广泛参与。[③]

(2)关键事项

①顶尖大学计划

马来西亚致力于建设 1~2 所顶尖大学,它们将会成为整个国家学术界的中心。这些顶尖大学将拥有最优秀的领导者、最优质的教师、最好的学生和最先进的设施设备。政府将给予顶尖大学完全的自治,同时设定了顶尖大学的建设标准:大学董事会由高素质的专业人士构成,可以采用严格的选拔程序,从世界范围内遴选出最优秀的领导者和管理人员为己所用;教师必须才华横溢,在各自的研究领域享有盛誉,他们不仅仅是优秀的教师,还应该是优秀的研究者;想进入顶尖大学学习的学生必须经过严苛的入学考试,只有达到标准的学生才能够顺利就读,同时入学的学生们还必须反映出国内各种族的多样性。[④]

① Ministry of Higher Education,*Malaysia*,*National Higher Education Action Plan* 2007-2010,MOHE,2007,p.27.

② Ministry of Higher Education,*Malaysia*,*National Higher Education Action Plan* 2007-2010,MOHE,2007,pp.28-29.

③ Ministry of Higher Education,*Malaysia*,*National Higher Education Action Plan* 2007-2010,MOHE,2007,pp.30-33.

④ Ministry of Higher Education,*Malaysia*,*National Higher Education Action Plan* 2007-2010,MOHE,2007,pp.34-36.

②我的智囊 15 计划

为了促进经济增长,推动工业发展,增加整个国家的竞争优势,马来西亚政府将加快在博士层次的高素质人才培养工作。[1] 在未来的 15 年里,政府希望培养出 10 万名博士,其中 60％的博士毕业于科学、技术和医学领域,20％的博士毕业于人文学科和应用文学领域,20％的博士毕业于其他专业领域。[2]

③学术绩效审计

高等教育部将在内部设立一个独立的机构,专职开展学术绩效审计,其目的就是对所有的高等教育机构进行持续性的质量评估,以便形成有效的质量监管机制。此外,政府也希望借此能创造一个高等教育机构的评估系统,以便对所有的高等教育机构实施本土化的评估。[3]

④终身教育

政府将在设定终身教育事业发展方向和创造治理手段方面扮演重要的角色,将在教育与培训国家咨询委员会下面成立"终身教育国家委员会"(National Committee for Lifelong Learning,NCLLL),来整体筹划、指导和推动终身教育工作。政府还充分考虑了弱势群体的终身教育问题,将为农村人口和城市贫困人口接受高等教育提供替代方案和路径。[4]

⑤毕业生培训项目

政府将拨出专款,致力于提高大学毕业生的可雇佣性,如面向广大的大学毕业生开展专业化的职业技能培训,使他们能够胜任工作岗位等等。换言之,政府将在毕业生培训机会创造和提供方面更加努力作为。另外,工业界也将积极参与到培训课程的设计、评估和资格认定等各环节。[5]

(3)实施保障

①高等教育部的转型

高等教育部与高等教育机构之间的关系需要重新调适:高等教育部应该对高等教育的转型负有完全的责任,其角色也应该从过去的监管者和政府政策的执行者,转变成促进者和首席合伙人。而首席合伙人的角色设定意味着高等教育部不仅要给高等教育的发展提供战略方向,还必须提供必要的支持,以确保高等教育机构获得成功。为了提高高等教育部的服务传导体系,高等教育部应该在以下方面作出努力:(A)治理和管理:效率、有效

---

① Higher Education in Malaysia,https://studymalaysia.com/education/higher-education-in-malaysia/the-malaysian-higher-education-system-an-overview,accessed January 10,2019.

② Ministry of Higher Education,*Malaysia*,*National Higher Education Action Plan* 2007-2010,MOHE,2007,p.37.

③ Higher Education in Malaysia,https://studymalaysia.com/education/higher-education-in-maaysia/the-malaysian-higher-education-system-an-overview,accessed January 15,2019.

④ Ministry of Higher Education,*Malaysia*,*National Higher Education Action Plan* 2007-2010,MOHE,2007,pp.37-41.

⑤ Ministry of Higher Education,*Malaysia*,*National Higher Education Action Plan* 2007-2010,MOHE,2007,pp.42-43.

性和廉正；(B)文化：专业化、高效能和团队合作；(C)财政资源：在取得目标的过程中有效地分配资源；(D)人力资源：做到老中青专家资源的统筹协作；(E)信息设施：及时获取信息并进行分析。[①]

②项目治理方式的转变

为了有效促进项目治理方式的转变，政府将会在组织架构、角色设定和管理机制等三方面大力实施改革：(A)组织架构：设立项目指导委员会和项目管理办公室，建立项目组织模型；(B)角色设定：设置包括部长级别在内的高层执行官、指导委员会成员、项目管理办公室主任及管理人员、具体项目的管理者等岗位，提供充足的人员保障；(C)管理机制：用来提供指导和方向的各类政策、治理原则等制度设计。[②]

③项目结构的调整

政府认为，项目的结构必须进行调整，以确保项目组织有序，实施高效。项目的组织体系由项目冠军、指导委员会、顾问小组、项目主任、项目管理办公室、项目团队、高等教育机构的项目管理办公室等构成，各部门的组成情况及职能分别为：项目冠军是项目的拥有者和主要受益人，需要为项目取得预期的成果负责；指导委员会由来自其他政府部门、高等教育机构、工商企业的代表和知名学者组成，它的职能主要是监督项目的进展情况，掌握出现的问题和作出的相关调整，评估组织内部的潜在风险等等，其工作往往由顾问小组进行辅助；项目管理办公室主要是推动整个项目的改革工作，努力提升项目的管理水平，下设项目传送、过程指导、监督报告和信息沟通等四个部门；项目团队的职能是实施具体的项目规划和出台某项具体工作的计划，它由众多机构和中介部门的人员、咨询顾问和其他专家组成；高等教育机构的项目管理办公室是在机构层面成立的，它的职能是为项目的实施和执行提供具体的支撑。[③]

3.《第二阶段行动方案》

《第二阶段行动方案》的制定综合了方方面面的因素，既建立在《行动方案》具体实施情况的基础之上，又聚焦于《战略计划》所提出的战略目标，此外还充分考虑了政府近期出台的方针政策，如《马来西亚第十个五年计划》(10th Malaysia Plan)、《马来西亚新经济模式》(The New Economic Model for Malaysia)、《政府转型项目指导方案》(Government Transformation Programme Direction Plan)、《经济转型项目：马来西亚发展方向》(Economic Transformation Programme：Direction for Malaysia)等等。该方案也是在高等教育机构、多科技术学院和社区学院以及其他利益相关者(如产业界)的共同协作下产生的，旨在确保所有的目标都能够顺利实现。[④]

[①] Ministry of Higher Education，*Malaysia*，*National Higher Education Action Plan* 2007-2010，MOHE，2007，p.44.

[②] Ministry of Higher Education，*Malaysia*，*National Higher Education Action Plan* 2007-2010，MOHE，2007，p.46.

[③] Higher Education in Malaysia，https://studymalaysia.com/education/higher-education-in-malaysia/the-malaysian-higher-education-system-an-overview，accessed January 15.2019.

[④] Kementerian Pengajian Tinggi.，*The National Higher Education Action Plan Phase* 2(2011-2015)，Percetakan National Malaysia Berhad，2012，p.15.

高等教育部进一步明确了《第二阶段行动方案》的重点目标:(1)加强人力资本培育工作;(2)丰富创新创造能力;(3)推动高等教育生态系统最优化;(4)在全球化竞争中取得优势;(5)转变高等教育顶尖大学中的领导方式。[①]

其实,早在2010年《第一阶段行动方案》实施的末期,政府就已经确定了22个重要议程项目(Critical Agenda Project,CAP),作为评估指标。在《第二阶段行动方案》中,高等教育部又添加了一个新的重要议程项目:知识转化项目(Knowledge Transfer Programme,KTP),使《第二阶段行动方案》的重要议程项目达到了23个。现罗列如下[②]:

(1)治理结构;   (2)领导力;

(3)学术界;   (4)教与学;

(5)研究与开发;   (6)国际化;

(7)产学研;   (8)毕业生的可雇佣性;

(9)私立高等教育机构;   (10)整体学生发展状况;

(11)质量保证;   (12)多科技术学院转型;

(13)入学机会的可获得性与可持续性;   (14)我的智囊15计划;

(15)卓越加速项目;   (16)在线学习;

(17)高等教育部传输体系;   (18)终身学习;

(19)顶级商学院;   (20)卓越中心;

(21)企业家精神;   (22)社区学院转型;

(23)知识转化项目。

对于如何实现上述的发展目标,方案中也给出了具体的实施举措。为了切实增强人力资本培育工作,将着力培养天才学生的"5C"能力,即批判性思维和问题解决能力(critical thinking and problem solving)、有效交流能力(effective communication skills)、合作与团队建设能力(collaboration and team building)、创新创造能力(creative and innovative)和文化修养(culturally literate)。致力于推动知识和发现的研究、开发与创新工作以及促进新成果的商业化也是方案的重点任务,为此政府将鼓励研究人员开拓进取,开展国家需要的创新性研究;把研究发现转化成可商业化的产品或平台;丰富国家的知识储备等等。5所研究型大学将启动高影响力的研究平台构建工作。在第十个五年计划期间,诸如基础研究资助计划(the fundamental research grant scheme)、探索性研究资助计划(exploratory research grant scheme)、长期研究计划(long-term research scheme)和原型开发研究资助计划(prototype development research grant scheme)也将为研发工作及其成果的商业化提供助力。政府还将建立更多的高等教育卓越中心,同时已有的6个中心将开展与世界知名的研究机构的合作。此外,政府还希望私立高等教育积极拓展学生

---

① Higher Education in Malaysia,https://studymalaysia.com/education/higher-education-in-malaysia/the-malaysian-higher-education-system-an-overview,accessed January 15.2019.

② Kementerian Pengajian Tinggi.,*The National Higher Education Action Plan Phase 2*(2011-2015),Percetakan National Malaysia Berhad,2012,pp.17-18.

学费以外的收入来源,如提供其他的学术服务来创收等,同时鼓励公立高等教育机构和私立高等教育机构加强在研究、开发、商业化等方面的合作,鼓励两者充分分享在公司化管理、创收等方面的实践。[①]

总体而言,《第二阶段行动方案》更加注重管理机制和实施计划,当然也更加关注各种举措实施后所带来的结果。在实施环节,《第二阶段行动方案》把预定要达到的目标分配给了相关的高等教育机构,这种做法一方面确保预定的目标可以顺利实现,另一方面也可以使实施过程中所面临的困难能够及时得到解决。在此背景之下,重要议程项目工作组(由项目组主席、秘书处的负责人、高校管理人员、学术人员及其他利益相关者组成)在推动行动方案实施上就起着至关重要的作用,它扮演着促进者的角色,来确保分配给高等教育机构的任务能够被顺利地实施,相关的目标能够成功地被机构所达成。此外,项目管理办公室(programme management office)也会对整个项目的实施过程及结果开展一系列的评估与检查,确保方案的最终落地。[②]

4.《2015—2025 年高等教育蓝图》

2015 年 4 月 7 日,时任马来西亚首相的穆罕默德·纳吉布·阿卜杜尔·拉扎克正式发布了《2015—2025 年高等教育蓝图》。政府之所以会出台这个新的蓝图,主要基于以下三方面的因素:

其一,政府开始意识到,从上一个高等教育战略方案发布到 2013 年,客观环境已经发生了很大的变化,因此亟须对战略方案进行调整。教育部秘书长吴江·采尼(Zaini Ujang)教授对此评论道:"我们并不想采用规划于 2006 年的发展蓝图,因为已经时过境迁了。这些年里,客观环境发生了许多新的变化,所以我们需要修正我们的发展战略。比如,许多人都通过移动设备进行学习,学生也已经拥有了这个设备——手机,我们不得不利用好这一优势。"[③]

其二,政府认为,高等教育并未培育出经济社会发展所需要的人才。虽然高等教育入学人数在 2004—2014 年增长了 70%,达到 120 万之多,但大学毕业生的可雇佣性却令人失望,毕业生在毕业后 6 个月内的就业率仅为 75%左右。用人单位普遍反映,毕业生缺乏批判性思维能力,社会沟通能力偏弱,"软能力"方面也有所欠缺。据测算,马来西亚劳动生产率只有韩国劳动生产率的一半多一点。如果马来西亚不迅速提高高等教育的人才培养质量,不把人才培育的重点从简单的知识获取转移到高层次思维能力发展上面来,要想成功迈入高收入发达国家行列,无异于痴人说梦。[④]

其三,教育领域的投入产出比未达到政府之前的预期,政府亟待对此实施改革。一直

---

① Higher Education in Malaysia, https://studymalaysia.com/education/higher-education-in-malaysia/the-malaysian-higher-education-system-an-overview, accessed January 20.2019.

② Kementerian Pengajian Tinggi., *The National Higher Education Action Plan Phase* 2(2011-2015), Percetakan National Malaysia Berhad, 2012, pp.10-17.

③ ICEF, Malaysia releases landmark education blueprint, http://monitor.icef.com/2015/04/malaysia-releases-landmark-education-blueprint/, accessed January 25.2019.

④ Ennew Christine, Malaysia's Higher Education Blueprint 2015-2025-the implementation challenge, http://www.obhe.ac.uk/documents/view_details? id=1004, accessed January 25.2019.

以来,马来西亚政府在教育事业上倾注了巨大的人力和财力资源。据统计,2015 年马来西亚在各级各类教育上的支出占政府总支出的比例超过了 20％,这一比例甚至超过了许多高收入国家,但最终呈现的教育成果却不尽如人意。最新的调查结果显示,在经济合作与发展组织(Organization for Economic Co-operation and Development,OECD)开展的一项全球中学系统绩效排行榜上,马来西亚在总共 76 个国家中仅仅排名 52 位;在 QS 世界大学排行榜上,仅有一所马来西亚的大学进入前 200 位;在上海交通大学世界大学学术排名榜(ARWU)和泰晤士高等教育世界大学排名榜上,前 200 位甚至看不到来自马来西亚的大学的身影。为此,马来西亚政府积极寻求教育改革,并已于 2013 年出台了《2013—2025 年马来西亚教育蓝图(学前教育至中学后教育)》,强调要提高教师素质,降低管理成本,扩大入学机会等等。这无形中给了高等教育极大的压力。在此背景之下,政府酝酿出台《2015—2025 年高等教育蓝图》可谓是顺理成章,应时之举。①

上述问题在《2015—2025 年高等教育蓝图》中也有所提及,该蓝图中明确指出,当前马来西亚高等教育体系面临的主要挑战包括:大学毕业生缺乏批判性思维能力和交流沟通技能,而精通语言(尤其是英语)在 21 世纪显得至关重要;学术界与产业界的协同合作有待进一步加强,特别是在研究、开发和商业化等领域;高等教育体系的效率和产出有待进一步提高,财政资源的可持续性有待进一步提升。②

《2015—2025 年高等教育蓝图》的编制工作历时两年之久,凝聚了众多马来西亚和世界各国教育专家的智慧和心血,参与蓝图"绘制"的机构与人员牵涉极广,包括联合国教科文组织、经济合作与发展组织、大学管理者、大学董事会成员、知名学者、工会和协会、教育部工作人员、工商界人士及雇主代表、相关中介机构、家长、学生和公众人士等等。③ 至于参与蓝图研制的具体人数,《新海峡时报》曾有过统计,"(该蓝图的研制过程)共有 10 500 人参与其中,包括利益相关者、中学管理人员、工会和协会的成员、各校校友甚至在校的学生等等"。④《2015—2025 年高等教育蓝图》的编制过程大致可分为三个阶段:(1)总结回顾阶段(2013 年 2 月至 2014 年 2 月),即教育部组织专家对《国家高等教育战略计划》(Pelan Strategik Pengajian Tinggi Negara,PSPTN)的实施情况及取得的成就进行总结回顾,详细了解该战略计划的亮点与不足;(2)十大举措的"概念化"阶段(2014 年 3 月至 2014 年 9 月),即在总结回顾战略计划和咨询利益相关者的基础上,教育部归纳出了 10 项能够将马来西亚高等教育体系提升到新高度的举措,并将这些举措与现有的国家战略(尤其是《2013—2025 马来西亚教育蓝图》和《2015—2025 年高等教育蓝图》)有机整合;(3)蓝图定稿阶段(2014 年 10 月至 2015 年 3 月),即教育部在征求公众和内阁意见后,继

①　Ennew Christine,Malaysia's Higher Education Blueprint 2015-2025-the implementation challenge,http://www.obhe.ac.uk/documents/view_details? id=1004,accessed January 25.2019.

②　Ministry of Education Malaysia,*Malaysia Education Blueprint* 2015-2025(Higher Education),Kementerian Pendidikan Malaysia,2015,p.6.

③　Zain N. M.,Aspah V.,Mohmud N.A.,et al.,Challenges and Evolution of Higher Education in Malaysia,*UMRAN*,2017,Vol.4,No.1,pp.83-84.

④　ICEF,Malaysia releases landmark education blueprint,http://monitor.icef.com/2015/04/malaysia-releases-land/mark-education-blueprint/,accessed January 30.2019.

续细化相关举措,最终完成《2015—2025 年高等教育蓝图》的定稿。[①]

首相拉扎克指出,"《2015—2025 年高等教育蓝图》内容丰富,涉及面广"。具体而言,主要牵涉三个"B":(1)bakat(天才培育),即高等教育肩负着培育国内有天赋的青少年以及吸引国外优秀人才前来求学的重任;(2)benchmarking to global standards(成为世界高等教育发展的标杆),即马来西亚的目标是使本国高等教育的排名保持在世界前 1/3 的位次,并且努力增加在各类大学排行上(如 QS)马来西亚大学的数量;(3)balance(平衡),即马来西亚的大学毕业生不仅具备相应的专业知识和技能,而且还应该具有一定的道德水准和精神境界。[②] 教育部也试图通过《2015—2025 年高等教育蓝图》的顺利实施,解决以下五大问题:(1)向大学生逐步灌输创业心态,使毕业生积极去创造工作,而不仅仅是寻找工作;(2)构建一个不再过分聚焦于传统的学术型道路,而是把迫切需要的技术类、职业类培训放在同等重要地位的高等教育体系;(3)更加关注教育产出,积极探索能满足学生需要的技术和创新,促进学习经验的个性化;(4)调整公立和私立高等教育机构的治理方式,推动现今高度集权的治理模式向在一定制度框架内的自治模式转型;(5)降低高等教育机构对政府资源的依赖度,鼓励机构通过向相关利益者或群体提供服务来获得收益,以此确保高等教育体系财政资源的可持续性。[③]

(1)《2015—2025 年高等教育蓝图》的目标

《2015—2025 年高等教育蓝图》的目标分为两类,一类是高等教育体系目标,它又可细分为入学机会、教育质量、教育公平、团结教育和教育效率等五个具体目标;另一类是学生发展目标,涉及道德和精神文明、领导才能、民族认同性、语言水平、批判性思维能力和知识储备等六个维度。下面笔者就两类目标逐一予以阐释。

①高等教育体系目标[④]

A.入学机会

教育部希望进一步提升高等教育的入学率,期望到 2025 年,把第三级教育入学率从目前的 36% 提高到 53%,把高等教育入学率从当前的 48% 提高到 70%。如果成功达成上述目标,那将会使得马来西亚成为东南亚国家联盟中高等教育入学率最高的国家。而要想实现上述目标,据测算,到 2025 年,马来西亚需要增加 110 万个高等教育入学名额,这些名额绝大部分需要通过扩大技术与职业教育以及各类培训(Technical and Vocational Education and Training,TVET)、私立高等教育和在线教育的规模来实现。

B.教育质量

教育质量又可细分为三个维度:毕业生的质量、高等教育机构的质量和整个体系的质

---

① Ministry of Education Malaysia,Malaysia Education Blueprint 2015-2025(Higher Education),Kementerian Pendidikan Malaysia,2015,perface.

② ICEF:Malaysia releases landmark education blueprint,http://monitor.icef.com/2015/04/malaysia-releases-landmark-education-blueprint/,accessed February 9,2019.

③ Ganapathy M.,Transformation of Malaysia's Higher Education System:Malaysia Education Blueprint(2015-2025),*National Higher Education Research Institute*,2016,No.1,p.11.

④ Ganapathy M.,Transformation of Malaysia's Higher Education System:Malaysia Education Blueprint(2015-2025),*National Higher Education Research Institute*,2016,No.1,pp.7-8.

量。就毕业生质量而言,教育部希望继续提高毕业生的雇佣率,到 2025 年,能够从现在 75％的毕业生雇佣率提高到 80％以上。在高等教育机构质量方面,目前只有一所马来西亚的大学位于 QS 世界大学排行榜前 200 位之列,教育部希望到 2025 年,有一所大学能够进入亚洲大学排行榜前 25 位,有两所大学进入世界大学排行榜前 100 位,有四所大学进入世界大学排行榜前 200 位。至于在整个高等教育体系方面,马来西亚也定下目标,到 2025 年,在 Universitas 21 上的排名要从现在的 36 名进入到前 25 名,同时在高等教育机构和国际学校就读的国际学生数量也要有大幅增加,要从现在的 10800 人增加到 250000人。

C.教育公平

马来西亚希望创设出这样一个高等教育体系,即无论来自任何经济社会背景的马来西亚人,都有机会在这个体系中实现自己的潜力。目前,教育部已经承诺,要提高那些来自经济社会中处于弱势地位的家庭及社区的学生的入学率和学业完成率。

D.团结教育

除了在高等教育入学名额分配上,要充分考虑到马来西亚的种族结构,教育部还希望通过多元文化教育的陶冶与引导,让学生们拥有共享的价值观、共同的经验和一致的奋斗目标。

E.教育效率

教育部希望提高人才培养的效率,使得在高等教育方面的投资能够获得最大的回报。为此,教育部确定了到 2025 年的两个小目标:一是将公立高等教育机构的生均经费维持在现有水平;二是期望把在 Universitas 21 上的产出排名(涵盖研究成果、入学机会和可雇佣性等三个方面)从现在的第 44 位提升至前 25 位。

②学生发展目标[①]

A.道德与精神文明

品行优良,道德高尚;待人诚恳,富有同情心,乐于助人;欣赏可持续性发展模式和健康的生活方式。

B.领导才能

情商高,能够有效与人沟通,有能力在跨文化环境下工作;自信从容,有社会责任感,富有竞争力,抗挫折能力强。

C.国家认同性

对作为一个马来西亚人感到自豪,能够理解马来西亚与整个世界的关系。

D.语言水平

精通马来语和英语,并鼓励学生们学习另外一门世界性语言。

E.批判性思维能力

能够接纳与欣赏不同的观点,能够进行批判性思考和创新性思考,拥有解决问题的主动性和创业者心态。

---

① Ganapathy M.,Transformation of Malaysia's Higher Education System:Malaysia Education Blueprint(2015-2025),*National Higher Education Research Institute*,2016,No.1,pp.9-10.

F.知识储备

能够熟练掌握本学科的专业知识,并将所学过的知识融会贯通且予以灵活运用;拥有对文化、艺术、科学、技术、工程学、数学等不同学科领域的知识及成果进行鉴赏、评析的能力。

换言之,马来西亚教育部最重要的目标就是要创设出一个世界领先的高等教育体系,能够让马来西亚人在全球激烈竞争中取得优势地位。为此,马来西亚高等教育体系在运行模式上必须实现七大转变。(如图 3-2 所示)

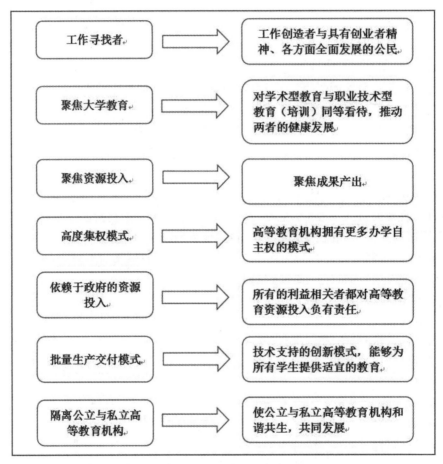

图 3-2　马来西亚高等教育体系在运行模式上的七大转变

(2)《2015—2025 年高等教育蓝图》的十大举措[①]

为了实现高等教育体系和学生发展的目标,《2015—2025 年高等教育蓝图》规划了十大举措,以推动马来西亚高等教育走向卓越。这十大举措既着眼于达成高等教育体系中的关键问题(如质量、效率等),又密切关注那些影响整个高等教育"图景"的全球化趋势。

---

① Ministry of Education Malaysia,*Malaysia Education Blueprint* 2015-2025(Higher Education),Kementerian Pendidikan Malaysia,2015,pp.14-24.

前四项举措聚焦于为高等教育体系中的重要利益相关者提供服务和产出,这些利益相关者包括走学术型道路和职业技术型道路的学生、学术界以及参与到终身教育活动的所有马来西亚人;其他六项举措聚焦于整个高等教育生态体系的促进因素和推动力量,涉及财政资助、治理模式、创新活动、国际化、在线学习和传输能力等关键要素。下面逐一对蓝图中的十大举措进行简要阐述。

①培养具有创业精神的全面发展、均衡发展的毕业生

马来西亚政府认为,当前大学毕业生的供需出现了严重的不匹配,雇主们纷纷表示毕业生缺乏必要的知识、技能和态度,为此政府重新修正了人才培养目标:每位毕业生应掌握相关学科的知识与技能,拥有良好的道德品质和行为习惯,具有积极健康的心态和高水平的文明素养;他们是有着强烈"马来西亚人"身份认同的"世界公民",愿意为家庭、社会、国家乃至世界的和谐与进步贡献自身的力量。为了达成上述具有创业精神的全面发展、均衡发展的毕业生培养目标,教育部和高等教育机构将着力发展更加全面的整体性课程,并加强学生发展的"生态环境"创设,主要措施包括:

A.在项目设计与实施的过程中,拓展与产业界的协同合作,强化学生的学习经验;加大经验型和服务型学习的应用力度,发展 21 世纪所需的各项技能;运用技术支持的学习模式,实现更多的个性化学习。

B.设计一个全面的累积平均成绩计分系统,来有效评估学生全面均衡的发展。这个新的计分系统不仅能够评估学生在知识和批判性能力方面的进步,也能够评估马来西亚学生其他方面的特质,如道德水准、文明素养、领导能力、语言水平等等。

C.为学术人员和学生创造获取创业技能的机会,鼓励他们通过学术休假、产业界借调、商业孵化器、绿色通道政策等方式追求自己的事业。

②用好卓越人才

马来西亚政府认为,目前严苛的职业发展路径极大地限制了高等教育机构吸引、招募以及留住卓越人才的能力,而且高等教育专业化发展水平不足,高等教育体系亟待从"一刀切"模式向职业发展路径和机构评估标准多样化方向转型。

政府指出,高等教育机构将通过为教育者、研究者、领导者和实践者规划专门的发展路径,来吸引、发展和留住卓越人才。学术界也会从这个传导力强、支持力度大的精英环境中受益,因为持续不断的、高质量的职业发展项目能够帮助他们及时履行不断变化的职责,满足不断提升的期待。

为了实现上述目标,教育部将鼓励高等教育机构追求不同形式的卓越,多样化职业发展路径,并为天才的招募和发展引入系统化的机制。主要措施包括:

A.根据高等教育机构认定的卓越领域,来对其进行定位。鼓励公立高等教育机构和私立高等教育机构去追求不同形式的卓越,不断提升各自专业领域和重点领域内的绩效表现。

B.推动高等教育机构针对任课教师、研究人员、实验实践人员和管理者等不同职业类别,设计出多轨制的职业发展路径。

C.为公立和私立高等教育机构进一步完善"天才发展策略"提供最佳的实践指导方针,以提升本土和国际人才的培养工作质量。

③建设终身学习的国家

终身学习能够使马来西亚人满足高收入经济社会不断变化的技能需求,最大化地实现个人的潜力,因此终身学习应该成为所有马来西亚人的一种生活方式。整个社会应该提供各种正式的和非正式的、涵盖多个学科和主题的优质项目,以支持国民的职业发展和个性化发展。所有马来西亚人,无论是什么家庭背景和社会阶层,都应该有接受各种终身教育的机会。

为了达成上述目标,教育部将提高公众对终身教育的重要意义的认识程度,提升现有项目的教育教学质量,同时开发更多创新性的项目,来增强终身教育的吸引力。主要措施如下:

A.构建认可先前学习经历与成果的框架,包括建立重返教育体系的清晰路径,建立全国性的学习体系以确保模块化的学分累积,设立认可之前学习经历的、明确的标准。

B.启动利益相关者参与建设的项目,一方面可以提高公众的参与度,另一方面可以优化现有的市场基础设施,使广大公众能够更加便捷地搜索到可参加的项目的相关信息。

C.继续向社会弱势群体提供经费资助,向公司提供减税优惠计划,向社会所有群体提供财政资助方案。

④提升职业技术教育与培训毕业生的教育质量

目前,在马来西亚12个国家关键的经济部门,有10个经济部门的职业技术教育与培训的毕业生出现短缺现象。此外,相较于大学教育,职业技术教育与培训的发展路径缺乏足够的吸引力,因此导致学生数量的不足。根据马来西亚的《经济转型方案》(the Economic Transformation Programme,ETP),到2025年,职业技术教育与培训的招生人数需要增长2.5倍,因此教育部深感压力巨大。

教育部将会通过社区学院、职业学院和多科技术学院来提供高质量的职业技术教育与培训,培养高技能的人才。教育部将鼓励产业界加大在人才培养过程中的参与力度,同时加强相关院校之间的协同合作,以塑造职业技术教育与培训领域的优质品牌。主要措施包括:

A.通过构建新的合作模式,使产业界能够引领课程的设计与实施;通过延长学徒期、开展实操培训、进行真实情景模拟等方式,提高课程实施环节的教育质量。

B.加强提供职业技术教育与培训活动的各院校间的交流合作,避免项目的重复建设和资源的无谓浪费,提升专业知识技术领域的专业化水平,提高资源利用效率。

C.加强与提供职业技术教育和培训活动的各政府部门与机构的沟通协作,合理化国家资格认证整体框架,与重要产业协会团体紧密合作,并力争使职业技术教育与培训项目通过国际认证。

⑤提高财政的可持续性

当前,马来西亚政府在高等教育方面的投入以每年14%的速度递增,公立高等教育机构经费支出的90%以上都来自政府。此外,由国家高等教育基金公司(Perbadanan Tabung Pendidikan Tinggi Nasional,PTPTN)所发放的学生贷款的偿还率还比较低,必须采取有效措施使其大幅提高。为此,教育部确定目标:向同等经济发展水平的国家看齐,大幅提升高等教育的投资回报率;高等教育机构要推动经费来源的多样化,持续提升项目的教育质量,更"精明"和更有创新性地使用好资源;对那些来自社会弱势群体家庭的学生,给予更多定向扶持政策。

为了实现上述目标,教育部决定把政府资助与高等教育机构的绩效表现相挂钩,改革现有的学生财政资助机制,鼓励高等教育机构推动自身经费来源的多样化。主要措施包括:

A.通过采用绩效评估拨款和生均资助代替一揽子拨款、执行五年制绩效合同、实施政府经费定向投入等方式,优化公立高等教育机构的资助规则。

B.通过提升学生贷款的偿还率、推行毕业后按收入比例还款的贷款项目、把学生贷款与高等教育机构的绩效表现和质量标准相挂钩等方式,提高国家高等教育公司的实际业绩和业务的可持续性。

C.鼓励社会各界向高等教育机构及其开展的教育教学项目提供捐赠和经费资助。

⑥实行授权管理

许多内部事务的决策权并不在高等教育机构自己手里,而是在教育部的掌控之中,这一方面造成了一定的管理负担和潜在的低效,另一方面也导致高等教育机构很难对全球与本土的发展趋势及时作出反应。教育部应该转变自身角色定位,从严苛的控制者转变为政策的制定者和监管者,把治理权力交给高等教育机构,让高等教育机构在政府建立的制度框架内,依靠自身强有力的治理结构、界定明晰的决策权利和有效的利益相关者管理体制,自主地处理内部事务。

为达成上述目标,教育部将把自身角色定位为政策制定者和监管者,在高等教育机构承诺履行相关职责与任务的前提下,给予其更大的自主权。主要措施包括:

A.明确教育部和高等教育机构间以结果为导向的五年绩效合同的具体条款,如果公立高等教育机构未能达成规定的绩效目标或是目标定得过高,那么政府给予它的财政资助会有所削减。

B.要求私立高等教育机构加入国家质量认证框架中来,以加强私立部门的质量认证。

C.将公立大学的决策权从教育部转移到大学的管理层,提高大学治理的有效性,加强大学董事会和机构领导层的组织建设和能力建设,使其能够承担起逐渐增多的职责。

⑦构建创新生态体系

虽然马来西亚的研究产出在不断增加(2009年出版物数量在全球排名第34位,到2013年排名已攀升了11位,来到第23位),但要想实现以创新作为国家经济发展主引擎的目标,需要做的工作还很多。马来西亚需要从学术界"埋头"做研究的模式向学术界、产业界、政府和当地社区共同孕育与发展好的创意的四重螺旋模式转变。教育部要在那些对国家经济发展影响重大的战略性领域中,加快创新生态体系的构建,高等教育机构也应该及时转换角色,成为问题解决方案的提供者和技术研究人才的开发者。

为了达成上述目标,教育部要提高那些对国家经济发展至关重要的研究领域的优先级,促进私营部门和产业界的积极参与,为好的创意与想法的商业化创设出支持性的环境。主要措施包括:

A.在那些与国家优先发展或特色发展领域联系密切的战略性研究方向上,要着力形成规模,推动其发展。

B.采取利用公立与私立研究网络匹配研究方案、调整现有的资助标准、重新规划资助审查过程等措施,确保研究经费的安全。

C.鼓励高等教育机构建立支持性体系,以推动想法与创意的商业化,如成立技术转移办公室、建立基础设施共享机制、升级数据调控系统、推行天才发展计划等等。

⑧获得全球领先地位

马来西亚现已成为国际学生最想去留学的十大目的国之一,下一目标是成为国际教育枢纽,为学生提供全面均衡的、可负担的高水平教育,优越的生活条件和丰富多元的文化环境,并在 2025 年将国际学生招生人数提高到 25 万人。

为达成上述目标,教育部将增强国际学生整个教育全程的体验,塑造教育品牌的知名度,巩固现有的国际学生市场并努力开发新的市场。主要措施包括:

A.与其他政府部门及机构紧密合作,进一步优化外来移民的工作程序与过程,使相关人士获得最佳体验,如教育部引入了多年多次学生签证制度,为在持续表现优异的高等教育机构里就读的学生提供"加速化"的绿色通道等等。

B.通过推动"特色项目"多样化、提升其教育质量等措施,提高国际学生以及来自诸如东盟国家等优先市场的学生中攻读研究生的比例。

C.通过举办重要国际教育会议、强化"我的校友"的组织建设等针对性措施,加强马来西亚高等教育体系的推广与营销。

⑨打造全球化的在线学习课堂

目前马来西亚互联网的普及率达到 67%,这有助于政府充分利用在线学习的优势,扩大优质教育内容的获取率,提高教师教学与学生学习的质量,降低课程实施成本以及向全世界宣传推广马来西亚的专家学者等等。就高等教育而言,混合式学习模式将成为所有高等教育机构的主要教学模式,强大的网络基础设施能够支持视频现场、直播会议、慕课(Massive Open Online Courses,MOOCs)等技术手段的应用,学生们亦会从中受益。

因此,教育部将与高等教育机构一起,凝聚学术界的强大力量,打造国家层面的在线学习平台,来协调和推动相关内容的开发与填充。主要措施包括:

A.在特色学科领域开展慕课建设,与 EDX、Coursera 等备受瞩目的国际慕课联盟合作,建立马来西亚慕课的全球品牌。

B.率先在大学本科公共课程中采用慕课教学模式,最终实现 70% 以上的项目均采用混合式学习方式,使得在线学习成为高等教育和终身学习不可或缺的一部分。

C.建立包括物理网络基础设施、信息结构、应用平台及设施设备等在内的网络基础设施,强化学术界的各项能力,大规模实施在线学习。

⑩推动高等教育体系自身变革

规划蓝图固然重要,但如果没有强有力的实施措施,没有教育部、高等教育机构、学术界和利益相关者的勇挑重任与通力合作,再好的蓝图也无法顺利实现。教育部要成为公立与私立高等教育机构发展转型的催化剂,并引领国家行政部门的转型;要打破现有跨部门的、孤立的操作模式,与高等教育机构、产业界和社会建立更加紧密的合作关系,提升自身工作的效能和效率。

为了达成上述目标,教育部应重新界定自身的角色、组织结构和运作模式,加强内部的工作效能,推动公立与私立高等教育机构和谐发展。主要措施包括:

A.通过与试点高等教育机构的紧密合作,来启动大学改革转型项目,如鉴定、汇集和推广试点机构典型的做法与手段,向所有高等教育机构传播关键领域的改革"剧本"等等。

B.重组教育部,使其更加聚焦于核心职能,在高等教育机构、社会、产业界之间建立更加紧密的联系,提高整个组织运作效能,尤其是在学生入学和国际化学生服务等关键的一线服务领域。

C.通过加强马来西亚质量认证框架和流程的各项工作,消除不必要的繁文缛节,建立公立与私立高等教育机构都通用的、更为一致的绩效标准和规章制度。

(3)《2015—2025年高等教育蓝图》的实施路线图

《2015—2025年高等教育蓝图》的实施时间长达11年之久,所涵盖的内容又极为广泛复杂,为了确保蓝图得以顺利实现,教育部认真规划了实施路线图,把实施过程分为了三个阶段:2015年为第一阶段,主要任务是制造声势,奠定基础;2016—2020年为第二阶段,主要任务是加速高等教育体系建设;2021—2025年为第三阶段,主要任务是随着整个高等教育体系运行灵活性的提高,努力向卓越迈进。三个阶段的具体建设内容如下[①]:

①第一阶段(2015年):制造声势,奠定基础

主要建设内容:

A.高等教育机构开发学生综合评价方法,以测评学生在知识、技能、道德及精神文明等各方面的综合素质。

B.在课程体系中增添经验学习、服务学习和创业技能等模式及内容,并引入新的工作创造者框架来创建和培育学生的企业。

C.启动新的"CEO教师"项目,聘请资深的企业或政府行政部门的领导人来为公立高等教育机构的学生授课。

D.建立相应的奖惩措施,提高国家高等教育基金公司所发放的学生贷款的偿还率。

E.由试点的高等教育机构启动"定制化"的大学转型项目,并以此为榜样,开启其他高等教育机构的转型项目。

F.把高等教育机构在关键领域所采用的典型实践编纂成"剧本",以加强大学治理和董事会工作的有效性,强化绩效管理,建立多元化的资金收入来源等等。

G.通过由产业界来引领的课程设计与实施、加强授课教师培训和提高其学历层次、整合高技能和高价值的项目等措施,推动职业技术教育及培训工作的质量提升。

H.把科学研究的重点与其他政府部门及机构的需求紧密对接,高度关注那些马来西亚有竞争优势、对经济发展有重大影响的研究领域。

I.重新设计研究项目的资助标准,加强对经费的审查和过程监管。

J.在咨询利益相关者的基础上,重新出台私立高等教育机构自我认证和共同监管的指导方针。

K.审视马来西亚学生入学过程和国际学生教育全过程,促进相关工作的改进。

L.改革马来西亚国际奖学金的协调机构,创设出富有吸引力的发展路径,吸引顶级学

---

①　Ministry of Education Malaysia,*Malaysia Education Blueprint* 2015-2025(Higher Education),Kementerian Pendidikan Malaysia,2015,pp.27-30.

者和拔尖学生来马工作或攻读学位。

M.推动高等教育机构在马来西亚特色领域开发顶尖质量的慕课,并修订国家在线教育政策。

N.重新规划教育部的组织机构与操作模式,使其角色定位于高等教育的政策制定者与监管者。

②第二阶段(2016—2020年):加速体系建设与优化

主要建设内容包括:

A.加大产业界与社会的参与力度,通过离校实习或以产业为依托的学习,实施"3+1"或"2+2"本科教育模式。

B.加强MPU框架和创业项目的建设工作,包括为了打造优质的创业学习课程,在其中增加更多的实践性和激励性要素。

C.为高等教育机构不同类型的卓越(如研究领域的卓越、教学领域的卓越、某些细分领域的卓越等)制定相应的目标与激励措施。

D.为高等教育机构实施"天才流动项目"和多轨制的职业发展路径提供便利条件。

E.开发新的高等教育天才培育路线图,包括为招募国际型学术领军人才提供便利条件、为高等教育机构领导者举办关于"领导力"培训的项目。

F.建立认可之前学习经历的框架、清晰的发展路径和国家层面的学分系统。

G.协调国家层面的职业技术教育及培训资格认证工作与其他机构工作的关系,使国家化认证工作更加便捷。

H.在公立大学中引入新的财政资助规则和绩效合同,并以此为依据,拟定大学的关键绩效指标。

I.通过更专业细致的储蓄方案、更有吸引力的激励措施以及建立新的Tabung Siswa投资基金,把国家高等教育基金公司转型为"马来西亚教育基金"。

J.面向学生推行毕业后按收入比例还款的贷款项目,并将学生获取贷款的机会与所在高等教育机构的质量标准和绩效表现相挂钩。

K.采取给予补助金、税费减免等激励措施,鼓励公立与私立高等教育机构成立捐赠基金。

L.加强对公立高等教育机构在董事会组建、学术自治、大学治理、人力资源、资金管理、物资采购等方面的授权管理。

M.对已出台的、适用于所有高等教育机构的高等教育法案开展评估。

N.扩大对来自产业界和社会的联合研究经费的匹配计划,加强对研究成果商业化的制度建设和工作指导。

O.高等教育机构要通过加大配套政策措施建设,加速技术成果转化;要汇聚适宜的利益相关者,推动基础设施的共同利用。

P.推进国际学生管理体制改革,包括合理化外来移民的手续办理过程、为多年来表现卓越的高等教育机构的学生引入多年学生签证制度和开设绿色通道。

Q.加强马来西亚教育的品牌建设,加强"我的校友"组织的相关工作。

R.加强终身学习和在线学习的基础设施建设,推动其广泛应用实施;优化学分转化工作,积极开展项目创新。

S.加强高等教育机构评级系统建设,提高 MQA 质量认证认可工作质量。

③提高体系运行的灵活性,努力向卓越迈进

A.审视实行的政策与指导方针,使得 21 世纪所需的技能能够更便捷地融入高等教育机构的课程体系中,以便学生可以更好地应对全球发展趋势、争议及挑战。

B.把所有公立大学与政府的合同转换成多年制的绩效合同。

C.完成所有公立大学治理体系的转型,在所有私立高等教育机构中实施自我管理和共同监管的治理模式。

D.实现"马来西亚教育基金"财政上的可持续性,对高产出的公立大学实行可持续、多样化的资助模式。

E.在马来西亚完成法律制度转型后,考量给予多科技术学院更大的自治权的实施举措。

F.以国际标准为标杆,不断优化质量认证工作和高等教育评级系统。

G.完成职业技术教育与培训的品牌重塑工作,打造同等重视学术型和职业技术型发展的双路径的高等教育体系。

H.推动高等教育机构实施大学转型项目,力争有数个高等教育机构在各自聚焦领域或特色领域取得区域性乃至全球领先地位。

I.不断审视创新生态体系构建的具体进展,并对其实施必要的调整,以提高工作成效。

J.继续推动马来西亚国际学生的来源多元化,既要瞄准那些留学生数量最多的国家,也要关注那些与马来西亚有着重要战略地缘关系的国家。

K.不断回顾和改进马来西亚全球教育品牌塑造工作,不断审视和改进国际学生教育过程,使其符合国际惯例。

L.和杰出的国际同行一起,完成国际化研究实验室或卓越中心的建设任务。

(二)马来西亚高等教育发展战略的演变趋势

马来西亚在 2007 年出台了奠基性的高等教育发展转型文件——《战略计划》,并在此基础上,陆续出台了一系列更为细致的高等教育发展的规划或行动方案。回顾 21 世纪马来西亚迄今为止发布的高等教育发展战略,可以看出,马来西亚高等教育发展战略遵循着以下演变趋势:

1.战略的核心目标从局部的改进向整个高等教育体系的优化转变。起初,马来西亚的高等教育发展战略只是寄望于在若干个关键领域取得突破性进展;2007 年制定的《行动方案》显示,马来西亚希望在治理结构、领导力、学术界、教与学、研究与开发五个关键领域实现根本性变革;在《第二阶段行动方案》中,政府希望开展的重要议程项目达到 23 个,除了之前涉及的五个关键领域外,还涵盖了产学研、国际化、整体学生发展状况、质量保证、卓越加速项目等领域;《2015—2025 年高等教育蓝图》的目标则更为恢宏,不只是想在高等教育的部分关键领域取得明显成效,更重要的是创设出一个世界领先的高等教育体系,使所有马来西亚人都有机会在这个体系中实现自己的潜力,进而在全球激烈竞争中取得优势地位。可以说,马来西亚政府对高等教育的战略发展目标已经发生了根本性的改变,不再执迷于体系的小修小补和若干领域的改革突破,而是着眼于高等教育体系的整体优化和效能提升,希望借此为实现国家进入高收入发达国家行列奠定坚实基础。

2.人才和机构的发展路径从单一化发展向多样化发展转变。从高等教育战略的演变趋势来看,政府逐渐改变了之前聚焦大学教育、推行单一学术化的人才发展路径的做法,开始把职业技术型教育与学术型教育同等看待,鼓励学生接受职业技术型教育,并通过构建产学合作新模式、加强院校间的交流协作、合理化国家资格认证框架等方式,提升职业技术教育质量,提高其对学生的吸引力。教育部同样鼓励高等教育机构自行认定机构的卓越领域,鼓励高等教育去追求不同形式的卓越,不断提升各自专业领域和重点发展领域内的绩效表现。换言之,从马来西亚高等教育发展战略演变趋势来看,高等教育的人才培养路径和高等教育机构的发展路径已经发生了根本改变,从之前"一刀切"式的学术化发展路径正在向多样化发展路径转变。

3.学生的培养规格从聚焦于学生的可雇佣性向推动其全面均衡发展转变。在两个阶段(分别是 2007—2010 年和 2011—2015 年)的《国家高等教育战略计划行动方案》中,虽然教育部已经强调要用均衡的思维来塑造学生,要在学生中推行多样化的课程,激发学生的创造力、创新思维和创业精神,但由于并没有相应的具体措施,类似的"要求"更像是一种号召或呼吁,教育部更为关注的是学生的可雇佣性,如在《第一阶段行动方案》实施的关键事项"毕业生培训项目"中,明确提出要"致力于提高大学毕业生的可雇佣性",《第二阶段行动方案》更是干脆把"毕业生的可雇佣性"列为 23 个重要事项之一。然而,马来西亚政府逐渐认识到教育活动是一个受多因素影响的复杂系统,毕业生的可雇佣性仅仅是教育活动的结果,是一个表征性的指标。要提高毕业生的可雇佣性,必须从优化教育活动的目标和过程入手。只要教育活动的目标更加契合经济社会发展需求,教育过程更加高效,教育质量进一步得以提升,那么毕业生可雇佣性的提高就是水到渠成的事情了。为此,教育部拟定了学生发展的五大目标:道德与精神文明、领导才能、民族认同性、语言水平和批判性思维能力,并通过拓展与产业界的合作、开发学生成绩累积积分系统、加强学生"发展生态系统"创设等手段,提高教育活动过程的质量,塑造全面均衡发展的各类人才。

4.财政支出从主要由政府负担向利益相关者共同负担转变。一直以来,马来西亚政府承担着高等教育事业的主要财政支出,但由于多种原因,在两个阶段(分别是 2007—2010 年和 2011—2015 年)的《国家高等教育战略计划行动方案》中,政府并没有明确提出要改变高等教育经费来源结构,只是在第二阶段方案中呼吁私立高等教育机构积极拓展学生学费以外的收入来源。但是,规模迅速扩大的高等教育逐渐让马来西亚政府感到不堪重负,据测算,当前马来西亚政府在高等教育方面的投入以每年 14％的速度递增,而且公立高等教育机构经费支出的 90％以上都来自政府。随着高等教育入学率的持续提高和高等教育规模的进一步扩张,现有的高等教育财政资助体制是不可持续的,必须迅速得以改变。因此,教育部决定一方面采取措施,大幅提升学生贷款的偿还率;另一方面鼓励社会各界向高等教育机构提供捐赠或资助各类教学科研项目,推动经费来源的多样化,把财政支出的压力由之前主要承载在政府方面,逐渐转变为由利益相关者共同来分担。

5.行政管理部门从高等教育控制者向自我颠覆变革者转变。虽然在两个阶段的《国家高等教育战略计划行动方案》中都提出,要优化高等教育机构的治理结构,进一步扩大其办学自主权,同时强调高等教育机构领导者的角色定位与能力建设至关重要。但不可否认,马来西亚教育行政部门(之前主管高等教育的部门是高等教育部,目前是教育部)一直把自身的角色定位于高等教育的控制者与相关政策的执行者,并未考虑过如何通过自身角色的转换和组织机构的重组来实现管理体系的优化升级,来推动改革蓝图的顺利实现。而在《2015—2025年高等教育蓝图》中,则明确提出了"要推动高等教育体系自身变革",重新界定教育部自身的角色、组织机构和运作模式,通过"重组教育部,使其更加聚焦于核心职能",以便于"在高等教育机构、社会、产业界之间建立更加紧密的联系",提高整个组织的工作效能。换句话说,教育部试图通过自我颠覆和自我变革,通过自身角色的转换和组织机构的重组,来推动各项改革举措更便捷、更有效地开展下去,推动公立与私立高等教育机构的和谐发展,推动整个高等教育体系的变革和效能提升。

(三)马来西亚高等教育发展战略的演变对中国的启示

从21世纪以来马来西亚迄今为止所发布的高等教育发展战略所呈现出来的变化趋势来看,对我国高等教育战略的制定和优化有如下启示:

1.注重宏观统筹,着眼于整个高等教育体系的优化提升。2015年出台的《2015—2025年高等教育蓝图》与之前规划最大的不同,就在于它并不是寻求在高等教育体系的某些领域实现突破,而是把高等教育体系视为经济社会发展的一个重要部门,从实现国家、民族的宏观发展目标进程中高等教育应发挥的功能和作用这个高度出发,来考虑高等教育体系的发展要求,进而提出相应的政策措施。因此,《2015—2025年高等教育蓝图》立意高远,内涵丰富,涉及面广,涵盖了终身学习国家建设、创新生态体系构建等关涉马来西亚经济社会发展诸多领域与层面的重大举措。如果马来西亚能够顺利实现蓝图的既定目标,无疑会给马来西亚经济社会带来天翻地覆的变化,也会深刻影响马来西亚人的思维方式和生活方式。我国在制定和出台相关的战略规划时,也应该更加注重宏观层面,从大处着眼,从整个国家经济社会未来发展趋势与现实需求相结合的角度去考虑问题,从高等教育与经济社会发展重要部门的协调联动关系上去考虑其未来发展与质量提升问题。

2.撒弃"一刀切"模式,构建多样化的人才和机构发展路径。马来西亚先前十分强调学术界的作用,希望借此激发广大科研人员的研究动力,开展国家发展所需要的创新性研究,丰富国家的知识储备,并把研究发现或研究成果转化成商业性的产品与平台,为经济社会发展提供助力。然而,这种工作导向在推动科研成果大幅增加的同时,也带来了不少的"副作用",如职业技术类人才严重短缺、对其他类型卓越人才的吸引力与发展环境严重欠缺、高等教育专业化发展水平不足等等。因此,在新出台的教育蓝图中,教育部明确提出,要把职业技术型教育放到与学术型教育同等重要的位置上,通过提高产业界在人才培养过程中的参与度、加强院校间的合作、优化国家职业资格认证体系等方式,提升职业技术教育质量,开拓一条更具发展前景和潜力的职业教育发展路径。此外,教育部也鼓励高等教育机构错位发展、特色发展,根据不同的领域和类型的卓越定位,努力提升各自专业领域和重点领域内的表现,以实现不同类型和不同领域的卓越。

3.重视开源节流,强调高等教育财政体制的可持续性。马来西亚政府一直以来都在财政上给予高等教育,尤其是公立高等教育机构大力支持,然而随着高等教育规模的迅速扩大和教育产出的不尽如人意,政府试图从根本上改变原有的"包养式"的财政资助方式,一方面是"节流",把政府资助与高等教育机构的绩效表现相挂钩,用绩效评估拨款和生均资助代替一揽子拨款,激励高等教育机构更"精明"、更有效地使用资源,持续提高项目的教育质量,同时采取有效措施提高学生贷款的偿还率;另一方面,鼓励社会各界向高等教育机构捐赠与资助,也鼓励高等教育机构通过向社会各界及利益相关者提供培训、咨询、技术研发等服务来获得收入,从而实现高等教育机构经费来源的多样化,降低对政府资源的过度依赖,提高高等教育财政资源的可持续性。

4.敢于"刮骨疗伤",勇于开展行政管理部门的自我革命。当前,马来西亚高等教育的管理体制仍然是集权式的,即高等教育行政管理部门是高等教育的控制者和监管者。尽管在两个阶段的《国家高等教育战略计划行动方案》中都明确提出,要优化高等教育机构的治理结构,扩大高等教育机构的自治权,《2015—2025年高等教育蓝图》更是提出了一个恢宏的目标,要构建一个全球领先的高等教育体系。但是须知,要推动整个高等教育体系的转型升级,要推动马来西亚高等教育走向卓越,仅仅出台和执行几个政策性文件是不可能的,势必会涉及高等教育功能定位、运行模式、资源投入等方方面面根本性的改变,也必然会要求高等教育的行政管理部门进行"自我革命",根据高等教育的新定位、新职能、新模式、新体系来调整自身的角色、组织结构和运作模式,以便能够更加聚焦于核心任务,更高效地履行职责任务,更好地推动高等教育体系的优化与转型。高等教育行政管理部门的"自我革命"必然会涉及相关管理人员职能和利益的再分配,是十分困难和痛苦的,但也是改革过程中必不可少的。唯有这样,深层次、大范围、颠覆性的高等教育体系改革才有成功的可能。

五、马来西亚高等教育国际合作与交流

(一)高等教育合作办学

马来西亚高等教育与国外高等教育合作办学发轫于20世纪90年代,其合作的形式主要分为开展跨境学位项目和共建海外分校两种。马来西亚高等教育国际合作办学的最大驱动力当属1996年《私立高等教育机构法案》(Private Higher Education Institutions Act,PHEIA)的出台。由于当时政府既认可私立高等教育机构的合法身份,鼓励其大力发展,但是又未能给予私立高等教育机构独立授予学位的权力,而受"种族配额制"所限,众多在私立高等教育机构就读的学生又有着获取学位的强烈愿望和经济支付能力,因此跨境学位项目就应运而生:一些私立高等教育机构积极与国外大学合作,开发各种学位授予项目。

如前文所述,跨境学位项目可划分为双联学位项目、免修学分或学分转移项目、3+0国外本科学位项目三种类型。其中,双联学位项目又有"1+2"、"2+1"和"3+0"模式,即学生先根据国外合作大学的课程大纲,在国内的私立高等教育机构中学习一定的时间,然后再赴海外完成学业。显而易见,"3+0"模式的"性价比"最高,学生可在国内私立高等教育机构学习3年,无须亲赴国外合作大学,便可获得该大学的学士学位,这种模式极大地降低了学生求学的费用,自然深受学生们的欢迎。根据马来西亚的相关管理制度,政府有权控制国内提供双联课程的高等教育机构的数量,国外合作的高等教育机构则要为双联课程的顺利实施与最终质量负责。毋庸置疑,由于攻读跨境学位项目的花费不高,马来西

亚的本国学生和来自海外的国际学生都能够负担得起,因此马来西亚不仅有效遏制了本国学生赴海外留学所带来的大量经费外流的问题,还逐渐发展成为以高质量的教育品质和高性价比闻名于世的高等教育留学目的国之一。[①]

截至 2011 年,马来西亚私立高等教育机构与各国的高等教育机构联合举办的跨境学位项目如表 3-2 所示:

表 3-2 2011 年马来西亚与各国举办的跨境学位项目一览表

合作国家	双联学位项目	免修学分项目、学分转移项目	"3+0"国外本科学位项目
印度尼西亚	1	1	
美 国	3	15	9
英 国	8	10	143
约 旦	1		
澳大利亚	1	16	23
印 度	1		
新西兰		8	
中 国		1	
加拿大		1	1
捷 克		1	
瑞 士			2
法 国			4

资料来源:Ministry of Higher Education,Malaysia.

马来西亚高等教育机构与国外高等教育合作的第二种形式就是共建海外分校,实际上国外高等教育机构与本土合作伙伴联合建立海外分校、以取得办学许可的做法正是首倡于马来西亚。本土合作伙伴为海外分校提供土地、办学设施和资金,建设和优化办学的基础设施设备,国外高等教育机构为海外分校提供智力支持、优质品牌和人力资本。1998年 7 月,澳大利亚莫纳什大学率先与马来西亚三维公司合作,联合举办了马来西亚第一所国外大学的海外分校——马来西亚莫纳什大学三维分校;1999 年 2 月,澳大利亚的斯温伯恩大学也迅即与沙捞越州州立政府联合,成立了马来西亚科廷理工大学。截至 2016年,国外高等教育机构与马来西亚联合创办的海外分校数量达到了 13 所,就读学生的数量更是呈明显上升趋势。

(二)留学生教育

马来西亚之所以被称之为"区域学生枢纽",很大程度上正是由于其实施了合理的策略,吸引了越来越多的国际学子来到这个国家接受高等教育。学者莫斯迪·希拉

---

① Knight J., *International Education Hubs:Student,Talent,Knowledge-Innovation Models*,Springer Science+Business Media,2014,p.113.

(Morshidi Sirat)指出,国际学生来马来西亚留学主要基于以下两方面因素:一方面,马来西亚优质的高等教育质量、可负担的学费、较低的生活成本、提供奖学金以及与阿拉伯国家良好的双边关系为国际学生赴马留学提供了良好的学习和生活环境;另一方面,美国"9·11"恐怖袭击事件发生后,中东国家与美国之间的关系日趋紧张,中东国家的学生到美国接受中学后教育的难度日益加大,这也导致这些学子转而寻求更安全、更具性价比的其他留学选择,马来西亚显然是其中之一。[1] 根据马来西亚教育部的相关统计,2002—2013 年的十余年间,共有超过 70 万的国际学生在马来西亚求学。其中,私立高等教育机构招收的国际学生的数量占到了国际学生招生总数的 70% 以上。2002—2013 年马来西亚招收国际学生的具体情况如表 3-3 所示:

表 3-3　马来西亚国际学生招收情况(2002—2013 年)

年度	公立高等教育	私立高等教育	全年总数	年度递增率(%)
2002	5045	22827	27872	—
2003	5239	25158	30397	+9.06
2004	5735	25939	31674	+4.20
2005	6622	33903	40525	+27.94
2006	7941	39449	47390	+16.94
2007	14324	33604	47928	+1.13
2008	18495	50679	69174	+44.32
2009	22456	58294	80750	+16.73
2010	24214	62705	86919	+7.64
2011	25855	45246	71101	-18.20
2012	26232	57306	83538	+17.45
2013	29662	53971	83633	+0.11
总数	191820	509081	700901	—
比例	27.37%	72.63%	100.00%	—

资料来源:马来西亚教育部高等教育司。

　　从近年来的发展趋势来看,马来西亚越来越重视国际研究生的招募工作,着力提高国际研究生的招生数量。根据官方数据统计,2011—2013 年,马来西亚国际研究生的招生人数占到了国际学生总数的 30% 以上。而且,与国际本科生招生情况相反,主要承担国际研究生招生任务的并不是私立高等教育机构,而是公立高等教育机构,尤其是博士研究生的招生。根据学者坦(Tan Y.S.)和戈赫(Goh S.K.)的研究,考虑到公立高等教育机构数量的扩张,尤其是从事研究生教育的研究密集型机构数量的大幅增加,马来西亚政府希望保持现在的发展势头,即国际研究生招生数占学生招生总数的 30% 左右,国际本科生

---

[1]　Morshidi S.,The impact of September 11 on international student flow into Malaysia:Lessons learned,*International Journal of Asia-Pacific Studies*,2008,Vol.4,No.1,pp.79-95.

招生数占学生招生总数的 70％ 左右。[①] 2010—2013 年国际研究生的招生变化情况如表3-4 所示。

表 3-4　马来西亚国际研究生的招生情况(2010—2013)

年　度	公立高等教育		私立高等教育		总　数	占国际学生总数的比例（％）
	硕　士	博　士	硕　士	博　士		
2010	8138	7548	3813	677	20176	23.21
2011	8076	9420	4474	535	22505	31.65
2012	8058	10202	6853	2755	27868	33.36
2013	8197	11368	8530	3075	31170	37.27

资料来源：马来西亚教育部高等教育司。

国际学生的大量涌入也给马来西亚高等教育带来了巨大的变化,如支持学生的学习与生活经验的便利设施及服务的出现,从事教学、行政管理与其他支撑性服务的人力资源的到来、保障学生与高等教育机构各项权益的规章制度的出台等等,这些变化都将深刻影响马来西亚高等教育的未来。[②]

(三)人员交流

由于马来西亚的未来发展愿景是将本国建设成为富有声望的区域教育枢纽,所以迫切希望吸纳国际先进的科学知识、引入国际潮流和知名专家学者,尤其是在发达国家的研究中心里任职的研发人员。[③] 马来西亚政府和高等教育机构每年都会选派大量的教师出国深造和参加学术论坛,努力学习发达国家先进的教育教学理念和知识体系。

除此之外,政府出台的《国家高等教育战略规划(2007—2020)》中明确提出,到 2020年,马来西亚高等教育机构中全职外籍教师的数量须达到全体教师总数的 15％。因此,近些年来,马来西亚高等教育机构中外籍教师的数量迅猛增长。2001 年,马来西亚私立高等教育机构中外籍教师总数为 519 人,仅占全体教师总数的 5.8％;到了 2010 年,私立高等教育机构中外籍教师总数已迅速攀升至 5003 人,增长了 8.6 倍之多,公立高等教育机构中外籍教师的数量也达到了 1681 人。[④] 2001—2010 年马来西亚私立高等教育机构中外籍全职教学人员数量的变化如表 3-5 所示。

---

① Tan Y. S., Goh S. K., International students, academic publications and world university rankings:the impact of globalization and responses of a Malaysian public university,*Higher Education*,2014,No.68,pp.489-502.

② Abd Aziz M. I., Abdullah D., Finding the next "wave" in internationalization of higher education:focus on Malaysia,*Asia Pacific Education Review*,2014,No.15,p.499.

③ Ministry of Higher Education Malaysia,*Internationalisation Policy for Higher Education Malaysia* 2011,Kementerian Pengajian Tinggi,2011,p.50.

④ Tham S. Y.,Internationalizing Higher Education in Malaysia:Understanding Practices and Challenges,*Institute of Southeast Asian Studies*,2013,p.63.

表 3-5 2001—2010 年马来西亚高等教育机构教学人员数量变化一览表

年度	2001	2002	2003	2004	2005	2006	2007	2008	2009	2010
教学人员	8409	13276	13223	13590	12425	13747	16705	22162	24418	27989
全职外籍教学人员	519	1116	958	1221	1011	1273	1376	1634	4605	5003

资料来源:Tham S.Y.,*Internationalizing Higher Education in Malaysia*:*Understanding Practices andChallenges*,Singapore:Institute of Southeast Asian Studies,2013,p.82.

(四)国际化科研

尽管马来西亚在世界银行组织 2008 年发布的知识经济指数(Knowledge Economy Index,KEI)上的得分略高于 6 分,尽管整个国家的科研力度(用每百万人中的同行审议的论文指数来测算)以每年 15%～16%的比例增长,但马来西亚的科研水平既低于丹麦、瑞典、芬兰等发达国家,也与新加坡,中国台湾地区,香港地区、韩国和日本等国家或地区有着一定的差距。2004 年,马来西亚 70%以上同行审议论文的作者都是本国的学者和研究者,这说明马来西亚本土研究者与国外研究者之间的国际合作仍需加强。[1]

为此,马来西亚积极与国外高等教育机构开展战略合作,在各类学术项目和研究项目中发展自身的特色产业和特色领域。例如,马来西亚国民大学就与德国的杜伊斯堡艾森大学有着长期稳定的合作关系,自 2003 年以来,通过两所大学在工程学项目上的双学位合作,共计有 73 位学生因此受益。2011 年 3 月,马来西亚玛拉工艺大学与美国的麻省理工学院签署合作协议,在沙阿拉姆校区共建马来西亚供应链创新研究所,这个研究所将致力于开展供应链领域研究生层次的教育与研究,并与麻省理工学院的全球供应链和物流卓越网络(MIT's Global Supply Chain and Logistics Excellence Network)紧密联系。这些高等教育机构间的国际合作无疑对马来西亚区域高等教育枢纽的建设工作有着重大的意义。对于马来西亚的高等教育机构而言,标榜它们与国外大学的合作也不无裨益,因为这可以凸显出马来西亚高等教育的国际化质量。[2]

(五)与中国的合作与交流

马来西亚是东盟国家中最早与中国建交的国家,早在 1974 年 5 月 31 日,两国就建立了正式的外交关系。[3] 随着我国加入"世界贸易组织"以及马来西亚国际化战略的深入实施,中马两国在高等教育领域的合作与交流不断深化。目前中马两国高等教育合作路径主要包括以下三种类型:

---

[1] Ministry of Higher Education Malaysia,*Internationalisation Policy for Higher Education Malaysia* 2011,Kementerian Pengajian Tinggi,2011,p.69.

[2] Knight J.,*International Education Hubs*:*Student*,*Talent*,*Knowledge-Innovation Models*,Springer Science+Business Media,2014,p.113-114.

[3] Chin Yong Liow J.,Malaysia-China Relations in the 1990s:The Maturing of a Partnership,*Asian Survey*,2000,Vol.40,No.4,p.672.

1.实施留学生教育

如前所述，由于优质的高等教育质量、较为低廉的学费和生活成本，再加上与中国良好的关系，马来西亚历来是中国学生重要的留学目的国之一。据统计，2003 年马来西亚的中国留学生数量就达到了 11058 人。[①] 而在 2011 年中国与马来西亚签署相互承认高等教育学历和学位的协定以后，前往马来西亚留学的中国学生的数量更是迅猛增长：与 2011 年同期相比，2012 年在马来西亚接受教育的中国留学生增长了 50.7%；2013 年 1 月至 9 月与 2012 年同期相比，又增长了 83.66%。[②]

与此同时，中国也高度重视引进马来西亚等国的留学生，采取设立奖学金等方式吸引马来西亚学子赴华求学，赴华留学的马来西亚学生与日俱增。仅以广西为例，广西政府持续强化与东盟国家的教育合作，自 2001 年开始专门设立了"广西政府东盟国家留学生奖学金"。到 2013 年，奖学金总额已增加到 1500 万元，获全额奖学金的东盟留学生达 600 多人。[③]

在两国政策的共同推动与指引下，2016 年中国在马来西亚的留学生达 14000 余人，马来西亚来中国的留学人数达 7000 余人，且中马两国相互留学呈现出良好的发展态势。[④]

2.开展国际项目合作

中国和马来西亚在高等教育领域的国际合作主要有两种形式：共同举办中外合作办学项目和建立海外分校。根据学者刘琪的调查，当前中国与马来西亚仅举办 10 个项目，且皆为专科层次，显示出中马两国在举办中外合作办学机构、项目上有着很大发展空间。[⑤]

厦门大学马来西亚分校是中国政府应马来西亚高教部的邀请，在中国国家开发银行和马来西亚新阳光集团的大力支持下于 2014 年兴办的。[⑥] 厦门大学马来西亚分校于 2016 年 2 月 22 日正式开学，当年招生的专业包括汉语言文学、中医学、国际商务、金融学、会计学、新闻学、新能源科学与工程、化学工程与工艺、海洋技术、软件工程、计算机科学与技术等 11 个专业，招收学生 202 名。[⑦] 2018 年，厦门大学马来西亚分校有将近 3000 名的学生，其中马来西亚学生占了 1/3，未来学生规模数将有 12000～13000 人。厦门大学马来西亚分校系中国第一所名校全资独立在海外办的分校，其被誉为"一带一路"上一

①　张进清：《中国—马来西亚教育合作研究》，载《广西社会科学》2006 年第 11 期。

②　梁雪琪、杨裕宁、吴慧灵等：《马来西亚高等教育论坛：16 所马来西亚高校与区 42 所高校在我校探讨合作》，http://www.hbmy.edu.cn/templet/news/838/841/2013-11/29801.html，最后访问日期：2019 年 4 月 23 日。

③　梁雪琪、杨裕宁、吴慧灵等：《马来西亚高等教育论坛：16 所马来西亚高校与区 42 所高校在我校探讨合作》，http://www.hbmy.edu.cn/templet/news/838/841/2013-11/29801.html，最后访问日期：2019 年 4 月 23 日。

④　张录早：《首届马来西亚"一带一路"国际教育合作与交流高峰论坛在吉隆坡成功举办》，http://wemedia.ifeng.com/15872690/wemedia.shtml，最后访问日期：2019 年 4 月 23 日。

⑤　刘琪：《中国—东盟中等竞争力水平国家高等教育合作路径探析》，载《中国高教研究》2017 年第 7 期。

⑥　詹心丽：《"一带一路"与中国高等教育的对外发展——以厦门大学马来西亚分校建设为例》，载《大学（研究版）》2018 年第 5 期。

⑦　郭洁：《高校创设海外分校的意义及前景——以厦门大学马来西亚分校为例》，载《教育评论》2017 年第 3 期。

颗璀璨的明珠,为中国高等教育走出去提供了一个良好的范例。[①]

3.构筑交流机制与平台

中马两国为推动教育领域的交流与合作,陆续构筑了一系列官方和民间的交流机制与平台。首先,教育部、外交部和贵州省人民政府自2008年开展联合举办"中国—东盟教育交流周"活动,现已举办了十一届。马来西亚作为东盟的重要成员国,积极参与交流周的活动,向我国广大民众详细介绍马来西亚的文化习俗、风土人情以及教育的基本情况,进而促进双方教育合作的深入发展。其次,教育部积极实施中国—马来西亚青少年交流项目,该项目主要是与马来西亚官方合作,不定期举办"走进马来人家"等颇具特色的青少年交流项目。[②] 第三,开展孔子学院在马来西亚的建设发展。2009年,中国在马来西亚的第一所孔子学院——马来亚大学孔子学院正式成立;[③] 2018年12月,长沙理工大学与马来西亚沙巴大学共同建设的沙巴大学孔子学院正式获批建立。其时,国家汉办已在马来西亚开办了三所孔子学院,为我国加强对外文化宣传推广、增进国际理解和互信、推动中马两国间的交流与合作起到了极大的推动作用。[④]

除了官方搭建的各类交流机制与平台外,中马两国的高等教育机构也积极开展交流与合作。哈尔滨工业大学(威海)、广西民族大学、齐鲁工业大学、广东金融学院、湖南医药学院、宜春学院等中国高校先后与马来西亚高等教育机构签署合作协议,在科学研究、学生交流、教师进修与培训等方面开展深度合作。以广西民族大学为例,近年来,广西民族大学先后与马来亚大学、马来西亚精英大学、马来西亚世纪大学等高等教育机构建立了合作关系,双方就联合培养、学历互认、互派学生、学习费用、学生管理、教学安排等方面达成共识并签订了合作协议。[⑤] 2013年10月30日,广西民族大学还举办了马来西亚高等教育论坛,16所马来西亚高校与广西42所高校共同探讨教师培训、学位互认、课程开发等合作事宜。[⑥]

① 詹心丽:《"一带一路"与中国高等教育的对外发展——以厦门大学马来西亚分校建设为例》,载《大学(研究版)》2018年第5期。

② 中华人民共和国教育部,《交流合作项目》,http://www.moe.gov.cn/Publicfiles/business/html-files/moe/moe_854/200906/48799.html,最后访问日期:2019年5月2日。

③ 王喜娟:《中国—马来西亚高等教育合作路径探析》,载《继续教育研究》2014年第11期。

④ 长沙理工大学国际处,《我校马来西亚沙巴大学孔子学院成功获批》,http://www.csust.edu.cn/xxgkw/info/1003/1820.htm,最后访问日期:2019年5月2日。

⑤ 王喜娟:《中国—马来西亚高等教育合作路径探析》,载《继续教育研究》2014年第11期。

⑥ 梁雪琪、杨裕宁、吴慧灵等:《马来西亚高等教育论坛:16所马来西亚高校与区42所高校在我校探讨合作》,http://www.hbmy.edu.cn/templet/news/838/841/2013-11/29801.html,最后访问日期:2019年5月2日。

第四章 以色列高等教育发展战略研究

一、以色列发展概况

以色列国于 1948 年建国，是一个多民族、多宗教、文化多元、地处欧亚非交界的国家。

人口上，在建国初期，以色列人口仅为 80 万；1970 年，总人口增长到 300 万；2012 年，达到 800 万；以色列中央统计局的资料显示，2019 年 2—3 月，这一数字到达 900 万。按照人口组成区分，以色列主要有约 70％的犹太人，20％的阿拉伯人，和其他群体。其中犹太人又可分为阿什肯纳兹犹太人、塞法迪犹太人、埃塞俄比亚犹太人等；阿拉伯人又分穆斯林（包括切尔克斯人）、阿拉伯基督徒（包括亚美尼亚人和德鲁兹人）；其他群体指的是非阿拉伯基督徒，其他宗教人群。以色列人口集中在特拉维夫及其周围，以及加利利海沿岸；除了亚喀巴湾沿岸以外，南部人口仍然稀少。截至 2018 年，以色列人口增长率为 1.490％，出生率为 1.924％，人口净迁移率为 0.208％。

政治上，以色列主要由锡安主义（犹太复国主义）政党所主导，传统上分为 3 个阵营，分别是社会民主主义派别的工党锡安主义、修正锡安主义和宗教锡安主义，其中前两者是最庞大的。除此之外，以色列仍有若干非锡安主义的政治派别，如犹太教正统派政党、左翼联盟，甚至反锡安主义的以色列阿拉伯政党。以色列国会采用了一种特殊的比例代表制，整个国家是一个单一选区，这有助于形成大量政党，许多政党有着特定的支持群体，也代表了特定群体的利益。主流大党之间的平衡意味着小党可以有与其大小不相称的巨大影响力，常常有能力左右僵局，他们利用此点阻止立法，甚至推动自己的议程，并不顾与执政党的纲领相左。从 1948 年以色列建国到 1977 年 5 月选举约 30 年间，以色列一直由以色列地工人党或劳工联盟领衔的联合政府执政，其中从 1967 年至 1970 年，除两派以色列共产党之外的所有政党共同组成了大联合政府。1977 年选举后，修正锡安主义派别的利库德集团脱颖而出，与以色列宗教党和以色列正教党等共组联合政府。2009 年至 2019 年 6 月，以色列政府一直由来自态度强硬的右翼党派利库德集团的内塔尼亚胡组建和领导。

经济上，以色列拥有技术先进的自由市场经济。以色列的主要产业包括高科技制品、金属制品、电子和生物医疗仪器、农产品、食品加工、化工、医药、运输器具等。主要出口加工钻石、高科技设备和药品等，主要进口原油、粮食、原材料和军事装备。以上通常有相当大的贸易逆差，这些逆差被旅游业和其他服务出口以及大量的外国投资所抵消。2004—2013 年，年均经济增长率为 5％，主要得益于出口。2008—2009 年的全球金融危机引发了以色列的短暂经济衰退，但在经过多年谨慎的财政政策和银行业的弹性发展之后，以色列以坚实的经济基础应对了这次危机。之后，以色列又安然度过了 2011 年的阿拉伯之春，因为中东以外的强大贸易关系使其经济免受溢出效应的影响。在 2014—2017 年间，由于以色列安全局势的不确定性,国内外需求放缓,投资减少,导致国内生产总值(GDP)增速降至平均每年 2.8％左右。自 2009 年以来,以色列海岸附近发现的天然气田使以色列的能源安全前景更加光明。塔玛尔和利维坦气田是过去 10 年全球最大的海上天然气发现之一。政治和监管问题已经推迟了这个巨大油田的开发,但是塔玛尔的产量在 2013 年和 2014 年分别为以色列 GDP 增加了 0.8％和 0.3％。作为碳排放强度最高的经合组织国家之一,以色列 57％的电力来自煤炭,只有 2.6％来自可再生能源。长期来看,以色列面临着结构性问题,包括其增长最快的社会群体——极端正统派和阿拉伯—以色列社区——的劳动参与率较低。此外,以色列进步的、具有全球竞争力的、以知识为基础的技术部门只雇用了大约 8％的劳动力,其余的大部分受雇于制造业和服务业——这些部门面临着来自全球竞争的工资下降压力。与人均国内生产总值(GDP)相似的大多数经合组织国家相比,教育机构的支出仍然较低。

文化上,以色列的文化根源早在 1948 年以色列独立之前就已经发展,反映了犹太人分散世界各地的历史及文化、19 世纪后期开始发展的犹太复国主义运动思想以及阿拉伯人和其他居住在以色列的少数族裔群体。特拉维夫和耶路撒冷是以色列主要的文化中心。纽约时报曾形容特拉维夫是"地中海之都"。孤独星球将其列为世界十大夜生活城市。国家地理则将其评为世界十大海岸城市。以色列有 200 多个博物馆,是世界人均博物馆数量最多的国家,参观者众多。以色列爱乐乐团在全国及世界各地演出,几乎每个以色列城市都有自己的管弦乐队。以色列电影制作人和演员近年也多次在国际上获奖。

教育上,以色列有学术卓越的悠久传统,拥有世界一流的大学、学院和研究机构。以色列有两所(希伯来大学和以色列理工学院)名列世界前 100 的大学,而另外几所大学或研究机构(海法大学、特拉维夫大学、巴伊兰大学、威兹曼研究所、本古里安大学、赫兹利亚跨学科研究中心)亦位列世界前列。以色列的人均科学出版物和每篇论文被引用次数在全球名列前茅。自 2002 年以来 8 位以色列人被授予诺贝尔奖,以色列人均发明数量世界排名第五,并拥有大量的本土高科技公司。以色列高校是创新活动的土壤,拥有先进的孵化器机构和高昂的科研经费。正因为以色列发达的教育体系和独特的创新意识,使得包括微软、谷歌在内的众多知名跨国公司争相在以色列设立研发机构。

宗教上,以色列是一个呈现宗教丰富性和多样性的国度,以色列没有成文宪法,但宗教自由受法律保护。以色列基本法具有宪法的地位,规定了该国为"犹太国家"。这些基本法,与以色列国会的法令、以色列最高法院的决定及以色列现行的普通法一道,保障了该国的宗教自由。以色列法律正式认可五种宗教——都属于亚伯拉罕诸教,它们是犹太教(包括正统派、保守派与改革派)、基督教(以色列法律认可包括天主教会、亚美尼亚礼天主教会在内的 10 种独立的基督教分支)、伊斯兰教、德鲁兹教和巴哈伊教,未被认可的宗教亦可自由实践自己的宗教[1],其中犹太人信仰的犹太教占有主要地位,信仰基督教的超过 80％是阿拉伯人[2]。这样的多样性来源于以色列诸城对于亚伯拉罕诸教的特殊地位,

---

① Sheetrit,Shimon,Freedom of Religion in Israel,Israel Ministry of Foreign Affairs,2001.

② Moti Bassok,Central Bureau of Statistics:2.1％ of state's population is Christian,HAARETZ.com,2007.

耶路撒冷自公元前 10 世纪始就成了犹太人的圣地,耶路撒冷的圣殿山在穆斯林心目中是穆罕默德夜行登霄之处,耶路撒冷老城内的苦路,圣墓教堂对基督教有着重大意义,而海法和阿卡则在巴哈伊教中占有重要地位。这样的多样性也为以色列带来了宗教纷争,造成各种紧张局势,其中对耶路撒冷的争夺是一个永恒的主题。

截至 2019 年,以色列人口的宗教信仰仍然呈现以犹太人和犹太教为主导的趋势,其中 74.2% 是犹太人(包括信仰犹太教各教派的教徒以及世俗派,世俗派不会与犹太教的教派保持一致,却会在一定程度上有类似的宗教行为),17.8% 是穆斯林,2.0% 是基督徒,1.6% 是德鲁兹教徒,剩下的 4.4% 包括撒玛利亚教徒和巴哈伊教徒,以及无宗教信仰的人士。[①]

在中以关系上,新中国成立后,以色列是在冷战期间中东第一个和西方第七个作出承认新中国的外交决定的国家,1992 年中以正式建立外交关系,在北京和特拉维夫互设使馆之后两国的经贸往来不断增多,规模不断增大,以色列在高科技、化工、通信、农业等领域的技术不断出口到中国,中以贸易不断增长。[②] 之后中以关系一直保持总体平稳,在中国提出"一带一路"倡议后,以色列作为"一带一路"的重要枢纽和一个创新驱动型国家,亦对中国这一倡议作出了积极响应,双方合作了包括埃拉特高铁、阿什杜德港口等一系列项目,中以关系的未来是明朗的,以色列可以为中国提供技术支持,帮助中国实现多种产业的更新换代,中国的战略愿景和计划又对以色列的安全稳定有着重要意义,[③]可以说形势正在向积极的方向发展。

二、以色列高等教育发展简史

近年来,以色列高等教育制度的迅速发展、颁发学位的新机构的设立、有关立法和政策的改革促使高素质人才数量急剧增加。随着以色列所处的国际社会以及国内环境的不断变化,以色列教育部门也在不断摸索适合本国的高等教育路线,特别是自 90 年代初期起,改革的步伐逐渐加快。研究结果表明,正是在 20 世纪 90 年代初由政府主导(而不是由自由市场决定)的一系列建立完善各高等学府的决定,促使了学术研究入学人数的大幅增加。

1989—1990 年,以色列共有 21 个能够授予学位的高等教育机构,培养了 88800 名学生。而 2010—2011 年,教育机构的数量已经攀升到 66 个,英才数量也达到了前所未有的 297800 人,年平均增长在 5.9%。(见图 4-1)这一增长的主要原因就在于 90 年代到 21 世纪初各类学术大学的开办。在过去几年里,事实上本科毕业生的数量并没有明显增长,但是研究生的比例却在逐年提高。

---

① Israel's Independence Day 2019 Report. Israel Central Bureau of Statistics. 6 May 2019. Retrieved 7 May 2019.

② 张倩红、艾仁贵等:《以色列发展报告蓝皮书(2018)》,社会科学文献出版社 2018 年 10 月。

③ 张倩红、艾仁贵等:《以色列发展报告蓝皮书(2018)》,社会科学文献出版社 2018 年 10 月。

图 4-1　1948—2010 年高等教育机构学生数量[1]

在以政府为主导的前提下,自由市场的力量也在各个专业的发展上发挥了作用,录取人数、培养人数都按照市场供求情况来调整。此外,政府也在适当干预调节高需求研究领域的供应,并使用强硬手段来调节供需,需求趋势基本上完全由申请学位者的自由意志决定。因此,很多研究者都表示,以色列在高等教育的专业设置上并没有一个明确的国家干预制度,事实上自由市场力量对高等教育系统的影响是非常大的。[2]

在 2011—2012 年度的 67 所学术机构中,有 7 所是综合型大学,1 所是开放大学,36所是学术学院,23 所是师范学院。2010—2011 年度所有在综合型大学和学术学院就读的251800 位学生,有 75%(189200 人)是本科生(其中新生 55300 人),20%(50800 人)是硕士生,4%(10600 人)是博士生,其余是学习专业技术的学生(例如学习师范专业或者翻译专业)。与上一年相比,本科生人数增加了 2.4%,但新生人数仅增加了 1.5%,硕士生的数量增加了 7.5%,而医生的数量保持不变。

以色列最受欢迎的研究领域是社会科学、管理和法律。2010 年,这些专业的人数占全部学生的 46%,是经合组织国家(比例平均是 34.6%)中最高的(除了土耳其)。而选择主修健康和社会福利领域的学生人数要低于经合组织国家的平均水平(以色列为 7%,平均为 12%)。

在本科教育阶段,建筑、城市建设、医药和牙科领域最为火热,相应的竞争也更激烈,以色列高等教育学府的这些专业会在每四名申请者中录取一名。相比之下,一般的文科和社会科学的申请者录取概率更大,几乎条件通过的申请者都可以被接受。另外,建筑与城市建设以及时尚设计和视觉传播的需求是大于目前的供给能力的,因此每三名申请者中就有一人能被录取。银行、物流、建筑工程和保险专业,每 1.2 名申请者中就有一人被录取。

---

①　以色列外事部,https://mfa. gov. il/MFA/AboutIsrael/Education/Pages/Higher_education_Israel-Selected_data_2010-11.aspx.

②　Cohen E.,Nitza D.,Regulation of Academia in Israel:Legislation,Policy,and Market Forces,*Journal of Education and Learning*,2016,Vol.5,No.4,pp.165-180.

私立大学的法律专业约有 5000 名申请者，其中 3/4 会被录取。而在公立大学的约 1500 名申请人中只有一半会被录取。

从 20 世纪中叶开始，高等教育经历了从少数精英教育到大众教育的转变过程。这一过程表现为在大多数西方国家中高等教育学生数量的急剧增加。[①] 这种增长直接影响了世界各地高等教育机构的数量、规模、多样性和结构。[②] 这些变化，加上"知识社会"的兴起[③]、人口发展、经济发展、全球化进程和日益激烈的全球竞争改变了高等教育的面貌，几乎全世界国家都需要探索一种新的方法来监管、控制和调节当前的教育发展模式和教育系统，以色列作为一个处于东西方文化交界，既受西方文明影响又保持自己传统文化的国家，更需要在这一时代背影下作出改变。

大多数西方国家试图通过结构改革来应对这些变化，旨在改变高等教育的监管模式。例如，美国从 1985 年到 2000 年，联邦各州就其高等教育系统的结构、功能、权力和治理模式的改革进行了 100 多项不同的提案辩论。从 20 世纪 80 年代开始，欧洲国家尝试了几十项改革，旨在调整政府、社会和高等教育机构之间的关系。澳大利亚也设立了专门的委员会，目的是随时调节适应全球经济形式下对高等教育管理机构的不断变化的需要。在西方国家的影响下，以色列也坚定了以政府设立下高等教育委员会为主导的高等教育发展模式，同时也重视市场需求，不断摸索、不断完善、不断发展的战略模式。

在结构改革的同时，以色列教育部门根据本国内部的教育环境，还在性别差异、宗教差异、政治需求等多个方面作出更具体的细分战略。例如，以色列的社会生活与宗教生活之间紧密的联系使得各级教育阶段都脱离不了宗教的影响，而受宗教传统影响，保守教徒之中受高等教育人群的比例并不高，如何在世界大环境下顺应新的教育趋势，吸引更多人群接受高等教育，成为以色列教育部门亟须解决的问题之一。

三、以色列高等教育发展现状

世界各国在高等教育领域提出或实施的各种结构改革都有一个共同之处，那就是在体制和系统层面为高等教育寻求一种最佳的管理方法，以应付市场对高等教育的挑战。第二次世界大战之前，高等教育制度作为培养精英的土壤服务于现有的社会秩序。从 20 世纪下半叶开始，高等教育体系显著扩大，受教育的目标人群发生了变化。这是"大众高等教育"时代的开始。高等教育被认为是所有公民的基本权利。例如，在 20 世纪 50 年代，同年龄段下人口对学术研究的参与率为 3% ~ 5%，而到了 90 年代中期，英国的参与率约为 20%，法国和德国为 35%，美国为 55%。[④] 在这个时代的初期，大学录取证书是进入高等教育机构的门票。随着高等教育的需求日益增长，一方面现有大学的录取率逐渐

①　Einnie R.，Alex U.，Room at the top：Strategies for increasing the number of graduate students in Canada，*Commentary-CD Howe Institute*，2007，Vol.245，pp.165-198.

②　Vaira，Massimiliano，Globalization and higher education organizational change：A framework for analysis，*Higher education* 48.4，2004，pp.483-510.

③　Jarvis Peter，*The age of learning：education and the knowledge society*，Routledge，2014.

④　Guri-Rosenblit，Sarah，Trends in access to Israeli higher education 1981-1996：From a privilege to a right，*European Journal of Education*，1996，Vol.31，No.3，pp.321-340.

无法满足受教育人群的需求,另一方面也促进了近几十年高等教育机构招生政策的转变。高等教育机构的录取体系变得更加任人唯贤。在那之前,大学录取较为容易,因为接受足够教育能够进入高等教育机构的目标人群并不多。如今,各类高等院校在录取条件上作了更多变动,使得受市场欢迎、竞争较大的学科有了更高的准入门槛,如增加心理测试、成立专门的选拔委员会等。

高等教育内部的扩张趋势在以色列也很明显,以色列的高等教育体系近年来经历了革命性的转变,有人称之为"蜕变"。这一领域的变化涉及以色列高等教育的各个方面:学生人数的急剧增加、学位颁授机构之设立、立法之变更、政策之变更、学术机构宗旨之变更。所有高等教育系统内的重要组成部分都发生了根本性的变化,以色列高等教育在面对自由市场力量的驱动时,要进行何种程度上的改革,一直是教育部门不断摸索的问题。

在对高等教育系统的改革中不断改进现有的方针政策,需要政府在宏观上对高等教育机构进行调控。从最广泛的意义上说,管制是使社会中的商品和服务交换合法化的法律和条例的集合。"规范"一词可以解释为某一活动的正规化、监督、干预或标准化。在政府语境中,规范是指对政府规制权限范围内的活动进行规制的行为,这反映了政府参与一项核心活动所起到的主导作用,各国根据本国国情从宏观政策上进行调控,在政策涉及范围、主要设计和实际实施上进行差异化的细分。管制的概念起源于经济理论[1]。其中,监督的主要目标是维护公共利益[2]。历史上,美国被认为是第一个接受政府监管的国家,通过行政机制来监督自由市场。20世纪初,我们看到了监管市场以稳定市场力量的必要性。监管价格,设定进入市场的门槛条件。这些目标随着时间的推移而改变,今天的监管目标主要涉及保护公共卫生、避免风险和防止对社会弱势群体的剥削。[3]

管制对象的变化与全球化进程密切相关——伴随着社会经济发展过程,整个世界范围内引发了一场意识形态和范式革命。从20世纪60年代起,福利国家开始失去力量,凯恩斯主义经济学被抛弃。这种支持政府干预和市场监管的方式,取代了之前过度自由的市场模式,让一只"看不见的手"主宰了经济现实。随着全球化逐渐确立了竞争扩散的原则,市场的自由化和私有化逐渐显现。然而,经过多年纯粹市场力量和"看不见的手"引导经济和社会的力量之间的较量后,我们正在目睹更多"新型宏观调控国家"的诞生,即一项由进步国家实施的新型公共政策。这种新型宏观调控存在于很多领域,美国、英国和其他欧洲国家也都在很多领域增加了国家监管的力度。这种国家监管的主要特点是放弃官僚主义政策和福利原则,代之以另一种类型的公共监督,这种公共监督的运作原则是将公共政策的广泛领域分开。这种分离是显而易见的政策设计者在各部门之间的界限,和政策执行者,在正式区分消费者的组织(政府)和供应商(市场),和建立独立的机构作为政府的

---

① Stigler G. J., The theory of economic regulation, *The Bell journal of economics and management science*, 1971, pp.3-21.

② Waters M., William J.M., The theory of economic regulation and public choice and the determinants of public sector bargaining legislation, *Public Choice*, 1990, Vol.66, No.2, pp.161-175.

③ Sunstein Cass R., Paradoxes of the regulatory state, *The University of Chicago Law Review*, 1990, Vol.57, No.2, pp.407-441.

长臂,旨在以公共利益的名义来减少市场的过度影响。

有些人声称全球化是高等教育政策变化的基础。它体现了资本主义,把它转变成一种可以应用于生活各个领域的意识形态学说。因此,概念域的资本主义经济已经导入到大学内,在本质上产生了影响,通过将知识转换为一种"商品",一方面增加了竞争力和多样性,另一方面加大了对高质量的教育水平的需要,这种影响让顺流而上的高等教育机构维护了自己的教育地位,避免某个学位的"通货膨胀"。

从 20 世纪 90 年代开始,在上述趋势下,以色列的高等教育得到了额外的重视。高等教育需求的巨大增长也加速了这种趋势。一方面,政府面临解决高等教育准入问题的压力;另一方面,也提出了对现有制度进行监督的必要性。在基本层面上,即在宏观政策方面,政府需要在两个主要方面作出决定——准入门槛和资金投入,这两个变量之间的关系相当复杂。准入门槛的降低带来学生数量的增多,但这同时也增加了政府的经济负担。在这种情况下。政府必须通过向私立大学开放市场来解决高等教育机构商业化的困境。随着制度的不断完善,准入门槛在降低的过程中同时也在寻求资金投入的平衡。这种情况同样也发生在美国,美国既有私立大学,也有公立大学。这种现状提高了高等教育的普及度,但也导致各类高等教育机构在质量上的参差不齐。

建立在工党领导下的社会民主经济世界观基础上的以色列经历了一个显著的变化,其经济世界的观点随着 1977 年利库德集团(玛哈尔)政党——一个支持自由市场力量行动自由的政党——发生了变化。在以色列的经济政策发生转变的同时,全球化进程也开始加速和扩大。这个过程带来了竞争、商业化、市场力量、自由市场等概念。传统上,高等教育是一个受社会经济保护的领域,是思想自由和研究自由的缩影[①],目前资本主义的逻辑也开始显露并逐渐威胁和侵蚀现有的标准。这种逻辑的基础是功利主义原则。这进一步促进了教育差距的扩大

利库德集团在以色列的掌权确实导致了执行古典自由主义方针的企图,但是在实践中,这种方针只得到部分执行。这首先是新的执政党如果要执行一项全面系统的政策所要付出的政治代价的结果。今天,我们仍可以在以色列的政策模式中找到 1990 年代初在以色列开始发展的新自由主义方针相一致的模式。新自由主义政权的经济政策的特点是使用间接的管制政策工具,目的是创造和鼓励自由市场,支持和鼓励其运作,并通过支持和与全球商业世界和全球金融网络的联系,帮助私营部门积累资本。

政府在塑造和推动旨在维持私有制、自由市场和自由商业的监管程序方面具有重要作用,但它必须保持距离,并注意不直接参与市场和社会服务的提供。市场而不是政府代表了人民意愿的纯粹体现。如上所述,自 1990 年代初以来,各种管理当局在以色列执行了这项政策,这些政策成为塑造当地经济的主要角色。

在 1948 年宣布以色列建国之前,高等教育是以色列地犹太人定居工程的重中之重。以色列的两个基础高等教育机构在此期间成立:以色列理工(1925)和魏兹曼研究所(1934)。他们的成立表明了国家在其最初形成阶段的教育意义:"以色列国必须为自己设

---

① Volansky A.,Academia in a changing environment,*Shmuel Neeman Institute and Hakibbutz Hameuhad,Tel*,2005.

定一个目标：无一例外地向全体年轻一代提供小学、中学和大学教育，无论父母是富裕还是贫穷，来自欧洲、亚洲还是非洲"——同时也强调为每个男孩和女孩提供平等的学术教育。

当时大多数生活领域都有着浓厚的政治色彩。然而，学术机构由独立的学术委员会管理。在国家成立之前，教育领域的安排部署就已经到位，但一旦高等教育机构正式成立，人们就难免会担心学校也会表现出不该有的政治倾向。在以色列刚刚成立之时，高等教育的大部分投入资金都由政府控制，并且有相当多的方面要接受官僚制度下的监督。

但是这些不正常的监管都没有成功，政府对学术事务的干预随着高等教育法的正式立法（1958年）所阻止。这项法律组织了试图对以色列高等教育实行政府监督的各种尝试，并安排设立了高等教育委员会，由高等教育委员统一管理全国高等教育事务（1958年）。高等教育委员会的职责包括给予学术认证、审查课程以及从国家预算中拨出公共经费予所有高等教育机构。

委员会由25名非政治成员组成，其中17名来自学术界。委员会的目的是作为一个中介机构之间的政府和自我管理的高等教育机构。从20世纪70年代中期开始，另一个负责预算方面的机构加入了高等教育委员会（CHE）的活动——规划和预算委员会（PBC）[①]。该委员会是理事会的业务机构，负责按照理事会确定的标准分配资金。

CHE和PBC的联合创造了以色列高等教育公共管理制度，使大学能够在国家机关的监督下独立行事。然而，在外部监督的同时，大学享有自我监督。在这些年里，CHE是学术界的守门人，专门规范进入高等教育领域、市场结构及其组织以及每个机构的资金。这些机构对以色列的高等教育制度负有行政责任。这一政策也被称为"统一政策制度"（uniform policy regime），它直到20世纪90年代高等教育的重大改革才彻底结束。

1980年代末，以色列经济、社会、政治开始出现大的变化，最终导致公共服务部门的改革。新右翼势力和新自由主义势力的崛起要求高等教育重新接受市场的考验[②]。这一呼吁最终被提到以色列议会，并在第3694号决议（1994年）中明确了扩大有权授予学位的机构数目的方针政策。与此同时，非政府资助的高等教育机构以及国外大学在以色列开设的分支机构也获得开办许可。1995年，《高等教育法》第10号修正案规定，学术学院（专科学院）有权授予学位，这是高等教育制度重要的一部分。根据新的法律法规，"高等教育机构的定义不再只是普通大学，它也可以是学院或者是被认证能够授予学位或者专业技术认证资格证书的教育机构"（高等教育委员会法律修正案，1995年10月）。

这三个决议使得以色列高等教育系统更加多样化、私营化和国际化。多样化的表现是，与1980年代相比，有资格获得资助但不是用于研究目的的公立大学数目增加了两倍。私营化是由授予私立机构授予学位的批准而产生的，在这种批准下，私立教育机构受高等

---

① 规划和预算委员会（The Planning and Budgeting Committee）作为以色列CHE的一个常设机构，成立于1974年，该委员会具有7项职能：负责高等教育的预算、编制常规预算和高等教育发展预算、分配高等教育财政、监管预算使用等。规划和预算委员会拥有高等教育委员会最高权力，同时它还要遵守CHE的严格规定。该委员会由7名成员组成，并按照规定其中2名必须是来自商业、企业界的知名人士。

② Volansky A., Individualism, collectivism, and market forces in education, *Megamot*, 1994, Vol. 36, pp.238-252.

教育委员会管辖,但不受其资助。国际化表现在国外大学分支机构能够获得学位授予的批准。直到 1998 年《高等教育法》第 11 号修正案设立,这些分支机构一直在没有地方监管的情况下运作。

这些决议加速了(国家资助的)公立学院和(非国家资助的)私立学院的开设,国外高校的以色列分校也开办起来。20 年前的这一决议改变了以色列高等教育的面貌。它们象征着政策的正式转变,1980 年代末年龄为 20~29 岁的本科生的增加速度大约是 8%,2003—2004 年就已经达到 14%。2004 年,不包括开放大学在内,全国共有本科学生约 15 万人,其中专科学院学生约占大学生总数的 4/5。

入读学术学院的学生人数的增加在劳动力市场中受到重视的学科中尤为突出。这些过程在 CHE 的批准下加速,以开设大学研究学位的研究生课程。政策变化通常反映了社会更深层次的转变。在高等教育政策方面,这涉及三个要素之间的关系:政府当局、学术机构和市场。目前,在 2010 年中期,政策问题具有重要意义,高等教育未来的斗争正处于高峰期。这种斗争主要是意识形态的,有些人试图将市场力量应用于学术生活,而其他人则寻求保留现有的监管机制。因此,意识形态似乎只是政策问题,决定了市场力量与政府当局之间关系的混合。

如前所述,以色列的高等教育制度从建国到现在经历了一个重要的发展过程。在此期间,授予学位的机构数量增加,本科生和研究生数量也随之增加[1]。负责拟订高等教育政策的 CHE 和 PBC 于 1993 年开始了一项改革,在 10 年的时间内使以色列获得学术教育机会的高等教育机构进行结构改革。这一改革的结果是,以色列的高等教育制度发生了变化,自 1990 年代初以来,许多学院加入了大学的行列,在广泛领域形成了一个更加开放和广泛的高等教育结构。然而,事实证明,这是喜忧参半。以色列高等教育的迅速发展也产生了消极影响,学术界的教学标准降低,政府对中小学和大学的资助减少。20 世纪 90 年代中期,学生与高级教师的比例是 16∶1,21 世纪初,这一比例已降至 25∶1。此外,外国分支机构的进入,9 所新私立学校的开设,公立大学数量的增加,都导致了激烈的竞争,这已证明不利于学生和教师的质量。所有这些都对以色列的高等教育制度产生了消极影响,并引起了对它的批评。这种对高等教育质量的批评和频繁的预算危机(主要由大学提出)促使政府成立了一个委员会,该委员会在 2007 年提出了改善高等教育状况的方法,并以此为目的促进监管程序。[2]

除了上述总体性的发展战略,以色列高等教育根据本国特有国情,还有一些细化的政策,特别是对待阿拉伯公民的政策。比较明确的政策有由高等教育委员会实施的"6 年计划",该计划的正式名称是"为以色列少数民族提供高等教育的 6 年计划"。它提供了一项总体战略,旨在消除这些障碍,并解决阿拉伯公民高等教育道路上的薄弱环节——从高中

①　Davidovitch N., Yaacov I., Regulation, globalization, and privatization of higher education: The struggle to establish a university in Israel, *Journal of International Education Research*, 2014, Vol.10, No.3, p201.

②　Volansky A., School autonomy for school effectiveness and improvement: The case of Israel, *International handbook of school effectiveness and improvement*. Springer, Dordrecht, 2007, pp.351-362.

到高等学位,再到就业。这一为期 6 年的计划于 2010 年以试点形式启动,并在未来 4 个学年逐步扩大规模。下一节概述计划中包括目标领域和倡议,这些领域和倡议将由 PBC 在接受各学院和大学提交的建议后提供资金。

具体由高等教育机构落实的项目有以下几个:

"向前迈进一步"项目:该项目是一门短而密集的预科课程,将在第一学年开始前一个月为所有阿拉伯国家的一年级学生提供资金。它将包括基础学术技能领域的速成课程,如希伯来语和写作,以及准备尽量减少许多阿拉伯学生进入高等教育机构时遇到的最初的文化冲击。以色列国内主要由以色列理工和海法大学等高等教育学府开发和实施相应的预科课程。

"首年支持"项目:作为"6 年计划"的主要组成部分之一,该项目旨在解决阿拉伯学生在第一年的高辍学率现象。该项目首先在以色列理工试点并逐步在全国拓展。该项目的具体步骤包括为阿拉伯大学新生提供多种校园服务,如学术和文化指导、团体和个人指导、希伯来语和学术写作技能培训等。

"通向其他大学的桥梁"项目:由前文提到的以色列开放大学主导,这一大学的招生政策是让所有成年人都能接受高等教育,不需要任何先决条件(尤其是不需要心理测试)。"通往其他大学的桥梁"试点计划是阿拉伯教育联盟和以色列 CHE 之间的一个匹配计划,它是由阿拉伯教育联盟的"软着陆"计划发展而来的,目的是提高阿拉伯人在以色列接受高等教育的机会。该试点项目在第一年(2012—2013 年开始)包括 95 名阿拉伯学生,他们被分为四组。每个小组都注册了一系列不同的课程,旨在为去以色列其他大学学习经济学、社会工作或护理专业搭建一座桥梁。该项目包括第一年的希伯来语和英语学术援助,计算机技能指导,考试和作业的阿拉伯语翻译服务,以及学费和生活费资助。以色列开放大学的学生在特定学科取得规定的成绩后,可以作为二年级学生转学到以色列国内的普通大学。

同时,各大学和学院将获得预算,为二年级和三年级的阿拉伯学生提供职业发展课程和服务,包括简历写作、面试技巧、招聘会等。

正如上文所述,PBC 的 6 年计划在 2010—2011 年以试点形式实施。2012—2013 学年该项目首次全面实施。2012 年 10 月,PBC 邀请所有国家资助的高等教育机构提交符合 6 年计划重点领域的项目资助方案。为了符合资格,每所院校必须建立一个由资深学术人员领导的支持和指导系统,并创建一个阿拉伯语版本的网站。除了基本的指导方针,PBC 的融资模型允许每个大学或学院根据他们的需求和设计程序基于阿拉伯学生在他们的机构的数量与额外的资金可用,持续的资助将部分取决于成功转学到第二年的阿拉伯学生的比例。

尽管对阿拉伯学生有诸多照顾,目前以色列受高等教育程度最高的群体还是以色列主体人口犹太人。值得一提的是,犹太人根据宗教信仰的不同在受教育比例上也有不同。最高的世俗犹太人。大约一半的黄金工作年龄男性和近 60% 的黄金工作年龄女性拥有学位。与过去相比,申请学术教育的注册人数增加了数千人,这一事实导致了一种普遍的看法,即这一问题正在得到解决。然而,鉴于整个哈勒迪人口迅速增加,问题不在于绝对人数是否增加。更重要的是,人口比例是否增加了——不是看有多少人注册,而是看有多少人真正毕业。当一个人在八年级以后不再学习任何核心科目时,获得学位就没有捷径可走了。因此,与传统观点相反,拥有学位的哈勒迪族毕业生比例很低且稳定,这并不奇怪——哈勒迪族女性和男性的比例也没有太大差别。由于样本规模较小,尽管过去10年这些结果相对稳定,结果存在相当大的波动性。也就是说,2015年哈西迪派受高等教育的程度还无法估计。针对这个情况,以色列教育部门也作出了相应努力。首先同时也在基础教育阶段,普及全民素质教育;其次是加大对哈西迪派等极端正统派的高等教育资助,鼓励正统派学生接受通俗教育。

促进高等教育教育公平领域,同样也不能忽视性别平等。有研究分析了1995年至2008年以色列教育机会的不公平度(IEO)[①]。在这一时期,以色列的情况与大多数西方国家相似。经历了高等教育体制结构和规模的重大变化,以及劳动力市场和社会政治生活的其他领域的变化。研究表明,来自较低文化教育背景的妇女是1995年至2008年期间教育改革的主要受益者。越来越多关于弱势背景女性成功的研究表明,她们比同等背景的男性更有潜力在学校取得成功。我们认为,在正常情况下,由于性别和社会经济背景的独立分布,这并不影响总体教育机会的不公平度。然而,在对外开放的时代,相对于男性,处于劣势背景的女性可以更好地开发新的机会,提高她们的教育地位。导致女性的教育机会的不公平度下降,因为来自更高背景的女性已经达到饱和。

教育受到高度重视,不仅因为它的内在价值,而且因为它使个人为成年生活和经济独立做好准备。它被认为是一项有利可图的投资,可以提高经济成功和社会向上流动的机会。这对希望在分层制度中获得更好地位的个人以及寻求在整个社会中提高社会流动性的政府和其他决策者来说都是如此。因此,教育是否人人平等的问题是非常重要的。当教育系统不平等,或者换句话说,当一个系统定期为富裕家庭的孩子提供更好的教育。那么教育是社会再生产的原因而不是流动性的原因。

从20世纪末开始,以色列经历了一场技术主导的行业变革,这是由于半导体技术的出现和随后在劳动力市场的大部分地区的计算机技术的发展。劳动力市场的结构变化在过去的10年中不断深入。这些高科技行业提供许多新职位给高技能、高学历的工人。然而,在这一时期开始时,妇女参加劳动的比例已经很高,1995年约有50%的妇女参加工作[②]。在90年代,这一速度减缓(以色列银行,2010)。到2008年,51.7%的女性参加了劳动。然而,在这20年中,随着女性在不同职业中所占比例的扩大,以色列犹太人的性别职业隔离水平从0.59下降到不足0.49[③]。

在1990年代,由于来自苏联的大量移民,以色列的高等教育经历了大规模的扩张,由于教育改革和劳动力市场对大学毕业生需求的增加,被录取的人数显著增加。这一扩张

①　Bar-Haim E.,Carmel B.,Assaf R.,Taking Their Place:Educational Expansion and Inequality of Educational Opportunities——A Gendered Perspective,*Higher Education Policy*,2018,pp.1-23.

②　Yaish M.,Vered K.,The consequences of economic restructuring for the gender earnings gap in Israel,1972-1995,*Work ,employment and society* 2003,Vol.17,No.1,pp.5-28.

③　Mandel H.,Debora P.B.,The gender revolution in Israel:Progress and stagnation,*Socioeconomic Inequality in Israel*,Palgrave Macmillan,New York,2016,pp.153-184.

伴随着教育中的性别差距上升。高等院校的扩招主要发生在新成立的学院,而不是传统的老牌大学,扩招既有数量上的,也有质量上的。扩招的同时,还伴随着高等师范院校的学术化。在这一进程中,女性参与高等教育的人数增加,约 50％的女性进入这些新的高等教育机构。目前师范学院的学员几乎全部由女性组成(中央统计局 2012 年)。这些主要专注于填补劳动力市场的专科学院,不需要昂贵的基础研究设施。

相比之下,在男性中,那些有特权背景的人仍然可以利用这些新的机会来保持他们在受教育程度方面的优势。而较低的需求就学术教育而言,许多"男性工作"降低了了来自较低社会经济背景的男性追求高等教育的动机。这导致我们假设教育机会的不公平性在女性中下降,而在男性中没有,这主要是由于弱势女性中高等教育的扩张。

一般来说,教育扩张使社会中最强大的群体受益[1],但在以色列,自 1990 年代教育扩张之后,教育成就的总体不平等没有变化。然而,新的高等教育机构的开放降低了高等教育的准入门槛。在这方面,妇女教育的增加更可能是由较低阶层妇女受教育程度的提高所推动的。这是因为:(1)出身优越的妇女已经习惯接受高水平的教育;(2)"粉红领"职业对高等教育的需求日益增长;(3)职业隔离日益减少,使年轻妇女能够追求职业生涯。

在高等教育提高女性的参与度是一个持续的过程。女性不断地进入以前不受欢迎的高等教育的不同层次和领域。以色列的高等教育委员会也在帮助女性努力克服阻碍她们进入高等教育或其中的特定研究领域的正式和非正式界限。使得得天独厚的女性突破这些界限后,可以跟进并缩小差距。

四、以色列高等教育发展战略

以色列高等教育理事会(CHE)在 2017 年年初发布了《2017—2022 年高等教育多年度发展规划》(The Multiannual Program 2017—2022),从该规划的具体细节可推测以色列高等教育近 5 年的发展趋势和方向,并对中国的高等教育引发一些启示和思考。总体上,CHE 和 PBC 计划大幅度增加高等教育教学和科研投入,总计比上一个五年计划增加约 70 亿新谢克尔,进一步提升人才培养和科研创新竞争实力,促进学术性别公平和民族融合,发展以色列境内少数民族的高等教育。从新的五年计划中可以观察到以下趋势及实施方案[2]:

(一)趋势一:高科技类专业发展前景更加广阔

1.实施方案一:推进研究基础设施的升级,鼓励卓越的科学研究

以色列未来 5 年计划增加高校科研创新预算 20 亿新谢克尔。这笔款项主要支持各高校开展世界一流的竞争性高级科目研究,增加来自国家科学基金和国际科研基金的支持,其中包括:生命科学(个性化医疗)、物理学(量子)、化学(新物质)、社会学和精神领域。

---

① Hout M.,Adrian E.R.,Eleanor O.B.,Making the grade:Educational stratification in the United States,1925-1989,*Persisting Inequality:Educational Stratification in Thirteen Countries*.Westview Press,1993,pp.25-50.

② https://che.org.il/en/the-new-multiannual-program/.CHE 官网,最后访问日期:2019 年 9 月 27 号。

规划认为,目前科研人员研究产生的大部分科研数据(平均 70%～80%)到了最后没有实际用途。通过协作和开放的研究方式,那些原本被困在实验室,不为外人所接触的研究成果会发挥巨大的作用。因此基础设施的升级将与计算机,大数据基础设施的升级,以及专业人才培养同时进行,因为建立一个发达的大数据基础设施系统,将大大降低研究人员的时间成本和研究成本。

另外,说到以色列高等教育中的科研创新,就不得不提到内塔尼亚胡政府所推行的 I-CORE(The Israeli Centers of Research Excellence)计划,该计划是由 PBC 和以色列政府于 2010 年共同设计,由 PBC 和 ISF (the Israeli Science Foundation)共同运营的一个项目,自 2012 年起逐步建立了专门从事一系列学科的领先研究中心,其目标是从根本上加强以色列的学术研究的长期定位及其在以色列国内外领先研究人员中的地位;作为加强高等教育机构的研究能力和学术能力的中心手段,吸引优秀的研究人员回到以色列;加强不同机构在特定领域的相对优势;改善大学的研究基础设施建设情况;包括整合不同领域的知识,鼓励学术创新;维护和推广特定领域的先进教学和培训计划;鼓励高等教育机构、大学和学院之间的研究合作;促进与全球领先研究人员和研究机构的合作;在国家范围内系统化地加强国家重要学科的科研工作。

作为一个目标宏达的项目,该项目设有一个特殊的机构:卓越中心,它是一个由某一特定研究领域的杰出研究人员(目前是不同高等教育机构的教职员工)组成的协会,他们聚在一起旨在促进突破性和创新性的研究。该中心作为这一领域共享研究基础设施的一个支点,使以色列的科学潜力得到了最佳利用。除 I-CORE 框架内正在建设和升级的研究基础设施外,卓越中心的成员还受益于卓越中心活动的巨额预算,包括国际活动、研究生和博士后奖学金、设备和材料的使用、技术人力资源等。

除了目前在以色列高等教育机构任教的 I-CORE 成员外,新的杰出研究人员也在项目的头三年加入卓越中心,他们在各种高等教育机构任职,在那里他们获得终身学术职位以及研究补助金和设备补助金。

为了鼓励来自卓越中心内部不同机构的各研究人员之间的研究合作,I-CORE 项目鼓励卓越中心来自不同学术机构的研究人员联合指导研究生。此外,该项目还协助 I-CORE 成员组织研讨会和独特的高级教学项目,包括国际研究生项目,与工业界发展伙伴关系,以及通过为高中生举办公开讲座或项目为社区作出贡献。

另外,卓越中心研究课题的选定要经过以色列学术界自下而上的协商过程,研究课题的选定以及评价过程是由以色列科学基金会通过国际评价委员会进行,反映以色列研究人员真正倾向的研究领域和科研兴趣。

目前,I-CORE 项目已经进行了两季,在第一季 I-CORE 项目(2011)中已经建立了 4 个研究中心,主要集中在精确科学、生命科学和医学研究,如算法研究中心(由特拉维夫大学、魏茨曼研究所和希伯来大学的研究人员组成)、复杂人类疾病中的基因调控研究中心(由希伯来大学、特拉维夫大学、巴伊兰大学、示巴医学中心和哈达萨医学中心的研究人员组成)、认知科学研究中心(由魏茨曼科学研究所、巴伊兰大学、特拉维夫大学医学中心的研究人员组成)、太阳能燃料研究中心(由以色列理工学院、魏茨曼科学研究所和本古里安大学的研究人员组成)。第二季 I-CORE 项目(2013)建立了 12 个研究中心,其中 5 个聚焦社会科学和人文科学的研究,如现代犹太文化研究中心(由希伯来大学、巴伊兰大学、内盖夫本古里安大学和特拉维夫大学的研究人员组成)、亚伯拉罕宗教研究中心(由内盖夫本古里安大学、巴伊兰大学、希伯来大学和开放大学的研究人员组成)和实证法律研究中心(由希伯来大学和以色列理工学院的研究人员组成);另外7个聚焦精确科学、工程、生命科学和医学的研究,如天体物理研究中心(由希伯来大学、特拉维夫大学、以色列理工学院和魏茨曼科学研究所的研究人员组成)、植物与环境研究中心(由特拉维夫大学、内盖夫本古里安大学、希伯来大学和魏茨曼研究所的研究人员组成)和以色列大规模创伤研究中心(由特拉维夫大学、巴伊兰大学的研究人员组成)。I-CORE项目建立的研究中心具有跨领域、跨学科的特点,动态的多学科合作将促进新的多学科研究项目的发明、创造和整合,这是个别研究人员无法独立进行的。例如以色列大规模创伤研究中心的成员就包括来自以色列各学术机构多领域的专家,包括精神病学、心理学和神经生物学。

2.实施方案二:加快STEM专业建设步伐

由于对自然资源的依赖较小,以色列从建国前就致力于对科学、技术、工程和数学(STEM)领域教育的投入,以色列理工大学和希伯来大学在成立之初就开设了一系列STEM领域的课程,教育为以色列发达的创新科技产业打下了坚实的基础。尽管以色列的STEM教育存在着基建水平弱、教师少、受教育群体存在断层(极端正统派的独立教育体系)、受教育过程存在断层(全民兵役制度)等特点,但是受惠于国家的一系列扶持举措和法律基础,以色列依然坚守其高科技强国的地位。目前,以色列的8所公立大学,占有高等教育投资的78.2%,拥有数量庞大的专利和丰富的学术产出,其中7所研究型大学都设有技术转让部门,如成立于1959年的魏茨曼研究所的YEDA公司。在生物、化学科技等领域,已有10多位以色列人和以色列裔犹太人获得诺贝尔奖;超过240家外国公司在以色列设立了研发中心。

过去30年,以色列在发展高科技方面以学校、学术、劳动力、产业为导向采取了一系列举措。例如建立有关STEM教育的协调机构,制定STEM教育目标,制作STEM课程和相关教学法;为社会边缘人群(如极端正统派)提供成为社会劳动力所需的STEM相关职业培训;为社会公众提供在线课程和研究书籍等。在新的五年计划中,增加STEM专业学生和教师人数,尤其是以色列就业市场所需的工程和计算机科学领域,是以色列高等教育发展的未来目标。为此,CHE特别成立高科技专业指导委员会,该委员会有权任命PBC成员,该委员会由社会各界代表,来自以色列顶尖大学的学者构成,有权任命PBC成员作为委员,定期召开讨论会议,设定行动目标,全面整合行动方案。

作为该计划的一部分,PBC将向高等教育机构额外投资约14亿新谢克尔,增加优秀教师和学生的数量,预算其中一半用于重点招聘人文学科的优秀学生和教师,同时促进教育界和学术界的相互作用,特别是公众参与和职业指导;另一半专门用于促进STEM专业的指导和研究,发展大学高科技专业基础设施的建设,包括电气和电子工程、软件工程、计算机科学和信息系统等专业,激励学术机构吸收更多的学生学习高科技专业,为更多的学生提供学习机会,培养职业高科技的毕业生所需要的核心理论知识。在2015—2016学年,PBC给大学高科技专业的补贴由38000新谢克尔提高到了45000新谢克尔,反之将给法律和工商管理专业的补贴由18000新谢克尔减少到15000新谢克尔。除了学生,PBC还为学术机构拨款 3500 万新谢克尔的财政奖励,旨在敦促各机构为增加学生人数和大量吸收更多高科技领域相关的主要学术人员所涉及的预算费用提供资金,以确保教学和研究的卓越性。此外,财政奖励将帮助机构推广计划和活动,为学生和学术人员提供一些帮助。

根据 CHE 和 PBC 数据,现在大约有 4000 名学习高科技专业的大一学生。实施计划后在保证教学质量和降低辍学率的同时,未来几年高科技专业学生数量预计会增加 40%。

为了帮扶来自偏远地区的青少年学习高科技专业,CHE 制定了针对来自偏远地区和社区青少年的高科技卓越成就计划,该计划的总体规划预算约为 5000 万新谢克尔,目的是为这些优秀的青少年提供机会,他们处在社会边缘地区,由于经济负担没能够被大学录取学习高科技专业,但是他们通过一些测试证明自己具备在这些领域取得成功的潜能,该计划会帮助他们达成心愿。参与该方案的年轻人在通过一系列严苛的测试与筛选后,会进入工科和理科本科课程的预科学习,并将重点主要放在数学、物理、英语、科学写作、学习能力上。预科课程结束后他们会开始本科学位学习。在本科学习中参与计划的学生会得到源源不断的支持,包括本科和预科阶段的学费支持(共计约 55000 新谢克尔),另外每个学生会得到每月 1200 新谢克尔的生活补助,另外还有个人学术辅导、心理辅导等其他帮助。

高科技成就计划是一个有着标杆作用的项目,他为这个创新国度打下更坚实的教育基础,为以色列偏远地区青少年提供了在以色列顶尖学术机构,包括巴伊兰大学、本古里安大学和以色列理工大学接受高科技专业教育的机会。高科技成就计划的覆盖范围有望在未来进一步扩大,有大约 300 名高中毕业的学生加入学前预备课程中,高科技成就计划共吸引超过 500 名学生。这些课程为他们打开了高科技世界的大门,使以色列每一个心怀梦想的年轻人有了在高科技领域学习和发挥潜力的机会,他们毕业后将会成为以色列高科技产业的中坚力量,帮助以色列稳固其高科技强国的国际地位。

(二)趋势二:教学质量提高,教学质量评估体制更加完善

实施方案:强化教学创新,提高教学质量,加强内外结合的教学质量评估体制。

身处信息时代,以色列高校急需重新定义教学,以便为学生创造具有挑战性的学习体验。为此,以色列 CHE 计划在未来几年投资 1.2 亿新谢克尔,敦促、激励学术机构提高教学质量。其中专门拨款 2000 万新谢克尔,用于制作高水平、高质量的在线课程,并将重点放在教学方法和教学质量上,它将使以色列和世界各地的学生,以及许多无法亲自来到课堂上学习的人们无障碍获得高等教育的系统知识。此外,以色列 CHE 将投入数千万美元用于建立学生倡议的创新实验室,这将改善学生的校园学习体验,让学生在接受校园教育的同时能够密切接触社会和校外机构,将自己的想法付诸实践。此外,委员会还将投资8000 万新谢克尔继续之前提高教学质量的计划。该规划表明以色列高等教育将在满足群众接受教育需求的同时提高自身教学质量,并通过革命性的在线教学方式,改进教学大纲,使用新型数字媒体,使教学在更具吸引力的同时打破受教育壁垒,使以色列各地区的青年甚至全世界青年接受优质教育。

同时,以色列 CHE 认识到提高教学质量必须与有效的监管与评估体制相结合,于2003 年成立了高等教育质量评估委员会,其职责是提高以色列的高等教育质量;加强评估过程中的质量意识并改善高等教育的内部机制建设。在新的五年计划中,以色列 CHE提倡高校应建立自我评价机制,出具年度自我评估报告,包括评估项目介绍、评估过程、总

结等部分,同时由CHE组成的评估委员会将对学术机构的质量在其自评的基础上进行外部评估并向高等教育理事会提供一份评估总结。最后CHE根据提交的报告作出最后的决议。这种内外结合的质量评估体制有利于学术机构了解自身发展状况并作出一定程度的改进。

(三)趋势三:高等教育国际化程度进一步提高

实施方案:促进高等教育系统的国际化,扩大高层次国际留学生的规模。

在全球化的大环境中,招收国际学生会同时为高校、学生和国家提供许多好处。同时,为以色列学生提供国际化的学习经验会帮助培养他们成为全球学术界和劳动力市场的一部分所需的工具和技能。以色列从上一个五年计划开始重视高等教育的国际化,尤其是与中国、印度的学术关系,并希望以此加强以色列的国际学术地位。至今,以色列与上述国家间的学术合作不断开展并深化。在中国,以色列与中国高校建立了许多合作机构,如以色列理工学院与广东汕头大学合作建立的广东以色列理工学院以及中以教育部于2015年建立的以色列—中国"7+7"研究型大学联盟等,目的就是寻求促进两国研究型大学间的学术研究与合作。以色列政府设立了一系列国际学生奖学金,每年鼓励优秀的国际学生来以色列进修,资助国际学生来以色列攻读学位,并为国际学生设立专门的课程项目。

然而,尽管以色列政府已经作出种种努力,根据目前的数据,在以色列学习的国际学生比例依然较低,约为1.4%,远低于经合组织国家的平均值9%。笔者分析有三个因素造成这一原因:一是以色列特殊的地理位置和危险的战争环境使得大多数学生不会优先考虑以色列作为自己的留学目的地;二是大多数以色列学术机构缺乏能力接受外国留学生;三是以色列国内严格的签证政策和配偶工作政策使得许多国际学生对留学以色列望而却步。为了吸引优秀的国际学生,提高以色列学术机构的国际影响力,进而对以色列社会、经济和外交产生正面影响,以色列CHR和PBC决定在新的五年计划中投资4.5亿新谢克尔,目标是大幅度增加在以色列留学的国际学生人数,从今天的大约12000人(包括本科、研究生和博士后)到5年内的大约25000人。重点将放在招收硕士生(预计从现在的1600人增加到3000人)、博士后学生(预计从现在的1000人增加到2000人)和短期学习学生(预计从现在的5000人增加到15000人)上。另外,PBC还将拨款500万新谢克尔来提升与完善高校开展国际化教育的能力,包括但不仅限于升级高等教育国际化相关数据收集系统,制定高校国际品牌和营销计划,培训教师英语授课能力和员工英语沟通能力,建设国际学生网上注册和管理系统和国际化的高校官网,设计吸引优秀博士后学生的独特学术项目等。根据规划,以色列高等教育国际化将通过高校内部基础设施的优化升级以及外部打破对国际学生的种种政治障碍同时进行。然而,在拥有了一定数量的国际学生后,如何为国际学生和以色列本土学生搭建沟通互动的桥梁,如何创建国际化的校园氛围,如何帮助国际学生快速适应以色列的语言、宗教和政治环境,以及国际学生的培养模式等问题都是以色列高校和CHE需要进一步思考的问题。

(四)趋势四:高等教育公平性提高

1.实施方案一:促进民族融合,发展阿拉伯人高等教育

让生活在以色列的阿拉伯人进一步融入以色列社会,特别是以色列的高等教育系统,

是新的五年计划的主要目标之一。以色列的阿拉伯人有 175 万,占以色列人口的 20.7％,但以色列阿拉伯人的中小学教育系统独立于犹太中小学教育系统之外,进入大学,阿拉伯人还要适应以希伯来语或英语为主要教学语言的学术环境,所以目前,阿拉伯学生即使进入大学,也存在着辍学率高、就业情况与犹太学生差异较大等问题。因此,提高阿拉伯青年接受高等教育的机会,同时争取阿拉伯人在以色列社会的话语权,将大大帮助阿拉伯人充分融入以色列社会,减轻犹太人和阿拉伯人之间的矛盾以及经济差距。

为了改变以色列阿拉伯人高等教育失衡现状,在新的五年规划中,以色列 PBC 将投资总额约 10 亿新谢克尔,目标是将高等学术机构中少数民族学生的比例从 14％提高到 2022 年的 17％,努力改善以色列阿拉伯青年的受教育现状,同时解决他们从高中到大学到就业期间所面临的一系列障碍。

为了完成这个计划,PBC 制定了一些执行方案:

(1)对于未开始本科学习的高中学生,PBC 会在高中开展学术活动,点燃阿拉伯学生继续探索学术的愿望。

(2)将 CHE 网站和受资助的学术机构官网翻译成阿拉伯语。

(3)为每个学术机构提供一次营销预算,向阿拉伯青年宣传预科课程的特点和优势,并为优秀的预科课程结业生提供奖学金。

(4)在本科学习开始前两个月为阿拉伯学生提供类似语言学习和学术导向的培训,让他们更好适应学术生活。

(5)对于开始本科学习的阿拉伯裔学生,PBC 将重点关注阿拉伯学生进入高校学习初期生活,竭力帮助阿拉伯学生降低辍学率,辅导学生开展学术研究。学术机构将获得资助并根据学生需求灵活使用这笔经费,向学生提供社会支持、学术支持、个人辅导、帮助学生丰富英语、希伯来语能力和学习能力。

(6)帮助阿拉伯学生在本科学习的最后一年顺利融入就业市场,PBC 将针对他们展开培训,其中包括撰写简历、准备面试、与雇主会面等。

(7)对于开始硕士、博士阶段学习的阿拉伯裔学生,PBC 将为他们提供奖学金并建立奖学金基金并鼓励在高等教育机构聘用优秀的阿拉伯裔教师。

另外,针对阿拉伯裔的心理学家严重短缺,进而对阿拉伯社区精神卫生服务产生的不利影响[1],PBC 预备拨款 600 万谢克尔运行一个为期三年(2017—2019)的实验项目,以增加以色列心理学硕士课程的阿拉伯学生人数。PBC 研究发现,阿拉伯学生在申请心理学硕士时往往会遇到本科成绩不佳、申请材料不充分,难以通过以希伯来语和英语为考试语言的 MITAM(心理学高级学位入学考试)等困难,鉴于上述问题,该计划将为学生提供持

---

① PBC 统计的数据显示,以色列境内有 198 名阿拉伯心理学家,仅占以色列所有心理学家的 3％,而阿拉伯人口占以色列总人口的 20.8％;犹太人口中临床心理学家的人均比例为 1∶1700,而在阿拉伯人口中则为 1∶31000;阿拉伯学生在心理学本科学生中占比 8.1％,大约是他们在其他所有专业中平均占比的一半,在硕士学生中占比 3.1％。此外,只有 0.8％的阿拉伯本科学生选择继续在这一领域学习,而犹太学生有 1.6％,这意味着与犹太人相比,阿拉伯学生对该领域的需求降低了 50％。阿拉伯人和犹太人之间的差别使犹太心理学家无法为阿拉伯人提供合适的服务,因此,增加阿拉伯心理学家的人数也起到了一种跨越语言和文化鸿沟的作用。

续指导,协助学生提高处理硕士申请期间种种事项的能力。并将额外预算提供给为阿拉伯裔的心理学专业学生提供学术辅导和职业生涯规划的学术机构,帮助他们在本科课程期间克服语言、学习、社会和文化问题。该计划每年约培养 35 名阿拉伯裔心理学硕士生,并在硕士阶段,通过个人和小组辅导帮助学生解决在攻读心理学硕士学位时所产生的学习和情感方面的困难,旨在帮助他们在规定时间内完成学业。PBC 预计,学习心理学的阿拉伯裔硕士学生人数将每一届增长 50%。

CHE 和 PBC 对改善阿拉伯人高等教育现状提出的方案细致而具体,具有可行性和建设性,并且愿意投入大量资金,然而,在以色列这样一个以犹太民族为主体民族,以犹太教和锡安主义为主体宗教和主体思想的国家,加上巴以冲突仍是中东地区最严重的问题,以色列境内的阿拉伯人高等教育失衡问题就不是短时间内靠资金投入就可以解决的,改善阿拉伯人受高等教育的现状,还应与提升阿拉伯人的政治参与度,放宽对阿拉伯人的经济限制,消除对阿拉伯人的政策性歧视和就业歧视同步进行。

2.实施方案二:促进民族融合,发展贝都因人高等教育

贝都因人是广义的阿拉伯人中的一种,他们以氏族部落为基本单位在沙漠旷野过游牧生活,信仰伊斯兰教。以色列境内的贝都因人大多生活在南部沙漠地带,城镇化水平低,长期面临着受教育程度低、基础设施建设程度低、贫困等问题。

教育是减少社会差距的开始,为了促使更多的贝都因学生接受教育,完成学业并进入劳动力市场,从而缩小社会贫富差距,在新的五年计划中,PBC 拨款 1.1 亿新谢克尔,并与首相办公室、财政部的工作人员以及农业部的贝都因代表进行多次会面,商讨工作方案。预计在五年中让本科一年级的贝都因学生数量增加 75%,由今天的约 850 名增加到1500 名。让贝都因所有本科生的数量由现在的 2600 名增加到五年计划完成时的4500 名。[①]

CHE 和 PBC 指出,当前贝都因学生遇到的困难除了贫困,还有高中基础不扎实、希伯来语水平差,以及社会、文化和教育方面与犹太学生的差距。鉴于这样的差距,许多贝都因学生选择在巴勒斯坦境内的高等教育机构深造。为了减少这一趋势,吸引更多的贝都因学生来以色列高校就读,PBC 投资大量资金,为贝都因学生提供一系列辅导,缩小贝都因学生和犹太学生之间的学术差距,减少贝都因学生接受教育面临的阻碍。

同时,PBC 最近批准了"TIME TO ACADEMY"项目第三个周期的运作,这个项目投资超过 2 亿谢克尔,根据地在撒皮尔学院,旨在促进内盖夫的贝都因人的高等教育发展。该方案在两年前开始作为一个试点项目运营,到目前为止已成功吸引 200 多名学生参与两个周期的学习。2019 年第三个周期将开放,学院预计将吸引至少 130 名新生。参加这个项目的贝都因学生的第一年学习分成两个部分,第一部分是针对贝都因学生的语言(英语和希伯来语)课程、学术写作课程、研讨会和电脑使用课程,第二部分是与其他学生一起学习的基础课程。在高级阶段,该计划会持续帮助贝都因学生提升学术和英语水平。

---

① 根据 PBC 数据,大部分贝都因本科生(约 68%)目前就读于人文学科专业,如教育学,只有约5%正在工科领域学习,约 3%学习医学和护理。以 2016 年为例,只有 401 名学生进入硕士阶段的学习,27 位学生进入博士阶段的学习。

3.实施方案三:埃塞俄比亚裔学生学术卓越计划

埃塞俄比亚犹太人又称贝塔以色列人,据统计,目前以色列境内大约有 13.5 万名埃塞俄比亚犹太人,占全国总人口的 1.7%。以色列政府在 20 世纪安排了几次营救行动,如著名的摩西行动(1984)和所罗门行动(1991),将面临内战和饥荒威胁的埃塞俄比亚犹太人营救到以色列。但回归不易,融合更难,从各项指标来看,移民至以色列的埃塞俄比亚裔犹太人的发展都明显滞后于其他社会群体。他们面临着贫困、受教育程度低、受歧视、生活习惯无法融入以色列社会、就业率低等种种问题,根据以色列埃塞俄比亚犹太人协会(the Israel Association for Ethiopian Jews,IAEJ),70% 的埃塞俄比亚移民没有工资收入,平均工资收入水平在贫困线以下。[①]

在高等教育方面,埃塞俄比亚裔学生入学率低、入学考试难通过、信息不对等、缺乏针对性学术指导、辍学率高、研究领域缺乏多样性,这和贝塔埃塞俄比亚裔犹太人拥挤的居住环境、贫乏的经济条件都有一定关系[②]。为了给埃塞俄比亚裔学生打开高等教育的大门,帮助以色列的埃塞俄比亚裔学生施展才华,PBC 决定在新的五年计划中实施埃塞俄比亚裔学生的学术卓越计划,这意味着在帮助埃塞俄比亚裔学生进入学术界的同时,强调促进卓越,培养优秀的学生,让他们在科学和工程领域取得一番成就。

该计划的目标是使埃塞俄比亚裔学生本科第一年入学率增长 50%,在未来几年内,入读大学一年级学士学位的埃塞俄比亚学生的数量预计将从现在的每年 700 名增长至 1000 名,本科生总数达到 3500 名(预算为 7500 万新谢克尔)。在本科学习开始前,将加强高等教育准备课程,并为 Mechina(预科课程)的学生(预算 6000 新谢克尔)和本科学生(预算 5000 新谢克尔)提供全方位的辅导。同时重视科学学科的教育,并创建埃塞俄比亚学生的 Mofet 团体。根据该计划,每年优秀学生将获得 10000 新谢克尔奖学金;为确保埃塞俄比亚学生与其他学生的交往,高等教育机构将取消所有区分埃塞俄比亚学生和其他学生的课程。

PBC 和 CHE 的这项工作将会为以色列埃塞俄比亚社区成千上万年轻成员——第二代或第三代埃塞俄比亚移民提供接受高等教育的机会,作为以色列公民,他们不仅有资格获得进入学界的重要支持,而且有资格在科学领域取得更高的地位。

4.实施方案四:哈瑞迪派犹太学生接受高等教育现状改善计划

以色列的极端正统派犹太人是犹太教中最保守的一支,也叫哈瑞迪犹太人,哈瑞迪教徒认为他们的信仰和宗教常规是直接传承自摩西的。在以色列社会中,哈瑞迪派犹太人在文化、居住地区、政治上隔离于其他犹太人,他们拒绝服兵役,极少参与世俗工作,恪守宗教传统,坚持男女有别,拥有着独立的教育体系,将学习托拉看作最神圣的使命,研习托拉就是他们的职业,儿童从小就学习托拉,一直到中年。在哈瑞迪派的学校中,现代科学文化是被完全排除在外的,对于高等学术研究,调查显示,如果没有性别隔离,70%~80% 的哈瑞迪人口不会考虑学术研究,哈瑞迪犹太人这种特立独行的生活方式给以色列政府

---

① 欧连维:《"贝塔以色列人"研究》,外交学院 2011 年硕士学位论文。

② Ruth E.,Gov't to create new civil service roles for Ethiopian Jews,*The Jerusalem Post*,No.28,2010.

带来了极大负担。为了改变这一现状,CHE 决定在目前的五年计划中继续实行改进哈瑞迪学生接受高等教育现状的计划,向哈瑞迪社区敞开教育的大门,使越来越多的哈瑞迪学生正在通过高等教育获得专业知识并融入劳动力市场。在上一个五年计划中,哈瑞迪大学生的数量由 2009—2010 学年的 4537 名增加到 2015—2016 学年的 11013 名,然而在这喜人的增长背后,哈瑞迪大学生的人数比例还是远远低于以色列的其他人口(以色列阿拉伯人、世俗犹太人和信教犹太人)。未来 PBC 将投资 12 亿谢克尔继续改善极端正统犹太教群体接受高等教育的现状,使高校学生中哈瑞迪学生的数量增加至 1.9 万人,[①]同时强调学术课程的质量和数量。

PBC 主席 Yaffa Zilbershats 表示:"为哈瑞迪人口制定多年计划是在以色列社会中向不同种族的青年提供高等教育的重要组成部分。该计划将让更多哈瑞迪学生接触高等教育,并从事像其他以色列人一样的职业。所有的学术机构都在努力推动,实现这些目标。"

对于推进这一计划存在两大障碍:一是哈瑞迪犹太人的性别隔离,CHE 正在想方设法找到一个平衡性别隔离和学术平等的最佳媒介,只有在必要时才将性别隔离保持在最低限度,同时确保与平等、坚守学术自由和反性别歧视有关的基本价值观。二是哈瑞迪犹太人由于初高中核心知识(数学、英语、物理科学)的缺失,相对于一般犹太人口存在显著的知识差距,这使他们参加高等学术研究变得困难,为此,在此计划中 CHE 为哈瑞迪学生设计了特殊的学术课程,为哈瑞迪学生提供更多财务和辅导支持,让哈瑞迪学生更好地适应高等学术研究。

CHE 和 PBC 的这项计划有利于大大减少哈瑞迪社区内的贫困现象,缩小哈瑞迪与一般人口之间的差距,这将对哈瑞迪犹太人和整个以色列社会有益。

表 4-1　2011—2016 学年哈瑞迪大学生人数[②]

年份	2011	2012	2013	2014	2015	2016
哈瑞迪学生人数	5500	6500	7700	8900	10100	11500

2022 年的大学生目标为 19000 人。

表 4-2　哈瑞迪大学生与非哈瑞迪大学生各项指标对比(2015—2016 学年)

	哈瑞迪大学生	非哈瑞迪大学生
在公立大学学习的学生比例	12.0%	33.0%
公立大学和地区性学院辍学率	23.9%	8.2%
师范类学院辍学率	50.0%	10.7%
本科学位获得率	60.3%	79.5%

①　在上一个五年计划中,哈瑞迪大学生的人数增加了 83%,为哈瑞迪学生开设的学术课程数量增加了 80%,哈瑞迪学生的培养方案从 5 个增加到了 19 个。

②　https://www.jpost.com/Israel-News/Haredi-enrollment-in-higher-education-up-250-percent-since-2009-479054,最后访问日期:2019 年 5 月 2 日.

(五)趋势五:推动学术界男女平等

以色列学术界目前存在性别不平等和男女比例不均的问题,根据 CHE 数据,以色列高等教育机构的性别比例近期呈现剪刀状趋势:虽然女性学生占本科生和研究生群体的50%以上,但在更高的层次上,担任高级学术职务的女性占比显著降低(大学约占 30%,地区学院占 42%),在金字塔的顶尖,也就是教授级别上,女性的占比只有 20%左右。阻碍女性在学术生涯中取得进步的主要原因是由于缺乏对性别偏见的认识,这些偏见可归因于文化和社会原因——女性在追求学术时还需操持家务,抚养子女,女性在家庭生活和学术生涯之间难以找到平衡等。这些障碍使女性难以追逐学术梦想。

针对以色列学术界性别不平等和男女比例不均的问题,CHE 和 PBC 首次批准了一项多年计划纲要,投资总计约 6000 万新谢克尔,设法扭转学术界男女不平等现状,帮助女性打破进入更高学术圈的阻碍。在新的五年发展计划中制定了针对学术界性别公平的多年计划,通过一系列举措改变学术和科研机构中女性学生和科研人员的比例,打破女性进入更高学术圈的一切阻碍。

1.实施方案一:要求学术和科研机构提交年度性别报告

从 2018—2019 学年开始,首次要求高等教育机构提交严格的、符合欧盟的一个机构 She Figures 标准的性格报告。报告需要明确行政机构、教学部门及学生的性别比例,获得奖学金的女博士生和博士后学生数量。如无特殊原因,报告应在机构官网上进行公布,以提高群众对性别公平的认识。

2.实施方案二:为学术机构提供有竞争力的预算

向每个学术机构征集建议,重点放在能够对性别公平问题提出全面解决方案的项目上。这些项目需要侧重于为女教师招聘和晋升的各个方面提出解决方案,如制定鼓励妇女去海外进修博士后,接受职业培训,为女性博士后提供多方面关怀等。对于在性别公平上作出努力并取得阶段性成果的高等教育机构,CHE 和 PBC 将为其提供总计 100 万新谢克尔的年度奖励。

3.实施方案三:增加高科技专业的女性学生比例

CHE 主席纳夫塔利贝内特说:"在以色列,工程师和计算机专业毕业生的是一个长久缺失的、战略性的问题,我们将通过提高学习高科技专业的学生数量,特别是女生的数量来解决这个问题,我们将行动起来,让更多女生在以色列顶尖高校学习高科技专业,这对国家、对科技、对学生的未来都是至关重要的。"

根据近年来的数据,大约有 30000 名学生在高科技领域(例如计算机科学)攻读学位,但只有约 21%是女性。以计算机专业为例,巴伊兰大学的女学生占比为 35%,Tel-Hai 学院的女性占比为 18%,就女教师而言,全以色列计算机专业的女性教师占比为 29%。

鉴于此,增长高科技专业女性学生的比例尤为重要,因为改善高科技学术领域性别平等现状可以很大程度上扩展从业者的圈子,在不久的将来带领以色列经济走上新的高峰。高等教育委员会确定了未来几年的目标,即高科技专业的学生数量普遍增加至少 40%。在这个计划中,女性学生的数量至少会增加几百名。

达到这一目标主要靠为学生提供财务支持,包括奖助学金和一些个人辅导。为此,CHE 决定从 2018—2019 学年开始,为高科技领域的女博士生和女硕士生分配一定的奖学金预算,金额约为 52200 新谢克尔(三年,博士)、41000 新谢克尔(两年,硕士),22～30 万谢克尔(两年,博士后,根据学生的婚姻和家庭情况颁发)。奖学金旨在帮助女性学生负担日常家庭开销,减轻女生学习负担。

除了这些从政府机构采取的措施中观察到的发展趋势,还有一些隐性的发展趋势很可能会进一步影响今后以色列高等教育的政策和做法:

中学教育与高等教育的界限模糊:在过去几年里,中学教育和高等教育都变得更加细分和多样化。随着中学教育的普及,高等教育的压力也不断增大,中学毕业生的增多也意味着对高等教育的要求增大,其规模需要满足不同学生群体的需求。学术型的高中和大学之间传统的清晰的界限已经被打破。在过去几年,出现了更多综合性的中学,它们提供了更多的学习路径,并给中学和大学之间的传统联系带来更大挑战。其中一些大学无法应对低一级教育系统对高等教育日益增长的需求,在扩大规模、重新确定优先次序和以学生为中心方面还做得不够到位。这一结果导致以色列的非研究型中学教育和高等教育蓬勃发展,中级教育和高等教育之间的界限可能会变得更加模糊。一个明显的例子就是,越来越多的“专科”学校的出现,比如师范专科院校,学生从高中毕业之后进入以培训教师为目标的高等教育机构,以获得成为正式教师必备的资格证书,而不是普通大学的学士学位证书,有了专科院校提供的专业资格证书,学员便可以顺利进入相关行业。

大学入学要求的差异增大:根据不同学科领域的不同需求,大学内部的入学要求已经存在越来越大的差异,未来还会持续增大。一些人文科学学院和院系可能会推出更具吸引力的入学计划,以吸引和鼓励有能力和合格的学生入学。比如给一些吸引力比较小的学科提供特别研究金。法律、医药、工商管理、通信等热门专业将继续实行严格的入学要求。因此,入学资格的差异在很大程度上将由学科的需求度来界定。

非大学准入条件的差异增大:非大学(例如专科学院)录取条件的差异正在逐步扩大,而扩大程度受很多因素的影响,如学院是私立还是由政府资助、专业的社会需求量、学院本身的发展方向。

大学在本科生之间的竞争增大:以色列本国的大学受来自非大学(例如专科学院)和国外普通大学的强有力的威胁,这一现状迫使一些大学重新建构自身的专业体系,以在人才市场上增加竞争力。潜在的学生可能会从竞争日益激烈的高等教育市场中获益匪浅。这可能是对大学长期以来不愿对学生和市场需求作出反应的传统做法产生的积极改变。

大学失去对研究生教学的垄断:非大学的高等教育机构的迅速发展可能会加强普通大学把研究生阶段的学习作为其安全和有保障的堡垒的倾向。但即使是在研究生阶段,传统大学也不再享有完全的垄断。一个比较鲜明的例子就是 1974 年成立的以色列开放大学。这是一个远程教育在以色列大学。它的行政中心位于拉阿纳纳市。截至 2006 年,这所开放大学的在校生约为 3.9 万人。这所大学的学生来自世界各地,比以色列任何其他学术机构都多。以色列开放大学以英国开放大学(The UK's Open University)为蓝本,于 1971 年被首次提出设想。第一学期的学习于 1976 年 10 月 17 日开始。1980 年,开放大学被正式承认为以色列的一所高等学府,并获得颁发学士学位的资格。1982 年,41 名毕业生获理大颁授学士学位。到 1987 年,该校共有 11000 名学生,开设 180 门课程。学校发展迅速,到 1993 年,已有 2 万名学生,300 门课程,405 名应届毕业生。然后,在1996年,该大学推出了研究生项目,提供硕士学位(MA)课程,获授权颁授电脑科学硕士学位。到2002年,全校在校生已达36710人;2003年,全校共有13000多人获得学士学位。2010年,这所开放大学开始提供俄语在线课程。学生可以在全球范围内注册24门课程,其中大多数都有以色列或犹太人的内容。根据这个在线项目,考试可以在世界各地的以色列领事馆和犹太人事务处举行。1995年,私立机构TISOM获准攻读MBA学位,之后许多分支机构获准提供研究生水平的课程。现阶段,完成硕士论文或博士论文,尤其是人文社会科学的硕士论文或博士论文,对大多数大学生来说都是一条痛苦而漫长的道路。而开放大学给了苦读的高等教育学生另一条途径,从长远来看,未来很有可能非大学对大学的竞争力在某些学科上更加强大。

以上所述的发展和趋势,很可能会导致在本科和研究生阶段,不同类型的学位之间出现更大的差别,并且为进入研究生阶段的学习设置更多障碍和树立更严格的标准。将区分为专业研究和实际就业为目的的研究生学位,也会吸引更多专业人才加入学术教员队伍并从事学术职业的学位。高等教育系统可能会扩大学术机构的排名名单,榜单上不再只有传统的综合类大学。有趣的是,失去以本科生和研究生为主的教学垄断地位,可以帮助普通大学加强其作为精英部门的地位,并将其大部分精力和资源用于保护其作为研究型大学的长期和宝贵的传统。因此,以色列高等教育的扩大和多样化将有助于高等教育的民主化,并有助于划分精英层次教育和非精英层次教育之间的界限。

五、以色列高等教育规划对中国的启示

(一)增强对高等教育资金的投入,多渠道拓宽经费来源

从新五年计划中CHE和PBC对各项计划的资金投入可以看出以色列政府对高等教育的重视。而我国直到2012年才完成教育支出占GDP 4％的目标,2016年教育支出只占GDP的5.2％,远远未及以色列的水平[①]。这说明就教育经费而言,我国尚无法与发达国家相比,但是教育是一个国家科技、经济发展的根基,增加教育方面的投入有助于保障高校开展各项科研教学活动。基于中国的国情,可以部分地积极吸取一些以色列高校的先进经验:

第一,多方面筹措资金支持,在高等教育和职业教育阶段,除了政府,高校自身也应该积极地通过自身优势去筹集经费和其他种类的支持。例如通过高校科研优势努力争取科研项目,建立校友组织筹措社会捐赠;社会上企业的投资和个人投资,比如英特尔公司在以色列实施的英特尔计划,提供高科技专业教师培训,利用信息通信技术帮助高校教学和学习。

第二,对教育经费使用情况进行公开监督和监管;同时,应将教育预算草案向社会公开,向公众说明教育预算的依据,解释资金的分配方式和用途。

---

① 数据来源:教育部、国家信息中心大数据发展部。

表 4-3 CHE 新五年计划各项投资金额一览

项目名称	目的	投资金额
高校科研创新预算	支持各高校开展世界一流的竞争性高级科目研究	20 亿新谢克尔
在线课程制作经费	制作高水平、高质量的国际顶尖在线课程	1.2 亿新谢克尔
创业创新实验室建设	改善学生的校园的学习体验,让学生在接受校园教育的同时能够密切接触社会和校外机构	数千万美元
教学质量计划	提升教学质量	8000 万新谢克尔
高等教育国际化计划	增加来以国际留学生人数	4.5 亿新谢克尔
少数民族高等教育计划	将高等学术机构中少数民族学生的比例从 14% 提高到 2022 年的 17%	10 亿新谢克尔
阿拉伯裔心理学硕士实验项目	增加以色列心理学硕士课程在读的阿拉伯裔学生人数	600 万新谢克尔
贝都因学生融入学术界计划	在五年中让本科一年级的贝都因学生数量增加 75%	1.1 亿新谢克尔
TIME TO ACADEMY	促进内盖夫的贝都因人的高等教育发展	2 亿新谢克尔
埃塞俄比亚学生融入学术界计划	增加埃塞俄比亚裔本科学生的数量	7500 万新谢克尔
埃塞俄比亚学生融入学术界计划	本科预科课程建设,为预科和本科学生提供辅导	11000 万新谢克尔
高科技专业建设推进计划	促进市场所需专业的指导和研究,招收优秀的学生和教师	14 亿新谢克尔
高科技成就计划	为来自偏远地区的青少年提供学习高科技专业的机会	5000 万新谢克尔
哈瑞迪派学生融入学术界计划	改善极端正统犹太教群体接受高等教育的现状	12 亿新谢克尔
学术公平卓越奖励	奖励在性别公平上作出努力并取得阶段性成果的高等教育机构	100 万新谢克尔/年
性别公平活动经费	组织日常活动,提高对学术性别公平的认识	12000 新谢克尔/机构

(二)大力发展少数民族高等教育

根据以色列中央统计局(ICBS)的数据[①],截至 2018 年,以色列人口为 850 万,其中少数民族(包括穆斯林、巴勒斯坦基督徒、切尔克斯人和德鲁兹人)约有 180 万(20.8%)、犹太人 640 万(74.8%),剩余的是非巴勒斯坦基督徒和其他宗教信徒。在以色列上一个五年计划的一系列政策的推动下,来自不同背景的阿拉伯 17 岁青少年的大学入学率稳步提高,但是尽管有了这些进步,大学的录取率仍然远远低于犹太学生[②],新的五年计划为少数民族学生接受高等教育带来新的发展契机。

中国作为一个人口大国,发展好少数民族的高等教育对于我国民族未来和国家未来的发展至关重要。"十二五"期间,我国民族高等教育改革与发展面临着前所未有的挑战,民族高等教育伴随着我国高等教育整体的综合改革与创新发展,重视教育经费和社会投入,取得了较大的发展与进步。然而,目前我国民族高等教育仍然存在一些问题,高等教育层次越高,接收人数越少,无论是哪一层次的少数民族受高等教育者均低于其人口比重,中国少数民族高等教育的普及率还有待提高[③]。虽然我国与以色列国情不同,少数民族人口无论从数量上还是种类上也都远远大于以色列,但是以色列 CHE 的新五年计划中关于少数民族高等教育的部分仍有其先进性和可借鉴性。那么,除了上文提到增加资金投入外,还有哪些是值得中国借鉴的?

首先,提升少数民族学生高校入学率,要从源头上抓起。在以色列,英语水平是高校考察申请者的重要因素,同时也是阻碍少数民族学生(包括德鲁兹人和贝都因人)进入大学的一大因素,事实证明,这一要求在犹太人和其他少数民族高中毕业生之间产生了明显的不平等,除了阿拉伯语外,以色列的阿拉伯学生还需要学习希伯来语和英语,这给他们带来了极大的负担,并使阿拉伯学生处于劣势[④]。因此在新的五年计划中针对少数民族将开展一系列高等教育学前准备课程,主要是语言课程。我国亦可借鉴以色列的做法,有针对性地让少数民族地区的学生接受高等教育准备课程,缩小他们与汉族学生之间的差距,尤其是语言、文化方面的差距,优秀少数民族学生追求知识,追逐梦想的脚步不该被教育资源不平等和现有的高考制度所禁锢,让更多的少数民族学生接受高等教育,将会为他们打开一扇新的大门,帮助他们未来从事高薪职业,在科学和工程领域取得成就。

其次,目前我国少数民族大学生在就业方面存在等待就业的时间长、成本高、就业层次低、平均收入少、难以发挥个人优势、地区性失衡、从事工作专业不对口等问题,[⑤]在新的五年计划中以色列高校计划针对少数民族大学生,特别是相对贫困的德鲁兹人和贝都因人大学生进行有针对性的就业辅导。对于中国高校而言,也应积极进行换位思考,针对

①　以色列中央统计局,https://www.cbs.gov.il/he/subjects/,最后访问日期:2018 年 10 月 23 日。

②　The Arab Population in Israel:Facts & Figures 2018.

③　魏泽、张学敏:《民族高等教育发展与投入:"十二五"回顾与"十三五"展望》,载《民族高等教育研究》2018 年第 1 期。

④　Feniger A.,English as a Gatekeeper:Inequality between Jews and Arabs in Access to Higher Education in Israel,*International Journal of Educational Research*,2016,Vol.76,pp.104-11.

⑤　张明录:《少数民族大学生的就业现状、存在问题及其对策》,载《职业时空》2012 年第 2 期。

少数民族大学生开展就业指导,通过开设少数民族大学生职业生涯规划课程,向少数民族大学生传授求职技巧,增强其就业能力,促进少数民族大学生就业。

(三)吸收以色列先进经验,进一步推动高校科研创新发展

《国家中长期教育改革和发展规划纲要(2010—2020年)》强调要充分发挥高校在国家创新体系中的重要作用,推动高校创新组织模式,培育跨学科、跨领域的科研与教学相结合的团队,加强高校重点科研创新基地与科技创新平台建设。为了克服中国许多高校面对21世纪学科间相互交叉、融合、渗透等综合发展趋势适应性较差,科研创新队伍整合力度不足,不同领域或者相同领域的不同高校之间数据共享、情报交流都存在较大障碍等问题,[1]中国高校可借鉴以色列I-CORE项目的成功经验,将不同学科的精英人士聚集在一起,加快学科交叉型科研创新团队建设,加强学科交叉科研创新的支撑体系建设,加强资源的整合和有效配置,搭建促进学科交叉的科技创新平台。另外,高水平的交叉学科团队的建设应该与科研大数据基础设施的建设同步进行,以色列CHE最新五年计划中发达的大数据基础设施系统的建设计划值得借鉴,这将帮助研究人员节省时间成本与研究成本,提高研究效率。

此外,我国产学研合作中存在各创新主体定位不准,分配、协调机制不完善的问题,导致许多优秀的科研成果无法投入使用[2];以色列向来被称为"创新之国",这个人口不多的国家产出了令人讶异的科学创新成果,以色列独有的孵化土壤和机制是其成功的重要助推力,高校科技孵化器是其重要的一环,以色列的7所主要大学都建有自己的科学园,也就是高校的孵化器。其中较有影响力的高校孵化器包括以色列理工学院的T3(Technion Technology Transfer)和特拉维夫大学的ALON-MEDTECH,切实有效的孵化器运作模式将以色列高校科研人员的科学发现进一步转化为应用解决方案,最终对整个国家的国民生活作出贡献。

我国亦可借鉴以色列科技创新中科研机构孵化器模式的成功经验,完善并建立具有中国特色的科研机构科研成果转化体系。

---

① 康康:《新时期高校科研创新现状与发展对策》,载《中国高校科技》2017年第10期。

② 阚阅、周谷平:《"一带一路"背景下的结构改革与创新创业人才培养》,载《教育研究》2016年第10期。

第五章 印度高等教育发展战略研究

中国与印度同为世界文明古国,拥有古老悠久的历史文明与灿烂辉煌的民族文化。两国在近代都经历过西方发达国家的入侵,如今又都是崛起中的人口大国,属于世界新兴经济体和"金砖国家"的重要成员。在高等教育发展方面,中国面临着与印度相似的机遇与挑战,探索印度高等教育发展战略,以期为我国建设高等教育强国提供参考与借鉴。

一、印度发展概况

印度,也称印度共和国(The Republic of India),是南亚次大陆最大的国家。东北部同中国、尼泊尔、不丹接壤,东部与缅甸为邻,东南部与斯里兰卡隔海相望,西北部与巴基斯坦交界。东临孟加拉湾,西濒阿拉伯海,海岸线长 5560 公里。国土面积约 298 万平方公里(不包括中印边境印占区和克什米尔印度实际控制区等),居世界第 7 位。截至 2018 年,印度人口约为 13.24 亿,居世界第 2 位,仅次于我国。印度有 100 多个民族,其中印度斯坦族约占总人口的 46.3%,其他较大的民族有马拉提族、孟加拉族、比哈尔族、泰卢固族、泰米尔族等,其官方语言为印地语和英语。

(一)文化

"印度"一词来自印度古代文明的发源地之一——印度河,我国最早知道印度是西汉张骞出使西域,当时称印度为"身毒",后来称"天竺""贤豆"。唐代高僧玄奘西行后在其著作中始称印度,这一称谓沿用至今。印度文化历史悠久,发展过程曲折,内部呈现多元化倾向。历史上,印度是世界四大文明古国之一。公元前 2000 年前后,印度创造了灿烂辉煌的印度河文明,但在自然灾害和外族入侵的双重打击下,印度河文明逐步消亡。公元前 1500 年至前 1200 年,原居住在中亚的雅利安人中的一支进入南亚次大陆,征服当地土著,带来了雅利安文化,开创了婆罗门教,形成了印度文学、哲学和艺术的源头。约公元前 6 世纪,印度逐步建立奴隶制国家,形成以人种和社会分工不同为基础的种姓制度,这一制度对现代印度社会仍然影响巨大,是造成印度贫富差别和社会地位悬殊的重要原因。

印度是世界上受宗教影响最深的国家之一,被称为"宗教博物馆",不同历史时期形成了不同种类的宗教。公元前 6 世纪至前 5 世纪是印度文化史上最为灿烂的阶段,形形色色的哲学流派和社会理论蓬勃涌现,并产生了世界三大宗教之一的佛教。公元 4 世纪第一个封建王朝笈多王朝建立,此时,从古老的婆罗门教演化出来的印度教兴起并占据主导地位,也正是在这一时期,古代印度文化达到顶峰。公元 8 世纪,阿拉伯人入侵,带来了伊斯兰文化和伊斯兰教,给印度文明增添了新的色彩。伊斯兰教与印度教成为古代印度的两大宗教,也是现代印度民众所信仰的主要宗教类型。据 2001 年普查数据统计,信仰印度教的人数占总人口的 80.5%,信仰伊斯兰教的人数占总人口的 13.4%。

(二)政治

印度独立后,于 1950 年颁布了《印度共和国宪法》,规定印度为联邦制国家,是社会主义的非宗教的民主共和国,公民不分种族、性别、出身、宗教信仰和出生地点,在法律面前一律平等。印度采取英国式的议会民主制,联邦议会由总统和两院组成。总统为名誉上的国家元首和武装部队统帅,由议会两院及各邦议会当选议员组成选举团选出,任期 5 年,总理领导的部长会议掌握着实权,总统必须依照以总理为首的部长会议的建议行使职权。

印度的政治体制运行比较成功。议会民主制将各种政治力量吸纳到合法的政治斗争中,一定程度上化解了不同地域、文化和社会的各种矛盾,保证了国家政局的平稳。普选制度激发了民众的民主参与意识,改变了印度社会传统的封闭与落后,特别是让印度的下层民众获得了政治表达的机会,促进了印度社会的变革和开放。从中央到地方实行文官制,军队由中央控制,尊重宗教信仰自由,维护国家的统一和稳定。但印度政治体制也存在一些问题,如长期以来形成的种族问题、民族问题、宗教问题一直没有得到有效的解决。印度的议会制度使各种政治力量互相牵制,各政党以掌握政权作为主要目标,在解决社会问题和民生问题上不能作出很好的决策。

(三)经济

印度是一个农业大国,主要农产品有稻米、小麦、油料、甘蔗、茶叶、棉花和黄麻等。全国耕地面积约 1.6 亿公顷,拥有世界 1/10 的可耕地,人均 0.17 公顷,是世界上最大的粮食生产国之一。印度工业已形成较为完整的体系,自给能力较强。其工业主要包括制造业、电力、矿业、纺织、食品、精密仪器、汽车制造、软件制造和航空等行业。近年来,印度政府实行全面经济改革,经济发展速度引人注目。目前,印度在天体物理、空间技术、分子生物、电子技术等高科技领域都已达到较高水平。此外,印度的旅游业和服务业也比较发达,在国民经济中占有相当大的比例。印度的主要旅游点有阿格拉、德里、斋浦尔、昌迪加尔、纳兰达、迈索尔、果阿、海德拉巴、特里凡特琅等。印度服务业也实现了较快发展,2015—2016 财年增长 9.7%,2016—2017 财年增长 7.7%。

印度的良好经济状况为印度高等教育的发展带来了诸多机遇。高等教育作为培养专门人才的场所将推动印度经济的发展,知识产业论、信息社会论、知识经济论等都是高等教育对经济促进作用的概括。大学已不再被看作"象牙塔",而应与经济社会紧密相关,满足经济社会对高素质人才的需求。印度高等教育也逐步走出"象牙塔",面向经济建设实施"产学研"合作,培养的人才能够适应经济社会的需求。

(四)教育

印度独立初期将甘地的基础教育思想作为改革印度教育学校制度的主要依据,并于1968 年通过了一份具有重大意义的教育文件《国家教育政策》。该政策规定了印度教育发展的 17 条原则,根据国家经济社会发展的需要,逐步建立起全国统一的"10+2+3"学制,也即 8 年的初等教育、2 年的初级中等教育、2 年的高级中等教育和 3 年的大学,此学制一直沿用至今。1986 年,印度人力资源发展部公布了经议会通过的新《国家教育政策》以及《行动计划》,政策规定了教育的实质和作用、国家教育制度、教育公平、各级各类教育的组织、教育内容、教育管理、教师和资源等内容,目的是追求教育优质和教育机会均等。

印度现行的学制中,8 年的初等教育包含 5 年初小和 3 年高小,属义务教育。学生入学年龄一般为 6 岁,就读于公立小学、私立小学和非正规教育中心。印度中等教育年限为 4 年,包括 10 年制学校的后两年和高中两年。前者称为中等学校的初级阶段,即初中;后者称为中等教育的高级阶段,即高中。高中实行"选科制",是一种半职业、半升学性质的中等教育。高中设学术轨和职业轨。学术轨开设的课程有两类:一是基础课程,包括语言、劳动教育、一般职业教育、保健与体育。二是选修课程,包括各种文理学科。职业轨开设的课程有四类:语言、普通基础课程、保健与体育、职业选修课程。职业选修课程涵盖各行各业的知识与技能,直接为学生就业作准备。高中阶段无论学术轨还是职业轨,均实行学分制。

中国与印度有较大的相似性,曾经都是世界文明古国,今天均是发展中国家,世界公认的人口大国。两国人民的交往有几千年的历史,公元 1 世纪开始,佛教成为两国交流的重要载体,印度学者和僧人,如鸠摩罗什、佛陀跋陀罗、菩刊达摩等来到中国传播佛教教义;而中国学者僧侣,如法显、玄奘和义净也前往印度,学习佛教精神。新中国在成立之初,便与刚独立的印度建交,两国经历了一段蜜月期,印度总理尼赫鲁曾提出"中印是新兄弟"(Hindi-Chini bhai-bhai)的口号。后因两国边境地区领土争端问题和冷战期间的阵营站队不同,导致两国冲突时有发生。冷战结束后,两国关系恢复友好。21 世纪以来,两国在科技、农业、国防、能源等领域的交往与合作进一步发展。2007 年,双边贸易额达 386.5 亿美元,中国已经成为印度第二大贸易伙伴,印度是中国的第十大贸易伙伴。

二、印度高等教育发展简史

印度在古代就有类似于高等教育性质的机构,如婆罗门的马德拉沙和佛教的那兰陀寺,但印度大学并不认为自己与本国古代或中世纪的教育机构有关联,也不是这些机构的延续;相反,印度大学更加认同自己受殖民地时期的高等教育影响较大,是殖民时期高等教育的发展与壮大。

(一)殖民地时期的印度高等教育

英国殖民时期应从 1757 年普拉西战役为起点,到 1947 年印度独立,历时近 200 年。此阶段的印度教育基本照搬英国模式,主要目的是培养殖民统治所需的中、高级官吏。印度现代高等教育的发展可追溯到 1781 年,印度较有声望和学问的穆斯林向政府提交了一份要求建立高等教育机构的申请书。1817 年,孟加拉的印度人在加尔各答建立了一所印度教徒学院,传授西方的技术和科学,之后又建立了巴纳拉斯东方学院和亚格拉学院,1829 年在德里也建立了学院。1835 年,英国伯爵马考利(Macauley),起草《马考利备忘录》(Macanley Miunet,1835),规定高等教育只能面向精英阶层,建立大学,目的是培养为殖民统治服务的印度公务员、工程师以及其他专业人才。此时,印度已有 27 所学院,入学人数达 2 万。

1854 年的《伍德教育急件》标志着印度现代化学制的开始,印度建立了初等教育、中等教育和高等教育相互衔接的学制。1857 年,印度仿照伦敦大学的模式建立了加尔各答大学、孟买大学和马德拉斯大学,不过,此时的大学与其说是一个教学机构,不如说是一个行政机构或领导机构。它负责掌握标准,并对分布在印度广大地区的附属学院学生举行考试。附属学院必须附属于一所大学,接受大学的监督、支持和帮助,如规定办学条件和财政标准、教师聘用条件、教学计划和内容标准,帮助附属学院开展教学和其他工作,最终为附属学院学生颁发学位[①]。附属制的理念和运行模式仿效了19世纪末的英国伦敦大学。附属学院的学生就近入学,实行走读制,节省了学生的交通费、住宿费和其他费用,降低了学生的教育成本,让贫困学生也能接受高等教育。对于政府而言,不必建宿舍和相关设施,大部分附属学院校舍简陋。政府在投入极度有限的情况下尽可能多地满足印度民众对高等教育的需求。英国虽然并没有打算将印度大学建成高深的学府,但大学的建立无形中推动了高等教育的发展。

1913年,为扩大高等教育规模,加尔各答大学委员会提出了《推进大学和学院教育的政策建议》,建议集中资金,促进提高教学质量,尤其是提高新大学的教学质量。1924年在西姆拉成功地召开了第一次全国大学会议,成立了协调各大学之间工作的大学校际委员会。1921—1947年间,印度建立了9所新大学,分别是德里大学、那格普尔大学、安得拉邦大学、亚格拉大学、安纳马莱大学、特拉万科尔大学、乌特卡尔大学、绍加尔大学和拉季普塔纳大学。高等教育入学人数也大大增加,印度普通学院学生人数从1921—1922年的45175人增长到1946—1947年的193402人。

(二)独立后印度高等教育的发展

独立初期,尼赫鲁总理就明确指出:"大学代表人道主义、坚韧性、理性、进步、思想的冒险和真理探索。它代表人类向更高的目标全速前进。如果大学充分履行其职责,那么它对国家和人民都是有益的。"[②]同时,《印度共和国宪法》对高等教育作出规定,指出大学教育是国家的事业,教育原则上由各邦管理,实行地方分权,但联邦教育部通过对邦政府的财政援助,在促进教育的发展与消灭各邦的差别等方面起指导作用。1968年颁布的《国家教育政策》进一步强调了教育的重要性,认为教育是实现国家繁荣、人民幸福与安全的手段,强调教育机会均等,扩充高等教育规模。

为保障高等教育质量,推动高等教育发展,印度政府陆续出台了各种高等教育政策,将教育纳入国民经济发展计划中。1951年,《大学(标准管理)议案》赋予了中央政府较大的管理权力,提出了六点原则:(1)除非中央政府批准,在本法实施后任何根据邦立法建立的大学将不认为是大学;(2)中央政府将公开宣布符合资格的高等教育机构;(3)除大学外,任何机构无权授予学位;(4)为了协调工作和确定标准,应成立大学教育中央委员会,其成员至少有1/3是大学副校长;(5)中央委员会可以要求大学提供该大学各方面的材料,并有权指导各大学执行已被指定的活动;(6)如果大学在一定时期内不执行大学教育中央委员会的指示,委员会有权建议中央政府取消该大学的学位授予资格。[③] 由于质量下降和意识形态的原因,在尼赫鲁总理带领下的中央政府建立了一些有充裕资金支持并与国外合作,尤其是与苏联合作的人才中心。印度政府建立了精英大学网络体系,印度理

---

① 徐辉、季诚钧:《独立学院人才培养的理论与实践》,浙江大学出版社2007年版,第29页。
② 曾向东:《印度现代高等教育》,四川大学出版社1987年版,第24页。
③ 夏天阳:《各国高等教育评估》,上海科学技术文献出版社1997年版,第249页。

工学院和印度管理学院,以激烈竞争和挑选治国精英为特征。这些机构与印度的空间与核计划紧密联系,这也是学习了苏联和中国在发展工程教育方面的经验的反映。在尼赫鲁后期,高等教育的质量有两种评估方式:在新德里的小部分高等教育机构处于排名前列由教育部领导的有资金支持和高质量的专业大学,满足了有最高成就的高等学府的学生;大部分非技术性的以及质量较低由地方领导的大学,满足了第二阶层学术成绩较低的学生。

甘地试图通过使省级大学人数停止扩招的方法来提高质量。高等教育机构的增长率从尼赫鲁时期的26%下降到了甘地时期的10%。中央政府认为很多与指令、操作相关的领域息息相关,如农业项目、职业培训以及成人教育,所以中央政府重新将自己的任务放在了提高平等上。在依然存在的集中制大学管理模式下,这些引入的变革在提高质量、保证公平上难免失败。而失败的原因之一是中央政府并没有试图改变大学的管理模式,而依然是在省政府的领导下继续运营,尽管较之前而言省政府的权力有所减小。原因之二是纵然省级大学的数量增长率有所减小,但学院的数量以及学生人数都增加了。实际上,中央政府在国家层面上除了强调更多的农业、工程学和技术学院的发展之外,对于发生的所有事的控制力太小。如今,国家层面主要的鼓励政策依然是继续发展,而管理权在地方政府手中,但其对质量与公平都不重视。

1984年,为了应对这些失败,一系列管理改革模式出现。公平的目标被重新定义:从传统的农业专业扩大到所有专业,通过积极的举措向较低社会阶层的人提供准入,这个转变之所以发生是因为最弱势群体在中央以及省级政府的政治力量得到了提高。为了控制社会成本的增高,政府允许建立独立的私立学院。1992年,《国家教育政策修正案》及新的《行动计划》进一步规定了高等教育的发展方向。

经历了半个多世纪的发展,印度高等教育在总体规模、重点学校建设、高素质科技人才培养等方面取得了突出成绩。据印度人力资源发展部统计,印度独立时的高等教育规模较小,仅有20所大学、500所学院、21万学生;到2001年时大学237所、学院10600所、在校生707.7万名。印度高等教育已发展到高等教育机构数量第一,入学人数世界第三,成为名副其实的高等教育大国。[①]

表 5-1　印度高等教育规模变化情况

年度	大学数	学院数	在校大学生数
1950—1951	30	750	26.3
1960—1961	49	1537	64.5
1970—1971	93	3604	195.2
1980—1981	123	4722	275.2
1990—1991	177	7346	442.5
2000—2001	237	10600	707.7

---

① 安双宏:《印度教育发展的经验与教训》,载《教育研究》2012年第7期。

从大学数量上看,20 世纪 50 年代新建了 19 所大学,60 年代又新建了 44 所大学,而 80 年代,新建大学 54 所,90 年代新建大学 60 所,自 1950 年起的 50 年间大学数量已增长 7 倍。学院数量增长速度更加迅猛,90 年代,新建学院 3000 余所,而高等教育发展的 50 年间学院数量已增长 13 倍,在校大学生数增长 26 倍。[①]

三、印度高等教育发展现状

印度经过半个多世纪的发展,高等教育制度已较为完备,规模也迅速扩张,已成为名副其实的高等教育大国。印度高等教育机构包含国家重点学院、中央大学、邦立大学、受资助的学院(大学的一部分或附属于大学)、不受资助的学院(纯私立的)几种类型。学位结构是基于"3—2—3"模式,即 3 年学士、2 年硕士和 3 年博士。存在的主要问题为高等教育规模较大、质量不高,研究出版物和博士生数量严重不足。

(一)印度高等教育规模

截至 2015 年,印度高等教育机构包括 708 所大学和 4 万余个颁发学位的各类型学院。其中,大学体系内包括 46 所中央直属大学(central universities)、128 所名誉大学(deemed u-niversities)、329 所公立邦大学(state universities)、205 所私立邦大学。除此以外,印度还有包括印度理工学院在内的 74 个国家重点学院(institution of national importance)。[②]

印度大学拨款委员会(UGC)2014—2015 年度报告显示,所有课程、所有层次的总体入学人数 2658.5 万人,88.37% 的本科生和 71.09% 的研究生都在附属学院就读,剩余的小部分则在大学本部。各层次的学生比例为:本科生 88.26%,研究生 11.09%,博士生 0.67%,文凭/证书 1.57%,其他 0.41%。经过 10 年的发展,博士教育仍然是印度高等教育的薄弱项,这也反映了高等教育学术研究和大学教师的质量。

印度高校学科分布也不均衡,人文社科类学生比例很大。2014—2015 年度,37.41% 的学生在艺术学院,17.59% 的学生专业为科学,16.39% 的学生修习商业/管理,也即该年度 71.39% 的学生选择了这 3 个人文社科类专业,其他专业接受剩下的 28.61% 学生。2013—2014 年度,授予博士学位的数量为 22849 人。其中,艺术学院人数最多,有 7480 人;其次是科学院,拥有 7018 个博士学位。这两个院系的博士学位数占总人数的 63.45%。这种分布是不均匀的,必须要从政策上作相应改变。[③]

大学校园,特别是邦立大学的学生趋于同构。除了少数知名度高的大学,大多数大学招收学校所在地附近的学生。2004 年对 116 个大学的调查显示,有 69% 的学生来自本邦内,18% 来自邻近的邦,22% 来自其他邦,1% 来自国外。非专业机构的学生也几乎没有差别,趋于同质化。[④]

① 安双宏:《印度高等教育规模快速扩充的后果及其启示》,载《教育研究》2000 年第 8 期。

② University Grants Commission. Annual Report 2014-2015. New Delhi: University Grants Commission, 2015:46., http://www.ugc.ac.in/pdfnews/2465555_Annual-Report-2014-15.pdf. 2018-2-10.

③ University Grants Commission(UGC). Annual Report 2014/2015. New Delhi: UGC, 2015.

④ Pawan A., *Indian Higher Education: Envisioning the Future*. New Delhi: SAGE Publications, 2009p.11.

(二)印度高等教育机构类型

印度高等教育系统是一个大而复杂的体系,表现在根据学位授予权而形成的不同机构类型,对应不同的立法和经费分配方式。大体上高等教育机构可分为五类,形成一种非正式的等级层次,包括国家重点学院、中央大学、邦立大学、受资助的学院(大学的一部分或附属于大学)、不受资助的学院(纯私立的)。

国家重点学院包括 16 所印度理工学院和 3 所专业学院,一所是关于三所专业学院分别教授医科学院、统计技术及印地语,一所是统计技术,另一所是印地语。这些属于大学层次的学院享有特殊的地位和较多特权,得到议会承认,受印度人力资源发展部的直接资助。根据 1956 年的《大学拨款委员会法案》,国家重点学院有权授予学位,与大学具有同等的地位,具有独立的学术政策,且能独立招生,在学术和管理上享有充分的自主权。

中央大学根据议会的法案建立,并受人力资源发展部的资助,具体由大学拨款委员会实施。中央大学学科专业齐全,集研究生教育与科学研究为一体。除德里大学有附属学院外,其他大学都没有附属学院。除此之外,中央政府根据 UGC 法案,还认可了 130 个机构为"名誉大学",其中的一些机构也受印度政府的资助。这些中央大学、中央资助和被认可的名誉大学在学术和管理上自治,按照中央政府的规章制度管理。中央大学对其他高等教育机构起催化作用,包括机构治理、基础设施建设、教师培训和课程设置等。

邦立大学是由印度各邦建立,由各邦管辖,其数量远远超过中央大学。邦通常对其管辖的大学制定一个共同的立法框架,进行统一管理。邦立大学的主要经费来源依靠其所在的邦政府拨款。为了发展需要,每五年授受一次(UGC)的资助,2012 年接收 UGC 财政资助的邦立大学超过 85%。[①]

受资助的学院接受邦政府 85%~90% 的资助,这种模式从殖民时期沿用至今。学院既可以由政府部门管理,一般由高等教育部门管理,也可以由私立团体管理,因而这些学院分为公立学院和私立学院两类。学院通常提供第一级学位水平的教育,并附属于某所邦立大学。学院的学术标准由其附属的邦立大学制定,大学为学院学生实施集中考试。附属学院通常地理位置分散,但依据法律都在大学的管辖范围之内。

不接受政府任何财政资助的学院是私立机构。学院的全部资金来源为学生学费和社会捐赠。学院的建立和管理由私立信托基金机构完成,信托法律规定了学院的管理和财政。学院仍然必须附属于某所大学,学术计划由他们所附属的大学决定和监督。为达到自筹资金的目的,纯私立学院往往提供社会需求较高、经济利润好的学位项目,如计算机科学、生物技术和管理科学等前沿学科,以吸引更多学生入学。

另外,有许多像印度管理学院的机构授予文凭,这些文凭被认为与大学授予的学位等价。大多数大学和学院提供多学科项目,也有一些大学提供的是专业学科,如农业、法律、技术、语言、医药等。尽管大学与学院之间在培养模式上没有明确的界线,但学院通常关注本科教育,而大学更多关注研究生教育和科学研究。

---

① Altbach P.G., Androushchak G., Kuzminov Y., et al.*The Global Future of Higher Education and the Academic Profession*,Palgrave Macmillan,2013,p96.

(三)印度高等教育法律法规

印度的宪法和教育基本法,分别属于国家大法和教育母法,其中关于高等教育的规定是高等教育政策的基础。宪法规定了高等教育的部分内容,保障高等教育的法律地位,并规定了政府与国家研究中心和高等教育机构之间的关系。1950 年颁布的《印度共和国宪法》第 64 条指出,政府对高等教育机构和国家研究中心的经费和管理负有不可推卸的责任。[①] 而教育基本政策则规定了高等教育的全部内容,是《宪法》精神的具体体现,主要明确高等教育的发展方向与阶段性任务。

印度政府重视中长期规划的作用,社会事业发展具有鲜明的国家计划特征,由印度全国计划委员会代表印度中央政府制定的五年发展规划明确了高等教育的不同阶段的主要任务与措施。从 1951 年发布第一个规划开始,截至 2016 年已完成了十二个"五年规划"。规划以五年为一个周期,称之为"五年规划"。规划的内容包括对前一规划期间成就和问题的总结,以及下一个五年的发展目标、发展重点、具体措施等。"第十个五年计划"(2002—2007)认识到高等教育机构数量的提升带来了质量的下降,提出加强大学和学院的质量管理,实施潜在卓越大学计划和潜在卓越学院计划,提升教师的数量和质量,支持私立大学的发展。"第十一五计划"(2007—2012)重点关注教育的公平与全面问题,包括实施儿童发展综合服务计划、初等教育普及项目和营养午餐计划、延长中等教育年限、提高教育质量、发展职业技术教育等举措。"第十二五规划"(2012—2017)围绕高等教育存在的质量、扩张、公平问题,以"质量提升"为第一要务,以"全纳性增长"为发展理念,以扩大入学机会、缩小族群差距、提高教学研究质量为最终目标,规划了"卓越先导、适度扩张和确保公平"的战略举措。

(四)印度高等教育行政体制

印度的中央直属大学和国家重点学院由联邦人力资源发展部(Union Ministry of Human Resources Development,简称 UMHRD)直接管理,位于印度高等教育体系的顶端。中央政府通过 UGC 推荐,授予高等教育机构为名誉大学,决定大学和学院教师的工资标准和职位晋升。

印度理工学院(Indian Institutes of Technology,简称 IITs)、国家技术学院(National Institute of Technology,简称 NITs)、尼赫鲁大学(Jawaharlal Nehru University)等知名大学在推动印度经济发展方面发挥了重要作用。印度政府也不遗余力地支持国内卓越大学的发展。在印度的高等教育体系中,中央直属大学和国家重点学院一直是印度联邦政府的优先扶持对象,政府高等教育经费主要投向了这些机构。[②]

为加强政府对高等教育的管理权力,印度中央政府成立了多个法定团体,出台了各种高等教育公共政策,对高等教育进行宏观规划、指导。通过制定学术标准,发放补助金,开展各种项目引导各邦高等教育向政府期望的方向发展。印度的中央直属大学和国家重点学院由 UMHRD 直接管理,UGC、全印技术教育委员会(All India Council for Technical

---

① 施晓光:《印度高等教育政策的回顾与展望》,载《北京大学教育评论》2009 年第 2 期。

② British Council.Understanding India:The future of higher education and opportunities for international cooperation.British Council India,2014:15.

Education，简称 AICTE)、全国评估与认证委员会（National Assessment and Accreditation Council，简称 NAAC)是主要辅助部门。印度政府于 2005 年 6 月成立了一个总理级咨询机构，即"国家知识委员会"（National Knowledge Commission，简称 NKC)，以推动大学科研创新和成果转化。政府的重视、市场的推动，特别是全球经济快速发展带来的机遇，使得印度基本实现了高等教育与经济发展的相互促进。因此，中央政府及其管理机构在印度高等教育系统发展中起主要作用。

（五）印度高等教育学制

印度高等教育包含了所有 12 级之后的中等后教育，涉及不同的学科领域，如工程和技术、医药、农业等专业领域。分为三个学位资格层次，即本科、硕士和博士。印度高等教育系统主要基于"3—2—3"模式，即 3 年学士、2 年硕士和 3 年博士的学制，与博洛尼亚进程中的欧洲模式一致。

通常情况下，本科需要 3 年的教育，专业领域的学士学位，如农业、牙医、工程学、药学、技术和兽医需要 4 年，建筑本科需要 5 年，医学本科需要五年半。教育、新闻、图书情报的学士学位属于 3 年制的第二学位。法律学士学位既可被认为是持续 5 年的综合学位，也可以是 3 年制的第二学位。

硕士通常是两年。学生可以选择基于课程的学习，无须论文就可以拿到学位，也可以选择基于研究的学习，需要一篇论文才能完成学业。学位（master of philosophy)是一个完成硕士学位后的博士前项目，在美国通常称为副博士，同样是既可以基于课程学习也可以基于研究。如果有 MPhil 学位，博士学位只需两年，如果只有硕士学位，博士学位则需三年。为了获得博士学位，学生需完成一篇质量较高的学术论文。

印度大多数高等教育机构没有学分系统，每个学习领域的课程比较固定，学生选择受限。鉴于高等教育系统需要更多灵活性，以确保学生的水平移动和垂直移动，让学生有更多选择，印度提出了集成项目（integrated programmes)，允许 3 年制科学学科入学的本科生，进一步修习 4 年的工程学位。同样，硕士学位也需重构，引入 4 年、灵活和模块化的科学学位项目（bachelor of science)和其他集成项目，为学生提供更多选择机会。

（六）印度高等教育特点与问题

印度高等教育的最大特点是规模大，但质量不高。印度高等教育机构数量全球排名第一，高等教育学生人数全球排名第二。但是，在 2014—2015 年度的 QS 全球排名中，仅有 6 所进入前 500。而在泰吾士高等教育世界大学排名中，仅有 4 所进入前 400 名。印度在各类大学排名中表现不佳的原因在于，不管是 QS 世界大学排名还是泰吾士世界大学排名，在研究与学术上所占比重很大，而印度大多数高等教育机构不够重视研究，博士学位数量很少，论文引用落后。印度高等教育机构没有国际视野，很少参与国际合作。

印度高等教育毕业生就业形势严峻。印度高等教育毕业生的需求平均每年为 500 万～600 万，主要集中在制造业和服务业，而供给平均在 1000 万～1100 万。供给远大于需求，导致很多毕业生不能找到工作，或选择从事农业，自己创业、出国。而高等教育毕业生的雇佣率很低，仅有少部分的毕业生能够满足雇主需求。高等教育机构培养的学生质量不高，无法就业，将面临倒闭。2012 年，32 个工程和管理学院停止招生，其中有 5 所工程学院、9

所 MBA、14 所 MCA、3 所药学院和 1 所 PGDM 学院关闭。120 所学院,包括 94 所管理机构,在 2014 年关闭。

印度的研究出版物严重落后于其他国家,包括专利。研究论文的发表在过去几年持续增长,但与其他国家相比,落后明显。印度发表的论文质量不高,反映在引用率上,印度在 2013 年的引用率为 1.367,与发达国家德国(引用因子为 3.070)相比,相差较大;与发展中国家相比,落后于中国。(如图 5-1 所示)2008—2012 年,印度专利增长了 12%,但数量与中国、美国相比仍然很低。(如图 5-2 所示)

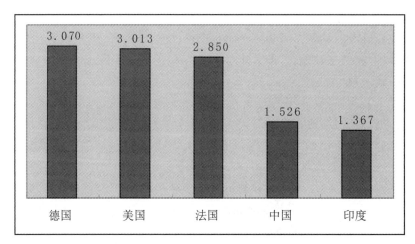

图 5-1　2013 年印度研究出版物的引用因子

数据来源:SCImago Journal & Country Rank

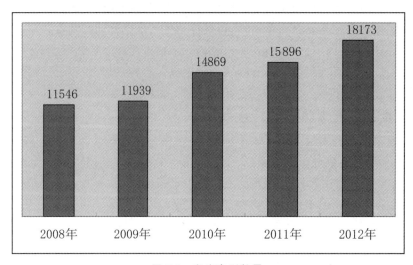

图 5-2　印度专利数量

数据来源:World Intellectual Property Organization

印度博士产出率低,政府资金受限,缺乏国际研究合作。MHRD 和 CII 发布的报告显示,印度培养的博士生数相对于其他国家,数量较少。印度在研究上,资金投入力度不够,2011 年仅占 GDP 的 0.9%,而以色列(4.38%)、美国(2.77%)、英国(1.77%)、中国(1.20%)资金投入力度则较大。在投入时,UGC 分配研究资金时向中央大学倾斜,而中央大学入学人数只占2.6%。在 2011—2012 年间,UGC 针对研究经费分配如下:中央大学76.8%,邦立大学17.6%,名誉大学(2.4%),其他(3.2%)。印度参与国际合作,联合发表研究论文数量较少。根据SCImago Journal & Country Rank,得出 2013 年各国联合发表论文情况,英国(48%)、美国(31%)、中国(17%)、印度(16%)。印度大学普遍缺乏做研究的意识,重教学而轻研究,限制了国家的研究潜能。印度计划委员会指出:"印度的大学和学院的职责定位,没有将研究纳入其中,即使是印度顶级大学,仍然更强调教学,而对于科学研究、博士生教育则关注较少。"

四、印度高等教育战略规划

印度自独立以来,制定了多种高等教育发展战略,形成了一套高等教育强国政策体系。政策体系除了包含宏观层面的教育基本政策、规划性政策外,还有微观层面的建议性政策和操作性政策等。不同类型的政策对推动高等教育的发展具有不同的功能。其中,教育基本政策规定了高等教育的全部内容,明确了高等教育的发展方向,目前有指导意义的是 1992 年的《国家教育政策》及其《行动计划》;规划性政策规定了高等教育在不同阶段的主要任务,如最新出台的"十二五"规划。建议性政策是由各咨询委员会向政府提出的政策建议,代表了利益相关者对高等教育的期望,如"印度高等教育 2030 愿景"(Vision 2030 for Higher Education in India,以下简称"2030 愿景")。操作性政策以立法的形式指导各利益相关者的具体行动,指出具体的操作实施方法,如"外国教育机构法案"。

(一)教育基本政策

印度教育发展史上有三个重要的教育基本政策,分别是 1968 年的"国家教育政策"(National Education Policy)、1986 年的"国家教育政策",以及 1992 年修订后的"国家教育政策"和"行动计划"。1992 年修订的"国家教育政策"及其"行动计划",指出"高等教育要向每一个印度公民提供平等的入学机会,鼓励学生在不同区域间流动。国家将投入资源,支持在科学研究领域建立合作网络"[1]。规定中央政府和各邦在高等教育的物质、财政和行政上共同负责。强调邦政府对于教育的管理职责,如加强教育的国家性和整体性,维持教育质量和标准,研究和调控各级各类人才的结构,为开展科学研究提供条件,了解国际高等教育发展趋势等。加强各高等教育管理机构建设,如大学拨款委员会、全印技术教育委员会、印度农业研究委员会和印度医学委员会,加强各委员会间的职能联系,制定一体化规划。鼓励全国教育研究与培训委员会、全国教育规划和管理研究所以及全国成人教育研究所等学术机构参与政策制定与实施。在科学技术研究领域,采取各种措施建立机构之间的网络联系,促使其资源共享,为科学技术研究提供资源支持。[2]

---

① Satya N.M.,Challenges for Higher Education Policy in India,*British Journal of Education*,2014,Nol.2,pp.1-12.

② Ministry of Hmuan Resource Development Department of Education. Programme of Action 1992,New Delhi,1992.

行动计划提出了具体的发展目标,包括高等教育机构的合并与扩张,发展自治学院,重新设计课程,加强教师培训,强化科学研究,提高效率,建立邦与中央的协调管理机制,鼓励教师和学生的国际流动,加大财政投入,评估和监控高等教育系统。

1.扩大高等教育规模

行动计划指出了扩大高等教育规模的原则和方法。

(1)在第八个五年计划期间,要求各邦均建立法定团体"邦高等教育委员会",以计划和协调本邦高等教育,确保其适度发展。

(2)邦政府应与 UGC 合作,对包括邦属高等教育机构在内的所有高等教育机构进行信息采集,目的是建立信息管理系统(Management Information System,简称 MIS),以识别各邦高等教育机构分布和高等教育质量状况。

(3)尽量减少建立新大学和新学院的资金花费,确保建立新校园的位置比较容易获得必备的基础设施,如电、通信、交通和水等。

(4)最佳地利用大学或学院的基础设施,特别是大城市大学和学院的各种设施设备。

(5)附属学院的建立应由母体大学考查其资格,并由母体大学决定是否接受学院为附属学院。

2.更新课程

为实现课程的重新设计并引入职业课程的目标,行动计划采取以下几点措施:

(1)尽最大可能引入模块化课程,并在大学和学院中充分利用。由 UGC 监控这些课程在大学和学院中的适宜度。

(2)至少每 5 年更新一次模块化课程。

(3)由 UGC 实施,重新设计本科生课程表,应综合考虑科学技术,最新的就业趋势,以及价值教育等各种因素。

(4)强调在职业教育领域发展综合性课程,目的是让学生具备更好的工作潜力和综合素质。

(5)研究生教育应引入持续的评估制度和学分系统。

3.教师培训

为提升教师培训质量,行动计划提出以下几点措施:

(1)由 UGC 建议成立评估委员会对学术职员学院(Academic Staff Colleges,简称 ASCs)尽早进行评估,并保证每 5 年进行一次评估。

(2)在考虑建立新的学术职员学院之前,UGC 和大学应采取措施巩固和加强现有学术职员学院。

(3)努力为教师提供面向工程和技术学科的专业培训。

4.科学研究

为提升大学的科学研究能力,行动计划提出以下举措:

(1)加强大学与企业行业之间的联系,UGC 应制定激励机制以鼓励大学与企业进行合作。

(2)努力增加大学部门的研究经费。

(3)加强印度大学与国外研究机构之间的合作,以促进前沿领域的基础研究。

（4）大学各系部应共享那些成熟且昂贵的设备，而不是让每个系部购买相同的设备，造成不必要的浪费。

（5）增加经费以确保持续订阅期刊，特别是科学、技术和新兴领域的杂志。还可以通过大学之间互换杂志，让杂志得到充分利用，最终提升大学的研究质量。

（6）充分利用国家中心的研究设备，如印度科学院科学信息中心以及人文社会科学信息中心的设备，解决大学研究者实验设备缺乏的问题。

（7）UGC 应构建一个具有实权的评估委员会，评估大学的研究质量。

（8）新建一个人文社会科学领域的大学校际研究中心。

（9）UGC 将与科学技术以及邦政府合作，为大学和学院配备科学研究实验室，陆续引进高端实验装备。短期内，UGC 考虑在第八个五年规划期间，至少为每个区域的一个科学学院建立一个实验室，同时为科学教师提供额外的培训，确保教师能熟悉和掌握科学技术的发展变化。

（二）印度高等教育规划性政策

印度的高等教育规划以 5 年为一个周期，称之为"五年规划"。从 1951 年发布第一个规划开始截至 2016 年，印度已完成了十二个"五年规划"。教育规划的制定都是基于当时经济社会的需求和国际国内形势，印度制定的十二个五年规划中，每个规划都有所侧重，从规划的内容可以看出高等教育的发展脉络。从整体上看，印度高等教育的发展是从规模的扩充转变为规模与质量并重，从重视教学转变为教学与科研并重，从传统教学转变为利用信息技术教学等。而"十二五"规划确立以扩张、平等和卓越为指导思想，以"质量提升"为第一要务，以"全纳性增长"为发展理念，以大力增强印度高等教育竞争力为最终目标，规划了"卓越先导、适度扩张和确保公平"的"三极"战略举措。

1.卓越先导

（1）创建国家层面"宏大学"（meta-university）

为切实提升高等教育质量，"十二五"规划明确提出，要实现国家高等教育"卓越"的战略目标和任务，大力提升国家整体高等教育质量。建立"宏大学"是印度"十二五"期间提升高等教育质量的一项重大优先战略，即创建一个全国性的高等教育网络联盟，旨在促进校校协同和创新性跨学科项目建设，建立一个网络化协同平台，使网络联盟内学生和教师能够获取和共享所有联盟成员院校的教学和学习资源、学术刊物、研究成果、科研工作和虚拟实验资源。"宏大学"将利用国家知识网络，最终将全国各地的所有大学、研究机构、图书馆、实验室、医院和农业院校联合为国家网络联盟。"十二五"期间，印度政府重点启动了"数字化基础能力建设计划"、优质课程国家联盟计划、教师发展与教育教学创新计划，以切实构建"宏大学"国家体系。由此，印度将成为世界上第一个在国家层面创建"宏大学"的国家，对提升印度高等教育整体质量具有重要意义。

（2）提升高校卓越科研能力

"十二五"规划中，科研创新能力提升成为印度政府未来若干年的重大战略举措，印度政府在加大重点投资的基础上，提出了"一揽子"卓越型科研创新计划。"十二五"期间，印度政府将进一步加大国家科研投资力度，使国家科研经费占 GDP 的比重由 2012 年的 1％提升到 2017 年的 2％，主要用于创建一批"科研卓越中心"。为加强研究型大学建设，印度政府计划通过新建和转型方式创建一批“研究创新型大学”(Universities for Research and Innovation)。创建 20 家“卓越中心”(Centres of Excellence),并将其作为国家关键战略领域长期投资项目,以汇聚大批卓越科研人才,并在科技、人文社科等前沿领域创建 50 家“科研培训中心”。为提升基础科学研究质量,“十二五”期间,印度政府将启动多项国家基础科学卓越计划:实施“国家人文社科卓越计划”(National Initiative for Excellencein Social Sciences and Humanities),旨在激励学生选择人文学科专业,并大力提升该学科领域的研究质量;成立“基础科学提升授权委员会”(Empowered Committee to Promote Basic Science),改革现有资助模式,启动新奖学金计划,扩大博士和博士后奖学金规模,创立校际科研中心;启动“国家创新创业计划”(National Initiative for Innovation and Entrepreneurship),以有效培育知识创新和技术转移环境,增强大学与企业协同创新能力,创建国家研究园,营造大学知识产权保护和管理文化;启动“国家设计和创新计划”(National Initiative for Design and Innovation),成立 20 个“设计创新中心”(DICs)、一个“开放设计学校”(ODS)和一个“国家设计创新网络”(NDIN)。另外,印度政府还将启动一系列科研协同创新计划,提升高校科研协同创新能力。“十二五”期间,印度政府将在基础研究和应用研究不同领域创建若干个具有跨学科性和战略意义的科研导向的“校际中心”(Inter University Centres,IUCs),对各大学实验室、科研院所进行系统的设施配置和管理;建立 10 个“跨部门中心”(Inter-Institutional Centres,IICs),构建以研究为导向的多部门协同伙伴,以及资助部门与科研部门之间的项目导向的战略伙伴。通过增强国家实验室、国家研究中心以及大学之间的协同关系,创建一批国家卓越集群和网络;创建定点式协同创新联盟,并通过制度化、互动性和协同性的框架体系,提升区域和城市内产学研协同创新的能力;建立“产业与高等教育协同委员会”(The Council for Industry and Higher Education Collaboration,CIHEC),作为非营利性的独立机构,推动企业与高校协同创新。

(3)加强大学教师队伍建设,改革考试制度

为应对高校教师严重紧缺问题,印度政府计划到“十二五”末将高校教师增加 1 倍,即由 2012 年的 80 万人增加到 160 万人。启动“国家教师和教学使命计划”(National Mission on Teachers and Teaching),整合所有教师发展项目,并在全国统一实施;推动教师专业培养和培训模式创新,彻底改善“学术型教师学院”(Academic Staff Colleges)的落后局面;启动“国际教师发展计划”(International Faculty Development Programme),将派遣一批优秀教师到国外著名大学开展为期 3～6 个月的访学和实习;组织国际知名教师和研究人员为印度博士后人员和教师举办 40～50 次年度专题研讨会,并计划建立 50 个教学和学习中心,提升教师科研和教学能力。

为强化学生学习能力,印度政府将进一步改革考试制度。政府要求印度所有大学消除年度考试制度,实行每学期“选择性学分制”(Choice-Based Credit System,CBCS)考试办法,以便综合性和持续性地对学生学习效果进行评价,及时更新课程内容,提升本科课程整体质量,为学生知识探究提供充分的知识探究机会,包括开展科学研究、体验学习、社区服务、创造性思维等活动。

2.适度扩张

为顺应世界高等教育发展趋势,满足国家对高等教育人才需求,UGC 认为,“十二五”

期间,印度高等教育发展仍须提高高等教育毛入学率。"十二五"期间计划将印度高等教育毛入学率从 2011 年的 17.9% 提高到 2017 年的 30.0%。但是,印度在扩充数量的同时也将质量放在重要位置,"十二五规划"具体实施计划的基本原则是"确保质量,适度扩张"。印度政府并不盲目扩建高校,而是有重点地创建若干所具有战略意义的研究创新型大学,主要采用创新型"公—私伙伴"(PPP)资助模式予以重点支持。"十二五规划"的关键战略是提升现有高校办学能力和办学质量,升格一批中央资助高校,将印度丹巴德矿业学校(ISM Dhanbad)升格为印度理工学院层次的高校,将"孟加拉工程与科学学院"升格为"印度工程与科技学院",并在高校治理、教师、课程和基础设施方面将中央资助高校创办为其他地方高校和私立高校的典范。政府计划通过资助加强邦州高等教育体制建设,中央财政将重点推进各邦高等教育体制的学术、管理和财政改革,根据各邦实际需求修订中央财政支持框架,以邦高等教育体系为单位予以划拨,并通过大学拨款委员会对各高校进行二次分配。根据 PPP 资助模式,联合高校、科研机构和公司部门,在指定城市和教育集聚区创建一批"国家知识集群"(National Knowledge Clusters),推动区域校际集群和联盟建设。"十二五规划"还提出,通过扩展技能型课程项目和远程教育教学项目,推动高等教育扩张。政府将大力支持英迪拉甘地国立开放大学(IGNOU)、邦立开放大学以及其他远程教育机构建设,扩大入学机会;鼓励传统高校通过创办网络课程项目扩大高等教育入学机会。

3.确保公平

公平问题依然是印度高等教育亟待解决的难题。对此,"十二五"期间,印度高等教育的重要目标是消除性别、城乡、区域、阶层的人为差别,增强高等教育体系的全纳性。在"十二五规划"中,印度政府首先加强弱势群体学生的财政支持力度,政府将大幅度增加公共部门财政经费,提高奖学金数额;将人力资源与开发部管辖的所有学生资助计划改制为"学生资助项目"(Student Financial Aid Programme,SFAP)予以统一实施;进一步普及国家奖学金和政府担保学生贷款资助项目;政府将建立"学生贷款担保集团",以满足不断增强的学生贷款需求,并降低学生贷款利率。在"十二五"期间,印度政府计划将前期实施的低入学率地区示范性学院、社区学院和多科技术学院创建工程拓展到所有少数民族聚居地和其他贫困地区;设立专门目标计划,为穆斯林社区有潜质的学生提供特别激励措施,发掘这些学生的潜能;在小城镇创建妇女学院,并向妇女提供优先居住条件。在"十二五"期间,印度政府将其各部门所有与高等教育公平相关的行动计划整合为"高等教育机会均等计划"(Equal Opportunity for Higher Education Initiatives),将所有残疾人全纳教育行动计划整合为"国家残疾人全纳计划"(National Initiative on Inclusion of Persons with Disabilities.),予以统一实施,以便统一协调,防止一些计划在实施过程中出现执行不力的问题。政府还计划利用国家多维"弱势指数"(Index of Disadvantage)机制,综合评估弱势群体学生的社区、性别、贫困和农村背景的弱势指数。运用这种"多元指数"机制,科学评估各高校在增加弱势群体学生入学机会以及财政激励的相关表现;根据国家"巴沙计划"(Bhasha Initiative),采用印度语提升弱势群体的教学和学习质量,消除学生群体中的不公平现象。

(三)建议性政策

印度历届新政府上台后通常会任命专门的教育咨询委员会,起草制定教育发展报告,这些报告为政府制定正式的文本政策提供建议和参考,传达政府的教育理念和目标,是教育政策的另一种表达方式,属于建议性政策。1964 年,印度教育委员会出台的《教育委员会报告》指出:"印度未来的命运取决于今天教育的发展……国家的繁荣、福利与安全等都取决于教育。"将教育放在极为重要的地位,推动了教育的快速发展。1973 年《10＋2＋3 教育结构委员会报告》规定了教育体系的结构,即 10 年基础教育、2 年高中教育以及 3 年本科教育。还有 1983 年的《国家教育委员会报告》、2005 年的《国家知识委员会报告》等都对印度高等教育产生较大影响。21 世纪以来,印度国家计划委员会和印度工商联合会组织专家编写发布了"2020 愿景"和"2030 愿景",对印度高等教育发展产生了重要影响。

印度工商联合会(FICCI)在 2014 年举办了第九届印度高等教育高峰论坛,并通过了"2030 愿景"。该愿景从印度高等教育机构在世界高等教育中的地位、人才培养、科学研究与创新等方面规划了 2030 年的发展目标,期望建立一个高品质、公平且学生负担得起的高等教育系统。这个系统不仅是世界上最好的高等教育系统,而且会为世界作出更大的贡献。其强调大力提升印度高等教育国际竞争力,在高等教育全球化背景下把印度建设成全球教育中心,培养适应全球劳动力市场的人才,建立有利于研究、创新、创业的生态系统。① 愿景除了规划 2030 年发展目标外,还分别针对政府和高等教育机构提出了相应建议②。

表 5-2　印度高等教育国际竞争力"2030 愿景"

	领域	2030 目标	实现目标的关键举措
在世界高等教育版图中占据重要地位	全球认可的高等教育机构	20 所以上大学位于全球顶尖大学前 200 名,新建 20 所创新型研究型大学	从国际视野和全球影响角度发展高等教育
	学生和教师的流动性	吸引 50 万名国际学生来印度求学,增加发达国家的生源比例;高校中的国际师资占 5％	提供世界级的教学、研究和适宜的学习环境
	跨国教育	200 万名以上学生在印度的海外教育机构学习	减少复杂的管制条件,鼓励跨国教育
成为全球人才中心	就业率	90％的毕业生顺利就业	培养具有较高技能、为工作做好准备的毕业生
	提供全球劳动力	全球最大的人才供应国	高等教育毕业生具备国际技能
推动研究、创新和创业	科学研究	在论文发表数量和引用指数上排名全球前五,在博士生培养数量上位列全球前五,5～6 名本土诺贝尔奖获得者	发展研究型大学,提供高质量的研究成果,培养高水平毕业生
	技术创新	在专利拥有上位列全球前五	增加研发经费到 GDP 的 5％,强化技术创新
	创业	在大学生创业方面成为领先国家	创造适宜的教育、资金和管理系统

---

① FICCE. Higher education in India: Moving towards global relevance and competitiveness, New Delhi: FICCI Higher Education Summit, 2014:28.

② FICCE. Higher education in India: Moving towards global relevance and competitiveness, New Delhi: FICCI Higher Education Summit, 2014:63-66.

1.对政府的建议

(1)所有的高等教育机构参与国家的排名和认证。重点支持100所高校,努力提高其全球影响力,力争到2030年时有20所以上高校进入全球排名前200。

(2)支持全球排名靠前的高等教育机构发展,为其提供更多资金。根据高等教育机构的研究成果来确定下阶段的资助经费。加强与全球高等教育竞争环境中世界领先国家的高校间合作。建立专门的国家机构,为现有基础较好的高等教育机构提升其全球影响力提供建议和指导。

(3)针对高等教育的国家目标,建立在海外推广印度文化的专门办公室,以提升印度高等教育质量和全球影响力。

(4)取消对大学招收外国学生的限制条件,只要他们满足基本入学标准就应接纳入学,大学应公开发布招生信息。

(5)支持优秀高等教育机构面向全球招聘教师,放宽签证及准入标准。

(6)激励外国教育机构来印度办学,为国外机构办理许可证提供专门服务。鼓励高质量的印度高等教育机构到国外办学,提高办学质量以获得更多国际学生。提供10亿美元长期贷款,资助高等教育机构到国外办学。

(7)加强国际合作。研究型大学重点与世界排名前400名的大学开展合作,以科学研究为主要内容。其他大学可根据自身需要与同类型高等教育机构开展合作。

(8)提高毕业生就业率。根据经济社会的现实需要,重新修订学徒法案,将学徒制强制引入本科生培养计划中。

(9)建立产学合作机制。对成功完成技能培训的学生提供20%的退税。任何教育服务提供者,在落后地区开办一个技能培训中心将减免3年的所得税。对那些支持员工参加高等教育培训项目的企业,无论是继续教育模式还是全日制模式都将获得减税。公司的员工培训教育费用因符合人力资源投资而免税。推出国家教师发展任务,对教师能力建设提供50%的税收减免。[①]

(10)加强原创性科学研究。促进顶级国际高等教育机构和印度高等教育机构合作,实施"导师模式"进行高质量学术研究。提升个人研究资金。激励大学创建有利于研究的环境,吸引高质量优秀教师。加强国家研究中心、实验室与顶尖大学的优秀研究中心之间的联系,促进合作研究。合理管理研究经费,对私立机构和公立机构的研究投入应尽可能平等。为行业参与者提供资金,鼓励实施科学研究项目。通过减税让公司在高等教育机构内部设立研究和发展机构,所有与研究相关的资金应该是200%的免税。加大资金投入,促进建立行业和研究机构之间合作研究团队。

(11)鼓励创业。简化商业活动的开办和操作程序。简化税收程序,减少退税延迟,加速政府对土地、环境和施工许可证的审批。通过税收优惠政策,如新兴公司的低税收率,免收增值税等方式,提高新兴公司资金生态系统。创建虚拟孵化中心,以支持印度企业家创业。

① FICCE.Higher education in India:Moving towards global relevance and competitiveness,New Delhi:FICCI Higher Education Summit,2014:65.

2.对高等教育机构的建议

(1)提升全球排名。大学排名指标中研究所占比重很大,大多在50%以上。但是建立研究机构,并取得成绩需要花很长时间。因此,印度高等教育机构需要提升其他方面的优势,如基础设施建设和就业率,逐步从弱势地位转向中端地位,从而提升全球排名。

(2)吸引国际学生。建立具有国际品牌的开放式校园,为国际学生提供高质量的多元化教育,与高质量的国际高等教育机构建立合作关系,开展多种合作项目,如学生交换、联合培养及其他方式。与国际接轨,重视知名的全球认证系统,参加全球排名。在招收国际学生时,认可如 SAT、ACT、TOEFL 和 IELTS 国际考试分数。同时利用国外的留学生在国际上推广印度的高等教育机构。

(3)聘请国际教师。高等教育机构应提供一流的薪资,高质量的教学和研究基础设施,学术自由的环境,吸引顶尖的国际教师。与高端国际高等教育机构合作,促进教师发展和教师交换。

(4)规范国际合作。专业地管理国际合作相关事宜,并确保严格遵守标准和合同。

(5)参与行业企业。共同开发新兴产业内容和计划,邀请行业内客座教师来高等教育机构授课,高等教育机构学生参与现场项目和实习,行业企业参与高等教育机构的董事会。雇佣有相关资格和行业经验的教师训练教育教学技能,以确保这些教师能高效地授课。通过联合培训机构,发展软技能。通过实施继续教育项目为企业员工提供终身学习的机会。

(6)支持研究和创新。提供有助于研究的环境吸引一流的研究教师,如缩短教学时间,提供从事研究的自由,提供参与学术研究会议的资金。加强与研究中心和行业合作,以收获更多研究成果。

(7)鼓励创业。与企业合作,建立和运行孵化中心。行业提供风险资金、导师支持以确保孵化中心运行灵活,任命有行业经验、能够动态制定决策和承担风险的人负责孵化中心。允许成为创业者的学生在毕业后灵活地选择在随后的几年里是工作还是继续创业。

(四)操作性政策

印度高等教育的操作性政策包括司法建议和针对不同机构的指导性政策。较有影响力的操作性政策包括《大学拨款委员会法案》《高等教育和研究法案》《国家学术保管法案》《国家高等教育认证监管法案》《外国教育机构进入和运行法案》《大学研究与创新法案》等。

1.《大学拨款委员会法案》

1956年颁布的《大学拨款委员会法案》是高等教育领域最重要的法案之一,至今影响力丝毫没有减弱。该法案明确了大学拨款委员会的法律地位和职责,包括促进和协调大学教育,规定大学的教学与研究标准,监督学院和大学的发展,联系中央、各邦和大学,向中央政府提供建议,采取各种措施促进大学教育改革。

法案分为四个部分,第一部分是对大学拨款委员会的命名进行定义,对法案名称的解释,指出法案的应用范围不只是大学而是整个高等教育机构。第二部分是委员会的建立,包括委员会的成员构成、委员的服务条款和条件,委员会召开的会议、运行过程等。委员会的成员包括1位主席、1位副主席和10位其他成员,全部由中央政府指定。第三部分是委员会的权力和功能,包括:(1)委员会的具体职能;(2)费用的监管以及哪些情况禁用捐款;(3)禁止向那些被委员会认为不适合接受拨款的大学给予任何拨款;(4)审查;(5)大学没有遵守委员会建议的后果;(6)委员会的酬金;(7)委员会的资金;(8)预算;(9)年度报告;(10)认证和审计。其中委员会的职责是该部分的重要内容,包括对大学进行拨款的条件和方式,要求大学必须达到相应的标准。为大学的教学和科研提供建议,促进大学提高办学质量。向中央和各邦提供发展高等教育的各种建议。第四部分为委员会与中央政府的关系说明,包括:(1)中央政府的指示;(2)反馈和提供各种相关信息;(3)授予学位的权利;(4)禁止使用"大学"一词的情况说明;(5)处罚;(6)制定规则的权力;(7)制定规章的权力;(8)委员会成员的权力;(9)在议会前呈递规章制度。[①]

2.《高等教育和研究法案》

中央政府于 2010 年制定的《高等教育和研究法案》明确了高等教育科研全国委员会(NCHER)的地位,赋予委员会与大学拨款委员会、印度技术教育委员会、教师教育委员会和远程教育委员会同等法律地位。委员会的成员由总统任命,并有权制定高等教育机构的学术标准。该法案公开征求利益相关者的意见和反馈,细化了学术研究的规则、学术质量的标准,规定高等教育机构自主授予学位的标准,并向中央和邦政府提供高等教育政策咨询服务。其具体任务为:

(1)高等教育科研全国委员会是高等教育的责任主体,促进高等教育的繁荣发展。

(2)委员会的运作透明,目的是更好地管理高等教育的质量和标准。

(3)加强邦立大学和中央大学的联系,弥合两者之间的差距。

(4)加强与行业或其他经济部门的联系。

(5)加强对高等教育机构的监管,以保持较高标准,促进高等教育机构的改革。

(6)委员会的两项主要功能为资金分配和学术指导,是 UGC 功能职责的有力补充,特别是在科学研究和学术标准方面发挥的作用应高于 UGC。

委员会的成员由总统指定,在一定程度上加强了中央政府对高等教育系统的管理,但也引起了部分争议。一是委员会的成员构成决定了委员会的活动较少考虑公众的意见和反馈,二是委员会制定的标准在一定程度上破坏了高等教育机构的自主权。

3.《外国教育机构法案》

为进一步从法制层面对涉外办学进行规范,2010 年 3 月印度内阁通过《外国教育机构法案》(以下简称《法案》)。该《法案》由"序言""外国教育机构""处罚""其他"等四章十七条构成,这些条款分别对外国教育机构的相关概念进行了界定,对外国教育机构在印度办学的准入和资金运作、质量保障、撤销与处罚都进行了详细的规定。

(1)对外国教育机构的界定

《法案》界定,"外国教育机构"必须同时具备如下两个条件:第一,必须是在印度之外的国家已经成立或已注册,且须经本国合法权威机构认证,从事教育服务年限至少 20 年以上的办学机构;第二,在印度提供以颁授学位或文凭或证书或其他任何通过传统方式(包括课堂教学方法、不包括远距离模式)为目的的课程学习的机构,教育服务方式为独立

① University Grants Commission.The University Grants Commission Act,1956:10.

提供,或与印度任何教育机构以合作、合伙或双边协议的方式开展。"外国教育提供者"的定义:一个由印度中央政府正式通告的外国教育机构,是经大学拨款委员会的推荐,有能力在印度办学并可颁授本科、硕士、博士学位,文凭或任何其他相应的资格证书(远距离模式除外)的机构。外国教育机构只有其外国教育提供者的地位获得中央政府的认可后(须在《政府公报》上公布),才可以以颁授学位或文凭为指向在印度招收学生、收取学费。

(2)对外国教育机构准入和资金运作的规定

《法案》对外国教育机构准入的规定,除了上述对"外国教育机构"界定时明确指出须具备的两个条件外,还需符合以下条件:第一,须有不低于5亿卢比(约1100万美元)的存款作为保证金;第二,须有相应的资金和其他资源作为在印度办学的条件;第三,在运营中获得的收入,使用的比例不得超过75%,且这些资金只能用于在印度的该办学机构的发展,剩余部分应当存入银行作为本金;第四,外国教育提供者在印度产生的收入,除满足该机构在印度的运营花费之外,其盈余收入只能用于该教育机构在印度的发展,不得汇回本国。

(3)对质量保障的规定

对于涉外办学质量的控制,《法案》主要从课程与师资方面入手。如《法案》规定,外国教育提供者应当保证其在印度所提供的课程和项目符合法定权威机构所设定的标准,至于在课程体系、教学方法和师资聘用或教育教学方式上,要与该外国教育机构在本国主校园的标准相一致,为学生提供在质量上与本国校园具有可比性的学习项目。

此外,《法案》规定外国教育提供者须对学习课程和项目的详细情况予以公布。第一,对学习课程和项目等在开办60天之前应当将有关的事项对外公布,包括学生的入学资格等(若没有法定机构对该机构的入学者设定资格的话),则由相应法定机构或该机构确定入学资格);第二,教学单位教师的详细情况,包括每个教师的学历和教学经历,以及该教师是常年聘用还是短期访问等情况;第三,外国教育机构聘用的教师或雇员的最低工资情况;第四,学校的设施条件和其他设施,包括学生宿舍、图书馆和医院或学生实习场地等;第五,学生在校园内外的教学过程应当符合UGC的相关规定。其目的是通过办学条件的公开与透明,调动社会力量对外国教育机构的办学情况进行监督。

(4)撤销与处罚

《法案》规定,任何违反《法案》办学规定,出版、传播虚假信息的有关教育机构,或外国教育机构违反规定在印度招收学生,收取学费,颁授学位、文凭或其他相应形式的资格证明的,都应当立即予以取缔,没收保证金并处以100万卢比(约21.9万美元)至500万卢比的罚款,罚款归入印度统一基金。

(五)印度高等教育战略规划的评析

印度独立后走出了一条高等教育跨越式发展道路。近年来印度政府采取了一系列措施,努力扩大高等教育规模,提升高校科学研究能力,改善高校办学条件,推动本国高等教育机构的国际合作与交流,在提升高等教育影响力方面取得了较为突出的成绩。

1.印度高等教育战略规划的特点

(1)坚持规模与质量并重

高等教育规模与质量的平衡是各国高等教育面临的共同问题。为满足民众对高等教育的需要,高等教育规模扩充势在必行。印度政府在高等教育规模扩充上采取了强有力的政策保障,不同时期有不同侧重。如第一个五年规划主要满足国家需要,规模的扩充有很强的政治色彩。第三个五年规划则提出满足经济社会发展的人力资源需求,受经济因素影响较大。从第四个五年规划到第八个五年规划,没有强调要提高高等教育规模,而是把工作重心放在提高质量上。到第九个五年规划又明确提出要扩大高等教育规模。

十五规划的规模扩充表现为鼓励建立私立大学和私立学院,健全法律法规,简化各种手续和规定。十一五规划的高等教育规模扩充体现了公平性原则,如在落后地区建立新学院和大学,让该地区的学生更容易接受高等教育。鼓励开放教育和远程教育,为无法进入大学的学生提供学习机会。中央教育机构为印度落后阶级(othere backward cless,即无种姓者与第种姓者被划分的社会阶层)预留适当名额。

十二五规划将高等教育发展的原则定为"扩张、公平和卓越",扩张的同时强调实现卓越。规模扩张是对年轻人接受高等教育强烈愿望的回应,也满足了社会经济和技术变化对高素质人力资源的需求,同时也是高等教育竞争力提升的重要手段。但扩张的同时必须保证高等教育质量,只有规模与质量协调发展才能真正实现高等教育的强国梦。在印度政府、高等教育机构和社会各界的共同努力下,印度高等教育质量问题有所改善。比如,扩充了教师队伍,引进了高学历高素质教师,如硕士、博士、教授和专家,延长了教师的退休年龄。

(2)鼓励卓越,努力建设一流大学

十二五规划提出要识别具有较高质量、具有卓越潜力的大学,并给予大力支持,使它们达到世界顶级水平。通过同行评议识别各层级高等教育机构中有潜力的优秀教师,并帮助其专业发展。在从世界各地吸引高水平教师从事教学和研究的同时,资助印度教师到世界最优秀的大学进行教学和研究。这些举措都汇集在"印度卓越计划"之下,计划的实施对促进印度高等教育的跨越式发展发挥了积极作用。

一是建立多学科研究型大学。遴选印度国内一流大学,将这些大学命名为"研究与创新型大学",提高从事多学科研究和教学的能力。无论公立大学、私立大学还是公私合作大学,都可以申请成为研究与创新型大学,他们将接受世界一流大学的指导,同时还将吸引和招聘高素质教师。

二是建立潜在卓越大学和潜在卓越学院。为挖掘在教学和研究上有卓越潜力的大学和学院,UGC从九五计划开始就实施了"潜在卓越大学计划"和"潜在卓越学院计划",选择各方面都较为出色的大学和学院授予"潜在卓越大学"称号和"潜在卓越学院"称号,并投入大量资金促进其优势学科的发展和整体发展。表现较好的还将授予"卓越大学"和"卓越学院"的称号,将获得更多的发展经费。

三是建设卓越中心。从九五计划开始实施了"潜在卓越领域中心"促进特定研究领域的卓越和创新,中心根据领域优势分散在不同的大学,鼓励领域中心彼此协作,共同创新,推出更多新研究成果。九五期间核准12个潜在卓越领域中心,原本计划在"十二五"期间建立20个卓越中心,但是到2014—2015年度已经超额完成计划目标,共有24个中心,其中21个中心运行。此外,在前沿领域建立50个训练和研究中心,包括科学技术、社会科学和人文科学领域,目标是建设国家重点学科,扶持重点机构,鼓励国内优秀教师的合作研究。

四是实施国家卓越行动。基础科学的国家卓越行动涵盖了由 UGC 实施的基础科学研究计划,行动内容是关于社会科学和人文科学的卓越计划,鼓励高等教育机构进行科学研究项目,提升学科的教学和研究质量。印度为此建立一个新授权的委员会,专门负责发布和管理各项资助计划,如奖学金计划、博士和博士后助学金计划等,对现有全球卓越中心提供一次性支持,同时创建新的校际协同中心。

(3)以信息化带动和促进高等教育现代化

21 世纪以来,信息技术在各个领域变得越来越重要,教育领域尤其如此。从第九个五年规划开始,印度政府认识到信息技术的重要作用,提出要加强信息技术和互联网基础设施建设,发展远程教育。第十个五年规划也强调加强信息技术教育,重视信息技术和其他技术教育,发展开放教育和远程教育。资助大学建立计算机中心,启动大学拨款委员会 UGC 信息网建设,实现大学与学院的网络连接,建立信息资源平台,聚集 4000 多种电子期刊免费提供给各大学。十一五规划也提出要加强和扩大远程教育,让学生通过互联网获得学习指南、学习内容,进行标准化测试。十二五规划对信息技术的利用主要集中在基础设施建设、教学内容的数字化、管理的信息化、教师的信息能力建设等方面。

印度大力推广利用信息技术实施教学,十一五计划期间,392 所大学和 18374 所学院提供了宽带连接。推出数字化学校行政管理系统和学习管理系统。推出技术教育质量提升项目,第一阶段是 2002—2009 年,投资 137.8 亿卢比,涵盖 127 所工程院校。第二阶段是 2012—2014 年,延伸到十二五计划结束,涵盖 180~190 所院校。[①] 对第一阶段的评估表明毕业生就业有明显改善,研究生和博士生的规模明显扩大,研究能力提高显著。

(4)大力推进高等教育国际化的法制建设和现代治理能力

印度的《外国教育机构法案》保证了外国教育机构在本土内的有序运营。我国在高等教育国际化的进程中也要高度重视高等教育国际化带来的过度市场化和唯利是图等问题。相关部门应制定以质量为导向的行为规范指南和守则,完善相关法规制度,进一步优化高等教育国际化的法治环境,使高等教育国际化发展有法可依。政府的功能是提供完备的制度支持和规范的市场环境,而高等学校要真正建立起自我约束、自我发展、面向未来推进国际化的现代治理能力。

2.印度高等教育政策存在的问题

(1)不同层次教育政策缺乏协调

印度不同层次的教育结构有些不合理,半个世纪以来,印度过度重视高等教育,忽视中等教育和初等教育的发展。印度的前十个五年规划中,有七个五年规划对高等教育投资超过总教育投资的 30%。世界银行对 22 个发展中国家教育投资收益率进行评估后得出,初等教育的社会收益率远远高于中等教育和高等教育。[②] 印度属于发展中的农业大国,农业人口占 60%,根据印度国情,社会仍然需要大量具有基本教育水平的熟练劳动

---

① Ministry of Human,Resource Development.Rashtriya Uchchatar Shiksha Abhiyan(RUSA),http://mhrd.gov.in/rusa,accessed February 15,2016.

② 李云霞、汪继福:《印度高等教育跨越式发展的动因及影响》,载《外国教育研究》2006 年第11 期。

者,急需大力发展初等教育。印度对高等教育投入庞大,却对基础教育投入力度不够,仅在第一个五年计划中对初等教育的投入占教育总投资的50%,其余六个五年计划都在30%左右。从1950年到1970年,印度初等学校在校生数增加2.1倍,而高等学校增加了5.5倍,随着人口基数的不断扩大,越来越多的儿童无法进入初等学校。英国著名教育家埃得蒙·金认为:"战后印度的主要问题之一是离开了初等教育的坚实基础而大力发展高等教育,这是一种'蘑菇云'状况。"[①]此外,印度对基础教育发展工作更多关注建设学校,而较少关注如何降低辍学率,改善师资队伍,导致基础教育质量低下。印度基础教育的落后使得印度文盲数量庞大,据联合国教科文组织(UNESCO)2014年最新统计,印度是世界上文盲人口最多的国家,成年文盲人数达2.87亿,占全球文盲总数的37%。[②] 初等教育的落后导致了高等教育先天不足,问题繁多。

(2)一流大学建设目标超出实际

印度高等教育"2030愿景"指出,印度到2030年将有20所以上大学位于全球排名前200名。然而在2016—2017年度的QS全球大学排名中仅有2所大学全球排名前200,泰晤士高等教育世界大学排名中还没有大学进入前200名。从目前状况看,到2030年有20所大学进入全球前200名的目标将难以实现。另外,要在2030年实现"论文发表数量和引用指数上全球排名前五,在博士生培养数量上位列全球前五"的目标也很难实现。根据2011年发表的高端研究论文,印度187篇、日本536篇、中国903篇、英国1326篇、美国4367篇,印度高端论文数量仅为中国的1/5。从论文引用与影响力上看,2010—2011年度,印度0.51、中国0.61、日本0.81、英国1.24、美国1.25,印度仅为世界平均水平的一半。就引用指数而言,据SCImago的期刊和国家排名统计,印度在2013年出版物引用因子仅为1.367,而发达国家引用因子最高水平为3.070,远低于德、美、法、英、日,与中国的1.526相比也相差较大。[③]

(3)印度高等教育管理体制使得部门间合作不畅

印度政党交替执政往往导致政策不能很好落实。20世纪90年代后,没有一个政党成为多数派,出现多党联合执政,政府更迭频繁,政局不稳,印度社会充满了多元性、分裂性和传统性。英国《金融时报》首席经济评论员马丁·沃尔夫指出:"中国政府视发展为目标,并成为执政合法性的基础;印度政客则代表本政党的利益,并视之为合法性的基础。"[④]1977年上台的人民党于1978年发布《印度高等教育发展框架》,1979年又公布了《国家教育政策草案》,但由于人民党迅速下台,这些文件都没能成为指导性文件而得到落实。

中央的教育法规定学院必须达到大学拨款委员会的标准,否则不能成为大学的附属

---

① 赵中建:《战后印度教育研究》,江西教育出版社1992年版,第145页。

② 联合国教育科学及文化组织:《全民教育全球监测报告2013/4:教学与学习:实现全民高质量全民教育》,教育科学出版社2014年版。

③ G.Prathap,Top Indian higher education institutions and the Leiden and Scimago rankings,*Current Science*,2013,Vol.104,No.4,pp.407-408.

④ [英]马丁·沃尔夫:《中国和印度:两个亚洲巨人的对比》,载《中国商界》2008年第6期。

学院,但不少邦政府出于政治考虑,迫使大学将不符合条件的学院吸纳为附属学院,导致附属学院质量达不到最基本的要求。中央政府早在十五规划中就提出,控制建立新高等教育机构,但高等教育机构数量一直处于高速增长态势。据 2014—2015 年度报告统计,各邦新建高校数量多达 1147 所,高校总数从 2013—2014 年度的 39613 所增长至 2014—2015 年度的 40760 所。[①]

3.对我国高等教育强国建设的启示

中国政府在世纪之交确立了建设高等教育强国的目标。尽管中国近年来的高等教育发展取得了可喜成绩,但中国高等教育"大而不强"的局面并没有根本改变。在高等教育强国建设的进程中,我们既需要借鉴欧美发达国家的成功经验,也要以印度等发展中大国为参照。

(1)以适度发展为原则推进高等教育规模扩充

印度政府一直致力于扩大高等教育规模,"十五""十一五""十二五"规划期间,印度通过发展私立教育、远程教育、建立新学院等方式,高等教育规模扩充尤为迅速。十一五期间,印度高等教育机构数量增加了 58%,高等教育毛入学率从 10% 增长到 18%。对于这种偏离常态的增长,印度在"十二五"规划中作出了调整,提出要通过扩充现有机构容量和增加学科种类等措施进一步扩充高等教育入学机会,而不是建立新的高等教育机构,并确定了"扩张、公平和卓越"的高等教育发展原则。据 2016 年 4 月发布的《中国高等教育质量报告》,截至 2015 年底,中国大学生在校规模达到 3700 万,全球排名第一;各类高校 2852 所,全球排名第二;高等教育毛入学率达到 40%,高于全球平均水平。[②] 扩大高等教育规模是满足人民群众日益增长的文化需要、促进经济社会发展的必然选择。批判性借鉴印度高等教育规模扩充经验,我们要坚持规模扩充与经济社会发展相一致原则,推动不同区域、人群间高等教育机会公平,大力提高人才培养、科学研究与社会服务水平,在规模扩充的基础上提高内涵发展质量。

(2)以管办分离为主线健全高等教育管理体制

印度实行联邦制,中央政府负责宏观规划并管理中央直属教育机构,大量的邦立大学和附属学院由地方管理。印度政府近年来通过强化地方高等教育委员会职责、实施高校分类管理、赋予高校更多自主权、建立多方参与的内部治理、改革附属学院制度等途径,力图进一步理顺高等教育管理体制。批判性借鉴印度经验,就是要以管办分离为主线健全高等教育管理体制。一是要加强中央政府的宏观统筹职能,根据全球环境和国内政治、经济、文化对人才的需求制定高等教育发展规划。二是要扩大高校办学自主权,减少和规范主管部门对高校的行政审批事项,扩大高校在组织机构、专业设置、人事聘用、招生录取、财务管理等方面的自主权。伴随着社会主体的分化和利益相关者的多元化,高校处在了"多元利益共存与冲突"的环境中,需要处理好与政府、市场、社会的外部关系。[③] 三是要完善高校内部治理体系,发挥学术委员会、教授委员会、教职工代表大会和学生会等团体

---

① University Grants Commission.Annual Report 2014—2015,New Delhi:UGC,2015:8.

② 柴葳、万玉凤:《首份高教质量"国家报告"出炉》,载《中国教育报》2016 年 4 月 8 日第 1 版。

③ 龚怡祖:《大学治理结构:现代大学制度的基石》,载《教育研究》2009 年第 6 期。

在高校民主管理和监督中的作用,探索建立校长遴选制、高校董事会或理事会等方式,贯彻依法治教、依法治校要求。

（3）以彰显特色为方向优化高等教育结构体系

印度高等教育实施双元发展策略,对精英教育与大众教育实行区别化的管理和资金支持。对中央直属大学和国家重点学院等精英型高校,通过实施系列卓越计划和研究计划等方式,建设精英型高等教育机构。对私立高校和附属学院,则定位在满足民众接受高等教育需求方面。高等教育结构包括宏观结构、中观结构和微观结构,涉及高等教育的层次、类型和布局。[①] 批判借鉴印度经验,我们要以多样共存为方向优化高等教育结构体系,组织实施好以下计划与行动。一是"中西部高等教育振兴计划",促进中西部地区高等教育发展,优化高等教育布局结构。二是推进普通本科高校向应用型高校转型,服务国家创新驱动发展、中国制造2025、大众创业万众创新等重大战略,加大应用型、复合型、技能型人才培养,优化高等教育层次与类型结构。三是统筹推进世界一流大学和一流学科建设,形成涵盖一流大学、研究型大学、专业型大学、应用型大学在内,类型多样而又差异发展的高等教育体系,提升我国高等教育的综合实力和国际竞争力。

（4）以科学研究为先导打造高等教育强国优势

科学研究是高等教育强国的核心指标之一。印度政府和高校通过实施特别援助计划、创新研究型和创新型大学、建立卓越中心、推动高校间和校企间的协同创新等方式,提升印度高校的科学研究水平。印度在实施"潜在卓越大学""潜在卓越领域中心"等计划时,以新兴前沿学科和跨学科领域为切入点,对列入重点支持的机构和科研人员给予专项资助,催生高水平研究成果和成果产业化。中国高校在国家科研体系中具有重要地位,但是与发达国家高等教育系统相比,科学研究的原创性和创新性明显不足。批判性借鉴印度经验要做到以下几点:一要加强优势与特色学科建设,加强基础学科与应用学科、自然科学与人文社会科学之间的交叉融合,建设一批具有世界领先地位的一流学科。二是要深入推进世界一流和高水平大学建设,从"211工程"到"985工程",从"2011计划"再到"双一流"建设,是提升我国高等教育国际竞争力的重要依托。三是要建设一流师资队伍,既要加快培养和引进一批活跃在国际学术前沿的领军人物,又要切实优化中青年教师的成长环境,以体制机制的完善保障教师队伍的可持续发展。

五、印度高等教育国际合作与交流

高等教育国际化是当今世界高等教育发展的重要趋势,实施层面体现在人员国际流动、合作科研与办学、课程与教学资源共享、学历与学位制度互认等方面。21世纪以来,印度政府特别重视高等教育国际化,从政策层面作出不懈的努力。UGC于第十个五年计划中成立了专家委员会(expert committee),鼓励其他国家的学生进入印度学习,同时也鼓励印度学生出国留学。随后,UGC促进海外高等教育常务委员会(Standing Committe of UGC for the Promotion of Higher Education Abroad)于2004年1月提交了一份报告,这是印度大学协会针对高等教育国际化多次努力、多次举办圆桌会议的结果,第一次

---

①　瞿振元:《高等教育强国:本质、要素与实现途径》,载《中国高教研究》2013年第3期。

圆桌会议于 2001 年 2 月在迈索尔大学举行,第二次圆桌会议于 2002 年 2 月在阿姆利泽纳那克大学举行。国家教育规划与管理大学(The National University of Education Planning and Administration,简称 NUEPA)多次研究讨论教育的全球化与国际化的问题。其重点关注质量问题、供应模式、准入与公平,以及身份、文化和课程;还关注国外大学和学生对印度本国大学、学生和教师的影响,多数研究认为高等教育国际化对印度本国教育的影响是积极正面的。

(一)合作办学

在合作办学方面,印度政府鼓励外国资本投资到高等教育领域,并且为国外知名高校在印度办学提供方便。据统计,2001—2012 年间,共有 205.1 亿卢比外资进入印度高等教育领域,一批知名高校进入印度合作办学。[①] 如卡内基梅隆大学在位于晨奈(Chennai)的一所高级软件工程学院提供硕士学位教学项目,伦敦经济学院通过新德里的印度商业和金融学院(ISBF)提供 3 年的经济学本科学位教育,为印度高校提供了不出国门即可学习世界一流大学办学经验的机会。

印度大学近年来也在积极拓展海外办学,目前世界上有海外校园的组织机构有 232 个,其中印度有 8 家,分布在阿联酋、澳大利亚和新加坡。阿联酋有 6 家,分别为比勒拉科技学院迪拜校区(Birla Institute of Technology and Science-Dubai Campus)、管理技术学院迪拜校区(Institute of Management Technology-Dubai)、马尼帕尔大学迪拜校区(Manipal University-Dubai)、斯皮·简商学院迪拜校区(SPJain Centre of Management-Dubai Campus)、巴哈拉提·维达皮斯大学(Bharati Vidyapeeth University)和马杜赖卡·玛拉大学(Madurai Kamaraj University)。澳大利亚有 1 家,为斯皮·简商学院悉尼校区(SP-Jain School of Global Management Sydney Campus)。新加坡有 1 家,为斯皮·简全球管理中心(SP Jain Centre of Global Management)。

印度还积极拓展远程国际教育。1985 年,印度通过《英迪拉·甘地国立开放大学法案》规定,英迪拉·甘地国立开放大学可以在印度以外的地方设立学习中心。目前,该大学已在海外建立近 300 个学习中心,分布在非洲、中亚及波斯湾等地区的 38 个国家中。中心的设施由该大学提供,场地由当地教育部门提供。此外,印度国家信息技术学院也在国外设有分校。近些年来,印度积极参与国际远程教育的交流与合作,在全球范围内提供学习课程,形成自身的影响力。现在印度已将远程国际教育扩展到波斯湾和印度洋地区。[②]

(二)留学生教育

印度自 20 世纪 90 年代以来,为了改变严重的人才流失特别是高科技人才外流的局面,印度政府抓住经济快速发展的契机,采取多项举措吸引并留住人才,积极发展留学生教育。

---

① Medha G.,Competitiveness of Indian Higher Education,*Sai Om Journal of Commerce & Management*,2015,Vol.2,No.1,pp.1-8.

② 刘婷:《印度高等教育国际化历史、现状及特点》,载《世界教育信息》2016 年第 18 期。

1.印度输入留学生

在吸引留学生方面,全球约有 145 个国家的国际学生在印度学习。2004—2005 学年,13627 名国际学院在印度大学和机构学习,从那以后,数量在不断增长。超过 90％的国际学生来自亚洲和非洲。亚洲有 67％,非洲有 25％。只有 8％的外国学生来自欧洲、澳洲和美洲。根据地域分布,南亚和中亚是主要来源国,超过 30％。20％的学生来自北非和中东。就国家来看,多数国际学生来自尼泊尔。其他数量稍多的国际学生来自孟加拉国、马来西亚、肯尼亚。

约有 3/4 的学生学习通识课程,艺术(28.5％)、科学(25.8％)和商业。大约72.53％为本科生,17.80％进入研究生学习。28％的国际学生为女生。来自发达国家的国际学生主要是参与短期学习项目,让自己有跨文化经历,使他们具有适应在全球经济中竞争的能力。印度在全球知识经济中的地位日益凸显,证据来自,从美洲来的学生,2002—2003 年为 703 人,而 2004—2005 年为 1767 人。不幸的是,多数印度大学和学院还不能接纳国际学生。基于学分系统的学期模式的缺位使其缺乏对国际学生的吸引力。

近年来,印度采取了高校课程国际化、简化入学程序、提供便利设施等有力举措加大吸引外国留学生。印度已逐渐成为外国学生,特别是南亚地区学生出国留学的首选目的地。印度外国学生人数增长迅速,2011—2012 年数据表明,印度接收了 5625 名留学生,比上一年度增长了 20.43％。留学生来自 153 个国家,21 世纪以来这一数据也在不断增长。根据全印高等教育调查局(All India Survey on Higher Education)共享的数据发现,尼泊尔学生在印度留学生数中所占比例最高,将近 19％,其次是不丹、伊朗、阿富汗、马来西亚、苏丹和伊拉克。尽管排名前十的留学生输出国的印度留学生数量占总留学生数的62％,与 2010—2011 年度相比,尼泊尔和不丹增长最多,美国、中国和伊朗却在下降。留学生中,76％到印度攻读本科,18％攻读研究生,剩下的是攻读博士学位。

2.印度海外留学生

印度派遣了大量留学生去其他国家完成高等教育。2005—2006 年有 160000 名印度学生出国留学,而去美国的人数差不多是留学人数的一半。英国、澳大利亚、新西兰、加拿大、爱尔兰都争取印度的学生。除了讲英语的国家之外,现在非英语国家,如德国、法国、荷兰也开设英语项目吸引印度学生。瑞士的高级酒店管理,中国、俄罗斯、东欧的医学院以及独联体比较吸引印度学生。

2012 年,将近 19 万印度学生出国学习,占全球国际流动学生总数的 4.7％,是仅次于中国(17.9％)的第二大留学生来源。尽管绝对数量看似较大,但与印度高等教育入学人数 2918 万相比,只是相当小的一部分,仅占 0.7％。出境毛入学率是指出国留学的学生数占高等教育适龄人数的百分比。印度出境毛入学率仅为 0.11％,与其他亚洲国家相比水平较低,如中国 0.60％、日本 0.50％、马来西亚 1.90％、韩国 3.60％、斯里兰卡 1.0％。

印度留学生分散于世界 50 多个国家,从 2012 年的数据来看,85％以上的学生集中在6 个国家:美国(51％)、英国(16％)、澳大利亚(6％)、加拿大(4％)、阿联酋(4％)和新西兰(4％)。从 2008—2012 年的数据来看,到澳大利亚留学的印度学生人数明显下降,下降了55％。(见表 5-3)

表 5-3　印度学生留学目的地人数排名前十的国家

2005		2008		2012	
国家	数量	国家	数量	国家	数量
美国	84044	美国	94664	美国	97120
澳大利亚	20515	澳大利亚	26520	英国	29713
英国	16685	英国	25901	澳大利亚	11684
阿联酋	6684	俄罗斯	4314	加拿大	8142
德国	4339	新西兰	4094	阿联酋	7310
加拿大	2829	德国	3257	新西兰	7248
新西兰	1563	加拿大	3219	德国	4312
哈萨克斯坦	1003	乌克兰	1785	俄罗斯	3351
乌克兰	957	塞浦路斯	1076	乌克兰	2516
马来西亚	828.5	马来西亚	1065	法国	1955
全球总计	146267	全球总计	176881	全球总计	189472

印度近年也在采取多种政策吸引留学生及海外精英回国,实现人才回流。例如,创建科学人才库;在税收、资金、设施等方面向海外留学归国人才倾斜;允许居住在海外的印度人拥有双重国籍,允许他们在印度工作、生活及购置房产;定期举办海外印度人日,鼓励其为母国建设出谋划策;新建科技园、科技城,鼓励高科技人才归国作贡献等。

(三)人员交流

UGC 代表印度政府实施与其他国家的双边交流项目。近年来印度的双边教育交流活动比较活跃,主要通过奖学金计划和交流学者计划实施。截至 2015 年 6 月,印度与 51 个国家实施了教育交流项目。[①]

1.实施"全球学术网络倡议"

印度政府于 2008 年实施了"全球学术网络倡议"(Global Initiative of Academic Networks,GIAN),面向全球招聘著名学者到印度大学工作。项目将涵盖印度理工学院、印度管理学院以及中央直属大学等 200 所高校,通过与世界上最好的大学合作,帮助这些学校提升教学科研水平。[②] 2015 年,印度人力资源发展部(MHRD)为此项目专项投入 3.5 亿卢比,聘请了 500 名国外专家到印度大学工作。当年印度高校共申请了 488 门国际课程,批准立项了 201 门课程。[③] 其中,印度甘地讷格尔理工学院(IIT Gandhinagar)开设了

---

① 刘婷:《印度高等教育国际化历史、现状及特点》,载《世界教育信息》2016 年第 18 期。

② GIAN.The objective of Global Initiative for Academic Networks,http://www.gian.iitkgp.ac.in/cgenmenu/objectives,accessed February 21,2016.

③ University of Kent.GIAN to be an opportunity to learn frominternational faculty,http://desh-gujarat. com/2015/11/30/gian-to-be-an-opportunity-to-learn-from-international-faculty-smriti-irani-at-iit-gn/,accessed December 12,2016.

"利用 3D 数字化技术保护文化遗产"课程,聘请了来自意大利国家研究中心的卡列宁博士(Marco Callieri)到校工作;印度坎普尔理工学院(IIT Kharagpur)开设了"骨科生物力学:植入和生物材料"课程,聘请了来自荷兰特文特大学的温东斯科特教授(Nico Verdonschot)到校承担该课程的教学任务。

2.美国博士后研究拉曼奖

UGC 为在美国读书的博士后提供拉曼奖学金,为年轻的研究人员和教师提供更好的研究机会。UGC 提供这一奖项的目的是为印度各学科青年研究员和教师提供国际合作研究训练,与美国杰出专家进行长期合作,特别是学习新兴领域的技术,培养全球视野,进一步提高研究能力,在科学研究上作出更大贡献。2014 年,共有 144 名博士后获得这项奖学金并赴美留学。

3.英联邦医学奖学金

为帮助大学或医学院有能力的教师从事研究工作,UGC 实施了英联邦医学奖学金。2014—2015 年间,英国联邦大学协会提供了 10 个联邦医疗奖,资助在印度大学和医学院工作的教师到英国的大学或医疗机构开展研究工作。UGC 对这一奖项进行提名选拔。

4.匈牙利奖计划

2014 年 11 月,印度—匈牙利教育交流计划由匈牙利人力资源部和印度共和国的人力资源发展部共同签署。UGC 选拔印度学生到匈牙利攻读硕士研究生和博士研究生,由匈牙利奖学金委员会提供资助。

5.与德国的科学家交流计划

该计划支持 10 位人文科学和社会科学的科学家交换。交换时间在 2~4 周之间。在这期间,可以访问 4 个以上的国外高等教育机构。双方互相承担对方科学家的旅行费用。[①]

6.基于项目的个人交换计划

德国学术交流中心(DAAD)和 UGC 制定了一个旨在加强科学合作的人员交换项目(Project Based Personal Exchange Programme,简称 PPP),资助学者参与人文社会科学领域的合作研究,优先考虑年轻的博士、博士后、科学家和学者。

(四)国际化科研

UGC 在与国外教育机构开展国际学术合作研究中也作出了重要努力,并于 2012 年起草了《促进与维持印度与外国教育机构开展学术合作标准的规程》(Regulations for the Promotion and Maintenance of Standards of Academic Collaboration between Indian and Foreign Educational Institutions)。在实践中,印度与美国、新西兰、以色列、印度等多个国家建立联合科研项目,以期提升自身的科学研究实力。

1.印美 21 世纪知识倡议

印美 21 世纪知识倡议在 2009 年发起,目的是建立和增强印度与美国在教育上的战略合作伙伴关系。作为该计划的一部分,UGC 公开挑选高等教育机构加入此计划,机构必须满足 UGC 法案的 2f 和 12B 条款,并且为国家重点学院,研究领域包括能源研究、可

① University Grants Commission.Annual Report 2014-2015,New Delhi:UGC,2015:115.

持续发展、气候变化、环境科学、教育和教育改革、社区发展与创新等。2014 年,收到 18 个联合研究项目申请书,推荐 4 项加入联合研究工作组中。

2.印度—新西兰联合研究项目

印度与新西兰教育委员会,也即印度的 UGC 与新西兰的教育委员会资助印度学者和新西兰学者实施联合研究项目。项目主要关注以下领域:(1)粮食安全(包括农业)、历史、社会正义和社会变革;(2)社区发展与创新;(3)创意文化产业、旅游业和休闲经济;(4)卫生与健康;(5)环境和可持续发展(包括气候变化和能源研究);(6)在南太平洋、澳大利亚和新西兰的海外印度人;(7)印度—新西兰的贸易关系、印度在亚太地区的外交政策;(8)信息安全;(9)城市规划与发展,城乡土地利用及相关问题。2014 年,该计划批准了 7 个项目。

3.印度—以色列联合研究计划

印度—以色列联合研究计划旨在鼓励以色列和印度科学家之间进行合作研究。该计划是 UGC 与以色列科学基金会(the Israel Science Foundation,简称 ISF)之间的合作协议,由印度和以色列政府资助,双边机构根据他们各自的规定,面向不同学科资助本国科学家。2014 年,UGC 和 ISF 批准了 21 个联合研究项目。

4.印度—挪威合作计划

印度—挪威高等教育与研究合作计划是一项新的合作行动,是在高等教育领域实施的一种合作倡议,旨在加强印度与挪威高等教育间的联系,由印度人力资源发展部(MHRD)和挪威外交部共同出资,并由 UGC 和挪威的国际教育合作中心实施,建立和管理各种深化合作的新项目。2014 年,印度—挪威合作计划有 13 个项目入选。

5.UGC-UK 教育与研究计划(The UK India Education and Research Initiative,简称 UKIERI)

UGC 与英国政府共同发起的"UGC-UK 教育与研究计划",启动于 2006 年 4 月,UGC 代表印度大学和高等教育机构,并受人力资源发展部的支持,与英国文化委员会(the British Council)合作在新德里设立执行机构。目的是为印度和英国具有成熟研究能力的研究机构架设合作桥梁,提高两国间的教育联系。该计划进行得比较成功,并取得了积极成效。2014 年,批准了 10 个联合研究计划。[①]

(五)与中国的合作与交流

中印两国传统的文化交流多集中在佛教研究上,近代后中印两国的合作交流涉及经贸、教育、医学、科技、舞蹈等各方面,呈现多层次、多样化的格局。在教育领域,1937 年,印度国际大学中国学院建立,主要进行中国汉学研究,培养中印文化的中间人才。1998 年,印度国家信息技术研究院与中国几十家教育培训机构建立合作关系。2000 年 1 月印度阿博泰克公司(APTECH)与中国北京大学青鸟集团合资组建北大青鸟 APTCH 专业 IT 职业教育公司,目前该公司在全国 60 多个城市发展了 200 余家授权中心,合作院校超过 600 所,合作知名企业 10000 余家,累计培训 80 余万 IT 人才。2004 年,中印教育科技

---

① University Grants Commission.Annual Report 2014-2015,New Delhi:UGC,2015:116.

联盟成立,引入了中印学历教育项目。2005 年,武汉大学开始第一批大规模招生,目前已在武汉大学、广东工业大学、郑州师范大学、桂林电子科技大学、黄淮学院等十几所本专科院校推广,每年有 2000 多名学生毕业于印度各合作大学。为传播印度的瑜伽文化,中国总理李克强、印度总理莫迪亲自牵线搭桥,将印度辩喜瑜伽大学引入中国,与云南民族大学合作,于 2017 年 6 月在云南民族大学成立第一所"中印瑜伽学院"。

印度孔子学院的建立标志着沟通两国语言与文化交流的另一桥梁正式搭建。2008 年,郑州大学与印度韦洛尔科技大学共同在印度筹建第一所孔子学院——韦洛尔科技大学孔子学院。2013 年 7 月 18 日,孟买大学与天津理工大学建立了孟买大学孔子学院,学院在开展常规教学工作的同时,更辐射周边地区,带动当地的汉语及中国文化的传播。但是,印度的孔子学院数量仅为 2 所,与其他亚洲国家相比还相对较少,如韩国有 23 所,日本有 14 所,哈萨克斯坦有 5 所,巴基斯坦有 4 所。[①]

中印高等教育合作有助于两国加深了解、相互吸收先进文化,也有助于提升两国高等教育水平。尽管中印高等教育合作的层次很低、形式也较单一,但已有的经济和文化特性使两国合作的时机和条件逐渐走向成熟。两国的相似性为高等教育合作提供了契合点,表现为两国同为发展中国家,印度独立时间与中国成立时间相近,两国在政治、经济、教育等方面均处于高速发展期,需要高等教育来创造更多机会,培养更多高端人才。中印应面对本国的现代化需要,利用双方的地缘优势和文化优势,努力扩大教育交流与合作,这不仅会惠及两国,甚至会造福全亚洲乃至全世界。

---

① 孔子学院总部/国家汉办,《孔子学院/课堂》,http://www.hanban.edu.cn/confuciousinstitutes/node_10961.htm,最后访问日期:2018 年 12 月 30 日。

第六章　匈牙利高等教育发展战略研究

一、匈牙利概况

(一)匈牙利国家概况

匈牙利,又被称为"多瑙河畔明珠",地处欧洲中部的喀尔巴阡山盆地,面积约 93000 平方公里,以温带大陆性气候为主,年均温为 10℃,冬夏温差较大。截至 2014 年 1 月,匈牙利总人口数为 987.9 万人,境外还有约 500 万人,主要在匈牙利的邻国居住,尤其是在罗马尼亚和斯洛伐克。同时,资料显示,匈牙利是华人比例最高的中东欧国家之一,在这个人口不过 1000 万的小国,华人人数已达到 3 万人。匈牙利主体民族是匈牙利族,又称马扎尔族,约占全国人口的 96.6%,除此之外还有罗马尼亚、克罗地亚、斯洛伐克、塞尔维亚、斯洛文尼亚、德意志、吉卜赛等少数民族。匈牙利人多信奉天主教和基督教新教,其余人信奉犹太教、东正教、希腊天主教以及其他宗教,只有少部分人无宗教信仰,因此,在匈牙利,教堂几乎随处可见。[①]

匈牙利人于 896 年起定居喀尔巴阡山盆地,并随着 1000 年圣伊什特万国王加冕,正式建立了实行君主立宪制的封建国家。如今的匈牙利已经演变成了匈牙利共和国,首都为布达佩斯,实行议会民主制及总统制,即三权分立下的多党轮流执政:国会为国家最高权力和人民代表机关,行使人民主权所赋予的权力,保证宪法的秩序,并决定执政的组织、方针和条件,并掌管立法权;政府为国家最高权力执行和管理机关,由总理在国家元首,即共和国总统的授权下组成,定期向国会报告工作;总统为国家元首及全国武装力量最高统帅,任期 5 年,最多可连任一次,由国会选举产生;而宪法法院、法院、检察院等为司法机关,农村、城市、首都和首都的各个区及州的选民群体享有地方自治权。

(二)匈牙利经济概况

匈牙利是一个经济中等发达的工业—农业型国家。从经济结构上看,以加工工业、重工业、汽车工业为主的工业占主导地位,服务业占国内生产总值的较大比重,农业所占比例最小,主要农作物有谷物、玉米、水果。匈牙利国内矿产能源及原材料匮乏,石油、铁矿等都需从周边国家进口,铝矾土产量则在世界上数一数二。同时匈牙利地热资源丰富,被称为"温泉之都",且大多数温泉具有药用疗效,很大程度上促进了旅游业的发展。1989年体制变革后,匈牙利的经济发生了明显变化,原先的规划管理和国有企业最终被社会自由市场经济和私营企业所取代,中小型企业迅速发展,国外投资也促进了技术的革新。为

---

① 李丹琳:《列国志:匈牙利》,社会科学文献出版社 2006 年版,第 17 页。

进一步发展经济,匈牙利先后加入了关贸总协定、国际货币基金组织和世界银行、经济合作与发展组织、世界贸易组织,签订中欧自由贸易协定,倡议成立欧洲复兴开发银行,实行贸易自由化,打破国家对外贸经济的垄断管理,制定了对外贸易策略的重点,即鼓励出口,吸引外商投资。2004 年加入欧盟后,匈牙利经济提速增长,高于欧盟平均水平。目前匈牙利为保护本国经济,仍在使用本国货币福林(forint),至少于 2020 年以前不会加入欧元区。

(三)匈牙利文化概况

匈牙利作为一个源于东方的民族,文化中保留了许多东方元素,如匈牙利人和中国人的姓名排列方式相同,都是姓在前,名在后;美食方面,匈牙利名菜土豆牛肉汤也与中国口味十分相似。匈牙利人常用"胡椒虽小冲劲大"这句谚语形容自己的国家,事实也是如此,这个小国家占了许多个世界第一的名号:1896 年,为了庆祝匈牙利人定居欧洲大陆 1000 周年,在布达佩斯建成了欧洲大陆的第一条地铁,全长只有 5 公里,共 11 站,到现在还在准点运行。而且,世界上第一台彩色电视机、第一支圆珠笔、第一台电冰箱、第一个魔方、第一根火柴,都是匈牙利人发明的。除此之外,著名诗人裴多菲·山多尔,新闻大亨普利策·亚诺什,音乐家、作曲家李斯特·费兰茨等都是匈牙利人,匈牙利也是科学类诺贝尔奖获得者人数最多的国家之一,值得一提的是诺贝尔医学奖的获得者阿尔伯特·圣—乔治,他在维生素 C 的研究成就为世界医学的发展做出了巨大的贡献。

(四)中匈关系概况

作为第一个和中国签署关于共同推进"一带一路"建设的政府间合作文件的欧洲国家,匈牙利与中国建立正式外交关系可追溯到中华人民共和国成立之初,即 1949 年 10 月 6 日。70 余年来,两国关系不断发展。1980 年后在双方的共同努力下逐渐步入正轨,高层往来增加,合作领域扩大。1984 年,中匈经济、贸易、科技合作委员会成立;第二年李鹏副总理访问匈牙利,并签署了《1986—1990 年长期贸易协定》。90 年代两国最高领导人实现互访,2000 年中匈两国外交部部长签署了联合声明,定义了两国良好、建设性的伙伴关系,确定了两国关系原则的政治基础和发展方向。2004 年,中匈两国一致同意将双边关系提升为友好合作伙伴关系。近年来,两国高层交往频繁,政治互信不断增强,经贸合作日益密切。[①]

同政治关系一样,双边经济关系也在不断发展,中国作为匈牙利重要贸易伙伴之一,与之签订了许多贸易双边协议,如中华人民共和国政府和匈牙利共和国政府关于海关互助与合作的协定、中华人民共和国政府和匈牙利共和国政府贸易协定、中华人民共和国政府和匈牙利共和国政府关于鼓励和相互保护投资协定、中华人民共和国政府和匈牙利共和国政府关于对所得避免双重征税和防止偷漏税的协定、中匈旅游合作协议,除此之外,还有法律援助协定、航空协定等。近年来,两国企业间的相互投资不断扩大,合作领域日益拓宽,政府间成立了经济、贸易和科技合作委员会,并定期举行会议,研究解决两国间经

---

① 李丹琳:《列国志:匈牙利》,社会科学文献出版社 2006 年版,第 302～303 页。

贸合作中出现的问题,促进两国经贸发展。中国已成为匈牙利第九大贸易合作对象,而匈牙利则是中国在中东欧地区最大的贸易伙伴。[①]

二、匈牙利高等教育发展简史

(一)匈牙利高等教育体系的初建

1.建国初期高等院校的建立与发展

1000 年匈牙利建国之初,为建成新社会体系,巩固封建制度,实现将匈牙利建设为欧洲强国的历史目标,第一任国王伊什特万将西欧已有的教育制度以及专业人才引进国内,大力推行基督教的风俗及文化,宗教组织与高等学校的建设紧密相连,教会渐渐成为匈牙利教育的主要力量。

14 世纪中东欧地区对大学教育的需要都大大增加,布拉格(1348)、克拉科夫(1364)和维也纳(1365)相继成立大学,匈牙利的学生若想在中学毕业后继续接受高等教育就不得不去欧洲其他国家,这无形中给来自那不勒斯安茹王朝的匈牙利国王带来了一定的压力。为顺应该潮流,1367 年 10 月 1 日,纳吉·劳约什国王与欧尔班主教五世共同授权匈牙利的第一所大学——佩奇大学的成立。尽管这所高等教育机构只有三个院系(医学、法律和哲学),但仍旧标志着匈牙利文化发展新时代的开端。当时成立大学的原因很简单,高等教育不仅对当时的文化发展很重要,同时也对更高社会地位或教会职位的取得起着不可或缺的推动作用。随着文化水平的提高和文化知识的普及,为建设佩奇大学,提升教学水平,纳吉·劳约什国王花重金从西欧邀请知名教授,营造良好的教学氛围,从佩奇大学毕业的学生有很大一部分都去欧洲其他高校任教,甚至担任校长。

1395 年,当国家的政治中心渐渐转移到布达的时候,国王卢森堡·日格蒙德创办了位于老布达(现隶属匈牙利首都布达佩斯)的第一所大学——老布达大学。该校拥有四个院系(神学院、教会法规学院、医学院和艺术学院),并与维也纳大学交往密切,常常举办学术交流活动。然而,设立本国大学的影响十分有限,因为在维也纳或布拉格大学就读的匈牙利学生人数并没有大幅下降。老布达大学还因宗教问题在 1403 年被关闭,1410 年又重新恢复。这两所高校历经六百余年,至今都在为匈牙利培养一代代的优秀知识分子。

2.高等教育的宗教性

16 世纪欧洲宗教改革的热潮、地理大发现的进程以及 1563 年莫哈赤战役的失利都对匈牙利经济文化的发展产生了直接或间接的影响,这其中也包括高等教育。随着西欧和中欧地区许多国家生产力的提高、科学技术的进步,城市化进程不断推进,许多国家、城市和多教派的教会管理需要越来越多有能力的世俗神学教育者,因此新学院和大学的建立变得十分有必要。当时,匈牙利出现了很多宗教性质的高校,其中神学及哲学课的教学内容都与当地大多数人所信奉的宗教相关,而学生基本都属于路德教、加尔文教或天主教徒。这并不能对国家科学技术的发展起到推动作用,但是从大学建设角度来看,影响是积极的。

---

① 中国银行股份有限公司:《文化中行"一带一路"国别知识手册:匈牙利》,社会科学文献出版社 2016 年版,第 66~67 页。

宗教改革后,匈牙利三个最重要的教派(天主教、改革派和福音派)试图重建匈牙利的高等教育体系。16—17 世纪,匈牙利的社会状况并未给建立一所全新的现代化大学提供条件,而国家开始致力于将曾经的教会学校掌管权收归国有,或建立新的小学及中学,低等教育规模逐渐扩大,以多层次教育的结构满足培养市民和新教贵族的需要。(有钱的)家庭的子女在小学毕业后将会进入中学接受传统的带有宗教性质的教育。市民和贵族阶层都是社会的重要组成部分,当时他们都希望能够在毕业后得到教会法庭或皇家政治官员之类的符合他们身份的职业,因此单纯教授宗教相关知识的高校不再能够符合社会的要求,他们希望能创立新型的学习来弥补过去的不足,如在课程中增加一些专业性的学术知识,特别是高等教育中必要的学习内容,于是所谓的"文学院校"应运而生。

(二)匈牙利高等教育改革

1.比例教育及高等教育机构结构的变化

哈布斯堡王朝时期,玛利亚·特雷齐奥女王十分重视教育的发展,但教育一直掌握在教会手中。1773 年"耶稣会"解散后,财产的很大一部分被用于支持一般及高等教育的发展,自此,皇家天主教学校对国家权力的依赖增加。1775 年,年轻议员 Ürményi József 根据指示对匈牙利学校系统进行全面改革,名为比例教育(ratio educationis,意即匈牙利与合作伙伴国家的综合教育和培训体系)的新教育体系出现。这也是匈牙利高等教育历史上的一个里程碑。1777 年颁布了教育法,该教育法宣布,教育是国家的任务,一切教会学校都受到国家的监督。教育法还规定了 4 年小学、3 年初中、5 年高中、2 年学院、4 年大学的学制,并在农忙季节放暑假。在该法令的监控下,由国家掌管的教会学校数量很快达到了 130 所之多。为培养更多政府工作人员,1776 年起先后创立了 5 所皇家高校。直至1806 年,教徒为捍卫宗教在匈牙利教育中的地位以及在教学自治中的自主权,始终反对任何有损利益的法令,然而在匈牙利开展的针对教会学校的第二次比例教育改革后,包括小学、中学、大学等各个教会学校都根据国家需要制定了统一规定。

18 世纪中叶,匈牙利开始实行奥地利大学的部分管理规定,许多匈牙利大学的组织结构发生了重大变化。以佩斯大学为例,从 1850—1851 学年起,哲学与其他三个专业并称大学四个系部,再学习 3 年后方可取得博士学位。同时,取消了必修科目和选修科目的差异,学生可以根据自己的兴趣决定部分所学科目的先后顺序。入读大学的条件也发生了变化:准大学生必须读完 8 年制中学并成功通过中学毕业考试,入学学生的年龄一般在18~21 岁。除此之外,大学也被赋予了新的定位,即为国家培养优秀的科学家和中学教师。自 1852—1853 学年开始,除了应有的教育讲座和学科教学之外,佩斯大学课程还包括针对中学教师的、与讲述历史和古代哲学有关的研讨会。

2.高等教育机构中的官方语言

18 世纪以前,拉丁语都是匈牙利各个高校及教会使用的官方语言,直到语言改革运动的发起,匈牙利语才慢慢得到推广。第一次比例教育改革打破了 17 世纪 30—40 年代在匈牙利展开的进程。从那时起,高校的匈牙利特色一直在加强:匈牙利教科书的编写,匈牙利语教学实验的进行。然而,从 1777 年开始,在一些匈牙利的学校,匈牙利语仅成为国内 7 个民族的辅助语言之一。1784 年约瑟夫二世国王颁布了语言法,规定了德语代替拉丁语成为学校的官方语言,并且只有会德语的老师才能任教,此法令引起了社会强烈不满。18世纪末,匈牙利贵族为使匈牙利语成为官方语言不断斗争;1791年起,国王允许大学设立匈牙利语教研室;1792年匈牙利正式成为中学的一门必修课。1844年匈牙利国会颁布的第2号法令规定匈牙利语为国语,即匈牙利语是立法、行政、司法和公共教育的正式语言。可以说,两次比例教育改革很大程度地减轻了匈牙利高等教育宗教性的特点,促进了匈牙利高等教育的发展。

3.近现代匈牙利高等教育改革

19世纪初,匈牙利的社会经济发展速度加快,资本化的建设需要更多的人力资源,因此学校的需求量越来越大。1848年革命时期,在匈牙利第一个责任内阁中任教育部长的约瑟夫·厄特沃什于7月24日向国会提交了一份关于人民教育的法案。该法案表明:必须保证每个行政区都有学校,加强国家对教会学校的监督;除此之外,厄特沃什还发表了《匈牙利大学章程》,在该章程中他把人文类大学分为两大类学科:一个包括哲学、历史和语言学,另一个包括数学和自然科学。同时,他还提出应设立一个教师培训的组织以提高教学水平。这些法令虽然在当时并没有被完全贯彻,但为后来提高高等教育水平提供了基础。

1860年颁布的名为《十月文凭》的皇家法令短期内放宽了匈牙利一些地方政府的权利,暂时宽松的政治氛围进一步推动了匈牙利高等教育的发展:佩斯大学重新获得了校长和院长的执行权利,高校的匈牙利特色加强。

奥匈帝国(1867—1918年)时期,高等教育也取得了相当大的进步。随着工业化进程的推进,资产阶级的发展需要越来越多的专业技术知识分子。除了佩斯科技大学之外,三所大学相继成立,即1872年成立的柯洛什堡(现罗马尼亚埃尔代伊境内)大学、1914年成立的德布勒森大学和波若尼(现斯洛伐克首都布拉迪斯拉发)大学。而当时的布达佩斯大学已有四个学院:天主教神学、法学和政治学、医学和人文学院。

"二战"结束后,大多数政治家认为教育应该实现民主化,即允许广大群众接受从小学到大学的学校教育,基于匈牙利共产党和全国农民党主要思想家思想统一的教育原则得以实施,其基本目标是培养新社会主义社会的忠实知识分子。战争结束后,匈牙利高等教育的重组也得以实施,1946年10月21日出版的第22号法案规定:每个公民都享有受教育的权利,所有高等教育机构的大门都向妇女开放,全国教育和文化水平得到显著提高,到20世纪中叶已经基本没有文盲。1947年,匈牙利已不再采用旧版的教学大纲与教科书。

直到20世纪中叶,匈牙利的学校系统主要由教派学校组成,1945—1946年,教会学校占了学校总数的2/3。1948年,左翼派不能容忍教会对匈牙利教育的主要影响,6月16日,国民议会通过了有关学校国有化的提案。

1961年,匈牙利进行了第一次教育改革,并提出了教育与生活、实践、生产相结合的方针。1972年,第二次教育改革开始,着重发展工人培训,推动专家发展计划,提高学校管理效率,提升教育水平等。1990年,匈牙利对大学教育体制进行调整,力求实现与欧盟接轨,1999年匈牙利与其他46个欧洲国家一起参加了博洛尼亚进程,该项目成员国承诺自愿对本国高等教育系统进行调整以符合欧洲高等教育的整体发展方向;同时,大部分成员国的高等教育系统已成为(或即将成为)欧洲高等教育系统区的一部分。该统一结构的三个最重要的前提为:引入类似的多周期培训,建立互相认可培训的学分制度,以及促进高等教育机构与国家之间的流动性。毫无疑问的是,博洛尼亚进程为欧洲高等教育带来了前所未有的变化,并从根本上确定了匈牙利高等教育的结构,自 2006 年 9 月 1 日起,博洛尼亚模式在匈牙利高等教育领域全面推行,涉及了国内的学士课程与硕士课程。

20 世纪末,教育在政府规划中占有越来越重要的席位,只有教育发展才能为国家政治建设提供更多高素质人才。为此,匈牙利政府采取多方面措施,力求为每个人提供接受教育的机会,提高教育质量,如改善教师工作环境方面:提高教师工资、增加教师福利、保障教师权益等;1993 年,匈牙利政府通过了第一部高等教育法,该法令涵盖了所有国有高等教育机构以及民办高校、教会高校等其他国家授权的高等教育机构,保留了匈牙利高等教育的两种形式,即大学与学院共存。大学和学院的成立都需要经过国家认证,两者之间的区别主要在于:大学有大量的教师、学生和非教学人员,学院规模相对较小,大多数都是民办或教会机构。

三、匈牙利高等教育发展现状

1.匈牙利高等教育现状及组织结构

根据匈牙利教育网的数据,匈牙利目前共有 65 所高等院校,包括 36 所大学和 29 所学院,其中 28 所为国有大学,11 所为民办机构,26 所为教会学校,这些机构共有约 28 万学生,19 万人是全日制。高校共有 22500 名教师,1700 名主要从事科学工作的研究人员,承担教学管理和服务的工作人员约 33000 人。[①]

2004 年加入欧盟后,在匈牙利大学读书的学生毕业时均可获得欧盟颁发的毕业证书,匈牙利的学位在欧洲乃至世界上都能得到广泛认可。在博洛尼亚进程中,高等教育模式自 2005 年起逐渐从传统 3—4 年制的学院或 4—6 年制的大学教育转变为一个三层次的体系。在该体系中,主要有 3—4 年的本科课程(学士)、1—2 年的硕士学位,以及 2+2年的博士课程(博士/ DLA)。该体系可以是连贯的,也可以是独立的,高中毕业后学生可以选择申请大学接受本科教育,也可以选择接受为期 1—2 年的高等教育职业培训,好处是在完成培训后可以获得相应专业的资格证书。若想继续在相同领域学习并取得学士学位,所需要的时间也会减少半年以上,这无疑给了迷茫的高中毕业生一个缓冲的机会。同中国情况相似,在匈牙利本科毕业后学生也面临着就业或继续深造两个选择,一些职位要求应聘者有硕士文凭,若有意向参与国家科学研究,则需要攻读博士学位。也就是说,匈牙利的硕士学位取得需要 5 年时间,博士学位需要至少 9 年。值得一提的是,不同于上文提到教育体系,在一些特定的专业领域存在一种不可分割并且时间较长的本硕连读模式,毕业后可直接取得硕士学位,这些领域包括医学(6 年)、建筑业(5 年)、法律(5 年)、师范类(5—6 年)以及一些农业和艺术相关课程。由于这些专业的特殊性,为期 3—4 年的本科教育难以形成完整的教学体系,假设取得了经济学本科学位的学生有意向转至医学专业,就必须重新开始学习 6 年的医学课程。换句话说,在完成全部硕士课程之前放弃的人都无法获得任何学位。另外,匈牙利还有一种基于本科和硕士学位颁发文凭的培训形式,

---

① https://www.oktatas.hu/felsooktatas/kozerdeku_adatok/felsooktatasi_adatok_kozzetetele/felsooktatasi_statisztikak,匈牙利教育网,最后访问日期:2018 年 12 月 10 日。

即在不改变学历的情况下提供与原专业相关的课程,提高其专业能力。此类培训通常为2—4个学期,接受在职人员申请。

2.欧洲学分互认体系

匈牙利于2003年起与欧洲许多其他国家一样开始使用欧洲学分互认体系(ECTS),简单地说,全日制欧洲学生每学年应获得60个学分,约为1800个学时,每个学分相当于30个学时左右,学生只有在成功完成学业并通过相应考试和评价及格后才能得到学分,学分的认定也与学生参加的各类活动以及作业、任务的完成情况相关。学士学位最低学分要求180分,硕士学位为240分,博士学位为180分。另外,该体系将学习成绩分为及格和不及格两个层次以及五个等级:以数字5代表最高,1代表最低,3以下为不及格。

3.匈牙利高等教育机构的改变

21世纪以来在教育部的引导下,匈牙利高等教育机构发生了相对较多的改变,一些专科类大学逐渐转型为综合性大学。伴随着国民文化素质的提高,学习欲望的增加,同时也为响应高等教育发展需求,许多民办和教会机构相继成立,国有教育机构在发展的同时,也在外地或一些相对落后的地区开办了许多小型的培训基地。然而,由于匈牙利人口骤降,许多民办教育机构被迫关闭或合并,国家将许多国有高等教育机构合并为更大型的机构,这也是德布勒森大学、塞格德大学和佩奇城市大学成立的原因之一。高等院校大多数都位于匈牙利的主要城市,特别是首都布达佩斯或周边地区,因此近几年来国家在相对落后地区建立了许多所谓的"社区高等教育培训中心"替代之前的小型培训基地。

在匈牙利,若想进入高等教育机构必须通过高中毕业考试,并拥有高中毕业证书,有些入学标准较为严格的学校还要求其他资格证书,如外语证书等。一些高等教育机构也提供职业培训、成人教育,以及中小学教师培训课程,研究生申请培训课程,但是并不提供高等教育学位。这些机构也会设立很多学术酒店,学术参观、实验中心,学术诊所等以供大学生开办各类研讨会,进行专业实验及学术交流。规模较大的大学通常与一些大型公司或匈牙利科学院合作,建立学术中心和研究基地,在那里开展科学研究、开发、试验和创新活动。许多大学也会开展专业咨询、专家指导活动,支持当地社区和政府发展,并为居住在附近的人提供服务,如老年大学、晚间或周末文化活动等。因此,匈牙利大学不仅仅促进了一个地区教育水平的提高,它与当地经济与社会发展也息息相关。德布勒森大学、塞格德大学和佩奇大学就是大学带动城市经济发展的代表,三所高校直接为成千上万的人提供工作,学校学生从食宿、交通到文具和服装等各个方面的支出为当地带来了可观的收入,大大提高了政府税收。

4.匈牙利高等教育机构的构成与发展

匈牙利的高等教育机构同中国的一样,往往是在校长的领导下由各个部门共同构成,规模稍大的学校被分为各个学院、系部、教研室,每个院系设有院长,小型的机构则没有这类结构。一般来说,教研室为一所高校中的最小单位,每个教研室代表明确定义的不同学科种类,教研室主任通常由学校任教的教授担任,学生在学业方面的问题除了向行政人员求助,教研室主任及其他老师也有义务给予适当关注。大学的最高决策机构是学校理事会,该理事会包含学校内各个教学单位以及不同级别的教学岗位和非教学岗位的部门代表,校长人选由理事会决定。

在匈牙利的高等教育机构中,教师们根据其科研成就或年龄阶段被安排在不同的学术岗位上工作。教师的定级制度也与中国高等教育系统相似:刚参加工作的教师通常被认定为助教;取得博士学位则晋升为讲师;若在科研方面获得一定成就,如参加了一些学术研究或出版了专业书籍之后可成为副教授。至于大学里最高等级的教授职称评定有以下认定标准:是否通过匈牙利高校教授培训,是否完成一些科学研究,是否参与了一些书籍的编写,是否参与了重要的国际科研项目以及是否在教育行业有所贡献等。在经过漫长的评定程序后,教授的荣誉称号将会由匈牙利总理授予,教师在 70 岁之前都可一直拥有该称号,学校还会在庄严的仪式上颁发荣誉博士的称号给一些贡献尤为突出的退休教授。不同职称的教师有不同的工作要求:助教和讲师通常在教学方面承担较多的任务,而教授和副教授更倾向于进行各类科学研究。匈牙利还有一部分在高校工作,但是不属于行政教学岗位的人,主要是指从事科学研究工作的人也有类似的职称系统,即研究助理、研究员、高级研究员、研究顾问,最高等级为研究教授。

高等教育机构一般在与之相关的各个领域都享有自主权,特别是教学及研究领域,近年来在运营、管理和财务领域的自主权也逐渐提高,但在匈牙利情况则恰恰相反。虽然中世纪时期的匈牙利大学因享有自治而被称为"国中之国",但现在越来越多的监管机构的设立和法规条款的颁布限制了这种权力,如任命专人负责匈牙利大学的金融、管理和组织方面事宜,若涉及教育和科研方面,则没有发言权。

匈牙利高校的运营成本(最大支出为教师、研究员和行政人员的工资)有多种来源,最重要的来源是国家财政收入,具体拨款数由每年议会上制订的预算法案决定,占比 40%～60%;其他来源包括政府补贴、科研项目经费、企业赞助以及全日制和参加学校开办的各类培训班的大学生所交学费等。如今,位于匈牙利主要城市的规模较大的大学每年花费数百亿福林(与人民币的汇率为 1∶40 左右),已经超过了城市建设本身的经费预算。

匈牙利高等教育有两个有趣之处:一是存在大量多地任教的全职教授,俗称城际教授,这样的情况从 90 年代开始出现,因为当时一所大学或专业的认证必须拥有达到规定数量的教师,因此当时的高等教育机构在保证本校教师的全额工资之外也会聘请外校的教授。二是在匈牙利,第一次接受高等教育是免费的,在因故辍学等情况下需要接受第二次高等教育则需要缴纳学费。

同中国一样,匈牙利的教育机构都受教育部管辖及监督,除此之外,教育部也协助政府制定教育法律,设计教育发展战略,同时掌控高等教育机构的财政收支。教育部部长则负责教育的对外发展,处理外国学校在匈事宜以及国际教育交流等,《匈牙利国家发展计划》中的《人力资源发展计划》就是由匈牙利教育部部长签订的。民办机构由对应的管理层负责其运营,决定其发展方向,教会学校则由教会领导人负责。除教育部外,匈牙利政府还设立了负责高校培训、大学申请事宜、高等教育信息系统的运作和数据分析的教育局,并于 1933 年成立了独立运作的匈牙利高等教育评估委员会,该委员会会对高等教育机构进行外部质量控制,并对其课程构建、教学人员以及教学设施进行审查,在合格情况下授予其时效 5 年的认证,同时负责为各个高校新培训计划的创建和启动提供认证。此外,还有一些其他机构在特定领域起到了监督和辅助作用,如国家博士生委员会致力于发展高校博士点,高等教育规划委员会负责调控劳动力市场,双元教育培训协会对双元制职业教育进行监督等。

5.匈牙利高等教育系统中存在的问题

匈牙利高等教育系统中存在的一些问题,总体来说可分为以下三类:

第一,高等教育的孤立性与保守性。匈牙利高校的教授没有参加足够的国际科研,这导致新型的科技或研究成果无法及时在匈牙利得以推广,也无法吸引国外的教授及留学生,学生也没有很多机会参与到各类国际项目之中,学术水平难以得到提高。这个问题同样体现在单方面的学生流动性,即在欧盟的帮助下与各类国际交流项目的支持下越来越多的外国留学生在匈牙利学习交换,但是匈牙利本国学生若想申请外国的研究生、博士生项目则需要面临繁杂的申请手续,且奖学金较少的问题。

第二,高等教育的质量问题。虽然匈牙利加入了博洛尼亚进程,但是该进程所带来的转变还没改变人们固有的想法,在大部分高等教育机构的研究生课程上,优先权仍然属于本机构的学生;高校教授资格认证系统不够权威;匈牙利缺少完善的人才管理系统,目前高校学生大多独立进行毕业规划,学校及教师没有主动积极地对其进行引导,一定程度上造成了人才资源浪费流失的问题。同时一部分高校毕业生对工资期望过高却又缺少工作经验和专业知识,这种不匹配性导致了就业率的降低。

近年来,教育行业出现了很多观点上的分歧,一些人认为国内存在过多的大学或学院,而政府并没有足够的资金支持这么多机构的发展。根据2018年的QS世界大学综合排名,匈牙利65所高校中仅有6所位于1000名以内,且最靠前的赛格德大学也只排在了501~550名的位置上,其次是罗兰大学和德布勒森大学,排在651~700名,佩奇大学与布达佩斯技术与经济大学排在了751~800名,最靠后的考文纽斯大学则排在了801—1000名的位置上,这与同样位于中东欧地区的奥地利、波兰及捷克相比略显落后。同样地,在AWRU世界大学综合排名上,匈牙利没有任何一所高校进入前100名。

第三,教育资源浪费问题。在匈牙利存在高校数量庞大但是学生数量相对较少的情况,换句话说,教育资源没有得到充分的利用。

四、匈牙利高等教育发展战略

(一)匈牙利的高等教育发展策略及分析

匈牙利的高等教育发展策略主要基于欧盟区域内联合成立的博洛尼亚进程进行规划,通过效仿欧洲其他发达国家的高等教育发展策略,形成符合匈牙利国情的高等教育发展体系。

1.博洛尼亚进程

现今,世界局势变化迅速,国际化逐渐成为国家发展的大趋势,全球化已成为发展的主流。欧洲各国意识到了全球化和一体化的重要性,在经济上实施了一系列的政策,成立了欧盟等联合组织,作用巨大。而随着欧洲一体化进程的不断加快,欧洲各国也开始意识到各国彼此之间相差较大且结构复杂的高等教育体系严重阻碍了学生在欧洲整体劳动力市场上的流动,原有的各自独立的教育体系已经无法满足逐渐一体化的欧洲大市场的需要,尽快实现高等教育的互相认同成了欧洲各国的首要任务。欧洲经济政治一体化、世界高等教育国际化、博洛尼亚进程也在此基础上应运而生。博洛尼亚进程（Bologna Process）①，是欧洲各国于1999年在意大利博洛尼亚提出的欧洲高等教育改革计划。该计划的目标是充分整合以及利用欧盟区域内的高等教育资源，消除不同国家之间的教育壁垒，使成员国中的任何一个国家的大学毕业生的毕业证书和成绩，都能获得其他成员国家的承认，大学毕业生可以毫无障碍地在其他欧洲国家申请学习硕士课程或者寻求就业机会，最终实现欧洲高等教育的一体化。截止到2012年，已经有47个欧洲国家加入了博洛尼亚进程，其中匈牙利于2005年正式加入博洛尼亚进程。

博洛尼亚进程的主要内容有以下三点：一是在成员国的高等教育机构之间建立一个相互之间容易理解以及通过一个固定的标准可以进行相互比较的学位体系，使不同国家的各个大学和各个专业都能够达成相互理解和相互认同。博洛尼亚进程之所以引入可比较的学位制度，是为了使人们能够更加容易地理解获得某个学术学位的学生到底具备哪些能力。为此，博洛尼亚成员国经协商引入了文凭附录（diplomasuppemnt），其中包括学生毕业院校的附加信息等有关资料，同时它也会给出不同高等机构互相转化标准以及分数的详细信息。这样得到学位毕业生的最终成绩更容易被其他高等机构以及雇佣方所理解。二是建立多层次的高等教育体系，通过建立本科、硕士以及博士三级相互关联的学位体系，建立严密且灵活的学位体制，给予学生更多的选择，从而培养出不同倾向的人才。三是建立欧洲学分转换体系（European Credit Transfer System，简称ECTS）。建立欧洲学分转换体系是目前欧洲高等教育区域内被普遍认同的学分转换系统，统一的学分制是博洛尼亚成员国互相认同学位的首要基础，是欧盟成员国的高等教育走向统一的基石。建立欧洲学分转换体系使学生不仅仅能在自己的国家获得学分，在出国留学时也可以获得学分并进行转化，这解决了学分转化的问题，使得学生在校期间的流动性变强，从而使人才的流通更加通顺，也使得高等教育的一体化变得更为顺利。

加入博洛尼亚进程是在20世纪与21世纪交接时期匈牙利政府寻求高等教育变化的一种体现。匈牙利在世纪转换时期经历了社会制度的变革，国家经济在加入欧盟之后开始迅速发展，国家实力逐渐加强，开始向欧洲其他发达国家借鉴和看齐。在经济得到充分发展之后，匈牙利面临的另一个问题便是远远落后于国际水平的高等教育。在国际化合作的发展趋势中，匈牙利的高等教育也面临着极大的挑战，匈牙利的经济、社会、公司企业以及人民等各阶层对于高等教育的需求与期待有所变化，而匈牙利落后的高等教育制度无法满足这些需求，人才和知识作为国家综合实力的基本组成部分，其匮乏与不足使得国家的综合竞争力一直难以与其他欧洲发达国家相比较。因此，为了各方面的发展以及与国际接轨，匈牙利高等教育的改革势在必行。为了使本国的高等教育得到充足的发展，匈牙利于2005年正式加入了博洛尼亚进程，以期通过国际化的合作和交流提升本国的教育水平。匈牙利负责高等教育的国务卿帕尔科维奇·拉斯洛（Palkovics László）强调，未来匈牙利高等教育的发展会以博洛尼亚进程为关键，围绕该发展策略进行高等教育改革与发展，将匈牙利的高等教育发展到与欧洲其他发达国家持平的程度。

①　匈牙利国家人力部门，http://www.nefmi.gov.hu/felsooktatas/bologna，最后访问日期：2018年12月9日。

2.学分制及学分转换体系

在加入博洛尼亚进程之后,匈牙利的高等教育主要作出了两项重要改革:一是引进学分转换系统,建立以学分制为基础的高等教育学习体系,从而达成互相认同学位,加强人才流通的目的。二是建立以本科、硕士以及博士为基础的多层次教育体系。

学分制及学分转换体系是博洛尼亚进程的一项重要内容,其目的主要是为了增加各个高等教育机构以及各个国家内部以及之间的流动性。该体系此前在欧洲以及美国一直很流行,也发生过很多的转变。匈牙利的学分制最初从欧洲学分转换体系转变而来,1990年年初起逐步开始正式实施,2003—2004年间匈牙利的所有高等教育机构都已经开始正式采用学分制。学分是标志学习成果的一个研究单位,其数额通常是根据学生的学习时间来确定的。同时它也表示了学校期望学生在学期间完成的课程的数量,学校合理分配不同数量的学分给需要不同学时来掌握的科目,其中一个学分平均需要学生学习30个小时,一个学期需要大约30个学分。在为期6~7个学期的本科教育中,学生至少必须获得180学分,也就是平均每个学期30个学分,才有资格获得毕业证书。在硕士期间需获得60~120学分,在博士期间则需获得240个学分。[①] 此外,学分在不同的国家之间是可以互相转化的,因为欧洲学分转换体系与学位互相认同体系相似,其主要目标均为促进学生在欧洲大陆之间流动,达成人才和劳动力的最优分配。欧洲学分转化体系实际上也是一个行政程序,以确保学生在其他(主要是外国)大学的知识将被学生自己所在的大学承认。每个加入欧洲学分转化体系的国家都有专门的学分转换审查机构来对学生的学分进行审查,最后算入学生毕业所需的学分之中。欧洲的学分转换体系有着复杂的运行机制,其中下列文件起到了关键的基础作用:学生档案袋(包括每位学生所学课程的目录等信息),学生、派遣学校和接收学校三者之间签订的三方协议以及成绩考核资料包括学生在接受学校的成绩注册及这些成绩在派遣学校的转换标准及程序等内容。这些文件详细地记载了学生的个人以及成绩资料,为学生未来在不同高等教育机构之间甚至在不同的国家之间进行流动留学打下基础。

在个人的学习节奏和学生流动方面,学分制给了学生更多的灵活性,也就是学生开始自行选择一个学期所修学分的多少以及转化学分出国留学的与否。在灵活的学分制培训中,学生可以选择自己安排学习的进度。每学期,学生可以编制个人的学分学习计划,也可以按照高等教育机构推荐的样本计划进行。然而,在涉及个别课程时,学生没有绝对的选择权,因为对于某些科目来说,优先学习某些基础科目是必不可少的。举一个简单的例子,学物理专业的学生一定要先有学习数学学科的基础才可以学习物理学科。信用体系的其中一个优点是,学生的学习不再被学期给固定死。举例来说,如果一名学生在某一学期的一门课程不及格,往常来说他需要重新学习该学期的所有课程甚至留级。而在新的学分制的基础上,他可以继续进行下学期的学习,他所需做的仅仅是在毕业之前将所有的学分补齐。这给予了学生极大的宽容度,降低了学生的学习压力,减轻了学生过重的学业负担,使人才的培养更具灵活性。

---

① 匈牙利高等教育网,https://www.felvi.hu/felveteli/jelentkezes/a_magyar_felsooktatas/Kredit-rendszer,最后访问日期:2018年12月12日。

3.多层次教育体系

另一项多层次教育体系也是博洛尼亚进程的核心所在。在加入博洛尼亚进程之前,匈牙利的高等教育体系由两个相互之间毫无联系的高等教育机构组成,一个是为期3～4年以实践为主的学院,另一个则是为期4～6年以理论为主的大学。在加入博洛尼亚进程之后,匈牙利高等教育体系由三个相互关联的教育层次组成,分别是本科、硕士和博士。在高中毕业之后,学生可以选择申请本科教育、本硕连读教育或者是高等教育的职业培训三种模式。选择本科教育的学生们在完成学业后,可以继续申请参加硕士课程。在获得硕士学位后,那些想加深自己专业知识的人可以选择不同专业的继续教育,而想要以研究或学术为未来职业的学生则可以选择博士学位进行攻读。专业的继续教育,是为具有学士或硕士学位的学生提供的一种特殊教育模式,它指的是在不改变其学历以及受教育水平的情况下提供一些特殊的专业性任务以及教学,帮助学生加深所学专业深度。专业继续教育一般为期2～4个学期,而该教育是可以边工作边进行的,事实上,工作场所本身就是一个可以持续给予学生实践训练的一个培训地点。也就是说专业继续教育模式的学生毕业后其学历与接受教育前并不会发生变化,但是通过这2～4个学期的专业继续教育,其掌握的专业知识以及实践能力将大大领先于其他学生,这也是为不想进行科研以及学术的学生提供的另一条加强专业技能以及实践能力的一种教育模式。这种以层次为基础的教育系统强调在第一个层次,即本科教育中,获得学位的学生要先将自己的专业培训与劳动力市场定位相结合,学习与劳动力市场有关的知识,这是学生继续参加第二个层次教育,即硕士教育的必要条件。与旧的高等教育机制相比,新的多层次的高等教育体制在每个阶段都给予了学生更多的选择,也使学生能够在更短的时间内习得专业知识。新的多周期教育机制使学习阶段和工作阶段紧密地联结起来,并且加强了学生的流动性与灵活性,使学生能够及时地对国家社会及经济环境作出调整并适应。对于现如今以知识为基础的社会中,灵活有弹性的教育体系适合于对大量受众进行高质量的培训,同时为希望获得最高教育学位的高性能学生提供各种学习机会。学位可以通过多种方式获得,从一个层次到另一个层次,也可以在不同的机构或国家获得,使得受教育的人数以及不同层次的人才也辈出。虽然在新技能方面获得的技能不那么专业,更重视实践技能和解决现实问题,但却更好地切合了劳动力市场的需求,在迅速变化的劳动力市场中为毕业生提供了更广泛的就业机会。

4.优势与挑战

博洛尼亚进程给匈牙利等高等教育带来了前所未有的变化,也从根本上界定了匈牙利高等教育的最新历史,并且成了匈牙利目前高等教育发展策略规划中的主心骨。在加入博洛尼亚进程之后,匈牙利的高等教育机构开始与欧洲其他发达国家的高等教育机构进行接轨,高等教育机构也逐渐获得更多的自主权以及经济的自由权,学生也获得了更为优质的教育,在国际上的竞争力也逐渐提升,人才和知识的积累最终推动了国家综合实力的增长。同时匈牙利等博洛尼亚进程成员国从根本上为欧盟社会未来发展搭起了人才培养的新平台,使在校生不再拘泥于在本国进行学业的学习,毕业生将不再拘泥于在本国寻求工作机会,使得劳动力的流动在欧洲变得更为通畅。

匈牙利高等教育发展目前正面临着多层次的挑战,为了改变此种情境,提高本国的高等教育水平,加强本国高等教育机构的世界竞争力,匈牙利高等教育圆桌会议经过多次讨论,强调了解决匈牙利高等教育现有问题的决心并且指明了未来15年最重要的目标和任务,其中的重中之重就是提高匈牙利高等教育的竞争力以及就业力,提升匈牙利高等教育的质量。新的发展策略包括调整高等教育机构工作者的工资,促进科研以及创新的发展,加大对高等教育的资金投入,调整专业以适应劳动力市场等方面。

(1)教育者的缺乏。随着社会经济的逐渐发展,越来越多的学生申请入学高等教育机构,随之体现出来的最大问题就是教育者的缺乏,教育者的缺乏成了现阶段匈牙利高等教育面临的最大问题之一。匈牙利报纸人民之声(Népszava)的调查显示,2018年9月,在学期开始一个半月之后,由政府人力资源部成立的中央官方机构克莱贝斯贝格中心(简称KLIK)承办的高等教育机构中仍旧有大约1300个教师的位置呈空缺状态。调查显示,匈牙利首都布达佩斯各区空缺教师职位数量较多,其中最严重的是békéscsaba学区,共有约127个教师位置空缺。帕尔科维奇认为高等教育教师缺乏的主要原因在于匈牙利教师的工资水平普遍较低,对人才的吸引力不足。拉斯洛认为敦促形成全面重要的工资发展和职业发展模式是高等教育改变的必要条件,形成全新的注重教师职业发展的工资体系至关重要。高等教育圆桌会议也提出,工资调整是匈牙利高等教育改革中不能忽视的一个问题。匈牙利政府提出对工资的发放标准进行调整,加强教学质量的评估力度,以教学质量的高低对教师的工资进行调整,使教学质量变得可以衡量和测量。匈牙利政府提出,要提高高等教学的水平,就必须引入以绩效为导向的晋升制度,衡量教学效果,创造有竞争力的薪酬,以此来吸引更多的教师加入高等教育机构工作者的行列之中。目前,匈牙利高等教育工作者的平均总收入目前约为345000福林,折合人民币约为8373.44元,并且从高等教育工作者的工资收入图表上来看,这个数字自2008年以来并无变化,这使得高等教育工作者越来越难以抵抗逐渐增长的物价。这次匈牙利高等教育圆桌会议经讨论后计划投入130亿福林用来增长教师的工资,在这次工资调整的高等教育战略的指导下,未来高等教育工作者的工资将增长大约27%。匈牙利政府希望通过此次工资调整,本国的高等教育工作者工资能够逐渐接近国际的高等教育机构水平,以此来提高高等教育工作者的竞争力以及水平。高等教育机构工作者是培养人才的关键因素之一,缺乏教育者的教育机构没有能力培养出合格的人才,国家也就没有能力提升自己的综合实力。而工资的调整不仅能够吸引更多的人才加入教育的行业之中,更能够减少高等教育机构工作者的后顾之忧,使其为教育事业投入自己全部的热情与精力,这对于教学质量的提高有极大的帮助。

除了对高等教育工作者的工资进行调整之外,加强高等教育机构工作者的科学研究水平以及创新水平也至关重要。科研水平一直是关乎国家综合实力的一项重要因素。匈牙利在新的高等教育规划中着重提出了加强科学研究的理念,提出要尽快将匈牙利本国的科学研究水平提升到国际领先水平,与其他发达国家相比也具有一定竞争力。匈牙利政府计划在高等教育机构内形成一个以研发、发展和创新并进的"K+F+I"(Kutatás-Fejlesztés-innováció)体系,以研发、发展和创新活动为重点的网络,促进高等教育机构科研人员的研究体系,提高科研人员的比例。匈牙利政府拟在2020年研究人员的数量将从2012年的37000人增长到56000人。从2018年在世界经济论坛上公布的调查结果来看,在 138 个国家中,匈牙利的国家竞争力排在第 69 位。在影响国家竞争力的因素中,报告在国家制度的问题、腐败、缺乏透明度、税负沉重等原因外,特意强调了高等教育质量这一点。为了加强高等教育质量,匈牙利政府强调高等教育机构工作者必须个人发展与教学科研并进,三者相辅相成,以个人发展作为教学和科研的基础,并且用教学和科研促进个人进一步发展。在另一个排名上,匈牙利的表现也不甚理想。在国际高等教育机构排名中,匈牙利高等教育机构的地位也逐年恶化。2017 年,塞格德大学和罗兰大学入选了上海交通大学所列的世界前 500 强大学学术排名名单之中(ARWU),而 2018 年则没有任何一家高等教育机构进入世界前 500 强之中。塞格德大学排名在 501～550 位之间,罗兰大学在 601～650 位之间,德布森大学在 651～700 位之间。而布达佩斯科尔维纳斯大学(Uoruius Egyetem)、布达佩斯技术与经济大学以及佩奇大学,都在 701 位之后。德布森大学教育学院讲师、经济学家伊斯特万·波隆伊(istván polonyi)认为匈牙利的高等教育机构之所以在此类世界大学学术排名之中没有很好的名次,其中一个原因在于世界大学学术排名更为看重的诺贝尔奖获得者以及发表在《自然》或《科学》等科学期刊上的论文等数据,而匈牙利高等教育对此却不是十分看重,这恰恰体现了匈牙利高等教育机构工作者对科研和创新的疏忽。这种疏忽有可能是因为工资过低造成的,也有可能是因为缺乏科研精神造成的。波隆伊认为,除了这两个原因之外,匈牙利的高等教育不是建立在竞争精神的基础上这一点也同样有所影响。在美国,诺贝尔奖获得者的收入自然比其他教师高。教师进行科学研究和出版著作都将获得相应的报酬,随着投资的回报,一位著名的专业人士将会吸引很多优质的学生,从而教育出一代又一代的优秀人才。然而,匈牙利国内的竞争意识较弱,高等教育机构的教师也仅仅是根据自身的工资表领取工资,科研等意向较弱。匈牙利政府也没有出台相关的激励方案来保证高等教育人才的创造性工作。帕尔科维奇部长曾经提出竞争性在高等教育发展中的重要性,并以布达佩斯科尔维纳斯大学为例,科尔维纳斯大学通过加快本校的工作速度以及效率,并尝试将此加速扩大到整个匈牙利高等教育中,以此来创造出更有竞争力的环境。其目的是使匈牙利大学比邻国的大学或匈牙利的其他私立大学更有成效、更有竞争力、更容易运作。帕尔科维奇部长肯定了这一做法的可行性,并且鼓励匈牙利的其他公立大学也向其他发达国家的高校或者匈牙利的私立学校学习,在同样的条件下以同样的效率运行。

(2)教育以及科学研究条件的陈旧。改善教育以及科学研究条件也是一大问题。匈牙利教学器械的老旧以及教育设施的陈旧一直是匈牙利高等教育所未解决的一大问题。波隆伊也多次强调了匈牙利政府加大对高等教育投资的必要性,并且举例表示,常年处于排名前位的美国一所高校的资金投入大约就是匈牙利政府对所有高等教育机构资金投入的总和。匈牙利政府也表示将加大对教学设备以及资源的投资力度。帕尔科维奇部长表示匈牙利政府为改善教育和科研条件作出了很大的努力,匈牙利政府将国家预算的 1/5以上用于教育的投资之上,在高等教育上投入的资金大约占国内生产总值的 1%。2003年匈牙利政府在高等教育上支出了 234 亿福林,几乎是 1995 年所支出的 4 倍。之后匈牙利在高等教育上投资也在逐年增长,且增长率也在逐步增长。2013 年中央政府为支持高等教育发展发放了 1870 亿福林的预算,而该预算在近几年也在逐步上升,到 2017 年已经增长到了 2500 亿福林,未来这个数字也将继续增长。匈牙利政府会一直将教育放在国家发展战略的重要位置上。高等教育转型是一项复杂的任务,也是一项巨大的责任,因为高等教育的重要性不仅在社会上有所体现,在经济上是毋庸置疑的。匈牙利塞格德大学的校长萨博·哥博尔(Szabó Gábor)在一次讲座上用一个例子形象生动地点出了改善科学研究设施的重要性。如若在塞格德投入巨大资金建立一个先进的科学研究室,此类具备先进设备的科学研究室将吸引越来越多的有名的研究团队入驻进行研究,而越来越多的国际有名的研究团队开始在塞格德工作,这对其他外国的专业人士也很有吸引力。哥博尔强调现在的社会是争夺人才的社会,加大对科学以及教育设施的投入对吸引国内外人才来说至关重要,对于提升国家的综合实力也大有帮助。帕尔科维奇对此也详细地进行了说明,他表示,匈牙利政府下一步的目标是使高等教育的融资变得更加切合实际,更多地将高等教育机构的表现成果以及素质质量放入考虑范围内,通过有差异的资金投入激励各个高等教育机构加大对科学研究的重视程度以及参与程度。匈牙利政府更是积极鼓励以及牵线企业与高等教育机构达成科学研究合作,积极鼓励企业注资以弥补中央政府资金投入的不足。在匈牙利,无论是高等教育机构的研究和开发机构还是其他专门的科学研究机构,其运行接受企业的援助率几乎不超过 11%,大部分的超过 75% 的资金来源都来自政府的拨款,这大大加大了政府的财政压力。实际上企业注资科学研究机构是一个互惠的举动,一方面高等教育机构能够得到充足的科学研究资金,另一方面生产出的科学研究成果往往是极具实用性、符合劳动力市场需求的,企业也能够从中获利,并且通过将科学研究成果投入到社会中,发挥出更大的作用。

(3)就业的困境。在新的高等教育发展策略中,匈牙利政府提出了满足劳动力市场需求的重要性,强调了符合劳动力市场期望的高等教育才是最有效的教育,因此匈牙利政府拟对高等教育的专业进行一定的调整。高等教育的起点是对高等教育机构的选择以及对专业的选择。这两项选择可以决定学生未来几年的生活,因此至关重要。在选择的时候学生应该认识到专业的选择并不是对整个人生指出的特定方向,因为现今社会和经济均处于持续不断的变化之中,每个专业和每个职业也都不像之前一样只有一条路,而是出现了很多的细小分支。越来越多的高等教育机构开始设立更具有弹性以及更贴近社会和劳动力市场需求的专业。匈牙利政府认为目前的专业结构设置得不够合理,存在部分专业报考人数多而劳动力市场需求少的状况,也存在部分劳动力市场急需专业人才稀少的状况,造成了毕业生就业难以及专业饱和或者急缺的状况,使得该专业学生以及劳动力市场的供求出现不平衡关系。对此,匈牙利政府提出需要改变原有的范式,从以数量取胜转为以质量取胜。支持对社会以及国家有用的专业和职业,不让学生走入盲目选择专业的误区。一些目前报考人数多较为火热的专业将引起政府的注意,政府将对其劳动力市场的需求以及目前在学和报考人数进行审查以及研究,推算该专业人数是否已经饱和,未来是否还会需要此类的人才,还是否需要继续开设等问题。因此,可能会出现一些目前很火热的专业即将面临被取消的局面。在匈牙利政府的计划中,未来将减少约 15% 的专业数量,精简设置,保留贴合劳动力市场的专业,删除一些过于饱和或者开设学校过多的专业,使获得学位的学生能够最大限度地在社会中展现出自己的作用。

为了更好地适应劳动力市场,双重培训模式也逐渐走入匈牙利高等教育的舞台之上。双重教育是职业教育的一种形式,在课堂上进行理论培训,同时在公司或企业中进行相关的实际培训。这种制度最开始出现于 20 世纪 90 年代的制度变革时期,由于那时的职业培训制度发生了重大的变化,导致很多学历的拥有者无法找到与自己学历相符合的工作,从而使参加职业培训的人数锐减,很少有人能成为学术专业的人。随着时间的推移,人才的缺失使得经济出现了一些问题,迫使匈牙利政府寻找解决问题的方案。最开始这一套教育制度改革的解决方案是在德国实行的。德国政府发展了一套双重培训制度,即协调和统筹高等教育和企业需求的一种培训形式。理论教育是在职业学校进行,而实际培训则在工厂和企业中进行。学校有责任提供一般文化和知识的教学,而工厂和企业则负责发展专业技能。这种形式的培训使得高等教育、经济和劳动力市场之间的联系变得更为紧密,同时学生也能够在进行双重培训的几年里获得与现今市场和社会相符合的知识,为学生毕业后直接投入工作和融入社会打下了良好的基础。最开始的双重培训是先于学院进行理论培训,在学院毕业后在公司或者工厂进行实践培训。而现今理论和实践这两项培训则平行进行,公司在培训的整个期间需要支付学生最低工资的最少 60% 的工资。①双重培训给参加培训的学生和公司都带来了许多好处。一名学生在完成学院中的理论培训后,就将直接得到一份工作。因为雇用他/她的工厂或者公司也会很愿意找到一名满足自身公司需要的员工。学生在培训中会直接参加公司的各种项目,开始逐步了解公司提供的各种技术,并且这样的实习经历对于论文题目的选择也很有帮助,甚至在写论文的过程中还可以得到公司各方面的帮助。在实习的过程中,学生还可以从最好的专业人士处了解自己未来职业的基础和技巧,未来还可以成为年轻和充满活力团队的成员,每天都结识新的人,每天都接受不同的挑战。以项目任务为中心的教育更多的是鼓励学生学会承担责任,而国际媒体的教育则让学生有机会每天在实践中使用他们的语言技能。同样地,对于一家工厂或者公司来说,这种形式的培训也是有回报的。公司能够较早地寻找到自己公司需要的人才,并且根据公司自身的需求进行实践培训,培养出更适合公司发展的人才和员工,从而使公司自身变得更加有竞争力。双重培训使得雇佣方以及被雇佣方双方的风险都呈下降趋势。然而,双重训练也有其缺点。由于学生在实际培训过程中需要公司给予特别的关注,因此该公司专注于公司生产的能力将下降,工作效率将大大降低。同样,实践培训所产生的成本费用对于公司来说也都是存在一定风险的。此外,公司的客户也并不都是愿意看到学生们也在自己合作的公司中工作,由于不信任感产生的经济损失对于公司来说也是一种风险。

人力资源部国务秘书 Palkovics 说,只有 25% 的匈牙利企业与匈牙利高等教育机构有合作关系,而这一数字相对于其他发达国家是较低的,因此之后匈牙利政府都在致力于提高这一比例。匈牙利负责高等教育的国务卿帕尔科维奇指出,匈牙利获得高等教育学历的学生中,失业率只有 2.4%,这个数字其实是微不足道的,而且该数字和欧洲经济合作与发展组织的 4.2% 是十分接近的,也从侧面体现出了匈牙利高等教育发展的进步。帕尔科维奇还指出,目前匈牙利的公司对进行双重培训的态度变得越来越积极,目前已经有24 所高等教育机构与 500 多名匈牙利企业签订了这一教育形式的合同。教育国务大臣

---

① 匈牙利新闻网站高等教育栏目,https://www.origo.hu/itthon/20150211-dualis-szakkepzes-munkahely-mar-egyetem-alatt.html,最后访问日期:2018 年 12 月 15 日。

还强调,公司与高等教育机构之间的关系应从目前的项目合作关系转变为一种长期的、类似于一种供应商类型的关系。

为了提高教学质量,匈牙利政府不仅从高等教育机构以及高等教育机构工作者的角度进行改革,对于学生的要求也逐渐严格。匈牙利政府计划增加对学生入学和毕业的要求,以此来更加贴合不断增加难度的劳动力市场要求。这也是匈牙利政府加强本国高等教育质量的一种方法,从而使自身的高等教育水平逐步接近国际水平。首先,申请入学的难度逐渐加大。匈牙利高等圆桌会议决定,从2020年开始,申请进入高等教育机构进行学习的学生,至少要有一门语言达到中级以上的水平。其次,加大了获得毕业证书的难度。例如,匈牙利高等教育圆桌会议上经讨论决定了博士课程的改革,将来博士教育的时间视情况而定可以从三年增加到四年,在第一次为期两年的教育阶段结束之后,相关高等教育机构应对学生的知识进行复杂的审查,以确定其是否有资格进行下一步的学习。入学和毕业要求的提高意味着最终获得学位资格的毕业生具备更为强大的专业知识以及综合实力,这样的人才输出对于匈牙利政治、经济、文化以及社会等各方面都将是极大的助力,对于提升国家在国际上的竞争力也至关重要。

(二)匈牙利高等教育发展策略对中国的借鉴性

高等教育是人才输出的主要来源地,一直以来都对国家的发展起着至关重要的作用,高等教育水平的高低直接决定了一个国家的综合实力以及未来发展的潜力。国家的政治、经济、文化和社会的发展都离不开高等教育的发展,因此我们必须将高等教育的发展放在发展战略的首位,丝毫不可松懈。虽然高等教育的发展同样受到不同地区,经济、政治、文化以及社会制度等因素影响,但是为了更好地发展本国的高等教育,对一些有优秀高等教育发展成果的国家或者地区进行分析和研究,并且总结其优秀发展策略,学习借鉴其优点,提防谨慎其缺点,均意义重大。随着中国经济的不断发展,我国高等教育规模发展迅速,但随之而来的是文凭贬值、学历泡沫、大学应届毕业生就业率走势低迷,高等教育规模发展与社会、经济发展不协调等问题。如何提高自身高等教育质量,如何与国际进行人员交流等现在都是摆在中国高等教育面前的问题,深入了解匈牙利的高等教育发展策略,其中有一些优点值得中国进行借鉴学习。

1.加强中国各地方高等院校以及中国与其他国家的交流与合作

由于不同国家之间的语言差异以及学制差异,导致欧洲国家之间互相不承认其他国家的毕业文凭,这就直接制约了人才在欧洲的流通,从而制约了生产力以及科技的发展。虽然我国的高等教育发展状况和欧洲的高等教育发展状况受不同的政治、经济以及文化因素的影响,但在如今高等教育国际化以及一体化的趋势下,还是呈现出了很多的共同点。匈牙利现今的高等教育发展策略也带给中国高等教育一些值得借鉴的理念与方法。在欧洲各国政府的积极推动下,越来越多的高等教育机构积极地投身到了博洛尼亚进程之中,促进了学生以及教师的流通,使欧洲的高等教育变得更加整体化以及平均化,高等教育的活力得到了提升,整体呈良性发展态势。而中国由于受到自身的政治、经济、地理、文化以及社会等因素的影响和制约,各地方之间高等教育机构交流较少,导致高等教育发展严重不均衡,资源倾斜严重,形成了不良的整体发展态势。该问题涉及的影响因素众多,且大多为历史遗留问题或短时间内无法予以解决的问题。想要使中国高等教育整体发展平衡以及优良,短时间内最有效的解决办法就是加强各地方之间的交流与合作,使优质的教学资源得到充分平衡且高效率的利用。长期以来,我国的高等教育机构之间缺乏足够的交流与合作,虽然近几年情况已有所改进,但与欧洲各国高等教育机构之间合作与交流的欣欣向荣局面相比,是远远不够的。相对于欧洲40多个国家的不同高等教育机构之间的差别而言,一国之内高等教育机构之间的差别理当小得多,学分的转换与学生的流动也理应更容易一些。且中国的大部分地区高等教育机构的分布都较为集中,有专门的高教园区,对于实现集中使用教学资源更有利。关键是要我们进行认真的研究与大胆的实践,中国可以结合我国高等教育发展的现有情况,积极向欧洲发达国家的高等教育发展策略进行学习,尝试以政府的力量推动区域内甚至中国全国各地的高等院校进行交流与合作,推动教育资源的合理流动,对高等教育发展进行改革,走一条符合中国国情的有中国特色的高等教育改革之路。例如可以仿照欧洲的博洛尼亚进程,用政府的力量,以政策鼓励等方式先尝试推动一个区域内的高等教育机构加强沟通和合作,或者在某个大学城或者高教园区进行研究和实践,取长补短,互相弥补与帮助,开展大学之间的课程互选、学分互认等项目,最后达成实现学分转换以及学生流动。优秀的实践成果将吸引更多的高等教育机构加入,最后在全国推行建立中国的高等教育区,为人才的流通,学生的就学与就业提供更多的机会,也建立起一个更有活力的高等教育氛围以及一个以知识和人才为基础的更有竞争力的经济体系。通过这样的方法,我国的高等教育水平也将得到大大的提升,在国际中的地位也将得到提高,同时与欧洲发达国家的高等教育理念接轨,为中国的国际化打下坚实的基础。

在高等教育世界化的当今社会,中国不应将眼光仅仅放在国内,更应该勇敢地走出去,走向国际,和其他各国开展高等教育交流。匈牙利的博洛尼亚进程不仅有利于学生出国留学与工作,对于国家与国家建立友好的国际关系也颇有帮助。中国的经济逐渐步入国家化轨道,越来越多的中国人选择走出去,也有越来越多的外国人选择来到中国进行学习或者工作。开展与其他国家的高等教育机构的合作,有利于中国在文化上和教育上走向世界,也有利于中国学习其他发达国家的优秀知识。中国目前的高校已然有了国际化的意识,积极联系国外高等教育机构,结成兄弟院校等模式,签订互换留学生等项目。中国政府可以继续鼓励此种模式,在政策制度上给予支持,特别是在中国高等教育机构数量较多的情况下,更应该学习博洛尼亚进程,积极推行学位互认的相关程序,使学生在国际间的流动变得更为顺畅。博洛尼亚进程是欧洲国家对于高等教育全球化的应对方案,虽然欧洲的高等教育水平位于世界前列,有许多值得学习和借鉴的地方,但是中国身处亚洲,亚洲与欧洲由于不同的地域、文化以及历史等方面的影响,高等教育的发展现状相差较大,因此在学习借鉴欧洲的同时,也应立足于实际,更多地将注意力放到中国周边的亚洲国家之上,注重与周边亚洲国家的交流与合作。正如欧盟的成立为博洛尼亚进程打下了基础一样,亚洲地区的经济合作也为亚洲高等教育的合作打下了扎实的基础。同时,亚洲国家共有的文化底蕴以及一些文化历史背景也为未来亚洲国家之间的高等教育合作提供了有利的条件。未来中国的高等教育改革可以借鉴欧洲博洛尼亚进程的一些积极政策,包括推进学位的相互认可、学分的相互转换等措施,为推进亚洲高等教育合作提供保障,推动亚洲国家高等教育共同发展。

2.推动高等教育机构向满足劳动力市场需求的方向发展

高等教育的关键,是各个高等教育机构积极创造条件满足学生发展的需要,给予学生在一些方面,包括专业、专业方向、课程等一定自由度的选择。目前来说,高等教育机构最应该满足的是学生对于未来就业的需求,也就是说高等机构需要向满足劳动力市场需求的方向进行发展。"脱离实际"一直是中国高等教育的一个通病,中国政府为此也作出了很多的努力。如何改变刻板印象,如何使学校的教学更加贴近实际以及贴近社会一直是中国政府努力的方向,在这个方面匈牙利政府所采取的双重培训制度值得借鉴。平行进行的理论教学和实践教学不仅能够使学生习得扎实的理论基础,还能在此基础上实践进行,在加深印象的同时脚踏实地,将知识从书本上实践到社会工作之中。匈牙利政府实行双重培训的主要目的是加强高等教育教学内容与模式中的实践导向以及加强高等教育框架中对劳动力市场的导向,而这两项也确实是中国高等教育急需改进的地方。学生在大学期间就获得有关工作领域的详细知识,锻炼自己的专业能力,对毕业后快速融入社会工作有极大的帮助。双重培训模式还有助于实现高等教育转型的目标,帮助降低辍学率、促进实践性培训以及进行符合真正劳动力市场需求的学历培训。双重培训模式需要加强高等教育机构以及公司企业之间的交流与合作,中国政府可以用政策鼓励,试点先行的方式尝试平行进行理论与实践教学,从一些实践能力要求高的专业以及工作出发,尝试双重的培训机制。加强高等教育机构以及企业公司之间的联系和合作也有利于改善现今劳动力市场的供需不平衡状况,减轻毕业生就业择业压力,有利于社会的平稳与和谐。中国在高等教育改革过程中也可参考国外发达国家的专业以及课程设置,从之前从学校角度出发设置专业以及课程,转为根据社会以及劳动力市场需求出发设置。同时推动形成更加具有弹性的培养框架,根据不同专业以及社会不同时期不同的需求程度有弹性地进行调整,通过这样的专业以及课程培养出来的人才不仅能够缓和国内严峻的就业形势,更能够提升国家的创新能力、科学技术、生产力乃至于国家的综合实力。

匈牙利现今采取的多周期教育体系为我们呈现出了多种获得学位的可能性。中国社会现今仍存在接受高等教育人才较少的情况,而多样的学历获取方式可以为不同类型的学生提供不同的获得教育方式,提高社会总体的受教育水平。"第四次工业革命"不仅改变了生活方式和消费习惯,也改变了学习方法和教育相关需求。因此,我们致力于使用最先进的教育内容和方法,并进一步加强服务方法。中国的高等教育仍然存在专业结构和课程设置不能适应市场和社会需要的问题。传统大学教育的最大特点就是以完整的学科体系为出发点考虑课程开发以及学科的设置,更加偏重于理论知识的完整性和系统性,缺乏对社会需求的把握,或者简单来说,可能往往是有什么样的老师,就设置怎样的课程,而不是先以社会需求为出发点来设置课程,后招聘或者培训相关的教师。所以,在课程设置上就造成缺乏创新、墨守成规,不能适应社会发展的情况。传统大学还会导致的结果就是中国现有劳动力市场的供求不均衡关系。例如,目前中国的人力市场往往一些社会需求量大的专业人才稀少,导致招聘方无法完成招聘,而另一些岗位却过于饱和,导致毕业生的就业难问题。而匈牙利在高等教育改革中在精简专业数量的时候注重以劳动力市场的需求为导向,重视学生的创新能力。同样精简专业数量也会使课程设置从整体出发,框架更具有弹性,培养出来的学生往往能胜任大类专业下不同的具体的职位,这对于满足劳动力市场以及社会需求更有帮助。

匈牙利的学分制度是目前发达国家较常使用的一种方式,给予了学生极大的自由度以及灵活度,同时减轻了学生的学习负担。通过采取灵活的学分制度可以确保在高等教育的基础上,建立一个简单的、可转换的和可比较的标准,从而促进学生在一定区域内广泛地流动进行学习。实行通用的学分制可以使高等教育机构的各级学位更多地和学分结合在一起,而不是与学年以及学期相挂钩。目前中国由学校教务处等部门规划学生学习期间的每个不同学期的课程安排,常常出现某一阶段所需完成的学业格外多而某一阶段所需完成的学业格外少的情况。虽然学校会根据往年的经验以及秉承对学生有利的条件进行课程规划,但对于学生来说总是会存在一些不合理或者与学生自身学习习惯不同的地方。而由学生自行决定各学期的学时分配以及课程类型,不仅调动了学生自身的主观能动性,也使每个学生的课程安排更加符合个人学习特点,贴合个人学习习惯,从而帮助学生能更好地进行课程学习。同时由学生自行选择课程进行学分修习,将主动权交给学生也更利于调动学生的学习积极性,对于专业的学习也能更为投入。在引进学分制并且调整了学位体系的灵活性之后,学生可以按照个人兴趣来调整学习计划,自行选择在每一个阶段想要完成的学分,并且可以在完成本科生课程或者某一层次的学习之后,继续攻读个人喜好的或者对未来工作有帮助,贴合劳动力市场的有优势的学位。另外学分制以及相配套实行的学分转换体系打破了高校与高校之间人才流动的壁垒,消除了国家与国家之间的交流学习的障碍,为中国与其他国家在高等教育学历的相互比较提供了方便,为未来中国的毕业生在国际上进行学业流动以及就业工作提供了一定的保障。

3.加强对科学研究的重视程度,提升高等教育的质量

近年来中国一直努力推动高等教育走向大众化以及全民化,为了使更多的人甚至于所有人都能够进入高校学习,各类大学以及学院应运而生,各种高等教育机构遍地开花,毫无疑问,中国高等教育机构在数量上已然足够。但是高等教育的质量问题却一直被人们所忽略。为了提升中国的高等教育质量,首先要做的就是加大对高等教育的投资力度。正如前文所说,美国以及英国的多个高等教育机构常年位于各类世界大学学术排名的前列,其最主要的原因在于资金投入的充足。中国现今经济发展迅速,在以知识为基础的社会中,更应该将更多的资金投入到教育系统之中,其中高等教育更是重中之重,这对于培养推动经济和社会发展人才来说至关重要。中国要想将自身的高等教育水平提升至国际前列,还需加大对高等教育各方面的资金投入。提升高等教育质量首先要提升高等教育机构工作者的水平。工资的调整能够为吸引更多的人才进入教育的行业之中,带来足够的竞争性,这样高等教育机构也能够从优中选更优,强化高等教育工作者队伍的整体水平,从而提高教育质量。改善教育设施也是提升高等教育质量的一大重要因素,在科技极速发展的今日,现代教育技术能为高等教育带来更多的便利以及变化,为提升教育质量提供技术支持。这就需要政府加大对高等教育的投资,保障教学设施能够满足教师以及学生的需求。另外,为了提高高等教育水平,高等教育机构还应该加强对学位发放的把控以及监管力度,即要加大学生获得学位的难度。中国的高考使学生进入高等教育机构学习变得较为困难,这就从入学上把控住了高等教育的质量。但是国内存在的问题在于,入学

难,毕业易,这是不正确的。为了提高高等教育的质量,应改变此种状况,加大学生获得学位的难度,对毕业考试以及毕业论文加大监管和审核的力度,从学生的角度提高高等教育的质量。最后,高等教育质量的提升也离不开科学研究。中国现今也存在科研水平与国家经济水平发展不接轨的问题,中国现在虽然已逐渐将目光转向加强科研水平方面,但是距离发达国家还有一段距离。中国在高等教育改革的过程中还应将更多的注意力放到科研创新上,多种政策扶植培养人才的创新和科研意识,对于提升国家的综合实力有重大帮助。现今中国的高等教育机构提倡教师教研相结合的工作方式,而大部分教师对于科研工作有所懈怠,并不积极。而科研却是提升高等教育机构水平的关键因素之一,这也是中国高校在世界大学学术排名中成绩不佳的主要原因之一。因此,首先应调整高等教育机构工作者对于科学研究的态度,更新观念,准确地了解科学研究的作用以及意义。而为了更新高等教育工作者的观念,需要高等教育机构的领导大力进行动员,充分地动员全校的教育者投入到科学研究之中,形成"人人爱科研"以及"人人做科研"的良好氛围。为了加强科研,调动教师科的科研积极性,增加竞争因素也是一项有用的解决手段。目前中国高等教育机构也逐渐采取各种方法刺激教师进行科学研究的方法,其中包括通过科研数量来确定职称,从而确定不同职称的待遇。匈牙利政府计划在高等教育机构内形成一个以研发、发展和创新并进的体系,将科学研发、个人发展以及创新理念结合起来形成一个相对完整的体系,推动教师全方面地积极地进行科研。加强科学研究的另一个重要方法就是加大对科学研究的投资。除了政府需要加大对高等教育以及科学研究的投资之外,高等教育机构在分配资金的时候也要重视科学研究,不能一味地向教学倾斜,而是要做到教学与科研并重。同时中国还可以如匈牙利一样,鼓励企业与高等教育机构达成相关的科学研究合作,通过企业的注资减轻政府的财政压力,提供给高等教育科学研究者以更多的资金,同时也带给企业自身所需要的科学研究成果,通过此种双赢的方式提升中国社会的生产力。中国政府可以通过出台相关的政策以及在某地推行试点的方式逐步推行,推行过程中要注意对企业与高等教育机构合作的监管以及引导,推动形成良性的合作关系。

五、匈牙利高等教育国际合作与交流(高等教育国际化)

作为欧盟成员国的一员,匈牙利十分注重高等教育国际化的发展,高校一般为英语、德语、法语和其他语言课程。外语课程的标准很高,与竞争对手相比,学费非常优惠。匈牙利教育部与欧洲及世界各国教育部门都保持着紧密的联系,各类国家间的协议也为外国学生在匈牙利学习或匈牙利学生在外学习提供了方便及保障,欧洲学分转换制就起到了协调不同国家教育体制不同的问题。另外,根据该机制,欧盟成员国或其他欧洲国家的学生以学习为目的去匈牙利逗留90天以上的无须办理签证,只需直接申请暂住证。外国学生也同本地学生一样享受匈牙利的大学生优惠。

(一)匈牙利高等教育合作办学项目[①]

匈牙利政府于 2013 年推出了 Stipendium Hungaricum 奖学金计划,该计划以负责派遣国/地区教育部和匈牙利之间或各机构之间签署的双边教育合作协定为基础,旨在增加匈牙利的外国学生人数,并鼓励匈牙利高等教育机构吸引顶尖的外国学生。目前,4 个大洲的超过 50 个合作伙伴国家参与了该计划,来自这些国家的留学生可以申请学士、硕士和博士水平的学习课程以及预科课程。除了免学费外,该计划还为奖学金获得者提供每月津贴、医疗保险和住房补贴。

在匈牙利高等教育机构中,国际化进程的重点主要是加强学生的流动性,在过去几十年中,大学和学院传统上一直关注这一点。然而,流动性只是高等教育机构国际化十分重要的要素之一。促进高等教育质量及教育国际化发展的政策通过向留学生提供资助或奖学金则在高校基本制度方面产生了影响,如修订教学大纲、实现教学方式多样化,发展留学生培训、完善留学生服务,以及加强国内教育包容性,力求与国际接轨等。为支持高等教育国际化发展,匈牙利政府专门成立了 Tempus 公共基金会(Tempus Public Foundation,简称 TPF)分析和评估各机构在国际化过程中的情况,在该基金会的协调下,一系列国内外奖学金计划才得以成功开展,如 CEEPUS、EEA Grants、Erasmus +、基督教青年奖学金计划等。

CEEPUS 政策成员国包括中欧及中南欧的 16 个国家,该政策旨在促进成员国之间的师生流动。学生可以在国外学习,教师可以在合作大学进行教学,有效地加强了中欧学者之间专业和个人的交流与联系。

EEA Grants 则涉及北欧各国:挪威国际教育合作中心(The Norwegian Centre for International Cooperation in Education-SIU)、冰岛研究中心(The Icelandic Centre for Research-R ANNIS)和列支敦士登国家教育事务局(National Agency for International Education Affairs-AIBA)为主要捐助国。该计划捐助金额总数为 3152562 欧元,通常被用于为学生、教师及职工学习新技能并获得国际经验提供机会,支持受益国人才培养,目标是加强捐助国及匈牙利等受益国之间的双边合作,减少经济与社会差距,通过国际伙伴关系提高受益国的教育质量。计划由以下四个项目组成:专业访问和预备访问(M1):短期员工访问,即发展机构之间的合作,并维持现有的伙伴关系;高等教育机构流动项目(M2):学生进行最长 12 个月的留学,教职员工和教师开展学术会议及互访;教育相关机构的流动项目(M3):高校以外的教育机构之间的学术交流;高等教育机构合作项目(M4):例如共同制定新型培养方案,开创与时俱进的教学手段等。

Erasmus +是欧盟为支持欧洲教育培训,帮助青少年体育发展的计划。该计划旨在为欧洲 2020 年战略作出贡献,提高就业率,实现社会公平性与包容性,构建欧盟教育和培训战略框架,促进其成员国在高等教育领域的可持续发展。147 亿欧元的预算将为 400 多万欧洲人提供在国外学习培训的机会,匈牙利也参加了该计划,许多匈牙利学生因此得以出国留学或做志愿者服务。Erasmus +计划持续到 2020 年,除了为学生提供各类机会

---

① http://www.studyinhungary. hu/study-in-hungary/menu/studying-in-hungary/higher-education-in-hungary.html,匈牙利留学网,最后访问日期:2018 年 11 月 30 日。

以外,也帮助了其他各个年龄段的个人和一些非官方组织。

基督教青年奖学金计划的核心使命是让生活在世界上战乱地区或因其宗教信仰而在国内受到威胁的年轻基督徒学生拥有在匈牙利学习生活的可能性,2017—2018学年主要涉及国家为埃及、黎巴嫩共和国、伊拉克共和国、以色列、巴勒斯坦、巴基斯坦伊斯兰共和国、阿拉伯叙利亚共和国、约旦哈希姆王国、尼日利亚和肯尼亚共和国。完成学业后,奖学金获得者可以回到自己的国家并用他们已获得的知识帮助战后重建,有助于改善本国社会经济状况,保护基督教的文化。

双边国家奖学金项目(bilateral state scholarships)是根据两国政府签署的科学和教育合作协议制定的。与建立国际合作伙伴关系类似,匈牙利为高等教育机构或科学、艺术类学院的外国留学生、研究人员及讲师提供奖学金,奖学金可由国家或单位申报,也可以个人为单位自行申请。合作伙伴国家双方各设有一个国家奖学金办公室,该办公室负责向对象国提名有意向出国的学者,并安排留学生的入学申请程序。这些办公室一般隶属于教育部或受其管制。

2016年,在TPF的协调下,匈牙利政府与欧盟共同启动了一个新项目——Campus Mundi国际实习计划。该计划侧重关注毕业生就业情况和匈牙利高等教育机构的国际认可度,有效地提高了匈牙利高等教育的质量。Campus Mundi国际实习计划为匈牙利学生提供了在国外实习的机会,本科生、研究生或博士生都可以申请在国际公司或组织进行为期3~5个月,每周至少30小时工作量的实习以培养语言技能,增长自信,开拓视野,获得工作经验。该实习计划要求申请人自行联系实习公司并取得录取信,申请成功后TPF将根据目标国的消费水平,向申请人提供645~1130欧元的财政补助。有了这笔资金,申请人可以更加自由地选择想要实习的国家。应届毕业生在拥有一定的工作经验后能更好地满足劳动力市场的需求,这在一定程度上也提供了劳动力素质,解决了就业问题。

(二)匈牙利留学生教育发展现状

尽管匈牙利国内的高等教育国际化相关问题的解决与战略制定常常由领导层面牵头,但在学分认证、支持学生流动性以及保障国际化资源需求方面有时候仍存在严重问题。另外,留学生人数的增加也给匈牙利的高等教育机构带来了新的挑战,在一些高校中,虽然招收留学生的数量增加了,但是课程、科研和学生服务的情况并未改善。

匈牙利教育部曾作过一个关于留学生对匈牙利高等教育满意度的调查,来自47个伙伴国家的2825名学生参加了该调查,这些受访者在26所高等教育机构中参加了近145个培训项目。调查结果证实了学生们对于留学生活及课程项目感到十分满意,特别是对网络课程和各种在线教学工具的使用、教师的支持与帮助以及与学生的联系。但是,学生对校内实验室等各类设施和教师的英语水平不太满意。该调查也就留学生对于是否有意愿继续在匈接受教育以及他们选择匈牙利作为留学目的地的具体原因进行了阐述。结果显示,只有17%的受访者对匈牙利有较多了解,但其中60%的人对这个国家知之甚少。另外,留学生选择赴匈留学的主要原因还是当地物价水平略低,学费及生活成本较其他发达国家来说也相对不那么高。总之,56%的受访者表示一定会在完成学业后再次回到匈牙利,29%的人可能会,只有2.4%的人表示不愿再在匈牙利接受教育。从该调查中可以看出,大部分选择匈牙利作为留学国家的人都不是因为主观选择,而是根据客观条件,但是超过半数留学生对于匈牙利的高等教育质量持满意态度。

虽然匈牙利本国进入高校学生人数在过去 5 年中持续下降了 11.5%,但外国留学生人数却增加了 39.0%,比例达到学生总数的 11.4%,这离不开政府的 Stipendium Hungaricum 奖学金计划,16% 的留学生都是因为在该计划的帮助下来到匈牙利的。这些留学生来自近 160 个国家,其中大部分来自德国、塞尔维亚和中国,来自斯洛伐克、罗马尼亚、挪威和伊朗的也有上千人。据估计,在国外学习的匈牙利青年人数可达 10000 人。从历史的角度来看,19 世纪 80 年代大多数外国学生都是由于国家间的协议从另一发展中国家赴匈学习,也就是说若没有匈牙利政府的资助,或许匈牙利就不是出国留学目的地的第一选择。2010 年几乎一半的留学生都来自匈牙利周边国家,且之前都参加了匈牙利语语言培训课程。从外国学生的角度来看,是否选择匈牙利为留学目的地主要是由学生的国籍和动机决定的。2013 年的调查数据显示,大部分来自欧洲的留学生都希望通过交换项目在匈牙利获得学分或取得学位后回国工作。在 2017 年招收的 32309 名外国学生中,约有 4000~5000 名留学生为了获得学分或参加预科课程而在匈牙利学习,虽然这仍旧不是一个小的数字,但与 2009 年招收的 18154 名为学位而选择在匈留学的人数对比已经大大减少,且 8 年来,留学生人数增长了近 50%,特别是罗马尼亚、斯洛伐克、乌克兰、塞尔维亚的非匈牙利裔留学生数的增加。

2017 年 10 月的数据显示,匈牙利有 66 所高等院校招收外国留学生,然而其中约 41 所只拥有 30 多名外国学生,德布勒森大学的留学生数量在匈牙利排名第一,共 5077 名外国学生,第二名是佩奇大学和赛格德大学,第三名是拥有 3000 多名留学生的 Semmelweis 大学。2017 年,招收了多于 1000 名外国学生的匈牙利高校共有 9 所。匈牙利教育部认为只有国内的高等教育机构都实施具体的国际战略目标,才能促进匈牙利教育国际化的发展,因此政府在财政上大力支持高校教育国际(如上文提到的 Erasmus + 政策),设立多种奖学金吸引留学生,然而这忽略了留学学校选择也应该以市场为导向的重要性。在招收外国学生的同时,大多数院校仍然以盈利为动机,并没有充分意识到招收外国学生和开展英语培训有助于提高学生和教师的个人能力和院校国际竞争力这一点。

(三)中匈高等教育合作交流

中国和匈牙利两国的教育交流始于 20 世纪 50 年代初期,至今已有半个多世纪。两国建立外交关系后,即互派留学生到对方国家学习。这些留学生后来成为两国外交、经贸、文化、科技、教育等各方面交流的中坚力量,为全面发展两国友好合作关系发挥了重要作用。经过双方多年的共同努力,两国间的教育交流与合作正在不断取得新的进展。1997 年,中国与匈牙利签订了承认学位和学历证书的协议。

两国的一些著名大学,如中国的北京大学、北京外国语大学、中国中医药大学、西北政法大学等,匈牙利的罗兰大学、塞梅尔维斯医科大学、圣伊斯特万大学、李斯特音乐学院等,通过互访与合作建立了校际交流关系。两国的著名教授经常相互访问,在科研领域互相学习借鉴,共同探讨研究,促进了双方学术水平的提高。

目前国内共有北京外国语大学、北京第二外国语学院、天津外国语大学、四川外国语大学、四川外国语大学成都学院、西安外国语大学、华北理工大学、中国传媒大学、宁波城市职业技术学院以及河北外国语学院共 10 所高校开设本科匈牙利语专业或选修课,其中部分院校每年都会派遣交换生赴匈学习,品学兼优的学生通过在网站上提前申请有机会取得国家留学基金委员会的奖学金,匈方也会派遣中文系的学生来北京外国语大学及北京语言大学等高校学习中文。国内部分院校还与匈牙利的大学建立了合作关系,如北京外国语大学与匈牙利巴拉驰语言学校,天津外国语大学与德布勒森大学,四川外国语大学与罗兰大学,华北理工大学与佩奇大学。除此之外,两国教育部之间签署有教育交流执行计划,此计划实施顺利。根据这一计划,两国的教育官员每年互访,共同协商,扩大交流与合作;中国向匈牙利派遣两名教师,分别在罗兰大学和布达佩斯外贸学院教授汉语。匈牙利向中国派遣一名教师,在北京外国语大学教授匈牙利语;两国每年互换 15 名政府奖学金留学生,匈牙利学生到中国学习语言、文化、艺术、中医等课程,中国的学生学者来此在语言、音乐、医学、农业等方面进修学习。

第七章 埃及高等教育发展战略研究

一、埃及发展概况

埃及,被称为"世界之母",具有悠久的历史、璀璨的文明。今天埃及文化的核心是伊斯兰文明,而纵观埃及六千年的历史,最开始占统治地位的是法老文明,然后是基督教文明,之后是伊斯兰文明。在埃及这片土地上,各种文化、文明真可以说是你方唱罢我登场。

今天,在埃及占有统治地位的宗教是伊斯兰教,伊斯兰教也是埃及的国教,埃及首都开罗被称为"千塔之城","塔"指的是清真寺的宣礼塔,可见埃及浓郁的伊斯兰氛围,埃及的穆斯林以逊尼派为主。除了伊斯兰教之外,埃及也有基督教,信奉基督教的主要是埃及科普特人,科普特人信奉的是基督教的科普特教派,科普特教派尊奉的是"基督一性论"。

从宗教上来看,埃及的穆斯林大约占国家总人口的 90%,基督教科普特教派信徒大约占 9%,基督教其他教派占 1%;从民族构成上来看,埃及人占 98%,柏柏尔人、努比亚人、贝都因人、贝贾人占 1%,希腊人、亚美尼亚人、其他欧洲人(主要是意大利人和法国人)占 1%。埃及的人口目前已经突破了 1 亿零 400 万,是世界上人口第 13 多的国家,其中有将近 9400 万人生活在埃及国内,大约 1000 万人生活在国外。埃及人中年龄 15 岁到 24 岁的青少年占总人口的 18.2%。[①] 开罗省是埃及国内人口最多的省份,达到了 970 万人;紧随其后的是吉萨省,有 880 万人。埃及社会的平均失业率是 11.8%,其中女性失业率为 23.1%,男性失业率为 8.2%。[②] 在这样的高失业率下,埃及的经济面临着巨大的压力,解决就业、提高经济增长率成了政府需要解决的迫在眉睫的问题。

埃及现任总统是塞西,埃及的政治制度是一种民主社会主义共和制。1971 年通过的埃及永久宪法规定:阿拉伯埃及共和国是以劳动人民力量联盟为基础的民主和社会主义制度的国家,总统是国家元首、武装部队最高统帅,由人民议会提名,公民投票选出,任期 6 年。这一宪法后来经过多次修改,增加、变化了若干条款,如增加了多党制,总统可多次连选连任,公民直接投票在多名候选人中选出总统。特定家族、政党或其领导人长期执政是埃及基本的政治现象,革命、军事政变和社会动乱成为埃及政府更迭、政权交替的常见手段,埃及人民在选择余地很小的情况下选举总统和议员,这些都是埃及政治的基本特

---

① 《عدد·سكان·مصر·يتجاوز·104·ملايين·نسمة》,http://www.bbc.com/arabic/middleeast-41453757, accessed August 10,2018.

② 《ارتفاع·عدد·سكان·مصر·إلى·رقم·جديد》, https://arabic. rt. com/middle _ east/956622-#/رقم-جديد -ارتفاع-التعداد-السكاني-في-مصر-إلى, accessed August 10,2018.

色。 在埃及占有统治地位的政党是民族民主党,主要的反对党是新华夫脱党和社会主义工党。

在前总统穆尔西执政时期,埃及的经济跌入了低谷,但幸运的是,自现总统塞西掌权以来,埃及的经济逐渐走出低谷,一路上扬。在 2017—2018 财政年度,埃及的经济增长率达到了 5.3%,是近 10 年来最高的一次。 2016 年 2 月 25 日,塞西总统宣布"埃及 2030 愿景"战略,目标是在 2030 年将埃及的 GDP 年增长率提高到 12%。如果未来埃及一直持续这几年经济的发展势头,这一目标是可以期待的。

得益于经济的不断向好,自从 2014 年 6 月塞西成为埃及总统以来,虽然不时传出埃及政府军和恐怖组织交火的消息,西奈半岛也不时地传出恐怖组织活动的消息,但埃及的国内局势总体平稳。这主要还是得益于政府的各种保障民生的政策,如埃及政府长期对米、面、食用油、蔗糖等基本生活物资实行补贴,降低了民众的生活成本,保障了民众的最低生活水平;2010 年,埃及政府对养老金法进行改革,提高养老金标准;2011 年又为政府公务员、退伍军人等加薪;除此之外,政府还大力推进保障房建设。凡此种种政策皆有利于保障埃及社会的稳定。

中国和埃及的交往历史可谓源远流长,伊斯兰教先知穆罕默德就在《圣训》中说过:"求知哪怕远到中国。"而早在公元前 11 世纪,中国西周的丝绸就曾到达过埃及。之后,两国的交往断断续续,这些交往见于两国的史书和两国出土的文物当中。近代,两国关系越发密切。民国时期,30 年代,先后有 6 批中国学生前往埃及留学。新中国成立后,埃及于 1956 年承认新中国,成为阿拉伯世界第一个承认新中国政府的国家,两国政府发表联合公报,宣布正式建立外交关系,互派大使级外交代表。中埃建交有着重大的历史意义,因为埃及不管在阿拉伯国家中还是在非洲国家中都有着举足轻重的地位,中埃建交是中国与非洲和阿拉伯国家关系的一次重大突破。此后,一系列非洲和阿拉伯国家先后同中国建立外交关系,极大地提高了新中国的国际地位。中埃建交之后两个月,苏伊士运河战争爆发,中国坚定地站在埃及一边,为埃及提供了精神支持和物质援助。埃及一贯保持"一个中国"立场,在中国重返联合国的进程中发挥了重要作用。中国和埃及从 1955 年开始互派留学生,但是两国建交是在 1956 年 5 月 30 日。建交以来,两国关系一直非常良好,在多个领域建立了合作关系。在教育方面,1995 年,两国签署了教育合作谅解备忘录;1997 年,两国签署了协议,互相承认学历、学位;2007 年,北京大学和开罗大学合作在开罗大学成立北非地区也是埃及第一家孔子学院;2008 年,埃及第二家孔子学院建立,合作双方是华北电力大学和苏伊士运河大学;到 2018 年,埃及有 10 所大学开设中文专业,其中艾因夏姆斯大学中文系所取得的成就最为瞩目。在经贸方面,中埃双方也是彼此重要的贸易伙伴。2018 年上半年,埃及与中国的双边货物贸易额为 48.4 亿美元,增长 32.4%。埃及从中国的进口额为 43.5 亿美元,占埃及进口总额的 12.5%,同比增长 32%,埃及从中国进口的主要商品是机电产品、纺织品及原料、贱金属及制品;埃及向中国的出口额为

① 王联:《中东政治与社会》,北京大学出版社 2009 年版,第 231~232 页。

② 《اقتصاد مصر يحقق أعلى معدل نمو سنوي منذ 10 سنوات بالعام المالي الماضي》,https://arabic.cnn.com/business/article/2018/07/25/bus-2572018-egypt-economy,accessed August 10,2018.

4.88亿美元,占埃及出口额的 3.6％,同比增加 35.9％,埃及对中国出口的主要商品是矿产品、植物产品和塑料橡胶。中国也是埃及最大贸易逆差来源地,1—6 月逆差额为 38.6 亿美元,同比增长 31.6％。[①]

二、埃及高等教育发展简史

埃及高等教育的历史悠久,因为该国拥有世界上最古老的大学,这所大学就是爱资哈尔大学,它始建于公元 10 世纪,有上千年的历史。今天,爱资哈尔大学依然是伊斯兰世界众多学者和莘莘学子向往的圣地。

据推测,法老时期的埃及和中世纪的埃及也有高等教育,但由于研究资料匮乏,我们无法全面掌握其情况。

1798 年,拿破仑入侵埃及,埃及人开始接触西方科学技术。之后,穆罕默德·阿里将西方科学技术观念引入埃及,他在埃及建立了若干学校,如高等工程学校、医学院、炮兵学院、语言学院、预备学院等;除此之外,他还派遣埃及留学生去欧洲国家学习,如 1813—1847 年间,埃及派出 319 名留学生,分 9 批次前往法国、意大利、英国等地学习,故埃及近代的高等教育也在穆罕默德·阿里时期开始全面发展。

穆罕默德·阿里的孙子——伊斯梅尔执政时期,跨国教育在埃及得到了很大的发展,英国、法国、德国、意大利等欧洲国家纷纷在埃及开办教会学校。此外,近代阿拉伯世界第一所女子学校也在这一时期开办,开办者是伊斯梅尔的第三位妻子。到 1892 年,西方国家在埃及公开办校达 42 所之多。[②] 西方教育理念和方式开始全面影响埃及。

在英国占领埃及期间,英国殖民者在埃及的代理人伊夫林·巴林取消了穆罕默德·阿里规定的免费教育政策,英国派出了大量英国教师来埃及任教,英语逐渐取代法语成为埃及的主流外语。这一时期埃及的教育主要是为了满足英国殖民统治的需求。高等教育是殖民统治所不需要的,因为英国在埃及推行的是愚民主义,所以这一时期埃及的高等教育基本处于停滞甚至倒退状态。

独立后,埃及的教育体系存在三轨:以爱资哈尔大学为基点的古老的宗教教育,为降低大众文盲率而存在的初等教育体系,为特权阶级开办的现代、欧化的教育体系。[③]

到 20 世纪,埃及高等教育规模不断扩大。1930 年,接受高等教育的在校生为 4247人;1940 年,这一数字增长到 8507 人;1952 年,人数达到 42494 人。[④] 1941 年,埃及成立了高等教育部。

有学者将埃及阿拉伯共和国成立之后的埃及高等教育分为四个发展阶段:共和国建国初期,结构调整阶段。20 世纪 60 年代,数量大发展阶段。20 世纪 80 年代以后,数量控

---

① 《2018 年 1—6 月中国与埃及双边贸易概况:贸易额增长 32.4％》,http://m.askci.com/news/maoyi/20180927/1435551133007.shtml,中商情报网,最后访问日期:2018 年 8 月 12 日。

② 李建忠:《战后非洲教育》,江西教育出版社 1996 年版,第 401 页。

③ 马青:《埃及的大学国际化研究》,华东师范大学 2014 年硕士学位论文。

④ Donald M.R.,*Cario University and the Making of Modern* Eygpt,Cambrige University Press,1991,p.29.

制和调整阶段。1992 年以后,新时期全面发展阶段。[①]

大学是高等教育的象征,埃及历史上第一个现代意义上的大学成立于 1908 年,那就是埃及大学。埃及大学的前身可以追溯到穆罕默德·阿里时代建立的多所学校,如 1816 年建立的工程学校,1827 年建立的医学校。后来,穆斯塔法·卡米尔等人领导了要求建立现代化大学的人民请愿运动。于是在 1908 年,埃及大学应运而生。1952 年 12 月 21 日,埃及大学又改名为开罗大学。1950 年,在亚历山大出现了埃及第二所国立大学;同年,第三所国立大学艾因夏姆斯大学也成立了。1957 年,埃及建立了第一所工科大学——艾斯尤特大学。

纳赛尔执政时期,1957 年,埃及议会决定,大学要向每一个要求入学的中学毕业生开放。1961 年,成立了开罗综合技术学院。1962 年,组建了高等工业学院。与此同时,宗教氛围浓厚的爱资哈尔大学也被纳入了现代大学体系之中,埃及政府对爱资哈尔大学进行了改革,爱资哈尔大学开始教授现代科学和应用科学,并在大学内新建了农业学院、工业学院、商业学院和女子学院,女子学院的开设改变了爱资哈尔长期以来不招收女性的惯例。纳赛尔执政时期,教育经费向高等教育严重倾斜,从而实现了埃及公立高等院校全部实行免费教育,这一免费政策到今天已经发生了一些松动,今天的埃及政府允许公立大学向学生收取一定比例的学费,但学生缴纳的学费依然是相当低廉的。纳赛尔时期的公立大学免费政策对于学生来说固然是福利,但同时也给埃及政府的财政造成了巨大压力。1964 年,埃及政府又推出了高校毕业生包分配政策,同时扩大大学的招生规模,让更多贫寒家庭子弟也能上大学。由此,埃及的高等教育开始由精英教育转变为大众化教育,这一转变在某些学者看来造成了埃及高等教育及其研究质量的下降。[②]

萨达特执政时期,1971 年,他亲自下令,要求埃及高校录取所有的中学毕业生。从 1972 年到 1976 年,埃及新建了 7 所大学。在整个 70 年代,埃及高校在校生年增长率达到了 8.3％。萨达特执政时期,还取消了对私立高等教育的禁令,开始筹办私立高等院校,禁令取消的原因是为了缓解公立高等教育面临的压力。

在纳赛尔和萨达特两位总统执政时期,埃及高等教育发展迅速,高校如雨后春笋般涌现,高校不断扩招。但是这些做法也引来了批评的声音,有批评者指出,埃及需要的不是高等教育,而是更为实用的职业教育和中等教育。高等教育在埃及广泛开展还为时过早,因为当时埃及的文盲率超过 60％。大学所教授的内容被政府限定得很死板,毫无自由可言。

穆巴拉克时期,埃及的教育政策主要表现在:教育面向现代化;因材施教;迅速融入科技时代,应对全球化的挑战。[③] 政府在参考针对高等教育批评意见的情况下制定了《埃及大学法》,进行了一系列高等教育改革。改革涉及以下几个方面:1994 年通过了第 142 号

---

① 王素、袁桂林:《世界教育体系中的埃及教育》,吉林教育出版社 2000 年版,第 241 页。

② Ahmed B., Irina S., *Research in Egypt Universities:the Role of Research in Higher Education*,UNESCO Cousteau Ecotechnie Chair Unit of Environmental Studies and Development,2008,pp.1-12.

③ 埃及新闻部国家新闻总署:《埃及年鉴 2004》,埃及驻华使馆新闻处 2005 年版,第 156 页。

法令,组成大学最高委员会。教育民主化。增加大学院系和科研机构。提高教师待遇。大学课程改革,增加技术和科学的课程,满足工作岗位对毕业生技术能力的要求,让毕业生一毕业就能适应工作岗位。1995 年,埃及高校在校生人数为 103.2 万人,成为 22 个在校大学生人数超百万的高等教育大国之一;每 10 万居民中在校大学生为 1900 人,高于当时世界平均数的 1434 人;高校入学率为 20.3%,也高于当时世界平均水平 16.2%;外国留学生 6727 人,位列当年全球 50 个主要接收外国留学生国家中的第 29 位。私立大学政策在埃及开始落实。1987 年,成立中央私立教育委员会,制定私立大学的办学政策。1996 年,埃及第一所私立大学开始招生。进入私立大学学习的一般来说是富裕家庭子女,因为私立大学的学费和生活费开支是公立大学的数十倍。比如 2002—2003 年度,埃及私立大学的学生一年的教育支出是公立高校学生的 40 倍,私立学校一年的生活费则是公立学校的 17 倍。[①] 政府呼吁民众改变观念,不要盲目迷恋大学,号召民众把孩子送去学习实用技术。于是,埃及的高等技术学校迅速发展了起来,这些学校的毕业生数量逐年增加。但是这些毕业生在社会上却没有获得满意的工作和收入,究其原因,高等技术学校课程设置和市场需求脱节,教学质量差。

进入 21 世纪后,埃及开始了和世界银行合作进行"高等教育提升计划",此计划旨在通过立法改革、机构重组、建立独立的质量保证与监管机制,为改善埃及高等教育的质量与效能创造基本条件。此计划开始于 2002 年,完成时间为 2017 年。主要目标是改革大学的管理机制、改善大学的教育质量、改善技术教育的质量。此计划有若干子项目,如质量保证与认证计划、高等教育提升计划基金、信息与交流技术计划、学院领导培养计划、教育学院发展计划、埃及技术院校计划等。此计划由世界银行和埃及高等教育部合作组织实施。通过本计划,促成了埃及大学自主管理的立法改革,提高了埃及公立大学的生均支出,推动了大学本科生和研究生的课程改革,建立了综合的计算机网络设施,设置了大学之间馆际互借系统,17 所公立大学建立了培训中心培养教师等。这些举措使得埃及各大学提升了申请基金的竞争意识,信息和交流技术的推广全面推进了埃及高等教育事业的发展,这些都是此计划对埃及高等教育的巨大影响。[②]

穆巴拉克下台后,埃及大学校长由总统直接任命改为选举产生。

不管是纳赛尔执政时期,还是萨达特、穆巴拉克执政时期,埃及高等教育的最大问题都是教育资源分配的不公平,即社会上层和中上层家庭接受高等教育的机会要远远高于社会中下层和下层家庭,这样造成的结果就是社会阶级固化,严重削弱了社会流动性。[③]

三、埃及高等教育发展现状

(一)行政体制和法律法规

埃及政府的高等教育管理机构主要有:高等教育部、大学最高委员会、宗教基金部。其中,高等教育部负责监管高等教育即大学阶段的教育。大学最高委员会负责制定总体

---

① 季诚钧等:《埃及高等教育研究》,中国社会科学出版社 2010 年版,第 37 页。
② 马青:《埃及的大学国际化研究》,华东师范大学 2014 年硕士学位论文。
③ 毕健康、陈勇:《当代埃及教育发展与社会流动问题评析》,载《西亚非洲》2015 年第 5 期。

政策,监督新机构的建立。高等教育部和大学最高委员会管理世俗高等教育,埃及世俗高等教育可以分为两类:一是大学系统,二是高等教育机构。大学提供四年本科及以上的学术性教育,包括公立大学和私立大学,其中公立大学在学术地位和办学规模上都是埃及高等教育的主体;高等教育机构则为职业性教育体系。宗教基金部负责管理宗教教育系统,如爱资哈尔大学就隶属于宗教基金部。

埃及有两个教育部,一个是教育部,另一个是高等教育部。高等教育部是 1961 年从教育部中分离出来的,是埃及最高高等教育行政部门,由于宪法规定大学是独立的,因此它对大学没有直接的行政管辖权。大学由大学最高委员会管理。大学最高委员会由高教部部长、政府官员和大学校长组成,大学校长既是大学最高委员会的成员,又是各自所在大学委员会的主席。然而在实际的高等教育运行过程中,政府主导、高等院校缺乏办学自主权仍然是现行埃及高等教育管理体制的重要特征。①

埃及各大学都在一部法律的规范下运作,这部法律是《大学组织法》,它规定了埃及各大学如何开办、如何设置院系和专业、如何招生、如何进行教学科研工作、教师资格职称如何评定和晋升、如何有效管理等一系列事务。可以说,《大学组织法》是埃及各大学一部纲领性的文件,且对大学日常工作中的各个步骤都有规定。比如,该法规定埃及设立大学最高委员会来管理全国的大学,各大学又要逐层设立校级委员会、院级委员会、系级委员会。各大学不得颁布和《大学组织法》相抵触和违背的政策条款。②

(二)院校类型

埃及的高等院校可以分为公立院校和私立院校。公立院校又可以分为三种类型:(1)直接隶属于大学最高委员会的公立性质的综合大学,如开罗大学、艾因夏姆斯大学、亚历山大大学等。这类高校师资力量雄厚,生源比较好,科研力量强,有能力参与国际交流、合作和竞争。这类院校都有研究生院,有能力培养硕士、博士,是为埃及培养高尖端人才和科学研究的基地。(2)隶属于埃及各部委的高等、中等专科院校,如隶属于文化部的艺术学院,隶属于内政部的警察学院,隶属于人力资源部的劳动大学,隶属于信息部的今日消息学院等。这些院校侧重于本科阶段的教育,也可授予硕士、博士学位。(3)隶属于高等教育部和各部委的短期培训学校。这些院校侧重于培养专门技能人才,可授予学士学位,主要对学生进行职业培训。③

(三)埃及的公立大学和私立大学

根据埃及高等教育部网站的信息,高教部网站罗列出的大学共有 46 所,其中公立大学 24 所:开罗大学、亚历山大大学、艾因夏姆斯大学、艾斯尤特大学、坦塔大学、曼苏尔大学、扎加齐克大学、阿勒旺大学、米尼亚大学、姆努菲亚大学、苏伊士运河大学、南河谷大学、班哈大学、法尤姆大学、班苏维夫大学、谢赫村大学、苏哈贾大学、塞得港大学、德曼胡

---

① 联合国教科文组织高等教育创新中心:《埃及》,http://cn.ichei.org/2018/01/09/egypt/,最后访问日期:2018 年 8 月 15 日。

② 霍文杰:《埃及高等教育中的〈大学组织法〉》,载《教育》2014 年第 14 期。

③ 武慧杰:《埃及高等教育所面临的挑战及应对之策》,载《阿拉伯世界研究》2009 年第 4 期。

尔大学、阿斯旺大学、德米雅塔大学、萨达特城大学、苏伊士大学、阿里什大学。[①] 其中有一些大学是近些年刚刚建立的,如 2012 年建立的苏伊士大学,2016 年建立的阿里什大学。

私立大学 22 所:十月六日大学、埃及科技大学、文艺和现代科学十月大学、埃及国际大学、埃及法国大学、埃及(开罗)德国大学、金字塔加拿大大学、埃及英国大学、信息技术现代大学、西奈大学、法鲁斯大学、未来大学、埃及俄国大学、复兴大学、德尔塔科技大学、尼罗河大学、埃及网络学习大学、开罗白德尔大学、赫利奥波利斯(太阳城)大学、德拉亚大学、新吉萨大学、埃及中国大学。

(四)埃及各大学的国际排名

在全球不同机构所发布的各种大学排名榜单上,埃及大学能够占有一席之地。下面列举 5 个在世界上有影响力的全球大学排行榜,通过这些榜单,我们大致可以了解埃及的大学在全世界处于一个什么样的位置,也可以看出埃及的大学在非洲、阿拉伯地区是否还处于领先的位置。

1.软科所公布的 2018 年世界大学学术排名[②],如表 7-1 所示。

表 7-1 软科 2018 年世界大学学术排行榜

大学名称	埃及排名	世界排名区间	Alumni	Award	HiCi	N&S	PUB	PCP
开罗大学	一	401—500	19.0	0.0	0.0	2.6	35.9	18.8
亚历山大大学	二	601—700	12.4	0.0	0.0	2.1	24.6	12.8
艾因夏姆斯大学	三	701—800	0.0	0.0	0.0	3.9	26.5	13.1
曼苏尔大学	四	801—900	0.0	0.0	0.0	1.5	24.9	12.2
班苏维夫大学	五	901—1000	0.0	0.0	9.6	0.0	15.2	8.8

从榜单中我们可以看出,埃及共有 5 所大学上榜,排名最高的是开罗大学,在世界上位于 401—500 名这一区间,开罗大学从 2011 年到 2015 年都处于这一区间。在阿拉伯国家中,排名最高的是沙特的阿卜杜勒阿齐兹国王大学,位于 101—150 名这一区间。榜单中前 500 名中有 4 所沙特大学上榜,这 4 所大学所处的区间都高于埃及的开罗大学。非洲的大学中,南非有 8 所大学跻身前 500 名,南非的大学也是非洲大学中排名最高的,有2 所大学排到了前 300 名。软科的榜单衡量的是一所大学的科研能力,且偏重于自然科学。从榜单来看,在自然科学的研究方面,埃及的大学在阿拉伯国家和非洲都已经不是最好的了,这也证明了埃及大学的科研能力确实在下降。从各单项指数来看,开罗大学和亚

---

① 《الجامعات الحكومية》,http://portal.mohesr.gov.eg/ar-eg/Pages/governmental-universities.aspx, accessed August 16,2018.

② 世界大学学术排名选择获诺贝尔奖和菲尔兹奖的校友折合数(简称 Alumni)、获诺贝尔奖和菲尔兹奖的教师折合数(简称 Award)、各学科领域被引用次数最高的科学家数(简称 HiCi)、在《自然》(Nature)和《科学》(Science)上发表论文的折合数(简称 N&S)、被科学引文索引(SCIE)和社会科学引文索引(SSCI)收录的论文数(简称 PUB)、上述五项指标得分的平均值(简称 PCP)。

历山大大学均有校友获得诺贝尔奖或菲兹奖,高被引科学家一项得分的只有班苏维夫大学,埃及大学得分较高的一项是被 SCIE 和 SSCI 收录的论文数量。[①]

2.英国泰晤士报 2019 全球大学排名中囊括了埃及的 19 所大学[②],如表 7-2 所示。

表 7-2　英国泰晤士报 2019 世界大学排行榜

大学名称	埃及排名	世界排名区间
开罗美国大学	1	601～800
班哈大学	2	
班苏维夫大学	3	
谢赫村大学	4	
曼苏尔大学	5	
苏伊士运河大学	6	
亚历山大大学	7	801～1000
开罗大学	8	
法尤姆大学	9	
苏哈贾大学	10	
坦塔大学	11	
艾因夏姆斯大学	12	1001＋
爱资哈尔大学	13	
艾斯尤特大学	14	
阿勒旺大学	15	
姆努菲亚大学	16	
米尼亚大学	17	
南河谷大学	18	
扎加齐克大学	19	

从榜单来看,排名最高的是开罗美国大学。根据泰晤士报全球大学排名各大学的统计数据来看,学生人数最多的是爱资哈尔大学,人数为 318 158;师生比例最达标的是苏伊士运河大学,师生比为1∶12.5;留学生比例最高的大学是爱资哈尔大学和班哈大学,比例达 5％;留学生人数最多的是爱资哈尔大学,人数为 15908;教学得分最高的是坦塔大学;科研得分最高的是开罗美国大学;被引用得分最高的是苏伊士运河大学;最能挣钱的是亚历山大大学;国际化程度最高的是开罗美国大学,国际化程度得分最低的是开罗大学;女

[①]　Academic Ranking of World Universities,http://www.shanghairanking.com/ARWU2018.html,accessed August 20,2018.

[②]　Study in Egypt / Times Higher Education（THE）,https://www.timeshighereducation.com/student/where-to-study/study-in-egypt,accessed March 21,2018.

生比例最高的是南河谷大学,男女比例为 38：62,男生比例最高的是法尤姆大学,男女比例为 61：39。

3.美国新闻网发布的 2018 年世界大学排名[①],如表 7-3 所示。

表 7-3　美国新闻网 2018 世界大学排名

大学名称	埃及排名	世界排名	得分
开罗大学	1	448	48.2
曼苏尔大学	2	698	39.4
苏伊士运河大学	3	717	39.0
艾因夏姆斯大学	4	729	38.7
亚历山大大学	5	745	38.0
艾斯尤特大学	6	853	34.1
爱资哈尔大学	7	985	29.5
扎加齐克大学	8	989	29.4
坦塔大学	9	1060	26.8
阿勒旺大学	10	1077	26.3
姆努菲亚大学	11	1164	22.4

从榜单来看,排名第 1 的是开罗大学,它在非洲大学中排名第 6,排名前 5 的都是南非的大学,非洲第 1 名是南非的开普敦大学,其全世界排名为第 114。阿拉伯地区排名最高的大学是沙特的大学,开罗大学排在阿拉伯地区的第 4 名,前 3 名全部是沙特的大学。

4.英国所公布的 QS 2019 世界大学排行榜[②],如表 7-4 所示。

表 7-4　英国 QS 2019 世界大学排行榜

大学名称	埃及排名	世界排名区间
开罗美国大学	1	420
开罗大学	2	521—530
艾因夏姆斯大学	3	701—750
爱资哈尔大学	4	801—1000
亚历山大大学	5	801—1000
艾斯尤特大学	6	801—1000

排名最高的是开罗美国大学。非洲排名前 3 位的都是南非的大学,开罗美国大学排名非洲第 4。埃及的大学在阿拉伯地区只能排在第 8 位,排名第 1 的大学是沙特的阿卜

---

① Best Global Universities,https://www.usnews.com/education/best-global-universities/search?country＝egypt&region＝africa&page＝2.accessed August 22,2018.。

② QS World University Ranking 2019,https://www.topuniversities.com/universities/country/e-gypt/region/africa,accessed August 24,2018.。

杜勒阿齐兹国王大学,全球排名第 231 名;排名第 2 的是黎巴嫩的贝鲁特美国大学,全球排名第 237 名;第 3 是沙特国王大学,全球排名第 256 名;第 4 是阿联酋的哈里发大学,全球排名第 315 名;第 5 是卡塔尔大学,全球排名第 332 名;第 6 是阿联酋大学,全球排名第 350 名;第 7 是阿联酋的沙迦美国大学,全球排名第 376 名。

5.西班牙所公布的世界大学排行榜①,如表 7-5 所示。

表 7-5　西班牙全球大学排行榜

学校名称	埃及排名	世界排名
开罗大学	1	760
亚历山大大学	2	1139
曼苏尔大学	3	1289
开罗美国大学	4	1323
艾因夏姆斯大学	5	1394
班哈大学	6	1767
艾斯尤特大学	7	1815
扎加齐克大学	8	1938
坦塔大学	9	2139
爱资哈尔大学	10	2249
阿勒旺大学	11	2264
阿拉伯科学技术与海洋运输学院	12	2463
苏伊士运河大学	13	2474
姆努菲亚大学	14	2557
谢赫村大学	15	2571
法尤姆大学	16	2576
米尼亚大学	17	2578
开罗英国大学	18	2782
班苏维夫大学	19	2808
南河谷大学	20	2853
开罗德国大学	21	2859
阿斯旺大学	22	2943
泽维尔科技城	23	3172

① Egypt/Ranking Web of Universities,http://www.webometrics.info/en/Africa/Egypt,accessed August 24,2018.

续表

学校名称	埃及排名	世界排名
埃及日本科技大学	24	3472
塞得港大学	25	3861
苏哈贾大学	26	3899
尼罗河大学	27	3933
德米雅塔大学	28	3946
亚历山大法鲁斯大学	29	4111
德曼胡尔大学	30	4174
埃及科技大学	31	4311
苏伊士大学	32	4512
军事技术学院	33	5425
高等技术学院	34	6286
德尔塔科技大学	35	6497
信息技术现代大学	36	6785
埃及国际大学	37	7518
未来大学	38	8907
十月六日大学	39	10355
西奈大学	40	10960
加拿大国际学院	41	11055
埃及网络学习大学	42	11207
爱资哈尔谢里夫伊斯兰研究学院	43	11374
金字塔加拿大大学	44	11883
太阳城大学	45	12580
亚历山大桑格尔大学	46	12813
现代科学艺术大学	47	13012
复兴大学	48	13137
萨达特管理学院	49	13658
埃及阿拉伯开放大学	50	13772
埃及俄国大学	51	14955
埃及法国大学	52	15077
舍鲁格学院	53	16518
工程技术现代学院	54	16716

续表

学校名称	埃及排名	世界排名
开罗白德尔大学	55	17174
萨达特城大学	56	17487
阿克巴尤姆学院	57	17607
底比斯综合科学学院	58	18402
亚历山大高等技术学院	59	22280
高等工程学院	60	22588
苏伊士运河大学医学院	61	24276
新吉萨大学	62	24850
科学谷学院	63	24936
埃及中国大学	64	25935

西班牙所公布的这份榜单是这5个排行榜中囊括学校最多的,收录了64所埃及的大学,排名第1的是开罗大学,但世界排名仅在760位。值得一提的是,榜单中出现的埃及大学中的最后一位是埃及中国大学,这所成立不久的大学还有很长的路要走。

这5个排行榜的侧重各有不同,由不同考察项得出的各大学排名也不相同。综合这5个榜单来看,开罗大学3次排在埃及各大学的第1位。开罗美国大学两次排在埃及各大学的第1位,且这两次都是在英国发布的榜单上。所以埃及综合实力最强的两所大学是开罗大学和开罗美国大学,一个是公立大学一个是私立大学,开罗大学是埃及第一所现代意义上的大学,而开罗美国大学则是完全按照美国的教育、科研方式开设的一所大学。从排名中我们还可以看到,埃及的大学不管在非洲还是在阿拉伯世界都已经丧失了领头羊的位置,非洲的第1名是南非的大学,而阿拉伯世界的第1名则是沙特的大学。尤其是在英国发布的榜单中,埃及第1名的大学在阿拉伯世界中被沙特、黎巴嫩、阿联酋、卡塔尔、约旦、科威特的大学所超越。

(五)埃及高等教育特点

教育模式非常传统。课堂上基本上以老师讲解为主,学生抄下笔记后考试前死记硬背,师生间缺乏交流互动,师生双方均缺乏创造性的思维。教材老旧,更新速度慢,内容与时代严重脱节。教室中缺乏现代化的教学设施,教师自然也无法将现代化的多媒体教学手段运用到课堂中去。

管理为中央集权式。埃及大学有自己的大学委员会,但那只是表面上拥有自治权,实际上高等教育部对大学的管理有直接干预和管制的权利。

办学规模庞大。由于办学规模太过庞大,高校学生人数过多,教师数量又严重不足,师生比例严重失调,其结果就是无法开展小班授课,故高校多采用大班开课的做法,而大班开课又严重影响了教学质量。

公立高等教育免费,或学生缴纳低廉学费。

教师职称从高到低分别是:教授、副教授、讲师、助教、留校研究生。其中教授、副教授和讲师在单位是有编制的,而助教和留校研究生是没有编制的,相当于临时工。

(六)埃及高等教育存在的问题

第一,高等教育质量严重下滑。造成这一问题有以下几个因素:教育系统不断扩张,经费日益紧缺。从纳赛尔、萨达特、穆巴拉克几代总统,从"教育要面向所有想上大学的高中生",到"大学要录取所有高中毕业生",再到公立高等教育的基本免费,埃及高等院校的学生人数逐年增加,使得各高校纷纷出现了千人课堂的局面。学生人数增加,政府对高等教育的拨款无法满足高等教育发展的需要。这表现在:学校硬件设备陈旧老化且普遍缺乏现代化的多媒体教学手段,图书馆藏书少而且陈旧,教师待遇低而且普遍缺乏进修和培训机会。高校教师聘任制度松散、低薪严重影响教师积极性。学生数量增长太快,教师数量明显不足,各高校从校外聘用有博士学位的人来授课。很多高校中青年教师有第二或第三职业,无法将精力完全投入教学与科研中去。缺乏学术自由,严重影响教师科研与教学质量。由于埃及政府对高校事务过多干预,高校缺乏必要的办学自主权。学生缺乏学习热情严重影响了教学质量的进一步提高。埃及高校普遍实行"宽进宽出"的培养政策,对学生的管理松散,学生逃课现象严重。

第二,高等教育结构总体失衡,导致学生结构性失业。

第三,高级人才外流严重。由于埃及国内高校毕业生就业困难,致使大批高级人才外流到欧美国家和其他阿拉伯国家。[①]

第四,公立基础教育免费影响高等教育入学生源构成,进而造成埃及阶级固化,社会流动性很弱。公立基础教育免费但质量低劣,富人家教补习,寒门难出贵子。例如2004－2005年度,埃及最富裕的1/5家庭大学净入学率为47.95%,而最贫穷的1/5家庭的净入学率仅为9.07%。富有家庭接受高等教育的机会高于贫穷家庭,进一步造成差距扩大。

第五,由于《埃及大学法》规定埃及各大学自主招生,所以导致各专业结构畸形。一方面,人文专业大量扩招,毕业生数量大于市场需求;另一方面,理工科毕业生数量少,无法满足市场需求,更无法保证埃及工业体系建设对人才的需求。

四、埃及高等教育发展战略

近10年来,埃及一直在动荡不安中徘徊,首先是"阿拉伯之春",执政数十年之久的被人称为"法老"的穆巴拉克黯然下台,埃及第一位民选总统——有穆斯林兄弟会背景的穆尔西上台,但穆尔西显然也不是一位优秀的掌舵人,在他执政期间,埃及的经济每况愈下,最终穆尔西被塞西联合军方、警察、司法系统赶下了台,塞西执掌大权之后,以铁腕手段稳定了埃及国内的局势,外交方面打出各种组合拳,修复埃及的国际形象和地位,在这种背景下,埃及的经济开始回暖。为了进一步振兴经济,全面发展埃及,2016年2月,塞西提出了"2030埃及愿景",目标是到2030年将埃及的GDP年增长率提高到12%。"2030埃及愿景"是一项全面振兴埃及的发展战略,不光是经济方面的,而是涉及各个方面,也涉及

---

① 武慧杰:《埃及高等教育所面临的挑战及应对之策》,载《阿拉伯世界研究》2009年第4期。

高等教育方面。下面是埃及高等教育部的"埃及2030高等教育愿景"（以下简称"愿景"），是埃及高等教育发展的顶层设计和核心战略。

（一）"愿景"①

埃及全面发展战略包括六个核心部分，分别是经济、政治、环境、国家安全、内政、外交。埃及高等教育发展战略应该同全面发展战略在构想、目标、目的上相匹配。

在2014年的埃及宪法中，社会各阶层一致同意推动高等教育和科学研究。《宪法》的第23款写道："国家确保科学研究的自由，并鼓励建立科研机构，并将此视为实现国家主权、建设知识经济、培养研究创新人员的途径，政府用于这方面的支出将不少于国民生产总值的1％，且这一比例将逐年上升，达到国际平均水平。政府保证为私营企业和海外埃及人在科研崛起方面拓宽路径。"

第21款写道："国家保证大学和科学、语言机构之独立性，保证大学教育符合国际质量标准，努力发展大学教育，保证公立高等院校免费制度。政府保证大学教育占政府支出比例不低于国民生产总值的2％，并逐年递增，直至达到国际平均水平。"

为了落实宪法中的这些条款，也为了振兴埃及和埃及经济，埃及领导层已经作出了一系列的决议，这些决议强调教育、学者的重要性，重视在信息技术上的科学研究和实践。埃及已经作出了一些积极的举措，其中最为重要的是埃及总统塞西在2014年科学节的时候发表的题为《埃及社会要学习、思考、创新》的宣言，宣布建立知识银行，要求高等教育和科学研究部为科学社会、埃及各阶层人民服务，对埃及土地上的每一位公民普及人文、科学知识。

在埃及政府的领导下，埃及正致力于对所有经济部门进行改革和根本性变革，旨在强化国家经济支柱。政府还认识到发展高等教育体系的重要性，让高等教育体系培养出的人才适应社会发展的需要。高等教育体系的建设刻不容缓，埃及的目标是在2030年成为世界前30大经济体，在实现这个目标的过程中，高等教育体系将发挥有效的核心作用。高等教育机构的基本任务是培养思想资本，思想资本是知识经济的神经，知识经济的神经赋予国家转型升级的能力，从资源型经济转向知识型经济。

宏观层面高等教育投资的经济回报是缩小各阶层经济、社会差距，从而确保社会结构的一致性和经济增长的可持续性；除此之外，还要实现政治稳定，提供广泛的人力资本基础，扩大经济、社会发展的需求，从而确保可持续性发展和人民生活水平保持在可接受的水平上。

处在被提出方案最前沿的教育——包括对人力资本的投资——其目的是在国内、地区、国际上实现更大的社会正义。要扩大低收入群体获得教育服务的机会，使低收入群体获得教育更容易，使他们有更平等的机会获得教育，这将促进社会参与和政治意识的发展，也将促进妇女获得更多权力，促进两性之间的平等，缩小由性别产生的差距；除此之外，还能促进反腐，加强问责。

---

① 《رؤية التعليم العالي 2030》，http://portal.mohesr.gov.eg/ar-eg/Pages/high-education-2030.aspx, accessed September 2, 2018.

　　埃及正在全力追赶发达国家的队伍,要想实现这一目标,高等教育是重要的一个环节。大学要从知识的消费者变成知识的生产者,大学各个专业要适应劳动市场,这就是埃及高等教育战略从 2016—2030 年发展的方向。

　　以前,埃及也有一些高等教育战略,这些战略使得埃及高等教育体系出现了一些积极的变化,但是这还远远不够,我们仍然需要付出艰苦的努力,使高等教育体系出现根本性变化。高等教育体系的持续发展对于生活质量的持续提高是非常必要的,高等教育体系要适应现在和未来的要求,发展应朝着深化基本原则的方向前进,高等教育机构的工作在这些原则下开展,这些原则是领导力、团队协作、透明度、问责制、相互尊重、质量、卓越、归属感、对国家的忠诚感、创新。高等教育体系当前的形势表明这一体系面临着很多内部挑战,如机会还不够均等,包括公平分配高等教育机会和高等教育机会的多样化,为那些对高等教育感兴趣的人提供教育机会,达到国际水平,实现教育体系的高质量。高等教育同时还面临着高等教育毕业生供求关系差距扩大,大学毕业生失业率高等问题。

　　国家已经意识到了所面对的这些挑战涉及了国家的安全问题,必须制定确保高等教育体系与当前和未来要求相关的愿景、使命、目标、战略和策略。这些要通过全面而详细的发展战略,这些都致力于在国家、地区和省级层面为埃及的可持续发展服务,达到高等教育机构所要求的质量和效率,形成省和地区的社会机构和高等教育体系之间的积极互动。

　　国家高等教育发展战略有以下愿景:

　　受过教育的人力资源具有创新的科学能力,符合本地、地区和国际劳动力市场的需求,推动经济走向可持续发展。

　　而使命则体现在:

　　根据各级变量提供质量适当、灵活的传授型教育服务和研究型教育服务,保证为埃及社会提供符合埃及价值观和道德观念的活跃人才,为埃及经济向知识和技术转型作出积极贡献。

　　为了实现这一点,国家高等教育体系发展战略有 11 条轨道,这 11 条轨道代表了任何优秀教育制度的基石,这 11 条轨道是:

　　第一,扩大贫困地区政府高等教育机构的规模,扩大私立大学的规模。到 2030 年,年龄在 18～22 岁青年中的 40％都能够上大学,这就意味着 2016—2020 年要新增 262000 个高等教育的名额;同时,在 2020—2030 年间,要新增 90 万个高等教育名额,要在国家的省、地区之间公平地分配这些名额,一方面是为了满足城市发展,另一方面是为了满足劳动力市场的需求。

　　第二,教育服务质量要得到保证,主要通过以下途径来实现:对 50％的高等教育机构和科研机构进行评估;采取必要措施来提升高等教育机构和科研机构的排名,将全球竞争力指数排名提高 20 位;对现行教育标准进行修改,吸收国际和全球标准。以此来达到预期目标。

　　第三,改革大学的招生制度,这种制度能够实现学生能力与学科、课程特点之间的匹配,也就是让学生学到与之能力相适应的专业。

　　第四,改善教学人员的健康状况和经济条件,提高他们的社会地位,特别是那些拥有高等学位的人才、稀缺领域的人才、国家急需领域的人才。大力发展与发达国家的联合科研计划,如与英国合作的牛顿计划,学术交流管理局与德国的计划,以及与日本、中国、俄罗斯、美国的合作、培训、奖学金计划。通过参加专业的国际科学会议,出版专业的国际刊物,为国际交往提供支持和激励。

第五,学生方面,根据国际标准关照学业优秀的学生和有天赋的学生。关照在数学方面成绩优异的学生,为他们提供更多参加国内外竞赛的机会。为有创造力的学生提供孵化器。为优秀的学生提供更多的支持和奖励机制。要关注那些有特殊需求和有残疾的学生。要特别关注来自贫困家庭和弱势群体的学生。

第六,发展技术教育体系。发展高等学院,使之为社会服务,将高等学院转变为社会大学,为国内社会需求服务。将四个高等学院转变为社会大学,涉及的专业有行政安全、工业安全和信息安全。制定教育法规草案,完善教育基础设施的建设,通过适当的预算审批。

第七,促进大学医院的发展。提高大学医院的服务水平,支持员工、医生和护士的培训计划,建立国际干细胞和器官移植研究治疗中心。通过各种立法来实现既定目标,规范和简化相关机制的落实。例如,确立新的法律,制定激励措施,支持科学研究,鼓励创业和小微项目。

第八,接收留学生方面。每年多接收阿拉伯和非洲国家学生 10%,使埃及恢复其在阿拉伯地区和非洲的领导地位,并最大限度地提高外汇资源的回报。增加稀缺专业外国访问团数量 1 倍,增加和发展伙伴共建的联合奖学金和联合项目,扩大埃及大学和外国大学之间的合作和结对子。要实现教育体制的变化,需要通过地区和国际层面的知识交流。

第九,推动信息技术发展。运用信息技术,将信息技术运用到方便埃及公民的生活中去。

第十,教育在技术领域提供了可持续发展的各种机制,为这些机制在教育机构的实施提供了路径,由此得以改善在教学管理、教学过程、研究过程中的沟通和信息系统。

第十一,在教育领域的这一战略并不是孤立的,它与之前的教育战略是相辅相成的,前人的努力是当下这一战略的基石。这一战略具有灵活性和现代性,结合了过去的经验、当前的现状以及未来的展望。

(二)"愿景"所针对的问题

纵观"愿景",全文对埃及在以前各个时期所实施的高等计划战略给予了肯定,但同时也强调了高等教育的建设事业还没有完成,还有很多需要改进和完善的地方。"愿景"对埃及高等教育到 2030 年需要实现的目标提出了具体的要求,明确了需要达到的目标。这些目标的针对性非常强,都是针对埃及高等教育目前存在的问题而提出来的。埃及高教部对于高等教育中存在的种种问题有着清醒认识。

第一,改革高等教育的制度和体系。"愿景"强调要从根本上改革高等教育体系,要对高等教育制度进行改革。"愿景"认识到高等教育体系改革是一项长期的工作,不能中断,要可持续地进行下去。"愿景"还强调了高等教育的改革能够促进人民生活水平的提高。通过对制度和体系的改革,加强高等教育系统领导干部的领导力,提高领导班子、行政部门、教学科研部门的团队协作能力,明确各部门的责任,提高透明度,提高高等教育的质量,强化高等教育的创新能力。

第二,解决高等教育和社会需求脱节的问题。埃及高等教育使用的教材严重老化,课程设置跟不上时代的要求,培养出来的学生学无用武之地,学生在学校学习的知识和技能和社会严重脱节,不符合社会的需求,这是埃及高校学生毕业后失业率高的一大原因。正是看到了这一点,"愿景"才要求大学各个专业要适应劳动市场,让高等教育体系培养出的人才适应社会发展的需要,并将此确定为埃及高等教育战略从 2016—2030 年发展的方向。

第三,解决长期以来依靠资源发展的经济模式,需要高等教育培养思想资本,促进知识经济的发展。埃及经济长期以来依靠资源发展,出口石油、天然气等自然资源,利用丰富的历史文化遗迹、遗产和沙漠、尼罗河、红海、地中海等自然景观资源吸引全世界的游客来发展旅游业。埃及地处欧洲、亚洲、非洲三大洲交汇处,拥有苏伊士运河这一国际航运黄金水道,收取过境船只的通行费,埃及在海外有大量侨民,这些人力资源也是埃及获取外汇的一大途径,俄罗斯、美国、沙特等盟友资源每年给予埃及数量可观的军事、经济援助。埃及古代被称为罗马帝国的粮仓,但是现在的粮食严重依赖进口,埃及的工业基础薄弱,大量工业产品也严重依赖进口。埃及现在的发展模式就是严重依赖各种资源,埃及经济的发展模式就是一种资源型经济发展模式,但是这种发展模式很不稳定,不是一种可持续发展的经济模式,受周边和国内局势的影响非常大。而中东地区又一直是世界的火药桶,巴勒斯坦、伊拉克、叙利亚、也门等地的局势一直不稳定,埃及国内局势也一直处于动荡之中,所以埃及经济的发展一直不好,全国的贫困人口还非常多。为了改变这种状况,"愿景"提出将资源型的经济发展模式转变为知识型的发展模式,知识型的发展模式需要大量的人才,这些人才都需要高等教育体系培养出来,高等教育在埃及经济发展中起到了核心推动力的作用。

第四,改革高等教育招生、课程设置体系,解决埃及社会阶层流动性差的问题,打破两种死循环,缓和社会矛盾,实现社会稳定。现在的埃及社会中,社会各阶层之间的流动性很差,几近停滞,富者越富,贫者越贫,社会贫富差距加大,社会矛盾激化,社会稳定性差,容易导致社会动荡。之所以会这样是因为埃及社会存在着两种循环,一种是良性循环,另一种是恶性循环。下面以图表的方式表现两种循环。

如图 7-1 所示,在良性循环中,富裕家庭的子女有条件接受课外教育,埃及的基础教育免费,但是教育质量不高,富裕家庭的子女都在校外上私课,这是一种普遍的情况,通过课外补习,富裕家庭子女的学习成绩普遍较好,大学入学考试成绩普遍较高,可以进入好的大学和理工科专业学习,理工科专业招生人数少,毕业后容易就业,薪资水平高,这些富家子女又会组成新的富裕家庭,他们的子女又会重新开始这种良性循环。

在恶性循环中,贫穷家庭的子女由于经济拮据,很少或者不上校外的私课,所以普遍学习成绩不如富家子弟,在大学入学考试中成绩低于富家子弟,只有少数能够进入好的大学和理工科专业,多数都进入人文学科专业学习,埃及各大学的人文学科专业招生规模大,但是供大于求,社会不需要这么多的人文学科毕业生,很多人文学科毕业生毕业即失业,即使找到工作薪资水平也较低,他们又组成新的贫困家庭,他们的子女又开始新一轮的恶性循环。

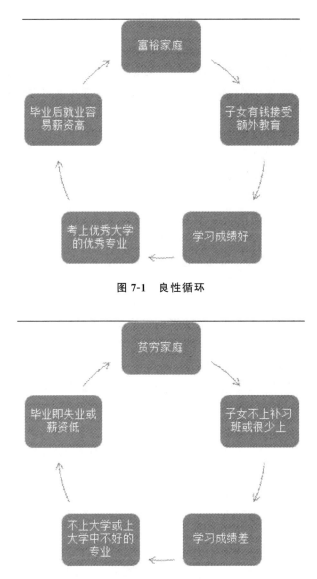

图 7-1　良性循环

图 7-2　恶性循环

联合国教科文前总干事松浦晃一郎曾经说过:"无知的根源丝毫未动,贫穷焉能消除?"这句话很好地说明了教育和贫穷之间的关系。通过对高等教育体制的改革,指导各大学制定更合理的专业设置,增加国家发展急需的理工科专业的设置,减少已经过剩的人文专业设置,让贫穷家庭的子女也能够进入好就业、就业薪资高的专业就读,改善他们家庭的经济状况,打破这两种循环,缩小各阶层之间的经济和社会差距,加大社会各阶层的流动性,加强社会发展的动力,解决社会贫困的问题,实现国家的全面发展。扩大低收入群体获得教育服务的机会,使低收入群体获得教育更容易,使他们有更平等的机会获得教育,使高等教育资源的分配更公平更合理,使高等教育资源多样化,这正是"愿景"所致力实现的。

　　第五,促进妇女受教育程度,解决妇女文盲率高、失业率高的问题。目前,全球大约有8.52亿成人文盲,其中64％是妇女,这种性别差异在阿拉伯国家、南亚表现得更为明显。埃及全国有文盲1840万,其中的绝大部分人分布在农村,农村中女性文盲有1060万,男性有740万。埃及人中没上过学的有2880万。目前,女性小于12岁便出嫁的"非法婚姻"呈上升趋势。[①] 埃及社会的平均失业率是11.8％,其中女性失业率为23.1％,男性失业率为8.2％。恩格斯曾说过,在任何社会中,妇女解放的程度都是衡量普遍解放的天然尺度。[②] 阿尔及利亚的改革家、学者巴迪斯说:"教育一个男孩,只是培养一个人;而教育好一个女孩子,则关系到一个民族。"研究表明,女性接受教育程度越高,其经济地位相应提高,女性的主体意识、政治成就感、意志力以及参政议政能力都将不断增强。受过教育的妇女一般收入较高,更有能力照料及支持家庭。联合国资料显示,受过教育的妇女子女数较少,子女年龄间隔也更适当。与文盲妇女相比,识字妇女更可能将子女,其中包括女童送到学校念书。埃及社会存在的这些现实问题都说明埃及妇女尤其是农村妇女受教育的机会还需要进一步扩大,妇女的就业率还需要增加,进而促进妇女经济地位的提升,促进妇女获得更多权利,促进两性之间的平等,缩小由性别产生的差距。

　　第六,加强埃及高等教育毕业生的国际竞争力。今天的世界处在一个全球化的时代,各个国家之间相互的依赖加深,在这样一个大的背景下,世界高等教育也发生了深刻的变化,大学越来越重视国际化的程度,大学培养出的人才不光要参与国内的竞争,还要面对地区、世界范围内的竞争,国际化程度高的大学所培养出的人才能够应对全世界不同地区的竞争与挑战。埃及并不是一个世界性的大国,但在非洲和阿拉伯地区它是一个地区性的大国,以前埃及的高等教育不管在非洲还是阿拉伯地区都是处于领先地位的,但是2018年各个机构公布的世界大学排行显示埃及的大学已经丧失了在非洲和阿拉伯地区的领导地位,埃及高等教育培养出来的人才不再具有领先的地位,那么这些人才在地区乃至世界的竞争当中面临巨大的压力。所以"愿景"才要求埃及受过教育的人力资源具有创新的科学能力,符合当地、地区和国际劳动力市场的需求,只有这样才能更好地应对地区、国际竞争。

　　第七,保证埃及高校毕业生正确的意识形态。埃及是一个思想活跃的国度,高等教育领域充满了各种意识形态。埃及有很多合作办学机构,如开罗美国大学、埃及英国大学、埃及法国大学等,这些埃及和外国机构的合作办学一方面是为了经济利益,另一方面就是外国机构向埃及输出自己的价值观和意识形态。埃及本土也有很多不同的意识形态,如穆斯林兄弟会的思想、宗教极端主义思想等。如果处理不好这些意识形态问题,就会导致社会动荡,"阿拉伯之春"导致长期执政的穆巴拉克下台,穆斯林兄弟会的上台执政又导致埃及政局的动荡不安。所以"愿景"强调高等教育要保证为埃及社会提供符合埃及价值观和道德观念的活跃人才。

　　最终,埃及政府希冀通过以下具体的措施来实现高等教育改革的各项目标:扩大贫困

---

　① 《‌‌عدد سكان مصر يتجاوز 104 ملايين نسمة‌‌》, http://www.bbc.com/arabic/middleeast-41453757, accessed September 5, 2018.。

　② [德]马克思、[德]恩格斯:《马克思恩格斯全集》(第20卷),人民出版社1961年版,第285页。

地区政府高等教育机构的规模。扩大私立大学的规模。对 50％的高等教育机构和科研机构进行评估。提升高等教育机构和科研机构的排名。让现行教育标准和国际接轨。改革大学招生制度。提高教学人员的待遇和社会地位。加强埃及和发达国家在教学和科研方面的国际合作。重视优秀的学生和有天赋的学生,为他们提供更多样化的机会。关注低收入家庭和弱势家庭子女。发展高等技术教育,进行高等学院改革。提高大学的医疗保障。大力发展医学事业。扩大留学生规模,特别是来自非洲和阿拉伯地区的留学生。推动信息技术的发展。

(三)埃及高等教育和科学研究部 4.0 战略

为了落实"愿景",埃及高教部也制定了相应的发展战略,名为"埃及高等教育和科学研究部 4.0 战略"(以下简称"4.0 战略")。[①] 这一战略分为五大板块:(1)教育;(2)科研发明;(3)人的塑造;(4)社会服务;(5)卫生健康。

"4.0 战略"力求通过合适的教育制度培养出有知识、有技术、有创新能力的人才。之所以被称为"4.0 战略",是为了适应"工业 4.0"的发展。第一次工业革命发生在 1784 年,用机器代替了手工,使用了水和蒸汽的力量;第二次工业革命发生在 1870 年,以大规模的工业生产为标志,使用了电能;第三次工业革命发生在 1969 年,以计算机和机器人的应用为标志;第四次工业革命,即"工业 4.0"将会以电子控制的机械系统为代表。

第四次工业革命涉及的重要领域有:人工智能、3D 打印、无缝网络、超级移动计算、智能机器人、自动驾驶汽车、基因分析。从 2015 年到 2030 年,第四次工业革命将会冲击全球的工业和劳动力市场。在发达国家的劳动力市场上,一些工作将会消失,一些新的工作将会出现,产品的竞争将会越来越激烈。而这些将会给发展中国家带来负面的影响,这些影响是:劳动力市场的需求将会改变,只有增加产品的附加值才能提高产品的竞争力。由于共享技术和经济的发展,在未来的 10 年,现有职业中的 35％将会消失;在未来的 25 年,现有职业中的 47％将会消失。

从 2016 年到 2030 年,埃及高教部有 22 个计划中的项目,这些项目可以分为以下几个部分:

第一,建立一些国际私立大学:扎拉山大学、科学高等学院、新阿拉曼大学、新曼苏尔城、萨勒曼国王大学、日本大学、泽维尔科技城。

第二,建立新的公立大学:马特鲁大学、卢克索大学、红海大学、新河谷大学。

第三,建立技术大学:新开罗技术大学、圭斯纳技术大学、班苏维夫技术大学。

第四,建立研究院和研究中心:埃及航天城、电子研究院、国家天文学和地球物理学研究院。

第五,建立国际大学的分支机构:加拿大的一些大学,欧洲的一些大学,英国的一些大学,意大利的一些大学,美国的一些大学。

---

① 《4.0 البحث العلمي والعالي التعليم وزارة استراتيجية》,http://portal.mohesr.gov.eg/ar-eg/Documents/Strategy_mohesr.pdf,accessed September 11,2018.

（四）埃及高教部高等教育战略主要围绕着四个核心来进行

1.要让所有人都能接受高等教育,高等教育要没有歧视性

（1）通过配备先进的基础设施来提高教育过程的效率。新建的大学将配备有先进的基础设施,新建的大学将实现教育机会的公正和平等,将促进教育竞争力的提升,将在世界教育领域有着独特的地位。除此之外,先进的基础设施也包括建立一系列新的研究中心。

（2）为了更加公平公正地分配高等教育机会,在教育资源相对匮乏的地区将建立4所新的公立大学:马特鲁大学、卢克索大学、红海大学、新河谷大学。目前埃及现有的公立大学绝大多数分布在尼罗河三角洲一带,少数分布在尼罗河沿岸。马特鲁大学位于埃及西部、地中海沿岸;红海大学位于埃及东部的红海沿岸;卢克索大学位于埃及尼罗河的上游;新河谷大学位于卢克索以西,是埃及的中部地区,远离尼罗河。这四个地区都是埃及高等教育相对薄弱和落后的地区,这4所大学的建立,有望在一定程度上改善当地教育落后的现状和面貌。卢克索和红海沿岸是埃及重要的旅游地区,中国前往埃及旅游的人数逐年递增,2016年12月,共计55万游客来到埃及,其中中国游客数量增长了60％,达到近10万。中国旅游研究院和携程旅游联合发布的《2017春节旅游趋势报告与人气排行榜》显示,埃及成为2017年春节出境游十大黑马目的地之一。[①] 中国可考虑在卢克索大学和红海大学开设中文专业,毕业生就业前景广阔。

（3）建立一些国际私立大学。这些私立大学很多都已经开始了校区的建设,如日本大学、新阿拉曼大学、扎拉山大学、萨勒曼国王大学。其中,扎拉山大学是一所"智能大学",按照最先进的国际模式建设,致力于平衡学生的技术和知识,该校的科学研究努力使"埃及制造"具有国际竞争力。该校是一所综合性大学,包含文化、艺术、科技,计划开设管理学院、传播学院、人文社会学院、科学学院、食品和食品工业学院、工程学院、建筑学院、艺术学院、医学院、口腔牙齿医学院、药物学和制药学院、临床医学学院、护理学院等。萨勒曼国王大学在埃及有3个分校:①塔尔分校。塔尔分校分两期建设,第一期建设工程系、海洋科学和水科学系、技术工业系。第二期建设人类医学系、护理系、药物学和医药工业系,招生规模12700人。②沙姆沙伊赫分校。这个分校有语言文学系、旅游和酒店系、建筑系,招生规模3400人。③莱斯赛达分校。这个分校有金融学和管理学学院、农业学院、社会学学院,招生规模3400人。

2.改善高等教育体系,使之和国际教育体系接轨

（1）埃及的大学委员会第一次设立了技术教育规划部门。埃及专家和意大利专家合作的技术培训和职业教育(Techical and Vocational Education and training,以下简称TVET)项目,和欧洲培训机构教育培训基金会(Education and training Foundation,以下简称ETF)的合作项目。

（2）根据埃及总理谢里夫·伊斯玛仪在2018年所发布的565号决议,《大学组织法》实施细则中的第154条发生了变化。新条款规定从2018—2019学年开始,新入学的医学和外科医学本科生的毕业年限将发生变化,以前学习6年,其中1年实习;新的制度规定

---

① 《中国赴埃及旅游人数猛增引关注》,http://focus.lvyou168.cn/20170330/43560.html,最后访问日期:2018年9月20日。

学习 5 年,其中 2 年实习。新的制度是学时制和课程学分制。埃及大学医学专业学制大改革是因为埃及的医学教育大大落后于国际水平。在老制度下,医学专业学生花费几个学期来学习基础知识,而临床实践的时间只有 1 年,这导致医学专业毕业生临床经验不足,且老制度和国际先进的医学教育制度严重脱节。甚至有的专家认为,自 1911 年以来埃及的医学教育就没有进行过大的改革,也没有大的发展。如果埃及医学教育再不进行改革,那么到 2023 年的时候,埃及各大学医学专业的毕业生将得不到国际上的承认。在 2018 年所实施的医学教育改革正是为了改善这种状况,也是为了顺应医疗制度的需要,应对医疗卫生体系所面对的挑战,这一改革是通过卫生部和高教部的合作来实现的。改革还计划缩减医学专业学生的数量或是增设新的医学专业,因为国际标准的医学专业每年的学生数量不超过 150 人,但埃及一所大学医学专业每年的学生数量达到了 1200 人,这样的话要么增设新的医学专业,要么减少录取学生的数量。如果想让学生的水平发生真正改变,形式化的改革是没有用的,只有改变教育方式,改变全埃及各个省医学专业统一的考试模式。[①]

(3)发展高等教育课程。在对国内、国际情况进行充分研究的基础上,为了应对未来劳动力市场的变化,埃及高等教育将新增一些课程,如面向 21 世纪技能的课程,适应国内外劳动力市场需求的课程,重视科学训练的课程,强调技术发展的课程,和国际上有影响力的大学共建双语课程。大学最高委员会规定新建高等院校必须开设和劳动力市场联系紧密的现代化专业课程,如新闻传播学院必须设置影视作品翻译和配音的课程,科学学院必须设置纳米技术课程和分子生物技术课程,工程学院必须设置环境建筑课程、能源和能源管理课程、机电一体化和工业自动化课程。

3.增强高等教育体系和所培养人才的竞争力

(1)建立若干技术大学。第一,以现有的分布在埃及不同地区的若干技术学院为核心建立 8 所技术大学。第二,在开罗、班苏维夫、圭斯纳各新建 1 所技术大学。目前开罗、圭斯纳技术大学的基建项目正在进行当中。

(2)提升埃及大学在国际大学排行榜中的排名。在各种世界大学排行榜中,有一些排行榜具有权威性和世界性的影响力。第一,2019 年英国泰晤士报世界大学排行榜对全球 25000 所大学进行了统计,从中评选出最好的 1200 所大学,在这 1200 所大学中有 19 所埃及大学。从 2016 年到 2019 年,埃及大学的上榜数呈上升趋势。2016 年,埃及有 3 所大学上榜,分别是苏伊士运河大学、亚历山大大学和开罗大学,它们都位于 601—800 名这一区间;2017 年,埃及有 7 所大学上榜,除了 2016 年上榜的 3 所大学外,又增加了开罗美国大学、曼苏尔大学、艾因夏姆斯大学、南河谷大学,开罗美国大学和苏伊士运河大学位于 601—800 名这一区间,其他大学都在 800 名之后;2018 年,埃及有 9 所大学上榜,除了 2017 年上榜的 7 所大学外,又增加了班苏维夫大学和艾斯尤特大学,开罗美国大学和班苏维夫大学位于 601—800 名这一区间,其他大学位于 801—1000 名这一区间。2019 年

① 《الحكومة·تبدأ·تطبيق·نظام·5·سنوات·ببكالوريوس·الطب·المصري·العام·الدراسي·المقبل》, https://www.youm7. com/story/2018/4/13/3741324/الحكومة-تبدأ-تطبيق-نظام-5سنوات-ببكالوريوس-الطب-المصرى-العام-الدراسى, accessed September 23,2018.

有 6 所大学都进入了 601—800 名这一区间。这些数据表明,虽然埃及每年上榜的大学都在增加,但是埃及第 1 名的大学排名区间没有变化,这进一步说明埃及高等教育整体水平在上升,但是领军者的水平并没有提升,埃及各大学之间的差距正在缩小,跻身第一集团的大学越来越多。第二,2019 英国 QS 排行榜中有 6 所埃及大学上榜。从各单项专业排名来看,开罗大学的工程学专业位列全球第 246 位,和美国麻省理工学院的工程学专业排名相同;开罗大学的自然科学专业位列第 374 位;艾因夏姆斯大学的医学专业位列 451—500 这一区间。第三,在 2018 上海软科排行榜中,开罗大学在埃及诸大学中排位最高,位于 401—500 区间。在 2017 年的榜单中埃及有 3 所大学上榜,在 2018 年的榜单中有 5 所大学上榜。第四,在 2017 荷兰公布的榜单中埃及有 4 所大学上榜,分别是开罗大学、艾因夏姆斯大学、曼苏尔大学、亚历山大大学。第五,2018 美国新闻网世界大学排行榜中有 12 所埃及大学上榜。埃及高教部对于埃及大学在这些排行榜上的排名是很关注的,榜单上的排名也反映了一个国家高等教育的综合实力及其在世界上的地位。

4.促进埃及高等教育国际化水平

(1)建立外国大学的分支机构。为了外国大学在埃及开设分支机构这一活动能够顺利进行,埃及政府已经做了一系列的工作。第一,埃及政府已经立法为建立外国大学的分支机构铺平道路,如 2018 年第 162 号"在埃及阿拉伯共和国境内建立和组织外国大学分支机构"法令。第二,埃及高教部也已经发出 2018 年 4200 号决议,组建专门的委员会就外国大学在埃及境内开设分支机构的申请进行审查和研究,为这些分支机构的建立设立必要条件和要求,规范这些分支机构的工作。该委员会由 6 名委员组成,其中,2 人由高教部部长任命,1 人由科研部部长任命,1 人由投资部部长任命,1 人由外交前部长任命,1 人由行政管理局局长任命。第三,2018 年 9 月 21 日,埃及高教部又发布了 4334 号决议,对外国大学分支机构申请审查委员会成员的身份予以公布,还公布了该审查委员会下属技术秘书处成员名单,该技术秘书处归阿穆尔·阿德里领导,此人是审查委员会 6 名委员之一,也是由高教部长任命的 2 名委员之一。以后,如果有外国大学想在埃及开设分支机构,都需要向这个审查委员会提出申请,经委员会审查合格后方可在埃及境内开设分支机构。第四,埃及方面已经与英国、德国、日本等国的相关机构签署了谅解备忘录。我国也可借此机会鼓励国内大学到埃及开办分支机构,提升我国高等教育的国际化水平,向外输出我国的教育资源和中国思想、文化、意识形态,促进"一带一路"的发展,促进中埃两国在高等教育方面的交流。因为埃及不管在非洲还是阿拉伯世界都是有着重要地位和影响的大国,很多非洲人和阿拉伯人都会到埃及留学,在埃及开办中国大学的分支机构,其影响力不仅限于埃及,还能辐射非洲和阿拉伯地区,具有示范效应。

(2)国际大学。埃及计划建立若干国家大学。第一,加拿大大学综合体。第二,欧洲大学综合体,参与此项目的欧洲国家主要有三个:英国、奥地利、西班牙。英国参与此项目的大学有伦敦大学、伦敦政治经济学院、东伦敦大学、中央兰开夏大学。奥地利参与此项目的有约翰开普勒林茨大学、维也纳技术大学、博登克莱彻大学。西班牙计划参加此项目的是加泰罗尼亚理工大学,目前还在谈判中。第三,瑞典学术知识学院。第四,和若干国际大学的联合教学科研项目。这些项目涉及医学、激光应用、纳米技术、核能、旅游、酒店管理、管理学、专业工程等领域。

(五)高教部的改革还致力于服务社会

1.大学医院应该承担起以下的社会责任

(1)在医学教育方面。第一,承担起大学医学系学生的临床实践。第二,为来医院进行临床实践的学生安排导师。第三,为儿科、内科、外科、妇产科、急诊等各科室的临床实践工作安排专职主管。

(2)在科研方面。第一,要进行世界先进水平的研究工作。第二,要组建一流的科研团队。第三,出版国际一流水平的学术著作和刊物,参与国际一流水平的学术会议。

(3)在提供卫生服务方面。第一,通过校医院为在校学生提供医疗服务。第二,为在校大学生提供丙型肝炎病毒检测和治疗服务。埃及是全球丙肝病毒发病率最高的国家。埃及计划用3种检测方法对本国公民进行丙肝的检测。在大学生入学时对其进行检测,在毕业的时候再次进行检测,且毕业检测作为获得学位的必要条件。根据大学最高委员会在2017年8月19日举行的666号会议所作出的决议,要用医疗手段对所有公立大学的全体新生进行丙肝病毒的筛查。事实证明决议公布前后的差异还是很大的,在2016—2017学年,新生共有426773人,进行了丙肝筛查的有80083人,筛查率为18.76%,0.70%为阳性;在2017—2018学年,新生共有414492人,进行了丙肝筛查的有166868人,筛查率为40.26%,0.46%为阳性;在2018—2019学年,新生共有324730人,全部新生都进行了丙肝筛查,筛查率达到100.00%,0.43%为阳性。此外,还规定对大学医院从事教学活动的行政人员和工作人员也要进行丙肝检测。第三,为埃及公民提供卫生服务。第四,解决病患长期等待排队进行手术的情况。埃及医院需要进行手术的病人会被登记在一份"等待名单"上,排队等待做手术,从2018年6月5日到9月24日,埃及一共完成"等待名单"手术9632例。2018年11月底,埃及住房与卫生部部长宣布,在过去的4个月内,有77826人通过网站或热线在"等待名单"上注册等待手术,实际完成了54598例手术,完成数量为目标量的300%。[①]

2.大学在社会服务中所发挥的各种作用

(1)为棚户区改造作贡献。埃及有15所大学参与了棚户区改造工作,并在这些改造中发挥了积极作用。第一,改善和美化棚户区的环境。第二,和棚户区改造基金会协商,和企业家和省政府合作制定某地区的改造计划。第三,研究棚户区的改造并提供技术咨询。第四,在城市规划学教授的指导下,毕业生进行棚户区改造项目的毕业设计。第五,在对某棚户区进行人口学研究的基础上,和省政府、棚户区投资基金会、银行签署合作协议。

(2)医疗队。埃及各大学每年要组织200个医疗队到偏远内陆地区帮助数以千计的病患,为他们提供免费的医疗服务;除此之外,还要为妇女举办关于少生优生和生殖健康的卫生教育论坛。

(3)兽医队和农业队。埃及各个大学的兽医系和农业系会向偏远地区的村庄派出兽

---

① 《 حققنا·300%·من·المستهدف·بمبادرة·القضاء·على·"قوائم·الانتظار"·خلال·4أشهر 》, http://doctornewsweb. com /القض-بمبادرة-المستهدف-من-300-حققنا-ايد /, accessed October 3,2018.

医队和农业队,为当地提供卫生、兽医和农业方面的服务。

(4)美化街头环境。各大学的美术系派出学生进行街头涂鸦来美化街头环境。

(5)传播创业文化。各大学创办现代化创新思想工作室,组织小微项目,通过对大中小学生进行集体活动来激发创造性的新思想。

(6)扫盲。埃及的各大学都在为扫盲工作出力。德曼胡尔大学累计培训了 1800 名大学生参与扫盲工作,开设了 820 个扫盲班;亚历山大大学累计培训了 7000 名大学生参与扫盲工作,开设了 20 个扫盲班;塞得港大学累计培训了 1500 名大学生参与扫盲工作,开设了 300 个扫盲班。大学帮助姆努菲亚省扫盲 8154 人。大学帮助安瓦尔·穆夫提博士村完成扫盲工作,目前全村没有一个文盲。

(7)大学生在宣传优秀品德弘扬正能量方面发挥了重要作用。这些正能量包括:大胆表达个人看法,宽容,不对女性进行骚扰,保持卫生,乐于助人,避免路怒症,不在公共场所吸烟,不自私,不欺骗,乐观,尊重他人看法,消除种族歧视,遵守交通规则,不行贿。这些正能量是埃及政府号召全体国民遵守的。还有主要针对大学生的一些行为准则,包括不伪造官方文件、证书、成绩,不煽动罢课,不为了贿赂而作出违背荣誉和尊严的行为,不损坏大学设施、设备、材料或书籍,不破坏和违反考试纪律,不做学术行为不端或违背知识产权的事情。

3.完善大学文化、科学、体育活动体系

(1)强化爱国主义教育,加强政治意识工作,从文化、艺术、体格上建立学生的全面人格。

(2)加强体育活动体系的建设。2018 年举办的埃及全国高等院校运动会有 188710 名学生参加,共有 25 个男子项目,19 个女子项目。除了举办全国性的大学生体育赛事,还举办了省级和校级各种不同级别的体育赛事。通过这些体育赛事来发现有天赋的运动员。每一个埃及人都可以通过埃及运动天赋银行的网站提交自己的天赋,然后体育和青年部的教练会在高教部的体育场对这些有天赋的人员进行技术测试。

(3)对大学生进行爱国主义教育,增加学生对祖国的认同感。组织公立和私立高等院校的学生代表参观国家的大型项目现场。为学生举办国家身份认同的论坛,就若干问题进行研讨,如国家安全战略、国家的含义、第四代战争、西奈半岛局势、虚拟世界、谣言战争、水安全和节约用水、外国情节等。借助文化节宣传十月战争的历史,在各高校举办有关十月战争的竞赛和活动,向参与文化节、竞赛、活动的优胜者颁奖。为了应对快速传播的谣言对国家安全造成的危害,高教部决定采取若干措施,如加强媒体的正确引导作用,对各大高校的学生加强教育工作,学生可以在主流社交媒体上给部长留言,和信息中心进行合作,支持部长委员会作出的决议。

(4)举办各种模拟组织和会议,如模拟联合国、模拟众议院、模拟部长理事会等,通过学生会的选举来模仿政治选举进程。

(5)举办各种艺术活动,如举办各种艺术展览,大学生戏剧比赛、音乐比赛、摄影比赛、绘画比赛、雕刻比赛、陶瓷比赛等。

(6)举办各种文化活动,如举办各种文化主题论坛,主题为英雄事迹的短篇小说、诗歌论坛,以社会学研究为主题的活动,以提倡节约为主题的活动,文化知识竞赛等。

4.埃及优秀大学评比

有 23 所大学参加了 2018 年埃及最好大学的评比,评比基于以下几点因素:第一,大学基础的教育、科研、训练设施。第二,学生的住宿条件、大学对学生的关心情况、学生活动举办的情况。第三,大学校园基础设施建设的整体情况。第四,大学参与社会服务和改善周边环境的情况。第五,大学开发自身资源和发展教学活动的能力。从测评项目来看,这一评比更加侧重的是大学硬件设施的建设,校园是否美丽,建筑是否宏伟,是否配备了现代化的教学科研训练设备、仪器,信息化的程度高不高,这些都是评比的重要指标。大学也不能只专注于教学科研,做封闭的象牙塔,而是要参与到社会活动中,为社会服务,解决社会问题,改善周边环境,避免大学教育科研和社会脱节,不适应社会需求,这一点也是考察的重点之一。大学一方面要从外部引进人才,另一方面要加强开发自身资源的能力,在现有的条件下,如何发掘自身潜力,将自身能量发挥到最大,这在经费有限的情况下是大学得以发展的重要因素之一。

5.科技创新战略

埃及政府致力于将埃及建设成为一个科学的社会,使每一代埃及人都保持终身学习的习惯,利用由此产生的知识来为各种社会问题提供切实可行的科学解决办法。要创造一个有利于科学、技术、创新的环境,这种环境有助于高效地产生知识,有助于良性的科学竞争,提高国民经济增长率,实现社会的可持续发展,提高国民的生活质量。要创造这样的一种环境,需要推出新的科技创新政策或对现有政策进行调整,需要改善现有的科研基础设施,需要建立一种科学技术创新体系,需要重视基础科学和跨学科研究,需要探索如何将科学研究成果转化成工业产品,需要加强国际合作,需要促进科研成果服务于社会。埃及将在以下 10 个领域下大力气进行科技的创新、转让和本土化:(1)医疗;(2)能源;(3)水资源;(4)农业粮食;(5)环境;(6)新兴技术;(7)战略型工业,包括纺织、医药、电子、汽车、航天;(8)信息通信技术;(9)运输;(10)人文社会科学。埃及的国家科研战略就是要将科研计划和国家战略计划协调统一起来,埃及高等教育和科学研究部将和其他有关部委制定统一的战略,这些部委包括:军事生产部、通信和信息技术部、水资源和水利灌溉部、电力部、规划部、商务部、教育部、农业部、住房部、旅游部、社会团结部、遗产部、商业和工业部、交通运输部。

为了发展科学技术创新体系,埃及政府有 7 项新的立法草案,分别是:(1)埃及航天局法草案。(2)科学技术创新奖励法草案。(3)科学技术创新融资法草案。(4)实验动物法草案。(5)校准法草案。(6)临床试验法草案。(7)创新基金法草案。

其中,创新奖励法起着重要的作用,奖励的资金主要由两个部门提供,一个是科学技术研究院,一个是科学技术发展基金。通过奖励机制提高埃及在世界创新指数中的排名,2018 年埃及在世界创新指数中的排名为 95 位,榜单中共有 126 个国家。通过奖励机制解决国家出现的问题,提高埃及的工业化水平,促进埃及高水平科学论文的发表和有价值科学文献的出版,目前埃及在国际索引期刊排行榜上排名第 35 位,从 2014 年到 2017 年,被国际索引期刊收录的埃及论文数量增长了 31.5%。从分布领域上看,医学类论文占比最高,达到 17.2%;能源领域论文占比最低,只有 2.1%。其中药物学论文发表数量在全球排名第 17,纳米技术方面的论文发表数量在全球排名第 24。到 2030 年最终要达成的目标是要让埃及知识经济总量翻番,粮食要实现80％的自给自足,深化埃及制造业,埃及市场上流通的产品中埃及制造的比例不低于70％。埃及还在进行国家技术孵化器项目,全国共有17个孵化器,总融资4370万埃磅,正在孵化的公司有83家,已成功孵化的公司有40家,创造了超过240个就业机会,成功研发了10种"埃及制造"的技术产品,在各省培训了1202名青年。从这些数据来看,埃及的孵化器项目显然还处在起步阶段,还有相当长的路要走。

五、埃及高等教育国际合作与交流

在全球化的时代,国际化越来越成为衡量一所大学水平的重要因素,埃及高等教育的国际化程度如何呢?

埃及高等教育的国际合作和交流开始得很早,早在1892年,西方在埃及开设的学校就多达42所。

各大学所招收的外国留学生人数可以作为评判一所大学国际化程度的标准之一。在埃及,招收留学生人数最多的是爱资哈尔大学。从英国泰晤士报公布的2018—2019全球大学排行榜信息来看,爱资哈尔大学留学生的比例是最高的,达到5％;班哈大学留学生比例和爱资哈尔大学持平,也是5％。从留学生实际人数来看,爱资哈尔大学是最多的,因为爱资哈尔大学总的学生人数是榜单中埃及各高校中最多的,达到318158人,留学生人数为15908人。在这个榜单中,爱资哈尔大学只排名第13位,为什么它却能吸引到这么多的留学生呢?那是因为爱资哈尔大学是全世界穆斯林心目中的圣地。爱资哈尔原来是清真寺,清真寺始建于法蒂玛王朝时期,伊斯兰的清真寺本身又具有学校的功能,故爱资哈尔大学的历史超过1000年。它是伊斯兰世界研究伊斯兰教、《古兰经》、《圣训》、教法学、教义学的绝对权威,是全世界穆斯林学者向往的圣地。爱资哈尔大学还有一条不成文的规定,那就是只招收穆斯林学生。[①] 来埃及的留学生中有一大部分是其他阿拉伯国家学生和会说阿拉伯语的穆斯林,他们中有很多进入像爱资哈尔这样的高校学习宗教知识。还有一部分留学生来埃及学习阿拉伯语,这些留学生既有穆斯林,也有非穆斯林。埃及高等教育吸引这些留学生有一些有利因素:第一,地理位置。埃及位于亚洲、非洲、欧洲三大洲的交汇处,是三大洲的交通要道和枢纽。更重要的是,埃及是连接阿拉伯世界东部和西部的要冲,各个阿拉伯国家的学生会把埃及当成是留学的首选地。第二,政治地位高。不管在阿拉伯世界,还是在伊斯兰世界,抑或是非洲、中东地区,埃及都是一个地区性大国,在地区事务中有着举足轻重的地位。第三,埃及大学在阿拉伯地区、非洲的大学中排名靠前。第四,政策。埃及为非洲国家的留学生提供奖学金,这也是非洲国家学生来埃及留学的动因之一。

对于埃及高校而言,其国际化策略主要是通过吸引外国学生,改善学生群体的文化构成,相应地提升学校的知名度并从中获取经济利益。[②] 埃及的私立大学中有一些是由海

---

① 马青:《埃及的大学国际化研究》,华东师范大学2014年硕士学位论文。

② 马青、卓泽林:《埃及高等教育国际化:原因、路径及特点》,载《中国人民大学教育学刊》2015年第3期。

外机构开办的,如开罗美国大学、埃及法国大学、埃及(开罗)德国大学、金字塔加拿大大学、埃及英国大学、埃及俄国大学、埃及中国大学。这些学校的硬件设施优秀,办学理念国际化。非阿拉伯语教学在埃及高校中的使用程度也是衡量埃及高等教育国际化的因素,这些私立大学在教学过程中很多都使用外语。

在人员交流方面,埃及高等教育机构和很多国家都有合作,如:

埃及双边富布莱特项目。资助机构:美国富布莱特基金会。子项目:外语教学助理项目。项目简介:资助埃及教师到美国高校访学、交流,以便提升其英语水平和了解美国。

高等教育提升计划(higher education enhancement project)。合作机构:世界银行。项目旨在:挽救下滑的埃及高等教育质量,培养具有国际竞争力的毕业生。

2017 年,USAID 在中学后教育方面为埃及提供了 920 万美元的资金援助,在不分等级的教育方面为埃及提供了 560 万美元的资金援助。其中和高等教育有关的项目有:教育行政人员和官员完善专业发展活动,美国和埃及联合研究项目,个人在美国政府奖学金或经济援助下就读于高等教育机构,高等教育倡议支持计划,通过高等教育机构开展的奖学金和交流项目等。

除此之外,埃及与中国的合作与交流也颇为频繁,以下仅列举一些加以证明:

2018 年,中国伊斯兰教协会组织来自我国各地的阿訇参加爱资哈尔大学举办的世界伊玛目培训班,第一批阿訇共 10 人于 2018 年 3 月 1 日到 4 月 30 日在爱资哈尔大学学习,第二批参加学习的阿訇共 9 人。[①]

2018—2019 学年,埃及有 126 人获得中国政府奖学金,来华读书,攻读博士学位的 110 人、硕士学位的 9 人、学士学位的 2 人、进修中文专业的 5 人。[②]

2018 年 4 月,中国复旦大学肿瘤医院和埃及艾因夏姆斯大学医学院签署"结对子"抗癌研究合作协议。

2017 年 2 月,南方科技大学、联合国教科文组织创新中心与埃及的艾因夏姆斯大学签署了合作谅解备忘录,为了巩固南大、中心与伟东云教育集团合作在艾大工程学院建立智慧教室的项目。

2005 年,中国辽宁大学和埃及教育集团合作在埃及建立埃及中国大学,双方都很重视这次合作,希望通过联合办学树立两个文明古国之间合作的新典范。埃及中国大学在 2006 年中埃建交 50 周年之际正式招生,大学的基本建设由埃及教育集团负责,辽宁大学负责专业课程的设计、计划并编写教材,主要课程每年派 8～10 名中国教师来埃及授课。[③] 招收到的本科生采取"2+2"模式,前两年在埃及就读,后两年在辽宁大学就读,毕业时同时获得埃及中国大学学位和辽宁大学学位。

---

① 《中国伊协公派伊玛目学员拜会宋爱国大使》,埃及留学服务网,http://www.egchinaedu.org/publish/portal21/tab5198/info138043.htm,最后访问日期:2018 年 10 月 4 日。

② 《2018/2019 学年度中国政府奖学金项目录取工作圆满完成》,埃及留学服务网,http://www.egchinaedu.org/publish/portal21/tab5198/info138005.htm,最后访问日期:2018 年 10 月 4 日。

③ 中华人民共和国外交部,《中国与埃及签署协议共建埃及中国大学》,https://www.fmprc.gov.cn/zflt/chn/zfjmhz/t193037.htm,最后访问日期:2018 年 10 月 14 日。

埃及目前有 10 所大学开设了中文系,在校学生超过 2000 人。

2014 年,阿斯旺大学开设中文系。据汉语教师介绍,他们初到阿斯旺大学时,学校甚至没给中文系安排教室,他们只好每天带着学生到校外找场地上课。即使到了 2016 年,他们仍需尽量把中文课安排到其他专业不上课的时候,才能找到教室。[①] 由此可见,阿斯旺大学虽然开设了中文系,但是对中文系的重视显然还不够,连上课的教室都不提供。阿斯旺大学应该用实际行动支持中文系的发展,而不是仅仅停留在表面上。

2006 年,苏伊士运河大学的中文系开始招生。

埃及多所高等院校开设了孔子学院或孔子课堂。

2018 年,成立的艾因夏姆斯大学孔子课堂。

2015 年,埃及尼罗河电视台和北京语言大学联合开设了"尼罗河电视台孔子课堂"。

2008 年,开罗大学和北京大学合作建设的孔子学院正式成立。

2008 年,苏伊士运河大学和华北电力大学合作建设的孔子学院正式成立。

孔子学院和孔子课堂每年都会举办"汉语桥"埃及赛区的比赛,获胜者有资格到中国参加决赛。

航天局项目也是中埃科学技术创新战略合作中的一个重要组成部分。埃及之所以要发展航天科技,一个重要的原因是看中了航天科技的经济效益。全球一共有 72 个国家拥有航天局,其中有 14 家有能力发射人造卫星。航天工业的产值巨大,如 2016 年全球航天工业的产值达到了 3450 亿美元,美国的份额是 445 亿美元,其中美国宇航局占据了 200 亿美元;中国分得了 108 亿美元,其中中国航天局占据了 20 亿美元;俄罗斯拥有 87 亿美元的份额,其中俄罗斯宇航局占据了 25 亿美元;巴西则有 2.6 亿美元的份额。埃及也希望从全球航天产业中分一杯羹。2018 年,埃及通过了建立航天局法案,埃及航天局旨在开发、转让、本土化空间科学技术,拥有自主建造人造卫星的能力,在埃及本土发射人造卫星,在实现国家安全和发展领域为国家战略服务。埃及和中国国家航天局的空间科学和遥感所组成的联合体进行人造卫星的组装和测试,关于组建联合体的协议早在 2017 年 5 月 15 日已经签署,联合体计划于 2020 年 1 月开始正式运行,届时,联合体能够每年组装和测试 4 颗人造卫星,埃及可以通过制造和发射人造卫星来获取经济回报。除此之外,埃及还可以出售卫星拍摄的照片来获利。而现在,埃及则是通过其他国家的卫星来获取照片,埃及很多政府和非政府部门都需要卫星所拍摄的图片。2018 年,有这种需求的就有国防部、内政部、农业和土地改良部、水资源和水利灌溉部、住房部、交通运输部、通信和信息技术部、多所公立私立大学、多所学院和研究中心、国家土地规划利用中心、埃及测绘总局、矿产资源总局、渔业资源总局、多家民营企业、农业发展和土地改良总局、司法部。埃及官方称埃及制造发射人造卫星的目的在于商业用途,但实际上一定存在着军事上的用途。民营企业在某些领域也可以参与航天项目,如生产组装卫星用的零部件;参与依靠人造卫星的信息技术、网络、移动通信项目;参与空间技术培训项目;参与通信卫星的商业和家庭应用,以及卫星导航应用。

---

① 《埃及阿斯旺大学涌现"中国热"》,人民网,http://world.people.com.cn/n1/2016/0426/c1002-28303631.html,最后访问日期:2018 年 10 月 26 日。

第八章 法国高等教育发展战略研究

一、法国概况

法国是西欧国家中国土面积最大的国家,地理位置优越,交通便利,又拥有丰富的自然资源,这使法国经济发展获得了得天独厚的优势,而后,在实行中央集权制度后更是让原本实力强大的法国迅速成为欧洲四大经济体之一。无论是在经济上还是在文化上,法国在世界上都占有重要的地位。许多对人类发展影响深远的思想家和文学家都出生在这片土地上,他们的作品丰富了人们的精神生活,也让法国的文化走向世界前列。尽管法国在其发展中经历过"衰落",但在世界上的影响力并没有随之衰弱。在如今激烈的国际竞争中,法国为此作了许多努力,其国际影响力逐渐壮大,尤其在高等教育领域。

(一)人口与宗教

目前,法国是一个多民族国家,总人口大约有 6600 万,其中一半以上的人民都信仰天主教;除本土人口以外,还有阿尔萨斯人、布列塔尼人等少数民族。尽管是个拥有 6600 万人的多民族国家,法国的人口密度分布却有着强烈反差,大部分人口都集中在经济发达的城区。据统计,巴黎大区人口密度约占全国人口的 1/5,其他地区人口密度却很低,尤其是在山区等地,人口极为稀少。法国是一个具有上百年移民历史的移民国家,两次世界大战时更是为法国带来了较多的劳动力,移民来源多样化。但由于移民人口膨胀,加上法国本土人口在 19 世纪 50 年代迎来生育高峰期,法国开始减少移民。

(二)政治

在政治上,法国惯行多党制,包括共和党、社会党、国民阵线、法国共产党、民主运动党以及其他党派。法国整体结构大致包括共和国总统、宪法、议会、宪法委员会、司法等各个部分。他们之间相互监督相互促进,推动着法国各方面的发展。

1.宪法

第五共和国宪法是目前法国的根本大法,是最具权威性的法律。宪法规定了总统的任期时间以及在任期间的权利和职责。宪法还规定法国总统可任免总理、最高国防会议和国防委员会。在紧急情况中,总统拥有全部的决定权。当总统不能履行职务时,参议院议长可以代替其形势职权。

2.政治组织形式

法国的政治组织形式主要由议会、宪法委员会以及司法机构构成。

(1)议会

国民议会和参议院共同组成了法国的议会,有起草法案、法律实施、监督政府等权利。

国民议会共有 577 名议员,任期 5 年。参议院任期 6 年,每 3 年改选 1/2 参议员。2017 年 6 月法国国民议会选出议长弗朗索瓦·德·鲁吉。参议院议员共有 348 名。

（2）宪法委员会

宪法委员会主要是实现对各项法律的监督,对其进行事先审查,而对于已颁布的法律不再具有审查权力。宪法委员会在维护国家法律制度和保障其公民基本权利方面起着重要的作用,对法国社会生活也有着重要的影响。

（3）司法机构

司法和行政法院在法国法律体系中各成体系。司法法院主要有民事法院和刑事法院,自下而上来看,司法法院又有从初审法庭到终审法庭,而普通法院主要负责民事和刑事案件。

（三）经济

"二战"结束后,法国元气大伤,基础设施受到摧毁,财政遭到毁坏。经过 1945 年至 1974 年的"光辉的三十年",法国的经济才逐渐恢复,走出阴影。如今,法国国内生产总值位居全球第五,农业、核电生产都位于世界领先地位。不仅如此,法国也是一个工业大国,位居欧洲第二,工业产值占法国出口总量的八成,电信、信息、旅游服务和交通运输部门业务等第三产业发展更为迅速,从事服务行业比例占到总劳动力的七成。

法国的商业十分发达,众多国际大牌大多来自法国,其中有"时尚之都"称号的巴黎更是吸引着世界各地的消费者。法国是欧洲发达国家之一,在漫长的历史中努力发展经济,壮大国力,彰显国际影响力。

（四）社会与文化

20 世纪 50 年代以来,经济的飞速发展、科学技术的进步使法国社会进入了一个经济发达、消费休闲的时代。尽管在"二战"后法国经济遭遇挫折,但是法国的经济在当时资本主义国家排名中始终位于前十,法国人民的生活水平也并没有降低。一部分原因也得益于法国的社会保障制度。法国政府为法国人民提供的各类社保总支出多达 6000 亿欧元。但是由于人口老龄化等因素,加重了政府财政的压力,为了减轻财政的负担,法国也进行了多次社会保障制度的改革。此外,由失业引起的社会矛盾也成了困扰法国的最大难题。目前,法国年轻人的失业率居高不下。不仅如此,法国的移民问题也出现了政治化,尤其是进入到 21 世纪后,外来移民逐渐开始为自己的政治权利斗争,同时外来移民改变了法国大选的群众基础。

在文化领域,法国堪称文化大国。1793 年,法国开设了卢浮宫博物馆后,法国对文化遗产的保护就此拉开序幕。到了 20 世纪,卢浮宫由美籍华人建筑师贝聿铭重新规划设计。该博物馆于 1996 年向世界敞开大门。政府除了对文化遗产实行政策保护外,20 世纪中期又提出"文化传播"。进入而 21 世纪,法国对文化保护政策更加重视,对其保护的手段也日益增多。

法国文学和艺术在 17 世纪迎来了辉煌时期,涌现了莫里哀、司汤达、巴尔扎克、雨果、福楼拜、大仲马、小仲马、左拉、莫泊桑等众多文学大家。到了近现代,出现了雕塑艺术大师罗丹、印象派画家莫奈和野兽派画家马蒂斯等在法国传统艺术基础上不断创新的人物。

18世纪中后期是法国教育思想发展的重要时期,出现了伏尔泰、爱尔维修、狄德罗、卢梭等启蒙运动思想家,他们的哲学思想和教育思想为法国大革命和教育改革奠定了坚实的理论基础。19世纪末,抽象派毕加索、凡·高、米罗、莫迪里阿尼以及夏加尔、布朗库西等众多艺术家对艺术的独特理解,他们从世界各地来到巴黎进行伟大的创作。到了20世纪,出现了存在主义作家和哲学家萨特、女权运动的旗手西蒙·波伏娃、新小说派米歇尔·比托尔和娜塔莉·萨洛特等。

(五)教育

法国的教育历史源远流长,尤其是高等教育方面,巴黎大学被称为"现代大学之母"。最初,法国国民教育由基础教育和高等教育两方面构成,在拿破仑时期,却被一分为二,即基础教育由国民教育管理,高等教育由高等教育研究部负责。同时,拿破仑颁布《有关帝国大学的运作》政令,实行中央集权制——学区制,即在每个行政区内设一个学区,内设学区长负责管理学区内事务。尽管在拿破仑时代形成的学区制历经波折,却最终成为法国教育制度的基石。法国在其高等教育领域里不断完善自身,从最初由教会控制到政府下放权力,不断扩大大学自主权,给大学注入活力。然而,"辉煌的三十年"后,法国在经济上大不如从前,连带教育也逐渐"没落",而新起的国家积极发展本国教育,为本国培养了一大批优秀人才。此时,法国开始意识到教育的重要性,并把教育纳入发展战略规划之中,并以法律的形式将其固定下来。

法国6—16岁为教育义务阶段,时间为5年,中等教育有职业教育和普通教育两种,高等教育分为大学和"大学校"两种制度共同推动法国教育的发展,在法国大学里,学生获得高中毕业会考文凭后即可申请综合大学免费就读。法国的教育制度虽然在一定程度上局限了教育的活力,但是,法国的教育战略和高福利的确为法国培养和吸引了众多的优秀学子。

(六)中法关系

法国是第一个与新中国建立外交关系的西方国家,两国一直保持着友好的外交关系,在贸易上是长期伙伴,双方进行长期的投资和商业合作。法国在中国主要投资于汽车、能源、轻功、化工等,而中国在法国设立非金融性企业160多家。

在教育上,中法两国有着长期的交流合作,至今,双方有100多所高等院校建立了校际交流项目,2018年中国赴法国留学生人数位居法国外来学生人数的第三位。法语联盟在中国的建立以及中国在法开设的孔子学院均能体现教育与文化的交流与合作。

二、法国高等教育发展简史

(一)中世纪的巴黎大学

法国高等教育源于中世纪(约476—1453年)大学(universitas)的兴起。大学的诞生让"黑暗的"中世纪也闪烁着些许光亮,其中最耀眼的便是中世纪的巴黎大学。法国有着悠久的历史文化积淀,巴黎大学更是有"现代大学之母"的称号,它的影响在世界范围内有目共睹,直到今天,我们的大学形式都延续了中世纪的巴黎大学。如果没有中世界的巴黎大学,就没有今天的现代大学。

中世纪后期具备了大学产生的历史条件和社会环境。首先,城市的发展和经济的复兴,为中世纪大学提供了物质条件;其次,在当时,教师与学生、教会、王权都对大学有着不同的期望;最后,到 12 世纪和 13 世纪,西欧出现了文化知识的复兴。修道院和教会保存了古典文化为知识复兴奠定了文化基础;12 世纪的翻译运动加深了西欧人对古典文明的认识;11—14 世纪,古希腊和古罗马的经典著作以及灿烂的东方文化随着商贸活动、十字军东征被带入欧洲;修道院内形成了以亚里士多德思想为基础的经院哲学,并在其内部产生论证和争论,繁荣了西欧的学术氛围;同时,基督教的教育机构和城市行会组织为中世纪大学的形成提供了组织基础。因此,巴黎大学作为一种全新的带有世俗的和专业化的高等教育机构在此基础上得以诞生。

大学的源起是一个非常复杂的过程。我们很难追溯它们产生的具体日期,但毋庸置疑的是,巴黎大学和博洛尼亚大学作为最古老的两所大学被奉为中世纪大学的原型,它们分别代表了"教师大学"和"学生大学"这两种典型的大学组织形式。因为巴黎大学最初是由教师形成的社团,教务完全掌握在教师手中,被称为"教师大学";博洛尼亚大学因其校务主要由学生掌管,被称为"学生大学"。

巴黎大学的成功首先得益于巴黎在地理和政治上的优势。12 世纪初,巴黎成为法国的首都,稳定的政治环境和繁荣的经济成了巴黎大学产生的基础;另一个关键因素是巴黎汇集了许多伟大的教师,其中大名鼎鼎的学者阿伯拉尔于 1108—1139 年间在此任教,他不仅在经院哲学上确立了巴黎的领导地位,更因其智慧练达的授课方式,吸引了数千名追随者,欧洲各地的学生都慕名而来。

随着巴黎大学人数的增加,学生和教师根据自己的研究性质形成四个独立的群体,即艺学院、医学院、法学院和神学院。艺学院是另外三个学院的基础阶段,教授"三科""四艺",合称"七艺"。从艺学院顺利结业后,方能进入医、法、神学院继续学习。此外,法兰西人、皮卡第人、诺曼底人和英格兰人以民族和语言为基础形成四个同乡会。由此,学院(拉丁语为 facultas,法语为 faculté)便产生了,这是中世纪大学留给现代大学最深远的影响。

"1180 年,巴黎大学得到法国国王的正式批准。1198 年,巴黎大学得到了教皇赋予的许多特权。1200 年,教皇奥古斯都颁布教谕,完全承认了巴黎大学。"[①]

中世纪的巴黎大学很快形成了一套相对固定的学位制度。学生想获得"硕士"(master)、"博士"(doctor)或者"教授"(professor)、"学士"(bachelor)学位,必须完成 3—7 年的学业并通过相应的考试。若想成为一名真正的大学教师,该学生还必须在得到"执教许可"(licentia docendi)后进行"就职礼",方可开始他的教学生涯。

(二)文艺复兴和宗教改革时期的法国高等教育

发源于意大利的"文艺复兴"(Renaissance)是 14—16 世纪新兴资产阶级为反抗封建和神学,在文化思想领域掀起的一场解放运动。随着"文艺复兴"运动影响的不断扩大,后期波及尼德兰、西班牙、英国、法国和德意志等国家。文艺复兴的基本含义是再生和复活,就当时的时代背景而言,它主要有复兴古希腊、古罗马的文化艺术和个人反抗狭隘中世纪精神的觉醒这两层含义。

---

① 张斌贤:《外国教育史》,教育科学出版社 2015 年版,第 131 页。

　　然而在当时的法国,巴黎大学逐渐成为经院哲学的顽固堡垒,对人文主义采取敌视态度。因此,法国的人文主义的传播不是通过大学的课堂,而主要是通过书籍、学者和世俗王权。1470 年,巴黎大学索邦印刷所刊印了人文主义书籍;当时的法国国王路易七世在拜占庭学者拉斯克里斯(John Lascaris)的帮助下创办了图书馆,并将图书馆迁至枫丹白露,奠定了巴黎对希腊文的研究。1530 年,当时著名的希腊文学者巴德极力建议佛朗索瓦一世创建了关于希腊文、拉丁文和希伯来文的"皇家读书会"(lecteurs royaux)。之后又加入了其他学科,改名为皇家学院(collège royaux),该机构成为当时法国高等文化研究的主要阵地。

　　16 世纪的欧洲,在文艺复兴的影响下经历了一次轰轰烈烈的宗教改革。众多派系在此次宗教改革中涌现出来,其中马丁路德和加尔文的改革尤为重要。这场改革的实质其实是欧洲各地宗教势力企图打破罗马教廷的权威统治,重新定义宗教学说和信仰。宗教改革的结果直接加速了天主教会的分崩离析,并且强有力地冲击了整个欧洲封建社会的基石。

　　宗教战争在 16 世纪的法国也是风起云涌,法国王权加强了对大学的控制,要求大学的各个方面都必须保持传统。当时的教会要求大学禁止教授笛卡儿哲学,索邦神学院拒绝出版所有的科学和学术著作,强行取缔加尔文派新建的学校。在 1600 年,法国政府完全控制了大学的学术生活。至此,巴黎大学由国家直接监管,甚至连课程设置和学术规范等细节问题均受国家控制[1]。

　　大学的学术自由和自治在新旧宗教势力、王权和世俗权力的争斗之中遭到了极大的破坏。自中世纪后期,巴黎大学的各项权利和自由几乎丧失殆尽,沦为法国国王的统治工具,受到神学家和波旁王朝的监督和控制。大学不被允许阅读和讨论进步精神的书籍,科学也没有进入大学课堂,大学甚至没有培养国家行政人员的课程。

　　面对江河日下的巴黎大学,法国在 16 世纪、17 世纪也对其采取过一系列的改革措施,但收效甚微。在宗教改革的推动下,新的教育组织——耶稣会由此产生,耶稣会是当时反宗教改革的教育机构,提供免费教育,因其采用比当时大学更加合乎时代需要的教育方法和理念,成了彼时法国高等教育中最有优势的力量[2],耶稣会成为法国 17 世纪、18 世纪最有活力的高等教育机构。宗教改革为法国高等教育增添了新的活力,促进了高等教育组织的创新。

　　为了扭转法国大学破败的状况,为了适应科学发展和社会需要,法兰西学院、绘画雕塑学院、工艺作坊等一大批法国高等知识机构应运而生,在高等教育方面创办了专科技术学校,如 1720 年最早开办的炮兵学校,和随后开办的军事专门学校:军事工程学校(1749 年)、皇家军官学校(1751 年)、造船学校(1765 年)和骑兵学校(1773 年)。科技的进步和近代工业的发展为法国高等教育发展提供了前进的动力,法国又相继创办了桥梁公路学

---

　　[1]　Willis R., *The Universities of Europe*, 1100-1914: *A History*, London: Associated University Presses, 1984.

　　[2]　[法]涂尔干:《教育思想的演进》,李康译,上海人民出版社 2003 年版,第 127 页。

校(1747)、梅济耶尔工程学校(1748)和矿业大学(1873)等近代工业学校①。这些专门学校致力于培养专家型工程师,它们的创立标志着近代工程教育的开始。同时,它们也开创了除传统大学外的高等教育的类型。专科技术学校[后来被称为"大学校"Les grandes écoles]为法国提供的优质精英教育,得到了法国乃至世界的认可。

(三)法国近代高等教育的形成

法国的资本主义在经历了文艺复兴和宗教改革后得到了较快的发展,同时专制君主政权也得到了加强。1661年,路易十六亲政后把专制政体推向了巅峰,法国资产阶级与宗教和专制暴政之间的矛盾不断激化,最终酿成1789年惊天动地的法国大革命,法国的专制统治被资产阶级以暴力方式彻底推翻,从此,自由、平等和民主的原则深入人心。1799年,拿破仑·波拿巴发动雾月政变夺取了政权,结束了大革命时期动荡不安的政治局势。1804年,法兰西共和国成立。法国高等教育随着动荡剧烈的历史变革也发生着激烈的变动。

从1791年到1793年,资产阶级新政权颁布了一系列法令,旧的大学组织制度被废除。此外,新政权创办了实用性的专门学校(école spéciale)以适应战争的需要,快速培养特定专业人才。这种专门化的高等教育机构的创办也是对法国18世纪高等教育的传统的继承。1795年后,中央公共土木事业学校、卫生学校、军官学校、高等师范学校、工艺学院、东方语言学校、音乐学校等以教授自然科学和新兴技术的"大学校"相继创立。其中最出名的是有着19世纪法国优秀人才摇篮之称的综合理工学校和高等师范学校,它们至今仍然是世界顶级学府。

大革命期间还设立了一批致力于研究的科学机构,国家人文与科学院、自然史博物馆、法兰西学院等。这些科研机构为法国的科学发展作出了卓越的贡献。

从高等专科学校的创办和科研机构的设立可以看出,大革命时期法国的教育改革采用了高等教育按专科设校,这种教学机构和科研机构相分离的制度为法国培养顶尖的科技人才和拥有高水平的近代科研机构奠定了基础。这一模式也为其他许多国家的高等教育改革提供了借鉴。

1799年,掌权后的拿破仑对法国的教育体制进行了大刀阔斧的改革,并通过颁布《关于帝国大学条例的政令》(1808)建立起高度集权的教育领导体制。帝国大学的建立实际上是一个教育行政管理机构,类似于今天的教育部。法国通过帝国大学控制全国各地的学校,并建立起了全国教育管理架构。

帝国大学将全国分为27个大学区,每个学区的行政管理工作由该学区的学区总长负责,此外各大学区也配备学区长、评议会和督学。拿破仑会任命一名帝国大学的总监(Recteur)统领全国教育。全国教师都属于法定公务员,由帝国大学统一管理。

拿破仑时期的高等教育以学院(faculté)为基本单位,共有五类学院:神学院、医学院、法学院、文学院和理学院。

当时还存在帝国其他行政部门和帝国大学一起创办并管理高等教育机构的局面,如

---

① 刘海峰、史静寰:《高等教育史》,高等教育出版社2010年版,第340页。

综合理工大学由战争部负责,路桥学校、矿业学校由公共工程部负责,工艺学校、中央工艺与制造学校由商业部负责管理,公共教育部负责管理法兰西学院、自然历史博物馆和高等师范学校。

可以说,"法国现代高等教育既集权又多样化的结构,在一定程度上是在法国大革命和拿破仑帝国时期形成的"①。

(四)20世纪的法国高等教育

法国在20世纪上半叶处于内忧外患的状态,国内经济增长处于瓶颈期,国际上经历了两次世界大战的重创。但是在国家政策和社会力量的支持下,法国高等教育在困境中仍然不断前进。

拿破仑时期形成的高度集中的高等教育管理体制一直延续到这一时期,由大学和"大学校"构成双轨制,面向大众教育的综合性大学和负责精英教育的"大学校"形成一种并存互补的关系。1920年,法国又新设了一批应用科学技术型院校,在60年代转变为大学技术学院。1936年,法国国家科学研究中心于1936年成立,由国民教育部领导。该机构统筹全国基础科学研究,并承担全国大部分的基础研究任务。

第二次世界大战后,稳定的国际局势为欧洲高等教育的发展提供了良好的条件,英法美等老牌资本主义国家的高等教育发展到一个关键时期:由精英型向大众化时代转变。1950年至1965年,法国高等教育的毛入学率由6%上升为17%。1950年至1970年间,法国高校在校生增长了5倍。从长期来看,1900年至1970年间,法国高等教育规模由2.5万人增加到59万人,增幅为24倍②。

20世纪60年代,陈旧僵化的高等教育体制已经完全无法适应法国高速的经济增长。1968年5月爆发了震惊世界的"五月风暴",这是一场由中学生反抗当时考试制度而引发的学生运动,随后迅速演变成大学生反抗高等教育体制的全国性学潮。同年11月12日,法国议会通过了以高等教育自治、民主参与和多科性为基本原则的《高等教育方向指导法》(又称《富尔法案》,以下简称《指导法》)。《指导法》的主要内容包括:首先,通过重新定义大学的性质为"享有教学、行政和财政自治的国家机构",赋予大学更多自主权;其次,对现有大学进行调整和改组,通过设置"教学与科学研究单位"(Unité d'Enseignement et de Recherche)代替之前的大学院系,新的综合性大学由多个"教学与科学研究单位"组成。根据此原则,原有的23所大学被改组成新型的综合性大学,其中最典型的案例就是巴黎大学被改组或者扩建为13所大学。专业高等学院(grandes ecoles)作为大学的高级形式同综合大学各行其道③。另外,《指导法》还对大学的教学制度进行改革,要求大学教师增加教学灵活性,加强大学的科学研究和现代化建设。最后,《指导法》鼓励大学加强国内外合作与交流④。

---

① [加]范德格拉夫:《学术权力:七国高等教育管理体制比较》,王承绪译,浙江教育出版社2001年版,第347页。

② OECD,*Development of Higher Education* 1950—1970,OECD,Paris,1971.

③ 贺国庆:《外国高等教育史》,人民教育出版社2006年版,第461页。

④ 戴本博:《外国教育史》,人民教育出版社2001年版,第370页。

《指导法》使法国大学改变了旧面貌，为高等教育注入了生机，推动高等教育的蓬勃发展，甚至对欧美和日本等一些国家也产生了重大影响。

1973 年，西方发达国家因石油危机遭遇了严重的经济困难，失业率不断攀升。为了解决大学扩招和就业率下降的矛盾，法国议会于 1984 年颁布了新的《高等教育法》(Loide Savary)，该法案的主要内容包括：(1)为了突出大学职业培训的属性，将其性质更改为"公立、科学、职业性机构"；(2)增设学习和生活委员会，以便为学生提供更好的生活服务和就业指导；(3)为了帮助学生顺利完成学业，不再对教学三个阶段的具体就读年限作出规定，增强学生学习的灵活性，并适当增加学业淘汰次数；(4)为加强大学与社会各行业和地方政府的联系，专门增设全国性或者部际性的协调和咨询机构；(5)为提高政府教育政策的合理性，法案提出加强高校的预测和评估工作[①]。

80—90 年代，随着新技术革命的蓬勃发展，欧洲高等教育的规模也在持续发展，到 20 世纪末基本跨入普及型高等教育体系。1999 年，法国高等教育毛入学率达到 54%[②]。

20 世纪后 30 年中，欧洲在政治、教育和文化等多个领域的区域合作都在比较成功地进行着。法、英、德、意四国于 1998 年在法国巴黎共同签署了《索邦宣言》，期望通过这一行动使欧洲各国高等教育体系得以融合。第二年，博洛尼亚宣言的签订，启动了 2010 年建成高等教育共同空间的计划。由于法国在学位传统上没有英美式的硕士学位，在这场欧洲高等教育大变革中，它需要彻底改变拥有几百年传统的高等教育学位体系，其过程尤为艰难[③]。

综上所述，可以看出，"中央集权和学校自治"是法国高等教育在发展了近 8 个世纪形成的特色，且大学和高等专科学院两类学校并存且互补。

三、法国高等教育发展现状

目前，法国高等教育实行独具特色的"双轨制"教育模式，分为综合大学和"大学校"两种截然不同的教育形式。其中综合大学承担大众教育，"大学校"则为法国专门培养精英人才，"双轨制"模式丰富了法国高等教育办学形式也扩大了办学规模，使高等教育系统内部层次多样。这也体现在法国高等教育的学位与文凭方面，其拥有为法国学生提供各种需求的课程设置以及学制体制，教学质量享誉世界。

(一)院校类型

法国的教育由国民教育部与高等教育与研究部组成。法国国民教育部主要负责基础教育任务，高等教育与研究部主要负责高等教育任务。高等教育机构主要分为大学和"大学校"两大系统。从性质上划分，高等教育机构分为公立机构和私立机构。从教育领域上划分，有远程教育、继续教育和终生教育等。这些划分概念并不是独立的，而是从不同的角度和标准划分的。

---

① 王杰：《中外大学史教程》，天津大学出版社 2008 年版，第 163 页。

② A.Lub F.Kaiser，P.Boezeroy，*Trends in higher education：Statistical trends in nine Western-European countries*，1990-1999.Center for Higher Education Policy Studies (CHEPS)，Europe，2001.

③ 王晓辉：《波伦亚进程中的法国高等教育改革》，载《中国高教研究》2006 年第 3 期。

（二）高等教育的规模

2009—2010学年，法国本土和海外领土共有高等教育机构4341所，注册学生共有232万人，各类公立院校在校教师总计93000多名。"截止到2012年10月16日，法国共有公立大学87所，均隶属于法国高等教育与研究部，公立学院及研究院共计17所，工程师学校共204所（含公立大学下属的工程学校或教学中心），商校共有79所以及私立新闻、设计等其他专门学校共10所。"①目前，法国公立大学共有90所，有1000多个教学与研究单位。截止到2016年，法国高校在校生总人数已达259万人，远远超过了高校容纳的范围②。

（三）构建高等教育强国的法律法规与举措

法国公立学校遵循公益性原则，学生从受教育开始到学校教育结束都享受由国家财政拨款；高等教育同样如此，即使是学生入校时所缴纳的注册费也都维持在很低的水平。法国高教部、财政部于2018年8月21日颁布的法令规定：隶属于高教部的大学的本科生注册费为170欧元/学年，硕士生为243欧元/学年，博士生为380欧元/学年③。

学位制度改革前，法国高等教育学制自由灵活，复杂多样，在不同的学习阶段分别设了不同课程和学位文凭，学生可根据自身的情况进行选择。2005年起，法国综合性大学全面实施"358"学制，即学生修读3年可获得学士学位，第五年可获得硕士学位，第八年可获得博士学位。在法国，外籍人士被允许到法国开办学校，但是，并非无条件开办学校的，法国政府禁令一切非法的教学内容，不能与国立院校平起平坐。在管理上，法国也明确要求私立学校必须坚持非营利性质原则。

自法国政府拥有对教育的绝对主导权以来，虽然有利于国家对教育的宏观调控和提高教育政策落实的效率，但由于教育系统内行政机制僵化，教学内容与形式陈旧，学校内部矛盾众多，法国逐渐开始对教育系统进行改革，如1981年颁布了《高等教育法》；1988年法国教育部与大学实行"四年合同制"，与大学签订为期4年的合同，大学可以获得政府的财政支持；第二年，法国政府出台了新的《教育指导法》，该法案主要是促进学生入学人数的增加。通过以上措施政府把一部分权力下放到大学中，允许大学在一定程度上自治。

20世纪90年代到21世纪初，法国高等教育的国际化特点显著。1990年，法国政府出台了"千年计划"（Université 2000，U2000），把投资高校基础设施建设作为新目标。该法案采取了以学生为中心，设立第一阶段教务主任一职，负责安排对学生的服务，改善学生学习条件和协调教师队伍，丰富课程等措施。1997年，教育部为应对21世纪的机遇和挑战，提出了"U3M"（Université du Troisième Millénaire，也称作"第三千年大学计划"），该计划旨在建立以地区大学为节点的全国优秀研究中心网络。该计划主要侧重于大学自主权，增加教育投资，提高教育质量，促进大学与"大学校"的相互靠拢。1999年启动了著

---

① http://www.jsj.edu.cn/n1/12033.shtml，中华人民共和国教育部教育涉外监管信息网，最后访问日期：2018年10月11日。

② 任一菲、马燕生：《法国大学生人数连年增长 硕士生招生制度或改革》，载《世界教育信息》2016年第21期。

③ 许浙景、杨进：《法国公立高等院校注册费上涨政策评述》，载《世界教育信息》2019年第3期。

名的"博洛尼亚进程",要求建立 LMD(LICENCE-MASTER-DOCTOR)学制("358"学制,即大学本科 3 年、硕士 5 年和博士 3 年),统一使用欧洲学分转换系统(ECTS),促进学术人员流动和欧洲范围内大学之间的合作,并宣布在 2010 年建立欧洲高等教育区。

2000 年 12 月 31 日,法国在教育部长杰克·朗的推动下,制定了 42 项具体措施的欧洲行动纲领,为国际交流创立了"欧洲夏日大学",推动了 LMD 学制和学分转换系统。2006 年 4 月,法国议会出台了《科研规划法》,设立"高等教育与研究集群"(Pôle de recherche et d'enseignement supérieur,PRES),目的是更好地应对国际竞争,建立具有法国特色的管理方式,从而实现更好的治理和决策。2007 年 8 月,法国出台了《关于大学自由与责任的法律》。该法案的主要内容是为解决法国高等教育当前存在的一系列问题,如降低学业失败率,促进高等教育内部活力,提高法国高等教育在国际上的竞争力等等。

法国为迎接教育国际化挑战,颁布了对法国多媒体支持的一系列政策,鼓励革新,调动教师的积极性,支持年轻研究人员与企业联合创新。对在线和非在线多媒体制作的支持,所支持的对象是满足教育部和科研部所列出的教研优先需求的在线和非在线资料与服务制作计划。

(四)高等教育行政体制

目前,法国教育行政体系主要由中央教育行政机构、全国性教育咨询机构和教育督导机构三部分组成[1]。在高度集权的政治体制影响下,法国的教育也实行中央集权管理。不过,经过多年的大学自治改革,法国大学的自治权通过立法的形式得以保证[2]。因此,法国高等教育管理行为呈现出集中统一与民主自治有机结合的特点。

法国高等教育体制是综合大学与"大学校"构成的"双轨制"。其中,综合大学占据高等教育主导地位,容纳了高等教育阶段近 90% 的学生。另一类是以大学校为主体的"精英教育"体系,这一类高等教育的招生极为严格,需要经过竞争激烈的入学考试和层层选拔。

根据 1984 年法国《高等教育法》相关条款的规定,大学内设置校务委员会、科学审议会和教学与大学生活委员会三个部门。该法案赋予大学更多的自主管理权,校内事物由校长、校务委员会、科学审议会和教学与大学生活委员会协同管理。校长任期 4 年,连任不可超过两届,从大学教授中由以上三个委员会组成的大会成员以绝对多数选票选举产生。校务委员会负责处理校内的行政事务,诸如审议国家与学校签订的合同,拥有批准预算的权力,人员编制安排,批准和授权校长的有关决策。科学委员会以咨询机构的性质在科研战略和科研经费分配等方面向高校提出建议。教学与大学生或委员会同样是一个咨询机构,负责对学生学业和生活事务提供建议和意见。每个学校会根据自身情况设置相应数量的教学与科研单位,其机构设置和组成与大学一级基本相同。大学教师的聘任由学校负责,但教师的薪资有国家直接支付,因此法国高校教师拥有较多的自主权[3]。

① 陈永明:《教育经费的国际比较》,天津教育出版社 2006 年版,第 167 页。

② 任慧:《国外高等教育管理体制对我国高校管理的启示》,载《内蒙古教育》2018 年第 2 期。

③ 孙巍:《法国高等教育内部管理体制及其运行模式研究》,载《沈阳工程学院学报(社会科学版)》2007 年第 8 期。

大学校的校长由国家行政主管部门任命,也不像综合大学那样有许多咨询机构,因此大学校的管理有较强的行政特性。

(五)高等教育学制

按照学制长短,法国高等教育可分为长期高等教育和短期高等教育。

1.长期高等教育(Filières Longues)

(1)综合大学

从 2005 年起,法国高等教育告别了长久以来文凭种类繁多的局面,通过"博洛尼亚进程"实现了同国际高等教育学制系统接轨,实行 LMD 学制。新的学制更有利于法国高等教育的国际交流和国际间高等教育文凭互换。

(2)高等专业学院(Grandes Ecoles ,"大学校")

进入法国"大学校"要经过非常严格的选拔,考生必须参加难度很高的入学考试,并且在此考试前须参加两年的预科班学习。也就是说,通常情况下考上法国的"大学校"相当于要读两年预科加上 3 年大学校课程,经过 5 年学习获得硕士文凭。"大学校"颁发的文凭属于校级文凭,但同样能得到国家的承认。

2.短期高等教育(Filières Courtes)

短期高等教育以职业为导向,学制两年,完成该阶段学业的学生相当于获得了综合大学第一阶段(2 年)的学习文凭。

(1)大学技术学院(Institut Universitaire de Technologie ,IUT)

法国大学技术学院一般附设于综合大学内,入学方式灵活,主要以学生递交材料到相应学校进行审核的形式进行入学选拔。这一类学校致力于培养服务第二产业和第三产业的人才,主要涵盖了商业管理、电子科技和社会服务等 23 个专业。学制两年,完成学业后可获得"大学工科文凭"(Diplôme Universitaire de Technologie,DUT)。

(2)高等技师教育(Sections de Techniciens Supérieur)

高等技师教育更加注重理论的实际运用,此类学校主要附设在公立高中或者中等技师学校。入学形式也是高中毕业生递交材料到心仪的学校,通过学校审核方可入学。完成两年的学业可获得"高级技师文凭"(Brevet de Technicien Supérieur,BTS),高等技师教育所设专业主要面向工业系统和第三产业[①]。

此外,完成以上两种短期教育的学生可以直接申请注册综合大学,直接进入第三学年的学习,完成学业后可获得"国家工科专业文凭"(Diplôme Nationale de Technologie Spécial,DNTS),甚至更高的学位[②]。

(六)高等教育的特点

法国的高等教育复杂多样,但自由灵活,目前其已经拥有了成熟和先进的理念,以及完善的制度,这使得法国不断培养出优秀的人才。法国大学为法国众多普通阶层的学子提供了学习的机会,也为法国培养人才作了许多贡献,而作为法国精英大学的"大学校"无

---

① 徐涛:《法国高等教育概述》,载《昆明医学院学报》2006 年第 3 期。

② 吕一民、钱虹、汪少卿等:《法国教育战略研究》,浙江教育出版社 2014 年版,第 161 页。

疑是法国高等教育不可或缺的角色,为法国培养了无数的精英。但无论从高等教育体制还是细化到学制特点,法国的教育适应了不同学生的不同需求,尽可能促进教育的公平,这也使法国"自由、平等、博爱"的理念得以体现。法国高等教育的特点主要体现在以下几个方面:

1. 国家财政对教育事业的投入很高

法国政府十分重视对教育的投入,无论是对大学还是"大学校"。政府每年将财政预算的 20% 用在教育上。2008 年,法国正式启动"大学校园计划",政府投入 50 亿欧元用于建设现代化大学校园①。

2. 不同形式的大学招生制度

取得高中会考(BAC)毕业文凭是进入法国综合大学的通行证,会考通过率约为 76%。其中将近 90% 的学生会进入法国公立大学学习。法国公立大学录取学生不按会考成绩和地域划分,而是由教育机构协商,平衡录取数量,因此学生可以同时申请多个大学。学生可以根据自己的专业偏好双向选择进入大学的第一阶段学习(deug)。

相对宽松录取的综合大学,法国"大学校"的选拔标准显得尤为严格。"大学校"作为法国精英人才的摇篮,其录取方式和就读方式都极其严格,尤其体现在高校的招生制度上。法国"大学校"一般不通过直接招录的方式选择生源,而是通过设立预科班,从中招录新生。选择就读"大学校"的优秀毕业生会进入到预科班学习,而预科班也分为科技类、经济类以及文艺类,前两类能就读"大学校"的学生有一半以上,而文艺类通常只有不到 10%。

3. 大学本科教育高淘汰率

无论是综合大学还是"大学校"都存在较高的淘汰率。法国公立大学实行"宽进严出"的政策,只要通过高中毕业会考的学生就有资格申请综合大学的入学机会,进入综合大学的前两年是接受相应专业的基础教育,能够顺利完成第一学年的学生不到一半,第二年约为 60%,三年级达到 80% 左右②。完成前两年学业的合格者可以获得大学学士文凭(diplôme d'Etudes universitaire générale),之后学生可以选择就业或者申请进入大学三年级(可换学校),通过一年学习,考试合格者获得学士学位(licence)。这个阶段的学习依旧存在较高的淘汰率,学生根据自己的喜好和对将来的就业形势的判断选择专业学习③。而在"大学校",虽然进入到"大学校"的学生都非常优秀,但在学习过程中由于学业的难度和压力以及自信心等许多因素,也使得许多学生在中途选择放弃。

4. 硕、博教育录取率高

在法国,攻读硕士、博士学位的学生并不多,因为学历越高就业时就会受到越多的限制。并且,法国的硕士和博士入学考试形式以材料申请和面试进行选拔,国家不设置统一的考试形式。由于竞争不大和选拔宽松,法国硕、博教育有较高的录取比例。法国目前实

① 吕一民、钱虹、汪少卿等:《法国教育战略研究》,浙江教育出版社 2014 年版,第 198～199 页。

② 朱华山:《细读法国教育:传统与变革的抉择》,辽宁人民出版社 2011 年版,第 138 页。

③ 张宝文:《法国高等教育的特点与启示》,载《郑州航空工业管理学院学报(社会科学版)》2006 年第 4 期。

行"358 学制",研究生阶段学制为 2 年,研究生一年级升二年级的失败率也相当高,约为 50%;博士阶段学制通常为 3 年,只要读博期间认真执行自己制订的研究计划,按时完成毕业论文并通过论文答辩,大部分人还是能够在规定时间内或者延迟半年拿到博士学位。

5.种类繁多的法国高等教育机构

法国高校可细分为四类:性质为公立普通高等教育的综合大学(université),培养高水平专业人才的精英教育的高等专业学院(grande ecole),负责高级工程师教育的工程学院大学(institut universitaire de technologie),培养高级技术员的高级技师学校(section de technicien supérieur)。

(七)高等教育的焦点问题

2013 年《高等教育与研究状况》反映出法国高等教育长期存在的一些焦点问题:

1.高居不下的学业失败率

法国综合性大学高居不下的学业失败率已成为法国高等教育多年来的疾患,学生进入大学就读后能顺利毕业并取得学位证书的人数寥寥无几。甚至每年有 6.9 万名法国大学生没有取得任何文凭便离开了高等教育体系。

2.教育公平问题

法国高等教育的不公平现象主要存在于综合大学与"大学校"之间的差别上,负责精英教育的"大学校"获得的经济资源远远多于承担大众教育的综合大学;此外,普通高中和职业技术高中的学生在高等教育入学选择上也存在着较大差异,普通高中生相较于职业技术高中生可以获得更多的入学机会;还有一种不平等来自阶层,普通家庭和贫困家庭的孩子考上好大学和顺利毕业的概率远低于来自中上阶层的孩子。

3.国际影响力差强人意

近年来,法国在日渐激烈的全球大学排名的角逐中表现不佳。政府又出台了一些限制留学生在法就业的政策(如 2012 年出台的《盖昂通函》),对法国高等教育的国际吸引力造成了一定影响。虽然近年来来法的外国留学生人数依然大幅度上升,但法国在吸引高质量留学生方面的工作力度还有待加强。

4.教育集权的负面影响

在保障教育公共性和公平性的同时,中央集权体制对教育,形成了国家对教育的垄断局面,地方性和私立性对教育创建和投入积极性不高,教育内部创新力不足,自我更新能力不强,多年以来,很多教育学者过于保守,缺乏与时俱进的认识。尽管法国一直在强调加大大学自主权并提高学术自由,但是在现实中大学的有些权力依然没有真正获得。另外,现实中的某些大学教师和研究人员聘任和晋升制度存在"地方主义""任人唯亲"的现象。

四、法国高等教育发展战略举措分析及启示

法国高等教育起源于中世纪的巴黎大学,教育在法国的社会经济发展有着不可磨灭的功劳。当高等教育在发挥其功能和价值时,法国当局也越加重视发展,为了国际竞争以及挤进世界大学排名,法国把高等教育纳入国家发展战略规划之中。

(一)近现代教育战略在法国发展中的重大意义

长期以来,法国人都认为法国是世界之中心,正如担任过法国教育部部长的阿兰·佩雷菲特(Alain Peyrefitte)曾说:"任何一个国家的人民,都有那么一种倾向,把自己看作世界的肚脐眼。"[①]诚然,似乎不少国家或民族把本国视为世界的中心。不过,法兰西民族仍然是需要用"最"来形容的民族之一,因为在相当长的历史长河中,法国可谓是妄自尊大。

1.法国在历史进程中的强国地位

法国人之所以会形成这种情结的原因是多方面相互作用而成的,但可以肯定的是法国人的自大与法国曾居于世界强国的地位是密不可分的。

早在16世纪,法国一跃成了欧洲强国。自那以后,法国在政治、经济、文化、社会领域逐渐壮大。虽然"二战"使法国元气大伤,但作为强国的实力仍在。

法国之所以能长期居于强国之列,与其当时的历史环境和法国本身的地理位置和资源等优势密不可分。法国在欧洲历史上较早建立起了中央集权制。在其历史长河中以及新的历史条件下能适时地进行一系列思想的改革创新,重视发展教育,建立独具特色的教育制度和管理方式,在一定程度上促进法国的繁荣发展。拿破仑时期,法国的中央集权达到了前所未有,拿破仑对教育的高度重视和大力推动中央集权的教育体制为法国教育强国打下了坚实的基础。自1800年,拿破仑便开始有计划、有目的地改革教育事业,以便教育与政治能协调一致。1806年5月,帝国大学成立,统一管理国家教育事业,高等教育由专门的学院负责管理,其任务是培养帝国大学所需的人才。拿破仑创立的教育体制,在集中财力、物力和人才方面起了不可否认的作用,尽管这种制度在一定程度上限制了大学的自治,但仍然使得法国的教育在众多国家中脱颖而出,成为教育强国。

2."辉煌的三十年"后的落没

进入近代以后,世界发生了翻天覆地的变化,任何国家都无法仅凭地理优势或是政治制度的因素称霸世界,法国亦是如此,尤其是"二战"结束后,法国国力大不如从前。实际上,1945—1975年法国经济飞速发展,这段时期被称为"辉煌的三十年"。其间,法国取得了举世瞩目的成就,法国在这时也抓住了资本主义经济发展的良好机遇,采取了一系列经济措施,迅速挽救了法国战后经济衰落的景象。在教育方面,法国出台了《高等教育方向指导法》,该法案主要对大学进行放权,确立大学自治的一系列原则。

然而,当法国人正在做着"大国梦"时,法国"辉煌的三十年"戛然而止。此后,法国经济发展滞缓,集权制导致的大学体制僵化,淘汰率高,失业率居高不下,社会矛盾激烈。对此,法国政府采取了一系列整改措施,其中出台了《高等教育法》,法案强调要注重开展国际合作,重视科研,提高学生的职业竞争力。法国政府及时的整改措施虽然在一定程度上缓和了社会矛盾,但并没能从根本上解决问题,法国社会的深层问题没能得到解决。

3.改革教育应对内外挑战

20世纪90年代,人们逐渐意识到,制定与实施与时俱进的国家发展战略至关重要。1998年在巴黎召开的世界高等教育大会上,各国共同商讨应对知识的挑战以及全球化的

---

① ［法］阿兰·佩雷菲特:《官僚主义的利弊》,孟鞠如译,商务印书馆1981年版,第15页。

挑战。同年5月,总统顾问阿塔利对法国高等教育发展状况开展调查,随后出台了《构建欧洲高等教育模式》,该法案强调,法国只有实施高等教育国际化才能提高法国国际竞争力,才能立足于世界提出欧洲范围内统一学制以及实施欧洲学分转换系统,同时促使大学和"大学校"相互靠拢,并提出"U3M计划"。"U3M计划"是在"U2000计划"的基础上提出的,"U3M"侧重强调提高大学科研质量的重要性。1998年,英、法、德、意联合签订了《索邦宣言》。1999年启动了著名的"博洛尼亚进程",并提出了到2010年要建成"欧洲高等教育区"。

尽管如此,改革并没有帮助法国重振雄风,失业率和学校淘汰率并没有因此而得到缓解。21世纪是人才的竞争,鉴于此,教育成为国家发展中最为重要的力量和战略,而世界许多国家也纷纷制定了有关教育长期发展的战略,力求通过制定与实施教育发展战略培养人才,壮大本国实力。

4.完善教育体系提高国际竞争力

法国早在20世纪80年代开始就将教育事业提升至战略地位,并以法律的形式确定下来。2005年,法国政府颁布了《学校未来的导向与纲要法》明确了法国教育长期发展战略。2006年4月,出台了《科研规划法》,设立"高等教育与研究集群"。

2007年,鉴于中央集权的教育体制所带来的弊端,萨科齐当选总统后开始对大学进一步放权。同年8月出台了《关于综合大学自主与责任法案》,简称《大学自主与责任法》。该法案旨在明确大学的自治原则,进一步对大学下放权力,是法国大学自治进程中重要的里程碑。2006年,法国发布了《教育协定》,提出要提供优质的教育服务和平等的机会。除此之外,总统萨科齐在上台最初与时任总理弗朗索瓦·菲永(Francois Fillon)一起提出了著名的"大校园计划",重建法国大学魅力,吸引海外优秀学子。2010年,法国政府还进行了"卓越大学计划"(Initiatives d'Excellence,IDEX)[①],希望通过高等教育内部重组,调整资源配置,重建法国大学影响力,从而提高法国高校在国际上的影响力。

5.推进高等教育国际化彰显法国教育特色

在当今世界中,科学技术深入世界的各个方面,国际化趋势逐渐加深,任何国家单靠本国的人力或闭门造车都不可能在世界上占一席之地。想要提升本国可见度和教育实力,国际化的教育战略就不可回避。鉴于此,法国当局很快意识到高等教育国际化的重要性和必要性。1999年加入"博洛尼亚进程"统一了法国大学学制,此后还加入了"伊拉斯谟世界计划",给予全球的留学生在欧洲范围内进行学习和学术交流的机会。2011年4月,法国政府颁布了《2011—2014年法国国家改革计划》,旨在促进高校之间的合作,促进高等教育国际化。

2016年,法国总统奥朗德再次重申了教育公平的重要性,并提出"优先学区"(REP)[②]。2013年,出台了《高教与研究法草案》,帮助改革大学管理体制和推动科学研究发展等。

---

① Commission des Finances du Sénat, Projet de Loi de Finances pour 2014: Recherche et Enseignement Supérieur, http://www.senat.fr/rap/l13-156-322/l13-156-32210.html, 最后访问日期:2018年10月26日。

② 杨进、王玉珏:《法国萨科齐、奥朗德、马克龙三届政府教育改革的变化及思考(2007—2017年)》,载《世界教育信息》2018年第31期。

2017 年 1 月，《高等教育与科研白皮书》公布，将高等教育经费投入从目前的 1.4％提高到 2.00％，科研经费投入从目前的 2.23％增加到 3.00％。此外，还有"投资未来计划"每年 3 亿欧元的拨款。法国政府此番举动表明对高教科研的重视和期望，希望通过科研实力增加法国综合实力以及在世界的可见度。此外，法国还利用数字化推动法语教育的国际规模，吸引国际学生学习法语，选择到法国留学。

长期以来，法国的教育问题并没有得到根本的解决，失业率的增加，高校淘汰率给每一位法国总统都带来了压力，但随着法国政府对高校的重视以基层财政对科研的投入，法国高等教育的影响力逐渐在世界上得以扩大。2017 年 7 月，法国巴黎创建了世界上最大的孵化器"F 站"（Station F）[①]。马克龙表示，法国将继续打造创新与人才培养基地，增加对高等教育的投入，提高教育的国际化，打造世界级大学。

法国在不同时期对高等教育的重视程度以及改革侧重点都有所不同，但无论在何种时期，法国在中央集权制度下对高等教育的改革都有不同程度的难度。从 1968 年第一部高等教育法案出台后至今，法国高等教育走得并不是一帆风顺的。大学和"大学校"的合作仅仅浮于表面。此外，法国大学"宽进严出"的模式造成大学淘汰率居高不下，许多学生力不从心，从而浪费了资源。法国也是一个高福利国家，国家财政除了给予人民补贴之外，法国的大学也同样不需要缴纳学费，这就很容易使法国财政难以承受，影响对经济和教育的投资。无论如何，法国想要在国际大学排名上占一席之地，还有很长的路要走。

（二）"双轨制"体制下法国高等教育民主化进程

1.独具法国特色的高等教育"双轨制"

法国高等教育最为显著的特征是其多层次、"立交桥式"的"双轨制"教育体系，即综合大学和"大学校"两种高等教育体系并存。"双轨制"的存在让本来难以兼容的大众教育和精英教育在同一时空合理并存，使法国在高等教育大众化过程中依然能够培养出精英型和实用型人才。日本著名社会学家就曾表示："英才是社会的中枢集团，具备一种能制约社会的最重要的事物和能力，所以这个集团的力量一日被削弱，社会就会陷于散漫无序的状态之中。"因此，即便在世界各国纷纷大力发展高等教育大众化的今天，依然需要政府致力于精英教育机构的保存。而法国高等教育"双轨制"回应了社会发展对不同层次人才的需求，为推动法国社会的进步厥功至伟。

虽然 21 世纪的法国"大学校"已经不再是培养贵族的基地，而是培养优秀的高层次创新人才的教育机构。但近年来，在法国民众平等化和民主化诉求的推动下，法国也对高等教育"双轨制"进行了相应的改革，致力于构建两种教育体系之间的平行交互式的沟通以及让不同社会阶层的子女都能够均等地享有接受精英教育的机会。

2.教育民主化思想的兴起

法国是一个历来重视民主的国家，经过"二战"后"辉煌三十年"在经济和科技方面的长期发展，"教育民主化"这一主题也越来越受到法国民众的关注，成为法国教育战略的重要主题之一。就高等教育体制而言，直到 20 世纪中期，法国还一直严格实行 19 世纪 80

---

① 杨进、王玉珏：《法国萨科齐、奥朗德、马克龙三届政府教育改革的变化及思考（2007—2017年）》，载《世界教育信息》2018 年第 31 期。

年代建立的双轨制,其中一轨是培养统治阶层的精英教育,另一轨是面向普通民众的大众教育。虽然双轨制既能保证法国精英教育的质量,又能保证人民群众接受普通教育的权利,但正是这种"分裂"在一定程度上使教育缺乏公平。

第二次工业革命以后,随着交通运输业的发展,第三产业的兴起,人们的思想观念也随之发生变化,接受高等教育成为改变命运的绿色通道。20世纪后半叶,法国高等教育进入大众化阶段,综合大学与"大学校"双轨并行的制度仍然引人注目。然而,人们发现,法国高等教育入学机会不均等的问题并未得到充分解决。"双轨制"是法国高等教育民主化的绊脚石还是法国高等教育的传家宝,值得我们深思。

3."大学校"入学考试制度

经历了两百多年的发展,法国双轨制高等教育系统已经相当完备。综合大学是在义务教育结束以后,接收通过高中毕业会考的学生,承担大众教育。而"大学校"是法国的精英人才培养机构,具有数量多规模小的特点,它注重应用型训练,承担着为国家培养高级人才的使命。大多数"大学校"在校学生人数在100～500人之间,规模小巧。就声誉而言,"大学校"要远高于综合性大学。

在"大学校"享受至高赞誉的同时,也会受到社会大众的非议。很多人认为,"大学校"的荣誉是建立在不平等的高等教育入学招生制度之上的,看似公平的招生制度正是造成法国高等教育入学机会不平等的原因。

法国"大学校"的招生制度同综合大学截然不同,大学校通过设立预科班和严格的入学考试以保证其生源质量。对于法国高中生而言,进入预科班的前提条件除了会考成绩必须远超平均分,还要获得良好的教师评语。在两年的预科班学习之后经过严格的入学考试才可以顺利进入"大学校"。由此可见,即使进入预科班也不能保证百分之百能踏进"大学校"的校门。

从社会视角看,"大学校"只接收10%左右的高中毕业生,造成了只有那些拥有良好教育资源家庭的子女赢在了起跑线上,它的招生制度极不平衡,被法国社会各界视为一大顽疾。这种不平衡主要体现在两个方面:其一,"大学校"的招生入学表现出社会阶层上的不平衡;其二,"大学校""从精英到精英"的模式使其招生的范围越来越狭窄,导致该体系封闭性的不可逆。"1919年到1968年间,各个年代出生群体中,考取'大学校'的比例均低于6%。其中,大众阶层子女进入'大学校'的比例在1%左右,精英阶层和教师家子女的考取比例则达到了18%。"[1]20世纪50年代以来,尽管在高等教育民主化和大众化的时代背景下,大学校被精英阶层所控制的局面不但没有得到改善,反而变本加厉了。"在1950年,法国的四所一流学校(综合理工学校、国家行政学校、高等师范学校和巴黎中央学校)尚且还有29%的学生来自平民阶层,而如今只有9%。"[2]

---

①　Valerie Albouy et Thomas Wanecq,Les inégalités sociales d'accès aux grandes écoles suivi d'un commentaire de Louis-André Vallet,*Economie et Statistique*,2003,No.361,pp.27-25.

②　吕达、周满生:《当代外国教育改革著名文献》(德国、法国卷),人民教育出版社2004年版,第355页。

4.政府与"大学校"的民主化改革措施及效果

在社会各界的担忧和质疑面前,法国政府和"大学校"自身都意识到有必要采取相应措施推进高等教育民主化。

要实现高等教育民主化,首先要解决大学和"大学校"相互独立的状态。鉴于此,法国高等教育委员会在 1998 年提出高等教育改革方案,强调大学和"大学校"要相互靠拢,设立"共同高等教育校区",共享教学课程,等值文凭,分享教学设备及资源,倡导教育机构在地理上的集中。此外,该方案还建议改革法国复杂的高等教育学制,实现高等教育与国际接轨。

不均等的教育资源,也是造成法国高等教育民主化无法实现的原因之一。在民主化运动的推动下,法国执政党都将教育机会均等作为高等教育改革的基本原则之一并采取了相应的措施,如通过设置"机会平等年"(2006 年)提高公众的平等意识,通过设立"高等教育与研究集群",以促进大学之间的交流互动、资源共享。此外,法国政府还在 2008 年为中等家庭的学生发放奖学金,推出针对贫困学生的"助学贷款"计划。"2008 年有 5 家银行为该项目发放 1.5 万欧元的贷款,2009 年总计由 6800 万欧元贷款获批。"①

在政府的引导和支持下,"大学校"自身也逐步认识到自身在教育公平方面应承担的责任,便积极采取新的措施,从多个方面解决高等教育入学机会不平等的问题。这些措施主要是从"文化资本补偿"和招生制度两个方面开展的。

为了让来自中下层阶级的学生也能够拥有进入"大学校"的机会,一些"大学校"尝试用"文化资本补偿计划"对这些学生提供帮助。率先作出行动的是巴黎政治学院,在 2001 年提出"优先教育公约计划"。该计划的具体内容为:中学教师向"大学校"推荐有潜力的来自弱势家庭的高中毕业生,再对这些学生进行特别辅导,让他们获得与富裕家庭子女同等的"文化资本"。最后这些学生只需要通过一次严格的面试以代替传统的入学考试,即可进入"大学校"学习。这一计划在开始实施阶段备受质疑,但结果表明这些接受"文化资本补偿"的学生并不逊色于通过传统考试录取的学生。

继巴黎政治大学之后,其他一些"大学校"也推出类似的帮扶政策。"预科班、大学校,为什么不是我?"(Une classse prépa,une grande école,pourquoi pas moi?)是法国高等经济商学院(ESSEC)于 2002 年启动的帮助普通家庭优秀高中生的项目。高等经济商学院每年从几所与其签订协议的高中学校中挑选出有潜力的学生,为他们提供为期三年的培训,培训内容主要包括:"科研工具及方法、个人文化素养、表达技巧、在社会中的举止、团队合作精神、个性发展、发现企业及职位。"②培训经费由政府和学校共同承担,政府提供辅导费用的三分之二,余下部分由"大学校"资助。

除了推出从文化方面帮扶"弱势群体"的政策外,"大学校"还对其招生制度进行了调整。目前,跻身"大学校"共有三种方式:第一种方式是预科班或是大学一、二、三年级的生源交流;第二种方式是在实施 LMD 学制和学分转换系统的基础上得以实现的;第三种方

① 钱虹:《面对民主的拷问——浅析法国"双轨制"高等教育体制的弊端与调适》,载《吉林省教育学院学报》2015 年第 31 期。

② 刘敏:《从法国"大学校"入学招生的变化谈教育公平》,载《复旦教育论坛》2010 年第 8 期。

式更为直接,通过成立专门的"预科班",之后不经过考试或者仅采用面试的方式就可以直接进入"大学校"学习。通过以上措施,2010 年法国进入"大学校"的新生中通过后两种方式入学的比例大幅增加,"大学校"的生源更加多元化,改善了其招生方式单一的情况。

(三)法国高等教育现代化进程中的大学管理体制改革

1.法国大学的自治传统

自中世纪大学诞生起,巴黎大学便利用教权与王权之争,为自己争取了许多特权,可以说,大学对"自治权"的追求从未终止过。但随着近代社会的发展,世俗权利和宗教势力之间的平衡被打破,大学的自治便受到威胁。尤其是到了拿破仑执政时期,强大的世俗政权通过建立中央集权式的高等教育管理体制,把大学完全掌控在国家政治体制之中。自此,法国大学在中世纪时期的自治状态便一去不复返。

第二次世界大战后,中央集权型的高等教育管理体制已无法适应法国经济和科技的发展。正如法国哲学家保罗·里科尔(Paul Ricoeur)所预见的,"如果国家不采取办法解决大学的发展问题,那将会招来酿成全国性灾难的学校大爆炸"[①]。1968 年爆发的"五月风暴"印证了他的预言。为了改变法国中央集权式的高等教育管理体制,法国当局颁布了《高等教育方向指导法》,该法确定的"自治、参与、多科性"三大基本原则为法国大学争取"自治权"开辟了全新的道路。

20 世纪八九十年代是法国高等教育迈向"自治"的重要阶段。为提升高等教育质量、振兴法国经济,法国政府高度重视高等教育管理体制问题,将综合大学自治作为核心和关键。1984 年《高等教育法》(也称《萨瓦里法案》)第 20 条规定:"科学、文化和职业公立高等学校是享有法人资格在教学、科学、行政及财务方面享有自主权的国立高等教育和科研机构。"[②]自此,法国大学在法律上获得了管理的自主权,尤其在财政自主权和自我管理权方面获得了标志性的成果。

2.《大学自主与责任法》颁布的背景

21 世纪以来,国际社会已经意识到,大学组织僵化、缺乏弹性和活力,难以适应社会经济发展的要求。因此,经济合作与发展组织及联合国教科文组织建议,要从根本上改变大学目前的运行机制和管理方式,建议在大学管理中引入竞争机制,高等教育应更加贴近市场。同样,这一理念也出现在 2000 年欧洲会议出台的"旨在促进教育体制现代化的宏伟计划"中。该计划认为大学的发展应该跳出自己原有的框架,更多地承担起国家和社会所寄予的责任,而这也是高等教育现代化的基本需求[③]。这一计划也直接影响了当时日后就任法国总统的萨科齐对法国大学自治改革的方向和决策。加之,法国大学在世界大学排名中成绩平平,在 2007 年上海交通大学评选的"世界大学前 100 名排行榜"中,法国只有巴黎六大(排名 39)、巴黎十一大(排名 52)、高等师范学校(排名 83)、索邦大学(排名

---

① [法]让-皮埃尔·勒·戈夫:《1968 年 5 月,无奈的遗产》,胡尧步译,中国青年出版社 2007 年版,第 33 页。

② 吕达、周满生:《当代外国教育改革著名文献》(德国、法国卷),人民教育出版社 2004 年版,第 283 页。

③ 吕一民、钱虹、汪少卿等:《法国教育战略研究》,浙江教育出版社 2014 年版,第 110 页。

99)4 所大学入围,相比于美国的 53 所和英国的 11 所,这个数字显得尤为窘迫①。据美国媒体报道,法国大学严重缺乏竞争力,"人员过剩,资金短缺,设备陈旧,即使像索邦大学这种负有盛名的大学在世界大学排名中的名次都有所下滑"。法国政府也意识到提高法国大学在世界大学排行榜中的排名是法国政府的一项重要任务。因此,萨科齐把高等教育当作法国的优先战略部署,并且把扩大"大学自主权"放在高等教育战略的优先地位。

法国议会于 2007 年 8 月通过了《关于综合大学自由与责任的法案》(简称《大学自主与责任法》)。该法案旨在通过优化法国高等教育的管理体制,达到提升高等教育质量和国际竞争力的目的。改革的主要途径是:改变大学治理的僵化现状,督促大学履行更多的社会责任,前提是要赋予大学更多的自主权;通过引进市场竞争机制,彻底改变国家与高等教育机构之间的关系。

3.《大学自主与责任法》的主要内容及实施情况

《大学自主与责任法》主要包括六个部分:高等教育公共服务的使命,大学的治理,大学的新责任,各种安排机制,海外领地的相关机制,短时间和最终的安排。这是一部高度概括的综合性法案,体现了全新的大学管理理念。该法案在学校内部管理、财务预算和人力资源管理权以及不动产管理这几个方面赋予了大学更多的自主权。

其一,在学校内部管理方面,在新的法律中,大学校长的权力被增强,成为大学实际的领导者,以前校长和三大委员会协同管理校内事务变为由校长主要负责;另外,校长还要负责起草与政府签订的合同的拟定、人事任命和奖金分配等事宜。教学—科研人员身份不再作为校长竞选的硬性要求,由校董事会选举产生,任期 4 年,最多连任一届。

大学行政委员会的规模由原来的 30～60 人精简到 20～30 人,并且成员中加入了 7～8 个校外人事,其中包括当地政府代表、社会经济实体代表和企业领导人。而其中学生和社会人员(IATOS,即工程师、公务员、技术人员、工人和服务业人员)的人数也有所下降(分别由 20% 下降到 10%,由 10% 下降到 6.7%)。行政委员会还可以直接创建研究和培训单位,制定服务人员职责分配的基本原则,根据雇佣委员会的意见负责人事任命。

其二,在财务预算方面本次改革赋予大学更大的财务自主权,大学的校务委员会可以支配学校全部的预算,换言之,大学将自主进行财务预算,尤其是用于劳资的部分。此外,综合大学可以通过设立基金会向社会和企业募集资金,摆脱只依赖政府拨款的被动状况。

人力资源管理权方面,本次改革改变了大学招聘教研人员的模式,教研人员的招聘权力由原来的高教部转移到了大学内部。招聘教职工前,学校要成立一个由教师研究员组成的招聘委员会,负责招聘工作。招聘完成后,由校长决定教师的转正、晋升和调动,以及最低工作量的设定,并决定超出工作量的额外津贴和补助。大学校长还有权根据需要聘用合同制员工。

其三,在不动产管理权方面。法案规定,国家将不动产管理权移交给学校,必要时可出租不动产的三分之一,但必须以不影响大学教学为前提。

《大学自主与责任法》促使大学在人事管理上获得更大的灵活性,扭转了以往大学中

---

① Chiffre issus du site officiel du CWCU(Center for world-class Universities of Shanghai Jiao Tong University),http://www.arwu.org/Chinese/index.jsp#,最后访问日期:2018 年 11 月 10 日。

资深教授及其学科逻辑霸权的局面,提高了大学的管理效益,极大地推动了大学自治的进程;与此同时,该法案扩大了大学的经费来源,有助于大学更好地开展科研项目和学生培养,同时也减轻了国家的财政负担;在不动产管理权方面的措施提高了大学的市场经济意识,有利于提高大学不动产的使用率和经济效益。

然而,只要是改革就势必会招致某些反对的声音。《大学自主与责任法》颁布后,主要遭受了以下质疑:首先,反对者认为法案中关于财政自主权和不动产管理权的调整,会让大学失去学术研究上的纯粹性,会引起大学和各专业之间不必要的竞争;同时,他们还担心政府可能会借此逐步减少对大学的投入,这违背了法国大学一直以来追求纯学术的传统和追求平等的思想。另外,学校内部的管理决策权过于集中也引起很多教授不满,认为法案中的新规定简化了校长的选举程序,并增强了校长的权力,易导致独裁,教学与研究单位(院系)自主权被削弱,损害了法国大学从前以院系为主导的发展模式。

2008 年 12 月 23 日,时任法国高教与科学研究部部长的瓦莱丽·佩克雷斯正式公布了首批试行大学自主与责任法改革的 20 所大学名单。2009 年 1 月 1 日启动了首批改革名单,政府为此额外拨款 25 万欧元,剩余其他大学也在 2012 年前陆续实施改革,全部实现自治。自治后的大学财政收入有所改善,虽然大学的经费有所增加,2011 年比 2010 年增加了 3%,总金额为 7840 万欧元。但财政支出的新问题也随之而来。部分学校出现 2009 年和 2010 年连续两年出现财政赤字的情况[1]。

2009 年,高等教育与科学研究部部长瓦莱丽·佩克雷斯修订了《高校教师——研究人员职位条例》,已达到规范法国高校教师和科研人员的管理和培养更多优秀的青年研究员的目的。该条例中包含对大学教师工作量的计算方式和对教师教学科研工作的评估,这些新的规定改变了法国教师以往轻松自在的工作状态,使教师工作更多地受制于学校行政命令,同时加剧了教师间的竞争,招致了法国大学教师们的大规模反抗。

这一场大学自治改革背后,不难看出"效率、竞争、多样化"是其遵循的基本逻辑。法国一直以来坚持的公平和一致性的价值观,遭受到盎格鲁—撒克逊传统的美国模式的挑战,随之而来的争议和忧虑是无法避免的。针对这次高等教育改革,法国社会各界分别于 2007 年和 2009 年进行了两次大规模的抗议,前一次是反对大学自治,后一次是抗议有关教师研究员的规定被改变[2]。由此看来,法国大学的改革的道路充满艰难险阻。

4.《高等教育与研究法》的主要内容

自 1986 年来,法国的三次高等教育改革都是把扩大高等学校的自主权放在重要位置,2007 年的《大学自主与责任法》更是把校长的权力扩大到了顶峰,在几年的管理实践中,这种做法的弊端也暴露出来:院校的管理过于集中化,大学内部基本单位学院的自治遭到了破坏。基于此,奥朗德政府提出新的高等教育法案《高教与研究法草案》,并于 2013 年 5 月获得国民议会通过。该法的主要内容除了改革大学内部管理体制外,还包括

① 张为宇、盛夏:《法国教育发展战略部署及实施情况》,载《中国高等教育》2013 年第 11 期。
② 陆华:《建立"新大学":法国高等教育改革的逻辑》,载《复旦教育论坛》2009 年第 7 期。

提升学业成功率和鼓励科研发展等①。其中,大学内部管理体制改革的基本原则是:通过给予大学更多自主权提高大学办学效率,更准确地说是将校长的权力分化到各个院系,让教师、管理人员甚至学生拥有更多自主权力,实现学院式治理模式的回归②。高等教育研究法的主要内容有:

大学行政委员会被认定为大学的主要决策部门,从该机构的人员构成的调整上可以看出新的法律更加注重民主协商的精神:教师或研究人员有所增加,为8~16人,并且其中8位为校外人士;学生代表和行政人员也有所增加,都是4~6人。

大学校长从教师—研究人员、教师、教授或其他相当身份的候选人中获得行政委员会成员的绝对多数票选举产生。新法案对校长选举也作出一些调整,主要特征是:放宽了校长选举的范围,但校长的权力被削减。大学校长从教师—研究人员、教师、教授或其他相当身份的候选人中获得行政委员会成员的绝对多数票选举产生。新法律不仅允许校外人士竞选校长,对竞选人的国籍也不作要求。

为鼓励高校积极参与科学研究,在大学内增设"学术委员会"(conseil académique),负责大学内部教学和科研的决策和咨询工作,同时也负责教师和研究员的晋升和职称评定。

21世纪以来,法国高等教育改革以扩大高校自治为特征,在资源分配方面也鼓励大学加强同地方政府和企业的联系,争取更多的办学资源。改革虽取得了一定成效,但仍旧困难重重,其中一个重要原因是法国大学自治的国际环境发生了巨变,大学自治面临着更严酷的挑战。首先,世界大学排名震动着法国大学原本的格局,促使其高等教育机构和科研机构的合并重组;其次,不断被强化的竞争机制让法国大学不得不积极寻求外部资源;另外,大学的决策程序因国家评估机构而得以简化,从而提高了大学的应变能力。

(四)法国创建世界一流大学的战略及实践

1.法国创建世界一流大学的背景

在全球化持续发展的今天,国与国的竞争就是教育的比拼、人才的较量和科技的博弈。高等教育发挥着推动科技发展和人才培养的重要作用,关系着一个国家是否能在未来的国际竞争中立于不败之地。对于法国来说,虽有"老牌资本主义强国"的头衔,但面对美国、日本等发达国家和中国、印度等后起之秀,再无昔日荣光③。在高等教育领域,法国表现出综合实力不足和对留学生吸引力下降的趋势。造成这种趋势的原因是法国大学在具有影响力的"世界大学学术排名"中拿不到好的名次。法国高等教育实行的"双轨制"导致大众教育与精英教育相分离,加之高等教育机构同科研机构的明确分工,造成了高等教育教学基地与研究领域脱节,这些因素都大大限制了法国高校在全球大学排行榜上的表现。

面对如此困境,法国为了保住自己传统强国的地位,为了在科技发展的浪潮中重获优势,为了稳固本国精英,打造世界一流学府势在必行。

① 张为宇、马燕生:《聚焦法国高等教育研究草案》,http://www.jyb.cn/world/gjgc/201306/t20130614_541745.html,最后访问日期:2018年12月3日。

② 王晓辉:《法国大学自治:现状与前景》,载《现代大学教育》2017年第4期。

③ [法]乔治·杜比:《法国史:从起源到当代》,吕一民译,商务印书馆2010年版,第158页。

2.法国建设世界一流大学的政策演进

从 2003 年开始,高等教育领域刮起世界排名的旋风,法国大学在这次风暴中相形见绌,一直未取得好的名次。法国政府意识到不能坐以待毙,积极推出法案和措施,以求得高等教育的快速发展。

法国政府认识到本国的高等教育在国际上排名不佳,最主要的原因是法国高校的规模太小,无法同世界上其他体量更大的大学相抗衡,于是出台了一系列鼓励项目合作与重组的法案,如 2005 年出台的《金融法案》(Loi de finances),鼓励高等教育机构积极同各种类型的企业和各类研究所加强合作,开发出特定领域的创新合作项目。2006 年,法国政府通过《科研法案》(Loi de programme pour la recherche)推出"高等教育与研究集群"这一新型的组织模式①,并根据各机构的优势对 60 多所高等院校和科研机构进行重组。截至 2012 年,已建成 26 个"高等教育与研究集群"②。

在经费方面,政府也不断为高等教育的发展提供支持。2008 年,法国政府拨款 50 亿欧元,对 12 个校园集群进行改造,优化校园环境改善科研条件,该行动叫作"校园计划"(Opération Campus)③。2010 年推出的"未来投资计划"(Investissement d'Avenir)是法国近 40 年来在高等教育领域最大力度的改革。该计划中的"卓越大学计划"(Initiatives d'Excellence)拥有非常明确的目标:为法国打造 5～10 所世界一流大学。奥朗德总统上任后,继续推行"未来投资计划",2012 年斥资 120 亿欧元启动了该计划的二期工程,重点用于尖端实验室的建设和成果转化④。2015 年,法国政府注入 100 亿欧元支持"未来投资计划"的第三期预算方案。

3.以"重组"和"大型国家工程"为依托的世界一流大学改革之路

纵观法国近几年的高等教育改革方案,除"卓越大学计划"的实施外,"高校共同体"(communauté d'université et établissement,COMUE)的建立对于法国创建世界一流大学也尤为关键。

(1)"高校共同体"改革

法国实行的精英教育与大众教育双轨并行的教育体制和"小规模"精英教育理念已经不能满足知识经济时代对综合型、国际化人才的迫切需求。2013 年 7 月,"高校共同体"的创建随着《高等教育与研究法》的出台而得以实现。然而"高校共同体"的创建并不是一蹴而就的,而是循序渐进的。为建立高校间的合作意识,促进新的一流大学的产生,法国政府于 2006 年 4 月通过了《科研法案》(Loi de programme pour la recherche),进一步触及

---

① Loi de programme pour la recherche,https://fr.wikipedia.org/wiki/Loi_de_programme_pour_la_recherche,最后访问日期:2018 年 10 月 23 日。

② Loi n°2013-660 du 22 juillet 2013 relative à l'enseignement supérieur et à la recherche education,http://www.education.gouv.fr,最后访问日期:2018 年 10 月 23 日。

③ Initiatives d'Excellence.ESR,http://www.enseignementsup-recherche.gouv.fr,最后访问日期:2018 年 10 月 25 日。

④ Conseil des ministres:communication relative aux investissements d'avenir pour les universités de rang mondial.ESR,http://www.enseignementsup-recherche.gouv.fr,最后访问日期:2018 年 10 月 25 日。

了法国研究与技术发展的规划与定向,成立基于学科发展的"高等教育与研究集群",旨在改善以往大学间各自发展、同质性实验室及研究恶性循环竞争、内耗资源的局面,以财政支持提供科研合作契机,从而凝聚资源创新体制机制,刺激高校间合作意识的生成[①]。2006—2013 年间,全法共有 27 个联合中心相继成立,如里昂大学联合了包括里昂高等师范学院、法国科学院等 10 所高校创办高校科研机构以及 11 所成员学校。2007 年 8 月法国政府通过了《大学自主与责任法》,大学的自治权进一步扩大,甚至大学各实验室都拥有自治权,它们有权根据自身学科特色选择合作伙伴,进行结构重组。

2013 年,改革进入第二阶段,法国政府出台《高教与研究法》,宣布"高等教育与科研联合中心"正式被"高校共同体"取代,从此"高校共同体"的自由联合和重组拥有了法律依据。

创建"高校共同体"是法国政府根据法国高等教育机构规模小、教学科研相分离等问题所提出的具有针对性的解决措施。在具体的实施过程中,法国政府通过颁布相关法令,为"高校共同体"的创建从制度上铺平了道路,并且设置了专门的"共同体"行政委员会和学术委员会,负责经费的统筹安排和国际战略的制定以及科研成果的发布。在政府的大力推动下,自 2015 年起,法国多个重要城市相继建立起"高校共同体",在科研创新和资源整合方面为法国实现建立世界一流大学的目标做好充分的准备。自 2015 年开始,法国里尔、里昂、雷恩、波尔多、马赛、格勒以及斯特拉斯堡等地逐步建立了具有法律效力的"高校共同体",为法国建立世界一流大学奠定了资源整合与创新的基础。

(2)"卓越大学计划"

"卓越大学计划"是法国 2010 年实施的国家建设工程——"未来投资计划"的一个重点建设项目。"卓越大学计划"是法国政府为了实现本国高等教育始终处于世界领先水平而实施的重大战略部署,具体目标是以最快的速度建设 5～10 所被国际认可的一流大学[②]。"卓越大学计划"在核心理念上同创建"高校共同体"一样,都是对高等教育资源的优势重组。它的实施必须建立在法国各个区域高等教育同地方经济发展的集群发展之上。法国政府寄希望于高等教育机构之间的深层次学术资源的整合,吸引更多优秀的教师、研究人员和学生进入法国的顶尖学府,在提升国际学术知名度的同时,增强法国在科学研究领域的世界影响力[③]。

法国创建世界一流大学的策略是:利用自身资源优势,从已经具备世界一流水平的高等教育机构和科研机构组成"联盟",形成规模效应[④]。

---

①　Aust J.et,Crespy C.,Napoléon reversé Institutionnalisation des P less de recherche et d'enseignement supérieur et réforme du système académique français,*Revenu française de Science politique*,2009,No.5,pp.915-938.

②　刘宝存、张伟:《国际比较视野下的创建世界一流大学政策研究》,载《比较教育研究》2016 年第 38 期。

③　Commission des Finances du Sénat.Projet de Loi de Finances pour 2014:Recherche et Enseignement Supérieur,http://www.senat.fr,最后访问日期:2018 年 11 月 5 日。

④　SALMIJ.,*The Challenge of Establishing World-Class Universities*,Washington.DC:Word Bank,2009:pp.7-9.

在"卓越大学计划"项目征集方面,由法国国家研究署(Agence Nationale de la Recherché)负责,两轮项目征集分别在2010年和2011年展开。候选项目必须具备四项特征:一是具有突出科研能力;二是在制定和实施政策、学生就业乃至世界经济领域各类机构等方面有良好的合作伙伴关系;三是具备卓越的教育培训、高度的国际开放性、就业能力和创新能力;四是要有较强的实践管理能力与较高的管理质量①。经过激烈的角逐,在"卓越大学计划"头两轮竞选中有8所大学中标②,中标的每一所学校都可以获得1000万欧元的贷款③。

"卓越大学计划"作为法国政府打造世界一流大学的重磅手段,充分考虑了法国高等教育的自身优势和现实问题:在法国高等教育机构产生和发展的过程中,逐渐形成综合大学负责大众教育、"大学校"负责精英教育、研究机构负责科学研究的格局,三者互不干扰,各司其职;但这种格局已经不能满足新时代对综合型、国际化人才的迫切需求,也不能适应现代社会各种学科交叉融合发展的趋势。"卓越大学计划"以区域为划分标准,以科技创新项目为基础对高等教育各部分进行区域性调整与合并,这样做既消除了法国综合大学、"大学校"和科研机构长期存在的坚固壁垒,又充分考虑到各个参与合并重组的机构在空间上的可操作性。在项目实施过程中,政府不断提供巨额资金支持。从设计构想和政府支持的程度两方面来看,"卓越大学计划"可以说是一项值得期待的高等教育改革措施。

表8-1 2003—2018法国世界大学排名(数量)比较

	前20强	前100强	前200强	前300强	前400强	前500强
2018年	/	3所	8所	14所	17所	19所
2015年	/	4所	8所	15所	18所	22所
2010年	/	3所	7所	13所	18所	22所
2003年	/	2所	8所	12所	17所	22所

虽然法国"卓越大学计划"的外显目标是提升其在世界大学学术排名中的名次,但从表8-1中可以看出,时至今日法国并未达到这一目标。2003年至2018年,法国始终没有大学进入世界前20强④。究其客观原因有两个:第一,在现行的世界大学学术排名的评估体系中,更加注重的是"量化数据"对排名的影响;第二,类似《自然》《科学》等被该评价体系认证的权威杂志都是英文杂志,对非英语国家来说有失公正。基于以上两点,法国综合大学在人文社会科学方面的优势和"大学校""术业有专攻"的特点在现行的世界大学排名评价体系中完全无法施展拳脚。但我们并不能因此否定法国政府为提高高等教育质量

---

① 张惠、刘宝存:《法国创建世界一流大学的政策及其特征》,载《高等教育研究》2015年第36期。

② "卓越大学计划"头两轮竞选中标的大学为:波尔多"卓越"项目点(Idex Bordeaux)、斯特拉斯堡大学(UNISTRA)、巴黎科学与文学联合大学(PSL﹡Idex)、埃克斯—马赛"卓越"项目点(A﹡MIDEX)、图卢兹大学(UNITI)、索邦—巴黎—西岱联合大学(USPC)、索邦联合大学(SUPER)、巴黎—萨克雷"卓越"项目点(IPS)

③ L'Etudiant,Pôle Commercial et Promotion.Idex:Les Donations des Cinq Laureats de la Seconde Vague,https://www.letudiant.fr,最后访问日期:2018年11月5日。

④ http://www.shanghairanking.com/ARWU2018.html,最后访问日期:2018年11月18日。

所做的努力,更不能因此忽略法国大学那些无法体现在排行榜中的独特优势,如巴黎高等师范学院拥有世界上独一无二的教学方式①,以巴黎高等商学院为代表的"高等商学院"拥有极好的就业率和良好的社会声誉,还有公立综合大学免学费等优惠政策。

面对不甚满意的世界大学排名成绩,法国除了试图适应其中的游戏规则外,也尝试寻找一套适合本国的高等教育质量评价指标,如对具体的专业进行排名②。这一做法是否能够打破以美国和英国为主导的全球高等教育格局,提高法国甚至欧洲高等院校的知名度,还有待时间的检验。

(五)法国高等教育战略举措对我国的启示

1."双轨制"下大众教育和精英教育的合理并存

"双轨制"在法国已经有两百多年的历史,其中,法国的综合性大学一轨类似于英美国家的综合大学,实行多学科招生,对学生进行综合培养。从法律性质上看,法国综合性大学属于学术、文化、职业性的公益机构,为全国已取得高中毕业会考证书的高中生提供无差别的优质高等教育,并为顺利完成学业的大学生颁发同等价值的国家文凭,涵盖本科、硕士和博士三个阶段的教育。而"大学校"是建立在严格的选拔制度之上的精英教育,为法国培养顶级工程师、高级公务员和企业管理人才。"大学校"的历史可以追溯到1789年法国大革命时期,新兴的资产阶级政权创办了完全不同于传统大学的新型高等教育机构,为国家培养工程人才和政治精英,其中类似巴黎理工学院(1794)和巴黎高等师范学院(1795)等高等教育机构至今仍然具有旺盛的生命力。单单就巴黎理工学院而言,在成立的200多年来为法国培养了一大批知名人士,如"一战"中的协约国盟军统帅福煦、诺贝尔物理学奖获得者贝古勒尔、热力学奠基人卡诺、工业家和设计师雪铁龙以及法国总统德斯坦等等。一直以来,"大学校"以高质量的教学闻名于世,根据不同专业的需求提供2~5年的专业化教育,根据毕业后服务的不同领域,主要可以分为专业工程师教育、高等商业与管理教育和其他高等教育专业三大板块。"大学校"的存在让法国在高等教育大众化泛化过程中的精英教育得以保留,法国高等教育两轨并行的机制回应了社会发展对不同层次人才的需求,为法国的社会进步提供了不竭的动力。

自1999年开始,我国公立高等学校开始扩大招生,扩招方式是建立在原有的实行精英教育的公立高等学校的基础之上,这就为精英教育和大众教育的平衡发展埋下了隐患。经过长达18年的不懈努力,我国高等教育毛入学率将于今年(2019)超过50%,实现高等教育大众化到普及化的"转折"。在我国高等教育规模迅速扩大的同时,高等教育的质量却难以得到保证,冲击了扩招前高等教育的精英属性。法国高等教育实行"双轨制",综合大学负责高等教育大众教育,"大学校"承担精英教育的重任,两轨相互独立又互为补充,

---

①　被巴黎高等师范学院录取的学生需要到其他综合大学注册学习并获得相应文凭,巴黎高等师范学院不重复教授一般综合大学教授的课程内容,更专注于世界尖端学术研究,也不会为本校学生颁发学位证书。

②　《欧盟将于2010年测试新的大学排名体系》,中华人民共和国驻欧盟使团网,http://www.chinamission.be/chn/zogx/jyjl/jydt/t651248.htm,最后访问日期:2018年11月18日。

实现了大众教育和精英教育的合理并存①。虽然法国的高等教育"双轨制"颇受诟病,被认为是高等教育民主化的阻碍和造成高等教育不公平的元凶,但不得不说两轨的办学方向明确,避免了大众教育对精英教育在教学目标上的干扰。

西方发达国家高等教育的一大特点是政府负责的公立大学和民间兴办的私立大学协同发展。在法国,"大学校"大多属于私立高校或部属高校,英美的私立大学口碑超过公立大学的情况也比比皆是。由此说明民办学校也可以承担起精英教育的重任。反观我国的高等教育虽然也鼓励发展私立学校,但由于收费高、生源差等原因,远不足与同等公立高校相抗衡。在高校扩招的影响下,我国公立大学超负荷运转,精英教育难以为继,加之公立高校在扩招后还是延续单一的办学模式,以培养精英人才为目标,阻碍了大众教育和精英教育的双向发展。借鉴法国高等教育"双轨制"的多层次和多渠道办学的经验,大力发展民办教育、鼓励地方办学不失为一个保证我国精英教育和大众教育协同发展的有效途径。

从我国的综合性大学教育和职业教育的关系来看,与法国的综合大学与"大学校"的关系也有类似之处,我国的职业教育也是主要以培养实用型人才为主,涉及众多领域,但是我国的职业教育地位相对普通高等教育低很多,可以说是在普通高等教育的阴影下成长起来的,其发展模式被称作"压缩式本科"模式,缺乏自身特色,更不必说提供精英式的教育模式。而在这一点上,法国的"双轨制"刚好可以为我国提供一定的宝贵经验。在保障大众教育基础地位的同时,也能提供优质的专业化的精英教育,走出一条适合我国国情的高等教育发展模式,是我国长期需要探索的道路。

2.高等教育的健康发展离不开教育公平

在法国高等教育双轨制的体制下,"大学校"在承担精英教育重任的同时,也带来了教育机会不均等和社会阶层固化的问题。法国政府和"大学校"都积极采取应对措施,以推动高等教育的公平性。它们在追求教育公平和对弱势群体的帮扶作出的努力值得我们肯定,其对中国高等教育的发展提供了可借鉴的经验:

首先,教育公平作为社会公平价值在教育领域的重要体现,必须引起政府、学校和社会的高度重视。北京师范大学历史学院李志英教授曾做过相关调研,工人和农民在我国居民人口中占比将近80%,但他们的子女进入高等学府的比例却远远低于这个数字,而高层次人才家庭的子女进入大学学习的比例远高于该阶层人口在整个社会群体中4.6%的比例。该调研表明,我国的高等教育也存在较为严重的教育机会不均等和社会分层的问题。虽然影响教育公平的问题因素有很多,但归根结底是教育资源有限和分布不均衡造成的。

其次,高等教育院校也应该意识到自身对教育机会公平的责任。随着我国新高考政策的出台,综合素质在高考录取分数中的占比越来越重。然而,地处我国边远地区和经济欠发达地区的高中生无法获取与城市高中生同等质量的文化资源。因此,高校应该积极与贫困地区和边远地区的高中学校合作,为弱势家庭的优秀高中生提供"文化帮扶"政策,为他们提供提升学习能力和综合素养的课程,相比于从前的"加分"和"特招",这种方法更

---

① 杨少琳:《双轨制:法国精英教育和大众教育的合理并存》,载《重庆工学院学报(社会科学)》2009年第12期。

能够让学生在学业上树立信心,客观上也保证了学校的优质生源和教学质量。

再次,精英教育和大众教育需协调发展,并行不悖。蔡元培曾经说过:"大学者,研究高深学问者也。"大学从诞生之时就带有精英教育的烙印。随着近现代高等教育大众化浪潮的到来,传统大学的精英教育思想不可避免地受到影响。只有对精英教育和大众教育统筹兼顾才能保证我国高等教育健康合理的发展。当前,我国高等教育存在着不均衡发展的现实,主要体现在重点学校和非重点学校、普通教育和职业教育、研究型大学和教学型大学、公办学校和民办学校之间不协调发展的状态。在经费投入方面,各类院校存在错综复杂、比例失调的情况。要实现我国高等教育均衡发展,就要从顶层出发,建立完备的财政制度,增加对教育的财政投入,促进公平原则的落实,高校招生实行多渠道多标准。

最后,通过加强高等教育制度建设,以促进各类院校的相互融通。当前我国高等教育体系从总体上看较为封闭,不同类型院校之间缺乏有效的沟通和衔接。反观法国高等教育通过推行 LMD 学制、学分转换系统和欧洲文凭协调等一系列改革措施来提高其高等教育的国际竞争力和吸引力,让法国高等教育与国际接轨。这些举措使得法国大学之间的校际合作、区域合作普遍加强,"大学校"和大学也相互靠拢。鉴于此,我国高等教育改革仍然需要以制度为保障,设置灵活的学位制度和文凭,探索与国际接轨的学分转换体系,鼓励高校内部学位与文凭互认,加强师生在国内和国际上的交流,实现高等教育国际化。

3.寻求"政府监督"与"大学自治"之间的动态平衡

现代大学成立以来,大学的自治与政府管理这一对矛盾就天然存在了。布鲁贝尔在他的《高等教育哲学》中提到的大学存在着两种重要的哲学观:认识论为基础的大学倾向于追求学术自治,以追求高深学问为目的;以政治论为基础的大学以"服务国家和社会发展"为目的。大学的自治与政府管理之间的博弈其实是布鲁贝尔两种哲学观的具体表现。布鲁贝尔对此也表明了自己的态度,他认为"自治是高深学问最悠久的传统之一。失去自治,高等教育就失去了精华"①。曾经,中央集权式的高等教育管理模式在促进高等教育发展效率和保证教育公平起上到过积极的作用。但政府对大学管得过多、过死,就会限制大学的进一步发展。对于大学来说,没有绝对的"服从",也没有绝对的"自治",在"自主办学、学术自治、社会公平"逐渐成为全球高等教育治理改革的主流理念的今天,如何协调好"政府管制"和"大学自治"之间的动态关系是摆在每个国家和大学面前的重要课题。

我国的高等教育在相当长的时间里也是处在严格的中央集权的管理模式之下,直到20 世纪八九十年代,转变政府职能的声音日渐强烈,到 1998 年,国家出台了《中华人民共和国高等教育法》,明确规定高等教育机构享有七大自主权。2010 年《国家中长期教育改革和发展规划纲要(2010—2020 年)》中也提到了赋予大学自由权利的问题,将焦点放在了"高等学校去行政化上"。在建立新的协同治理模式和合理的内外管理结构的道路上,我国还在进行积极的探索。

由于中国和法国的大学在教育传统上的相似性,研究法国高等教育治理模式的演变和其背后的机理对我国高等教育改革有很好的借鉴意义。巴黎大学自诞生起,作为"学者行会"性质的教育机构,它始终在教会与世俗权力之间争取自治的权力,到了大革命时期,

---

① 布鲁贝尔:《高等教育哲学》,浙江教育出版社 2001 年版,第 31 页。

资产阶级新政权取缔了所有传统大学,而后拿破仑上台施行中央集权式的教育管理模式,大学的"自治"权变得荡然无存。20世纪60年代,"富尔法案"的出台把"自治"确立为大学存在的基本原则之一,至此,真正意义上的法国现代大学才得以建立,从而在高等教育管理制度改革的"战场"上开启了一轮又一轮的"集权"与"自治"的博弈。进入21世纪,面对知识经济和教育全球化浪潮的冲击,法国力图通过高等教育改革来维持自己在国际上的竞争力,2007年颁布的《大学自主与责任法》和2013年颁布的《高等教育与研究法》都是针对法国高等教育面对的现实困境而提出的改革措施,其中的核心议题之一便是致力于调整和协调大学"自治"与政府"监督"的关系。这些改革措施为法国高等教育的良性发展铺平了道路,其中不乏值得我们借鉴的诸多宝贵经验:

首先,高等教育立法要呼应时代需求。法国2007年的《大学自主与责任法》和2013年的《高等教育与研究法》都回应了高等教育国际化、大众化以及科学发展的需要。我国的《高等教育法》已颁布16年,现在已出现了一些不能适应时代新的需求的情况。诚如庞德所言,"法律应该是稳定的,但不是停止不前的"。在我国高等教育体制改革稳步推进的进程中,我国高等教育立法也应该顺应新时期高等教育发展的趋势,积极回应高等教育新的需求。

其次,高等教育改革应依法而行。从20世纪60年代以来,法国高等教育改革之所以能够稳步推进,其主要原因便是采用以法律为基石的手段。立法的协商过程有助于达成变革共识、明确共识方向与原则、寻求变革手段、凝聚变革动力。通过后的法案具有强制性和实效性,将大大减少变革的阻力。而我国近些年来的高等教育改革其实是一种政策性的改革。教育部以其制定的政策为主导,改革的推进完全依靠行政手段。不改变大学在改革中的被动地位,高等教育改革就只能流于形式。只有将政策性改革转变为法制化改革,才能让高校在高等教育改革中处于主体地位,从而获得更大的办学自主权[①]。

再次,政府与大学关系的制度构建对于高等教育改革而言至关重要。法国高等教育通过"大学自治"与"政府监督"两大原则基本上构建起政府与大学的关系制度。一方面,法国大学自治是通过管理自治、教学自治和财政自治三个方面的制度逐步实现的;另一方面,合理运用多年合同制、总经费预算和评估制度实现了政府监督。我国政府与大学关系的制度构建可效仿法国技术性地明确双方权利义务关系的规则,在加强政府监督权力的同时减少政府的行政干预,以宏观监督模式改善传统的行政管理模式的弊端。

最后,在进行大学内部管理体制改革时须妥善处理学校和院系之间的关系,给予院系一级单位充分的自治权,保持基层学术组织的活力。法国于2007年和2013年的两次高等教育改革在学校内部管理体制改革方面便主要是围绕大学校长权力的增强和削弱来进行的。前者扩大了校长和校级机构的权力,后者又对其进行削弱,体现出大学自治与院系自治的矛盾关系。目前,我国大学治理的重点已基本放在院系一级,教学和学术权力大部分已放归院系,但对于学分学时的规定、课程设置和科学研究等事宜还是太过整齐划一,应根据每个学科的不同特性,采取灵活的调控措施。

---

① 胡瀚:《危机与变革:当代法国高等教育法的发展与启示》,载《陕西理工学院学报(社会科学版)》2014年第32期。

4.法国创建一流大学的战略措施对我国的启示

2015 年 10 月 24 日国务院印发《统筹推进世界一流大学和一流学科建设总体方案》的通知,将建设一批世界一流大学和一流学科作为首要目标。在国际形势和国内需求的推动下,我国建立世界一流大学正在如火如荼地进行着。法国为推进大学在国际上的排名,采取了一系列重要措施,在改善校园环境和增强高等教育科研能力方面取得了不俗的效果,同时也总结出一些经验教训,对现阶段我国的高等教育工作具有借鉴意义。

首先,政府对高等教育的资金投入除了要结合国家宏观战略部署,还应该让资金的使用更加具有针对性。改革开放以来,随着国家对高等教育的重视,对高等教育的投入逐年增加,如北京大学 1994—1998 年五年期间年均经费总投入不到 6 亿元人民币,到了 2014 年一年增加了将近 100 亿元人民币[①]。但在"985 工程"和"211 工程"的框架下,政府拨付的经费主要投入到重点院校或实验室,资金的分配过于集中。法国实施的"未来投资计划"采用以区域划分为标准以优质项目为基础的资金运作方式,提高了资金的使用效率和精准度。

其次,世界一流大学的创建需要打破学科界限,加强跨学科融合。自 2015 年我国党中央和国务院作出创建世界一流大学和一流学科(简称"双一流")的重大战略决策以来,"双一流"便成为我国高等教育工作的重点。"双一流"的评选除了参考历年学科评估的情况和第三方评估的意见外,还将是否获得国家科技进步奖作为一个重要的指标。2017 年 9 月,第一批"双一流"建设高校名单得以公布,共计 137 所,世界一流大学建设高校 42 所,世界一流学科建设高校 95 所;"双一流"建设学科共计 465 个[②]。入选的学校和学科院系将会获得地方政府和教育部的高额经费,助力世界一流学科和一流学校的创建。创建"双一流"的政策实质上是一种集中教育资源进行教育赶超的策略,对于各学科的交流和融合并没有起到太大的作用。法国在建设世界一流大学过程中推出的"高校共同体"改革,不仅仅支持重点院校和优势学科的发展,还高度重视多学科跨学科融合的运行机制。

最后,根据实际情况,适时建立区域性大学集群。无论是"985 工程""211 工程"还是现在的"双一流"建设,我国高等教育政策的逻辑都是集中优势资源发展重点院校或者重点学科。但我国各高等院校之间鲜有交流,尤其是重点院校和普通院校基本上是各行其是。进入 21 世纪,法国政府越来越重视各大学之间的资源整合,发挥区域性大学集群的优势。法国政府自 2006 年出台《科研法案》提出组建"高等教育与研究集群",到 2013 年,"高等教育与研究集群"被"高校共同体"取代,据此,法国对 60 多所高等院校和科研机构进行优势重组,用以应对高等教育的国际竞争[③]。

---

① 陈学飞:《导向是建设世界一流大学的关键》,载《探索与争鸣》2016 年第 7 期。

② 中华人民共和国教育部:《教育部 财政部 国家发展改革委关于公布世界一流大学和一流学科建设高校及建设学科名单的通知》,http://www.moe.gov.cn/srcsite/A22/moe_843/201709/t20170921_314942.html,最后访问日期:2019 年 9 月 21 日。

③ 马丽君:《法国"双轨制"下的世界一流大学建设——以巴黎高等师范学校为例》,载《现代教育管理》2016 年第 8 期。

五、法国高等教育国际合作与交流

当前知识经济时代,全球化的不断深入为世界各国带来了空前的挑战,同时也带来了前所未有的机遇。习近平总书记指出不仅要扩大教育的数量,更要提高教育的质量,办好中国的世界一流大学,要学习世界先进国家的办学经验,遵循教育规律。拥有"现代大学之母"的法国在教育方面和办学经验上显然值得我国学习和借鉴。法国高等教育有着悠久的历史和深厚的文化底蕴,其各届领导人不断地对本国的教育进行改革,以法律的形式为教育发展作准备。在国际上,法国自加入"博洛尼亚进程"后,越加重视教育国际化的发展,加大对外开放,先后加入欧洲各项国际化项目,实施学制文凭改革,增加财政投入,出台留学生优惠政策吸引海外优秀学子。为增强国际影响力,挤进世界大学排名中,法国在高等教育领域作了许多努力,这也为法国的高质量教育奠定了基础,而对法国高等教育的付出也确实为法国带来了许多"回报"。据统计,截至2017年,法国总共有59人获得诺贝尔奖,全球排名第四位。因此,研究法国的高等教育对当下我国建设世界一流大学具有重要意义。

(一)法国高等教育国际化开端

在"辉煌的三十年"后,法国的经济社会进入一个"沉寂"的时代,经济发展缓慢,高等教育失败率和就业率居高不下,纷繁复杂的学位文凭无法与国际接轨。进入21世纪后,世界格局变化万千,美国却在此期间获得了国际"霸主"地位,而被誉为"世界大学发源地"的法国以及欧洲却困在了全球化的进程里,风光不再。2011年上海交通大学的"世界大学学术排名"前50名中只有两所是法国大学,这更激发了法国重振雄风的决心。就此,以法国为代表的欧洲国家提出,必须要走出一条具有欧洲特色的道路。

1998年,英、法、德、意四国在索邦大学800年庆典期间共同签署了《索邦宣言》,力求建立一个欧洲高等教育学位和学历框架,促进欧盟成员国内部的自由交流,扩大国际影响力。1999年,在《索邦宣言》的推进下,欧盟正式启动了"博洛尼亚进程"。该进程一共有十项行动主线,最突出的便是建立欧洲学分转换体系以及通过LMD学制统一欧洲各国学制。为响应"博洛尼亚进程",法国宣布到2005年全面实行LMD学制,到2005年法国大学已全面实施LMD学制。如今,"博洛尼亚进程"在国际上的影响逐渐扩大,目前已有47个国家参与了该进程的计划。

在博洛尼亚框架下,法国更加积极地投身于欧盟在国际范围内的合作战略,如伊拉斯谟世界计划。2004—2006年间,伊拉斯谟世界计划为欧盟带来了数千名非欧盟国家留学生。GATE项目(konwledge managemenit technology tansfer and education programme)作为"伊拉斯谟世界计划"的第二期项目(2009—2013)进一步扩大了学生范围,从硕士层面提高到博士层面,奖学金也随之提高,涉及13所来自亚洲国家的高校。参与"伊拉斯谟世界计划"的高校和学生普遍表示满意,提高了欧洲及法国高等教育的知名度,使海外学者重拾对法国大学的憧憬。

(二)高等教育国际化合作办学

法国外交部和高等教育与研究部通过"文化和科学传播"项目,推动法国高校最具代表性的协商会之间的合作。首先是鼓励本国高校和外国高校之间的合作交流,丰富法国高等教育体系,为外国学生提供更多诱人的机会。其次是法国外交部出面开拓与其他国家之间的大学合作市场。法国还有力地输出"法兰西"工程师培训模式,如巴西—法国工程技术项目从2002年到2003年开始对法国和巴西工程类专业学生进行交叉培养。为进一步提高法国的国际影响力,吸引海外学生学者,法国教育部在2000年10月11日公布了对海外法语学校的认证办法。认证工作的法律根据1989年颁布的《教育指导法》、1993年颁布的有关海外办学条件的法令等。海外学校认证制度办法方便了一些想学法语但又因地域限制的学习者,这也进一步扩大了法国的影响力。

法国在推动高等教育国际化方面扮演了一个不可或缺的角色,如伊拉斯谟计划正是得到了法国的经济支持才能顺利开展。1961年,成立了经济合作与发展组织(OCED),目前成员国共有36个,其总部设在巴黎,其在高等教育领域致力于长期的国际比较研究。除此之外,法语地区大学联盟(AUF)成立于1961年,主要由法国高等教育与研究部资助,旨在发展法语地区的教育事业。1989年以来,法语地区大学联盟与90多个国家的700多个高等教育与研究机构有合作,在世界各地开设了分院。为扩大法国在国际上的影响力,法国政府非常重视与其他国家的教育合作和交流。如今,除校际间的合作之外,法国大多数重要高等院校都不同程度地与国外高校建立起了合作关系。目前每年在法国留学的外籍学生接近20万名,法国也成为中国学生留学的首选国之一。

2010年6月,为应对高等教育淘汰率和失业率,欧盟峰会通过的"欧洲2020战略"提出,"到2020年,欧洲的辍学率有目前的15％下降至10％,30—34岁人口中完成高等教育的比例由目前的31％提高至40％。欧盟要求其成员国将此转化为各自国家的目标"[①]。法国虽然没能达到欧盟的标准,但是已经非常接近。

法国比较早地开展了"互联网＋教育"的模式,利用互联网开展网络平台课,吸引更多人学习法语,催促教师角色的转变,丰富教学内容,促进教学方式和手段的转变。通过互联网,将法语推向世界,鼓励教学创新以及提高教育现代化,帮助学生进行专业选择与自我评价。

(三)留学生教育与服务

2006—2007年,法国共接收了20673名欧洲学生。到了2008—2009年,参加伊拉斯谟世界计划的学生有198600名,此时,热门排名国家法国排在了德国的前面。不仅在欧洲,来自亚洲的许多学子们都纷纷到法国学习,中国学生也是其中之一。据统计,2017年我国全法留学人员达4.49万人。

法国高校类型多样,但要想吸引更多来自世界各地的留学生到法国留学,还需要增强法国大学自身的魅力。2005年,法国大学全面实行了"358"学制,促进了法国学位文凭与国际接轨,但是,法国根据现实需求保留了部分原有的本土学位文凭,如完成大学第一阶段(Bac＋2)的学业,就可以获得"普通的大学学业文凭"(DEUG)。学生就读期间既可获得法国综合大学颁发的原有的文凭还可获得与国际接轨的"358"学制的文凭,但法国"大

---

① 吕一民、钱虹、汪少卿等:《法国教育战略研究》,浙江教育出版社2014年版,第47页。

学校"的文凭颁发并不受"358"学制改革的影响。在课程开发上尽量与外国高校进行合作,大力优化行政部门和系统,促进留学生在学习期间能够尽快融入法国校园和社会生活。颁布了移民改进措施,特别强调了留学生和外籍科研人员的特殊地位。在 2007 年 1 月 10 日召开的有关留学生主体的大学上,综合大学校长会议、法国工程师学校董事会议以及"大学校"会议共同签署了成立法国留学中心协议。学生通过登录其账号随时可查看资料受理情况,提供一对一的帮助,制定适合学生自身的学习计划。

改善留学生的膳食条件是法国大学吸引留学生的重要优势之一。在整改期间,法国高校计划新建宿舍,并翻修新老宿舍的床位。时任法国总统的萨科齐提出的"大校园计划"就是针对法国校园的重建,最大力度吸引国内外最好的学生。在"大校园计划"实施后,留学生的膳食条件也得到了极大的改善。在留学生学习上,专门为留学生增设了法语课,帮助他们更好地融入法国生活。

关于学费,法国公立大学不仅对本国学生免费开放,面对留学生也同样如此,这毫无疑问是给法国大学在国际上的一大优势;除此之外,留学生还可享受与本土学生同样的奖学金待遇。"2009 年,有全国大学学校事务中心管理(Centre National des Oeuvres Universitaires et Sclaires,CNOUS)的奖学金数额提升至 7080.5 万欧元,其中 2491.8 万欧元来自法国外交部,571.6 万欧元来自法国对外教育局,4017.1 万欧元来自外国政府。"[1]为进一步帮助留学生感受到法国大学的热情,CROUS 下设的学生生活指导与社会服务部门,留学生可以与法国学生同样享受该服务中心提供的各种服务。

近期,为了缓解政府财政压力和提高法国高校的竞争力和吸引力,法国政府表示将采取简化签证手续、增设英语教授课程、区分学费标准、开展境外办学等一系列措施。其中,自 2019 年新学年开始,将大幅提高非欧盟国家学生赴法留学注册费,将本科生注册费提高至 2770 欧元/学年,硕博研究生提高到 3770 欧元/年[2]。

(四)法国高等教育科研的国际化

当前知识经济时代,做好教育战略规划,培养优秀人才,促进科研的发展,是各国政府的战略目标之一。法国自认识到自身的科研实力与英美等国的差距后,开始致力于对科研的投入和改革。1998 年 5 月,总统顾问阿塔利提交了《构建欧洲高等教育模式报告》,提出了一系列有关高等教育制度改革的方案,其中特别提出了"U3M"计划.作为"U2000"的继承与发展,"U3M"规划强调了提高大学科研质量的重要性。通过改变高等教育管理方式,进一步加强校企合作,鼓励大学创办企业等方式促进科研成果的应用,从而提高法国综合实力。

2006 年,法国议会出台了《科研规划法》创设了"高等教育与研究集群",旨在让同一区域的各类高等教育机构形成高等教育科研联合体并建立不同层次的联系,更好地应对国际竞争。根据法律规定,"高等教育与研究集群"的内部成员的任何学术著作或论文发表也将统一以"高等教育与研究集群"署名,目的是增强"高等教育与研究集群"在国际学术领域的知名度,从而凸显法国高等教育实力的能见度。

---

① 吕一民、钱虹、汪少卿等:《法国教育战略研究》,浙江教育出版社 2014 年版,第 176～177 页。

② 许浙景、杨进:《法国公立高等院校注册费上涨政策评述》,载《世界教育信息》2019 年第 3 期。

除此之外,法国的科研国际化还得益于国家科研与创新总局。2009 年 10 月,法国高等教育与研究部与科研创新总局设置了"国际横向协商团队",为的是跟踪高等教育与研究部选出的科研项目。2009 年至 2012 年,海外领土成为法国科研发展战略的第二个重心。法国政府为海外领土也设立了专门的工作小组,促进与海外领土的合作。

为实现高等教育与科研发展的战略目标,法国国民教育、高等教育与科研部发布的《高等教育与科研白皮书》表示,未来十年经费投入将从目前的 2.23% 增加到 3.00%。未来三年,高教与科研经费预计增长 10 亿欧元[1]。

法国把科研计划从国内扩大到国外,从单一经费投入到主动打造研究团体,无不显示法国想重拾法国雄心的迫不及待,但是有学者认为,法国要想高等教育重拾辉煌依然还有很长的路要走。

(五)中法高等教育的合作与交流

法国高等教育在国际上的成就是有目共睹的,其与世界许多国家都进行过合作与交流,中国就是其中之一。从历史的角度来看,中法两国交往久远绵长,可追溯到康熙年间。直到 1964 年年初,毛泽东主席和戴高乐将军为代表的中法两国才正式建交。2004 年 9 月 30 日,中法两国在巴黎签署了《中法高等教育学位和文凭互认行政协议》,法国在高等教育领域与中国的合作与交流越加顺利。尤其在近几年,在法的中国留学生从零零星星到如今数以万计的莘莘学子,55 年的中法教育合作与交流取得了丰硕的成果。

中法高级别人文交流机制于 2014 年 9 月正式成立[2],而教育是此交流机制的重点领域,也是促进两国人民,尤其是年轻人相互了解、增进友谊的重要渠道。2016 年 6 月 30 日,在巴黎举行的中法高级别人文交流会议一系列活动中,华东师范大学"中法联合培养研究生项目"(PROSFER)以及"可信软件国际合作联合实验室合作项目"均获得奖项。"中法联合培养研究生项目"让中法双方在高等教育领域联合培养研究生以及博士生,学科涉及各类人文学科和自然科学。

除此之外,中国政府鼓励开展与法国在高等教育领域的合作。中国驻法使馆教育公参杨进表示,在中法项目基础之上,推进中法教育合作,协助国内基础教育、中等教育以及高等教育的交流合作。2018 年 1 月 13 日,宣布成立旅法教育研究者协会,并举办了首届法国教育改革发展论坛,吸引了全法教育研究领域的众多专家和多名中国学者、学生参会。

近来,中国大学与法国大学的合作交流越来越顺利,涉及不同类型的高校,涉及学科广泛。如今,在科学技术迅速发展的条件下,中法两国的教育合作交流更上了一层楼。2018 年 4 月,清华大学党委书记陈旭到访法国科学院。陈旭与院长塞巴斯蒂安·坎德尔教授(Sébastien Candel)、副院长奥利维尔·皮罗诺(Olivier Pironneau)、法国国家科研中心创新署署长乔安娜·米其林(Johanna Michielin)进行了深入的探讨。双方表示希望通过互相合作交流促进双方在高等教育领域的国际化和进步。会后,陈旭和毕奥签署了两

①　纪俊男:《法国发布〈高等教育与科研白皮书〉》,载《世界教育信息》2017 年第 30 期。

②　《中法高级别人文交流机制第二次会议》,欧洲时报网,http://www.oushinet.com/ouzhong/ouzhongnews/20160628/234738.html,最后访问日期:2018 年 11 月 16 日。

校在人工智能领域开展双学位教育合作的备忘录。陈旭表示,希望清华大学法国校友会能为中法教育合作交流发挥桥梁作用。

中国与法国的教育合作不仅仅只是体现在高校间的合作项目和机构上,作为第一个创办中文教席的法国,目前有 10 万余人学习汉语,法国设立的中文国际班又把汉语推向了一个新的高度。为了加强与中国在教育和经贸领域的合作,法国国民教育部由此设立了一名专职汉语教学总督学(Inspercteur général du Chinois)旨在培养汉语人才。中国政府表示将继续在国外开办孔学院,而目前在法国开办的有 16 个孔子学院和 2 个孔子课堂。

中国与法国的交流合作自建交以来,趋于稳定,双方不断互相学习。如今,在"一带一路"的推动下,更是加强了两国的合作与友谊关系。然而,中国地广人多,高校数量大,高等教育质量分化严重,如何从法国高等教育中找到适合我国高等教育发展的经验值得我们反思。

第九章　西班牙高等教育发展战略研究

一、西班牙国家概况

西班牙全名西班牙王国（Reino de España），位于欧洲西南部的伊比利亚半岛。西邻葡萄牙，东北与法国、安道尔接壤。面积 50.6 万平方公里。全国划分为 17 个自治区、50 个省、8000 多个市镇，在摩洛哥境内另有休达和梅利利亚两块飞地。[①]

西班牙人口共 4665 万人。[②] 主要是卡斯蒂利亚人（西班牙人），少数民族有加泰罗尼亚人、加里西亚人和巴斯克人。卡斯蒂利亚语（西班牙语）是官方语言和全国通用语言。少数民族语言在本地区亦为官方语言。96％的居民信奉天主教。

1492 年，"光复运动"胜利后，建立统一的西班牙封建王朝。同年 10 月 12 日哥伦布抵达西印度群岛。此后逐渐成为海上强国，在欧、美、非、亚各洲均有殖民地。1588 年西班牙"无敌舰队"被英国击溃，开始衰落。1873 年，建立第一共和国。1931 年建立第二共和国。1936—1939 年，西班牙爆发内战。1947 年，佛朗哥宣布西班牙为君主国，自任终身国家元首。1975 年 11 月，佛朗哥病逝，胡安·卡洛斯一世国王登基。1976 年 7 月胡安·卡洛斯一世国王任命原国民运动秘书长阿道夫·苏亚雷斯为首相，西班牙开始向西方议会民主政治过渡。1978 年，宣布实行议会君主制。2014 年 6 月，胡安·卡洛斯一世国王宣布退位，将王位传给王储，费利佩六世国王登基。[③]

西班牙实行多党制。主要政党有人民党、工人社会党、"我们能"党、公民党等。

西班牙是中等发达的资本主义工业国，经济总量居欧盟第五位。20 世纪 80 年代初，西班牙开始实行紧缩、调整、改革政策，采取了一系列经济自由化措施。以 1986 年加入欧共体为契机，经济发展出现高潮。90 年代初，由于出现经济过热现象，经济增长速度放慢并陷入衰退。90 年代中期以来，在西班牙政府采取的宏观调控政策的作用下，经济开始回升并持续稳步增长。1998 年 5 月，西班牙成为首批加入欧元区的国家，经济持续快速增长，年增幅高于欧盟国家平均水平。近年来，西班牙经济受国际金融危机和欧债危机负面影响较大，2014 年起实现恢复性增长。2017 年国内生产总值 1.16 万亿欧元，经济增长

---

① http://www.lamoncloa.gob.es/espana/paishistoriaycultura/geografia/Paginas/index.aspx，西班牙政府网，最后访问日期：2018 年 10 月 3 日。

② http://www.ine.es/dyngs/INEbase/es/operacion.htm? c＝Estadistica_C&cid＝1254736176951&menu＝ultiDatos&idp＝1254735572981，西班牙统计局官网，最后访问日期：2018 年 10 月 3 日。

③ http://www.lamoncloa.gob.es/espana/paishistoriaycultura/historia/Paginas/index.aspx，西班牙政府网，最后访问日期：2018 年 10 月 3 日。

率 3.1%,人均国内生产总值 2.50 万欧元。①

服务业是西班牙国民经济的重要支柱,包括文教、卫生、商业、旅游、科研、社会保险、运输业、金融业等。其中,旅游业发达,是国民经济的重要支柱之一。2018 年西班牙入境旅游人数为 8178 万人次,仅次于法国居世界第二,同比增长 8.13%。入境旅游收入达 734.3 亿美元,同比增长 10.1%,位列世界第二。旅游总收入占西班牙国内生产总值的 11.2%。② 加泰罗尼亚是吸引外国游客最多的自治区。西班牙的著名旅游胜地有马德里、巴塞罗那、塞维利亚、太阳海岸、美丽海岸等。世界旅游组织总部也设在马德里。

在西班牙,中、小学实行免费义务教育(6～16 岁)。小学为 6 年,中学为 4 年,大学 4～5 年。高等学府主要有:马德里康普顿斯大学、马德里自治大学、萨拉曼卡大学、巴塞罗那大学等。2016—2017 学年全国学生人数共计约 811 万,其中幼儿园、小学、中学学生数分别为 175 万、292 万和 195 万人,大学生 70.7 万人,职业教育人数 78.3 万人。2017 年教育预算为 25.25 亿欧元。③

西班牙 1973 年 3 月 9 日同我国建交。两国政治、经贸、文化、科技、教育、司法等领域的友好合作关系不断发展。双方签有引渡条约、被判刑人移管条约、刑事司法互助条约、航空协定、社保协定、文化协定、经济和工业合作协定、科技合作基础协定、避免双重征税协定、投资保护协定和打击有组织犯罪合作协定。

近年来,中西经贸合作持续发展,西班牙是我国在欧盟内的第六大贸易伙伴,我国是西班牙在欧盟外的第一大贸易伙伴。1981 年双方成立贸易、经济和工业混委会,迄今已举行 27 次会议。2017 年,双边贸易额 309.4 亿美元、同比增长 7.5%,其中中方出口额 229.2 亿美元,同比增长 7.5%;进口额 80.2 亿美元,同比增长 30.8%。④ 我国出口的主要商品有:纺织品、机电、化工、轻工产品等。我国进口的主要商品有:机械设备、交通运输设备、塑料及其制品、矿产品和医药品等。

中西在科技、文化、教育、旅游等各领域合作成果丰硕。两国建有中西科技联委会和文化、教育混委会等交流机制,迄今均已举行 7 次会议。中西于 2007 年互办文化年(节),2010 年 4 月至 2011 年 4 月互办语言年。2006 年和 2013 年,西班牙塞万提斯学院北京分院和中国文化中心分别在对方首都成立。我国目前在西班牙共设有 8 所孔子学院,9 个孔子课堂。截至 2017 年年底,我国在西班牙留学生突破 1.3 万人,西班牙在华留学生超过 4000 人。2017 年,西班牙公民来华旅游 15.6 万人次,同比上升 4.28%。据西班牙国家统计局统计,2017 年赴西班牙旅游的中国游客达 51.4 万人次,人均消费水平居各国之首。截至 2018 年 6 月,两国建立有 26 对友好省市关系。⑤

---

① https://data.worldbank.org.cn/indicator/NY.GDP.MKTP.CN? locations＝ES,世界银行官方网站,最后访问日期:2018 年 10 月 3 日。

② http://www.ine.es/prodyser/pubweb/anuario18/anu18_10conta.pdf,西班牙统计局官方网站,最后访问日期:2018 年 10 月 21 日。

③ http://www. educacionyfp. gob. es/servicios-al-ciudadano-mecd/estadisticas/educacion/ultimas-estadisticas.html,西班牙教育部官方网,最后访问日期:2018 年 10 月 21 日。

④ 中华人民共和国外交部,《中国同西班牙的关系》https://www. fmprc. gov. cn/web/gjhdq_676201/gj_676203/oz_678770/1206_679810/sbgx_679814/,最后访问日期:2018 年 10 月 21 日。

⑤ 中华人民共和国外交部,《中国同西班牙的关系》,https://www. fmprc. gov. cn/web/gjhdq_676201/gj_676203/oz_678770/1206_679810/sbgx_679814/,最后访问日期:2018 年 10 月 21 日。

二、西班牙高等教育发展简史

西班牙的高等教育自萨拉曼卡大学成立(1218)至今已有七个半世纪以上的历史,但是,受诸多因素影响,西班牙高等教育直到 20 世纪 60 年代才逐渐步入快速发展时期。经过 70—80 年代以来的改革与发展,西班牙的高等教育呈现多样化和分权化发展势头,并取得了明显成效。

(一)发展概貌

西班牙的高等教育是随着中世纪大学的兴起而发展起来的。1200 年,莱昂国王阿方索九世开始筹建萨拉曼卡大学,1218 年,这所中世纪的著名大学宣告成立,并于次年招生开学。1254 年,国王阿方索十世慷慨为该校当时开办的 12 个专业捐赠基金,其中主要专业有宗教法规、文法、物理学和人文学科。同年,罗马教皇亚历山大四世批准萨拉曼卡大学开展普通高等教育,同时授权的大学还有巴黎大学(1180 年经路易七世批准与认可而成立)、牛津大学(初建于 1167 年)和波伦亚大学(1150 年经君王批准与认可而建成)。从 1450 年巴塞罗那大学的筹建到 1508 年阿尔卡拉大学和马德里(孔普卢顿)大学的正式成立,西班牙的大学教育步入了繁荣发展时期。巴塞罗那大学是加泰罗尼亚自治区的重要学府,阿尔卡拉大学则是西班牙人文主义的摇篮,而萨拉曼卡大学从建校到 16 世纪末一直是欧洲最重要的教育和学术中心之一,1580 年在校生近 7000 名。17 世纪中期,西班牙国力日趋衰退,西班牙的大学教育同欧洲其他一些国家一样,在"空白三百年"的停滞与衰落期内徘徊。1936 年,西班牙内战爆发,大学和国家一样,经历了 3 年灾难性内战带来的创伤。1939 年 4 月上台的佛朗哥政权实行独裁统治长达 36 年之久,虽然当时曾实行以建立科学教育为目的的教育政策,但是教育受独裁政治束缚,人民很少有民主、自由的权利。

自 1958 年起,佛朗哥政府摒弃此前推行的闭关自守政策,开始对外全面开放。1969 年,政府颁发了《西班牙高等教育白皮书》,次年又制定了《普通教育法》,试图对各级各类教育进行改革,促进教育的发展与现代化。但是,由于西班牙长期沿袭法国中央集权式高等教育体制,教育部部长有权对所有大学(特别是重点大学)的活动进行行政干预;再加上根深蒂固的天主教势力,因此早期的高等教育改革收效甚微。1978 年,西班牙颁发了 42 年来第一部经公民投票通过的宪法,确定国家政体为议会君主制。根据这部宪法,中央政府下辖 17 个自治区,两者分别按其权限运作,自治区可与中央政府商讨有关本地区的教育发展规划,通常有权创办本地区的大学;中央政府负责制定高等教育总体发展规划,同时还规定新建高校应具备的起码条件。在 70 年代教育改革的基础上,西班牙于 1983 年颁布了《大学改革法》,其目的是在高等教育宏观管理体制上改变以往国家集中控制高等教育的局面,在微观管理方面扩大高等学校的办学自主权(如专业设置、课程内容、教师聘用等方面的自主权)。为此,教育部增设了大学委员会。自 1986 年 1 月 1 日西班牙正式成为欧洲共同体成员国之后,西班牙进一步对外开放,高等教育改革的重心转向教育质量的提高。80 年代末以来,西班牙各大学都相继实行课程改革,使课程适应教育现代化的发展,在体制上与其他欧洲大学接轨。同时还大力开展高等职业教育,以满足广大群众日益增长的教育需求,其主要原因是,西班牙人口出生率高峰比其他欧洲国晚了近 10 年,所以在近几年内要求上大学的青年人数仍在增加。自教育部 1990 年实行"大学教师任用资格评估"后,大学委员会推出了"大学体系质量评估实验计划"。1995 年 9 月该委员会还制定了基本评估方法,使《全国高等学校评估纲要》适用于各大学教学、科研、管理等工作的评估。随着高等教育改革的深入发展,西班牙高等学校的规模不断扩大。现以大学为例(目前非大学的高等教育机构如军事学院、商学院、语言学院、音乐学院等专业学院与过去相比有了较大发展,但是在高校系统中所占比重仍然较低),1970—1971 学年大学注册学生数为 33.07 万名,1980—1981 年学年增至 64.91 万名,1990—1991 学年猛增至114.05 万人,1994—1995 学年又达 143.57 万人;1970 年时西班牙共有 22 所大学,其中公立大学 18 所,私立大学 4 所;1996 年,大学总数增至 54 所,其中公立大学 44 所(包括一所开放大学),私立大学 10 所。[①]

(二)改革举措

如前文所述,自 1997 年起西班牙的高等教育改革步步深入,并在管理体制、课程设置、资金筹措和学生贷款等方面实行了相应的改革举措。

1.管理体制:随着《大学改革法》的实施,在宏观管理层面,西班牙逐步采用双重管理体制,即由国家教育部和自治区政府共同管理高等教育。为推动教育部、自治区、高等学校三者之间的管理工作相互协调平衡,教育部还下设大学委员会,从该委员会的人员组成便能看出其重要作用和功能。主席由教育部部长兼任,其他委员分别为各公立大学校长,每个自治区负责教育的高级官员、国会两院的代表、政府部门代表以及全国选拔的若干名公民代表。该委员会通过高等教育合作和规划委员会及大学学术事务委员会两个常设机构开展工作。高等教育的分权化赋予自治区更大的权力。大学改革前,国家教育部在每个省设有派出机构——教育厅,现在是每个自治区设有教育部,行使地方教育行政机构职责。自治区教育部可行使以下权力:(1)审批大学章程;(2)审批新建大学;(3)监督大学经费使用;(4)会同大学委员会评估大学专业水平;(5)设计大学课程体系的基本框架。

随着《大学改革法》的实施,在微观管理层面,大学的自主权得到进一步加强。该改革法规定所有大学采用校、院、系三级管理体制,而此前西班牙长期采用"教授主讲制"(尽管1965 年开始设系,但规模和作用都比较小)。目前大学拥有的权力包括在推举校长、设置专业、颁发文凭、设岗定编、筹资预算等方面的自主权。公立大学成立的社会委员会也是改革创新的结果,其主要职责是负责大学的资金筹措和参与重要事务的管理。社会委员会主席由大学所在的自治区政府任命,3/5 的委员由校外政治和社会团体的代表组成(如工会代表和管理协会代表),其余委员包括校长、秘书长等。

2.课程设置:20 世纪 80 年代末 90 年代初以来的改革以提高质量和推进多样化为重点,与此相适应,西班牙的大学已普遍实行标准学分制,并逐步改革课程体系。随着学分制的实施,大学学制均有缩减。改革前的长周期大学教育的学习年限多为 5 年(医学、工程学等专业为 6 年),现在许多大学的学制由五年制改为四年制,而且教学活动也由一学

---

① Maria San Segundo, Decentratization and Diversification in Spain, *Higher Education management*,转引自王留栓:《西班牙高等教育的发展与改革之路》,载《外国教育资料》2000 年第 2 期。

年改为一学期。在课程体系改革方面,首先是组织新的课程设计工作,课程设计由不同专业的 23 组资深教师、有经验的教育管理人员和劳动部门的行政管理人员负责实施,然后报教育部批准。其次,与学分制管理体系相适应,所有大学 30% 的教学内容属共同的必修科目,至少 10% 的科目由学生自由选择。也就是说,大学委员会主要负责制订教育大纲和学位基础课程的结构和标准,其中包括最低限度的统一教学内容;而大学又可根据教育大纲提出自己的课程计划。在课程内容的改革方面,西班牙的高等教育长期以来强调理论知识、政治说教和基本知识,很少顾及课程内容的实用性。而现在实施的新教育大纲十分注重每门课程的实用性,并增加现代科学知识。还值得指出的是,随着大学改革的深入,大学规模的扩大,专业设置的数量也在不断增加。

3.资金筹措:长期以来,西班牙的大学经费主要来源于中央政府拨款(由教育部制定大学总预算并分配给各校),因为学生仅交纳少量学费,而社会捐赠又十分有限。自《大学改革法》提出改变大学教育经费拨款方式后,中央政府和自治区分别为各自管辖的大学提供主要经费。中央政府的拨款分为三大块:(1)一次性基本拨款:根据注册学生数划拨的基础成本费;(2)竞争性拨款:旨在提高教育质量和为学生提供的各项服务水平;(3)资本基金:以满足大学的特殊需求,如基本建设。其中竞争性拨款占拨款总额的 18%。自治区的拨款分为两大块:(1)包括教育成本、基础研究及为学生服务等方面的基本款项,也是一次性拨给;(2)科研人员为专门研究所需的资金属竞争性资金,既可从所在自治区获取,也可通过跨区跨国科研项目获得。

为提高大学教育质量,大学委员会于 1995 年起草了一份"大学资金筹措报告",目的之一是建立起公立大学筹措资金的合理框架,之二是建立改善教育质量的资金筹措机制。

三、西班牙高等教育发展现状

(一)高等教育类别

西班牙高等教育由三部分构成。第一,大学教育;第二,高等职业教育;第三,特殊制教育,其中包括高等艺术教育、高等造型艺术与设计职业教育、高等体育教育。根据教育类别,高校分为大学性高校和非大学性高校。非大学性高校分为高等职业教育学校和特殊制教育学校。[①] 根据西班牙高等教育资格框架(MECES)对学位水平的规定,以及欧洲资格框架(MEC)的规定,西班牙高等教育有以下几种学位:

---

① 《西班牙高等院校的类型》,https://eacea. ec. europa. eu/national-policies/eurydice/content/types-higher-education-institutions-79_es.最后访问日期:2019 年 10 月 14 日。

表 9-1　西班牙高等教育学位等级①

西班牙高等教育资格框架			欧洲资格框架
等级		文凭	等级
1	高级技师	职业教育高级技师 造型艺术与设计高级技师 体育高级技师	5 级
2	学士	学士学位 高等艺术高级学位	6 级
3	硕士	大学硕士学位 艺术硕士学位 300 学分及以上的学士学位,其中有 60 学分是硕士等级, 并经过大学理事会认定	7 级
4	博士	博士学位	8 级

从这个框架中,我们应特别强调教育学领域的学位。教育学、心理学和教育心理学的官方学士学位属于 MECES 3 级(硕士学位)和欧洲资格框架的 7 级。社会教育专业的官方大专文凭(Diplomado,三年制)是 MECES 2 级(学士学位)、欧洲资格框架 6 级。官方教师文凭(Maestro),包括听力和言语、特殊教育、体育教育、学前教育、初级教育和外语专业,属于 MECES 2 级(学士)、欧洲资格框架 6 级。②

(二)大学教育

1.学制

自 2007 年 4 月西班牙新修订大学法,西班牙大学开始进行深入改革,为适应欧洲高等教育区(EEES),从 2010 年起统一采用欧洲高等教育标准模式,即改为本科、硕士、博士三级学制。自 2015—2016 学年以来,各大学可以自主选择是否实施 3 年本科和 2 年硕士的学制,这种新模式有助于促进学生的国际化交流。③ 西班牙现行的大学教育分为以下三个阶段:

第一阶段:本科,学制为 3～4 年,该阶段需要完成 240 个 ECTS 学分,获得相应学科的学士学位证书;

第二阶段:硕士,1～2 年学制,分别完成 60 个和 120 个 ECTS 学分,获得相应学科的硕士学位证书;

---

① 《西班牙高等教育》,https://eacea.ec.europa.eu/national-policies/eurydice/content/higher-education-79_es.最后访问日期:2019 年 10 月 14 日。

② 《西班牙高等教育》,https://eacea.ec.europa.eu/national-policies/eurydice/content/higher-education-79_es,最后访问日期:2019 年 10 月 14 日。

③ 《西班牙高等教育》,https://eacea.ec.europa.eu/national-policies/eurydice/content/higher-education-79_es,最后访问日期:2019 年 10 月 14 日。

第三阶段：博士，获得硕士学位的学生可进入本阶段学习。学生在完成相应的博士培养和学术研究，并通过博士论文后，可获得相应学术领域的博士学位。[①]

2.学年组织

各大学自行设置学年组织，并列入学校的规章制度。一般情况下，校历中，每学年行课 220 日，分两个学期进行。第一学期从 9 月中旬至 1 月底，2 月初各科进行期末考试。第二学期从 2 月初到 5 月末，6 月进行期末考试。

3.院校类型

西班牙大学分为公立大学和私立大学。建立一所公立大学和认可一所私立大学，要根据所在自治区立法议会的法律，或根据西班牙议会通过的法律，政府提议，根据自治区政府的规定。基本要求如下：

第一，颁发官方学位：至少 8 个官方学位，包括学士学位和硕士学位。这一规定必须在每个学科分支和整个范围内保持一致。大学必须提供每一学科分支的学位发展计划。

第二，合理的研究计划：学校必须有长久的科研计划，该计划针对与本校官方学位相关的科学领域。

第三，教学和研究人员数量足够、资历足够。教学和研究人员的总人数（全职或兼职）不得少于官方学业注册学生总数的 1/25。如果是远程授课模式，该比例应当在 1/100～1/50 之间。从事教学和研究活动的人员必须达到以下要求：从事本科教学研究的人员拥有博士学位的占比要达到 50%；从事硕士教学与研究的人员，博士率要达到 60%；博士教学与研究的人员，博士率要达到 100%。此外，至少 60% 的教师必须是全职教师。

第四，为履行其大学的职能，必须有充足的设施、环境和资源：教学和研究空间、学习和研究资源中心（CRAI）以及计算机设备。

第五，合理的组织与结构：这一点必须反映在章程（公立大学）或组织和运营规则（私立大学）中。

第六，保障服务，确保学校各项活动的稳定开展。

第七，确保大学章程以及组织和运营规则符合法律法规。[②]

通过审核之后，大学活动的开展须由自治区授权。此外，大学必须向国家质量评估与认证机构（ANECA）申请机构认证，或在适当情况下，向自治区外部评估机构申请机构认证。

公立大学由学校、学院、系部、大学研究所、博士学院以及其他职能部门组成。私立大学在遵守宪法并服从国家和地区的法规的前提下，可以由任何自然人或法人创办。私立大学自行制定并批准组织和运营规则，其规则必须通过大学社区的适当参与实现尊重和保障学术自由的原则。为了保证大学的质量，西班牙设立了一系列要求。在此基础上由自治区针对本地大学制定具体的要求。

---

① 《西班牙教育体制的结构和组织》，https://eacea.ec.europa.eu/national-policies/eurydice/content/organisation-education-system-and-its-structure-79_es，最后访问日期：2019 年 10 月 14 日。

② 《西班牙教育机构种类》，https://eacea.ec.europa.eu/national-policies/eurydice/content/types-higher-education-institutions-79_es，最后访问日期：2019 年 10 月 14 日。

教育、文化和体育部(MECD)要登记所有的公立大学和私立大学。如表9-2,根据2017年的数据,西班牙大学教育系统包括85所大学。有50所是公立大学,其中47所普通大学和1所远程大学,还有2所公立大学比较特殊,只提供研究生课程(硕士和博士)。还有34所私立大学、27所普通大学和5所远程大学,2所大学没有学术活动,另外1所是附加进来的,该校与其他大学机构有关。总共有343个校区和分校(274个公立)。如果按西班牙人均拥有的大学数量来看,以2015年1月1日人口统计数据为例,每100万人拥有1.81所大学,18~24岁,每100万人拥有26.47所大学。2015—2016学年西班牙大学注册学生数为1321907人,其中公立大学注册学生人数为1161588人,占总人数的87.9%;私立大学160319人,占总人数的12.1%。[①]

表 9-2

公立	50	普通大学	47
		远程大学	1
		只教研究生	2
私立	34	普通大学	27
		远程大学	5
		无教学、学术研究	1
		附加	1

4.提高西班牙大学在国内外办学水平的措施

(1)战略合作

为了在官方学位、国际卓越的计划和项目领域共同发展教学,在大学、公共研究组织、企业和西班牙科学、技术和创新系统内的单位或其他国家单位之间展开合作。

(2)大学教育组织灵活化和促进各大学自治

为适应欧洲高等教育区的方式,课程多样化和创新能力使大学有责任设计和提出更具吸引力并满足其资源和利益的学习计划。国家质量评估与认证机构负责评估大学的课程和学位,以及办学质量。一些自治社区在当地建立了评估机构,其功能类似于国家质量评估与认证机构。

(3)2015—2020西班牙大学国际化战略

该战略由大学国际化工作组编写,旨在回应欧盟委员会(Comisión Europea,CE)于2013年通过的国际化战略。在科学、创新和大学部大学总秘书处的协助下,工作组得到了其他部级单位、大学和大学教育系统相关单位的广泛参与,包括公司和民间的社会组织。通过对大学教育系统的国际化以及对各大学机构的分析,确定了在开放的高等教育合作和国际竞争环境中面临的挑战,并提出了发展目标和行动体系。

---

① 教育、文化和体育部,《2015—2016年西班牙大学系统数据》,http://www.educacionyfp.gob.es/dms/mecd/servicios-al-ciudadano-mecd/estadisticas/educacion/universitaria/datos-cifras/datos-y-cifras-SUE-2015-16-web-.pdf,最后访问日期:2018年7月5日。

（三）非大学教育

高等职业教育、造型艺术和设计职业教育和高等体育教育分别是职业教育和特殊制教育的最后阶段，主要在以下机构开展：中等教育机构（初中义务教育和高中也在中等教育机构）、国家资料中心、职业教育中心。

高等职业教育是一套完整的培养方式，为不同的专业领域培养人才，促进就业，使其积极参与社会、文化和经济生活。其是西班牙教育和经济政策的优先领域，已成为其主要行动方针之一。西班牙通过一系列立法改革，实现了职业教育的重大变化，使职业教育适应不同生产领域的需求，扩大招生，进一步推进职业教育并入教育系统，实现教育系统一体化，加强不同教育管理部门之间的合作，加强与社会各单位和企业界的合作。自2013年12月以来，职业教育发生了一系列改革，并针对高等职业教育的录取条件作了重大调整。

根据教育、文化和体育部为全国制定的最低要求，每个自治区的教育管理部门负责设定每年的非大学教育水平的校历，包括高级职业教育水平。一般而言，一学年至少要行课175日，在9月上半月和6月底之间，并按季度分学期。[1] 凡持有高中毕业证，或修过相关课程的学生即可进入高等职业教育阶段。学习期间，学生需要完成2000个小时的学习，相当于两个学年，一般每学年分三个学期，至少有一个学期在公司实习。完成学业后可获得官方认可的高级技师证，兼具学术效力和职业资格。获得证书后如果继续深造无须参加大学入学考试，可直接进入西班牙公立大学继续高等教育的本科阶段学习。[2] 由于西班牙职业教育与社会联系紧密，根据社会需求培养人才，所以该文凭在整个欧盟都认可，且对人才的需求量越来越大。[3] 此外，西班牙在职业教育的各个阶段（包括初级、中级和高级）已经建立起西班牙教育系统内的双重职业教育，这是一种校企合作人才培养的新模式，即把在企业教学和在学校教学相结合。在这种创新性模式下，企业不仅能支持促进企业和学校关系的各种新办学模式，还有促进企业的社会责任。西班牙在2012年11月8日颁布的《皇家法令》（Real Decreto 1529/2012, de 8 de noviembre）第28条中确立了双重职业教育计划的办学目的：（1）通过职业教育让更多的人获得中等教育义务教育阶段之后的文凭（相当于中国初中以上文凭）；（2）增加学生学习动力，减少过早弃学人数；（3）通过与企业的密切联系来增加就业；（4）加强企业网和职业教育的联系和往来；（5）加强职业教育教师和企业的关系，促进知识的相互交流；（6）获得有质有量的信息从而推进职业教育质量的提升。[4] 新模式的具体实施则由各自治区自主实行。

---

① 《西班牙高等职业教育》，https://eacea.ec.europa.eu/national-policies/eurydice/content/higher-education-79_es，最后访问日期：2019年10月14日。

② 《西班牙短期高等职业教育》，https://eacea.ec.europa.eu/national-policies/eurydice/content/short-cycle-higher-education-79_es，最后访问日期：2019年10月14日。

③ 西班牙教育和职业培训部，《教育体制中的职业培训现状》，http://www.todofp.es/sobre-fp/informacion-general/sistema-educativo-fp/fp-actual.html，最后访问日期：2019年10月14日。

④ 西班牙国家官方公告局，《国家官方公告（2012年11月9日）》，http://www.todofp.es/dam/jcr:fc4eebcf-56ed-4a3f-bcc7-94b6b0ba99c4/boe-a-2012-13846-pdf，最后访问日期：2019年10月17日。

在西班牙高等教育体系中,还有高等艺术教育、高等造型艺术与设计职业教育和高等体育教育。高等艺术教育主要包括音乐、舞蹈、戏剧、文化财产保护与修复、造型艺术与设计,毕业后可获得高级证,相当于大学教育的学士学位证,之后可进修硕士和博士学位。接受高等造型艺术与设计职业教育和高等体育教育的学生,通过后可分别获得官方的造型艺术与设计高级技师证和体育高级技师证,既是具有学术效力的文凭也是具备从业资格的职业技术证。①

(四)高等教育地方化与大学自治

西班牙高等教育行政体制的主要特点是“去中心化”“大学自治”和“教育界参与”。1978 年宪法规定将教育管理权下放到各个自治区,由国家级教育、文化和体育部和各自治区级教育部门共同管理。根据宪法,学校在制定教育计划、经费管理、制定学校规章制度方面享有自治权。教育界参与各高校的组织、管理、运作和评估。2013 年西班牙颁布的《改善教育质量法》(LOMCE)通过对《教育法》(LOE)进行修订,完善了西班牙教育系统,确定了中央政府的教育权限和下放。

(五)高等教育质量评估

西班牙对大学教育的评估需要综合考虑大学自主权和各自治区、国家教育管理部门的职责。因此,为了完善评估和提高大学教育体系的质量,西班牙启动了多种措施和计划。2001 年颁布的大学法规定,提升西班牙大学在国内外水平和保证大学质量是制定政策的主要目的。2002 年西班牙成立了国家质量评估与认证机构,作为一种外部评估机制,加强了大学的质量、透明度、合作和竞争力。

为了促进大学高等教育的现代化,教育、文化和体育部于 2012 年成立了西班牙大学系统改革专家委员会。2013 年,该委员会向部长提交了《关于改革和提高西班牙大学系统质量和效率的建议》,主要包括以下五点内容:教学和研究人员情况、质量评估、大学管理、大学财务、大学学习与学位。该报告被认为是与大学各层级,以逐步实现现代化,国际化和提高大学质量为目标,就改革措施展开对话的一个起点。自 2006 年以来,国家质量评估与认证机构每年就西班牙大学系统质量外界评估行为及其影响进行了分析,撰写了《关于西班牙大学质量外界评估状况的报告》,旨在完善评估过程及其产生的结果。2016年报告的重点是:提高高校高等教育机构的质量、提高官方大学学位的质量、提高大学教学和研究人员的专业素质。

(六)高等教育改革

自 20 世纪 70 年代起西班牙的高等教育改革步步深入,并在各方面实行了相应的改革举措。以近两年国家的财政预算和学生学业的相关改革为例:

1.2018 年主要改革

(1)2018 年教育政策支出

2018 年国家预算已于 2018 年 7 月获得批准。2018 年,教育支出为 25.82 亿欧元,比

---

① 《西班牙短期高等职业教育》,https://eacea.ec.europa.eu/national-policies/eurydice/content/short-cycle-higher-education-79_es,最后访问日期:2019 年 10 月 14 日。

2017 年增加 2.3％。职业教育与培训部,科学、创新和大学部与自治区合作将财政资源集中投入到对教育系统具有战略意义的方案上:

第一,奖学金和助学金预算(15.75 亿欧元)。

第二,大学教学预算(1.29 亿欧元)。[①]

(2)大学入学考试

面对即将进入本科教育阶段的学生,2017—2018 学年实行以下决定:

关于考试科目,分为必考科目和自选科目。其中,必考科目有核心公共课程和核心公共选修课程。自选科目(加分科目)分为:第一,至少选择高中二年级核心课程中的两门。此外,录取院校可以参考考生的核心选修课程成绩。第二,第二外语,且非核心课程中的外语,可作为录取参考项。

表 9-2 大学入学考试科目[②]

核心公共课程	核心公共选修课程	自选科目(加分科目)	
		高二核心选修课程	
西班牙历史、二级西班牙语及文学、二级第一外语、共同官方语言及文学(有共同官方语言的自治区)	科学类 二级数学	科学类 生物、二级技术型绘画、物理、地理、化学	第二外语
	人文类 二级拉丁语	人文与社会科学类 商业经济学、地理、二级希腊文、艺术史、哲学史	
	社会科学类 二级社会科学类数学		
	艺术类 二级艺术基础课	艺术类 表演艺术、二级影视文化、设计	

2.2017 年主要改革

(1)降低非专业技能型硕士学费

根据 2017 年政府预算草案,预计降低非专业技能硕士的费用区间,并与专业技能型硕士和学士的价格区间保持一致。此前,非专业技能型硕士学费在 40％～50％之间。

该措施落实之后,西班牙各自治区把价格区间调低至 15％～50％,将与专业技能型硕士和学士的价格区间(15％～50％)一致。[③]

(2)官方学士学位的管理改革

根据新的学位管理规定,本科学分低于 240 学分的大学,可以补充本科学分总数与硕士学分总数。由此可知西班牙本科课时量的具体情况,如教育学方向课时量主要分为以下几种:

---

① 《西班牙高等教育改革》,https://eacea. ec. europa. eu/national-policies/eurydice/content/national-reforms-higher-education-70_es,最后访问日期:2019 年 10 月 14 日。

② 《西班牙高等教育改革》,https://eacea. ec. europa. eu/national-policies/eurydice/content/national-reforms-higher-education-70_es,最后访问日期:2019 年 10 月 14 日。

③ 《西班牙高等教育改革》,https://eacea. ec. europa. eu/national-policies/eurydice/content/national-reforms-higher-education-70_es,最后访问日期:2019 年 10 月 14 日。

第一,有相关部门指定培养计划的学位,其中包括:有资格从事学前教育职业的官方学士学位、初级教育的教师文凭(maestro)。

第二,培养计划要求 240 学分的学位:教育学、心理学和心理教育学官方学士学位。

新规定中未涉及的学位,由各高校自主决定培养计划中的学分。但所有"工程"类专业的培养计划必须达到 240 学分。[①]

(3)2017 年教育支出

2017 年国家预算已于 2017 年 6 月获得批准。2017 年,教育支出为 25.24 亿欧元,比 2016 年增加 1.6%。

职业教育与培训部,科学、创新和大学部与自治区合作将财政资源集中投入到对教育系统具有战略意义的方案上:第一,奖学金和助学金预算(15.23 亿欧元)。第二,大学教学预算(1.24 亿欧元)。[②]

四、西班牙大学国际化战略 2015—2020[③]

(一)引言

知识,换句话说,教育、研究和创新已经成为社会经济发展以及繁荣的重要助推器,当今社会与经济发展完全依赖于对人力资本和无形资产的投资。面对全球化社会以及对知识的需求,教育成了经济发展的焦点。大学在提供合格的人力资本、传递现有知识以及创造新知识方面发挥着非常重要的作用。这三大任务也给大学带来了两大重要挑战:第一,必须培养具有创新能力和开创精神的国际型合格人才;第二,必须与世界上所有的大学一样,努力吸引人才,包括学生、教师和科研人员,而这在很大程度上取决于其在教育、科研和创新方面参与项目、计划和国际合作的网络。

大学高等教育国际化,就是在院校层面与国家层面,把国际的、跨文化的、全球的维度整合进高等教育的目的、功能或传递的过程。国际化是推动西班牙大学发展和改革的关键因素。在当今国际环境的背景下,国际化也有可能成为西班牙大学以提高效率、提升质量和竞争力为目的的体制改革的助推器,进而为发展知识型经济和知识型社会提供一个坚固而稳定的发展模式。

国际化不仅仅是单纯的学生交流和签订国际性的协议,还应该包括课程国际化,人才循环,科研国际化,国际联合学位或者与外国合作院校之间的多重学位,国内国际化,跨国校园的发展、认证和评价、争取优秀学生的竞争、大学国际排名、国际校友协会的发展、经验与珍贵实习的交流、就业和创业精神,等等。

当今全球化社会,各国间经济上相互依存的程度越来越高,在人才(学生、教师、科研

---

① 《西班牙高等教育改革》,https://eacea.ec.europa.eu/national-policies/eurydice/content/national-reforms-higher-education-70_es,最后访问日期:2019 年 10 月 14 日。

② 《西班牙高等教育改革》,https://eacea.ec.europa.eu/national-policies/eurydice/content/national-reforms-higher-education-70_es,最后访问日期:2019 年 10 月 14 日。

③ 西班牙教育、文化和体育部,《西班牙大学高等教育国际化战略 2015—2020》,http://www.sepie.es/doc/universidad/Estrategia_Internacionalizacion.pdf,最后访问日期:2018 年 7 月 20 日。

人员、专业人士、企业家)和知识投资的领域,各国间也不断加强合作以及展开竞争。高等院校应该为西班牙在这场竞争中贡献力量,必须成为能够吸引人才和知识资本的吸铁石。

西班牙国际化高等教育体制的发展有利于保持和增加西班牙的国际吸引力。培养社会和经济发展所需的高素质专业人才,传授给学生国际化经济所需要具备的知识和能力,为西班牙社会和企业贡献智力和传递知识。国际化也有助于提高西班牙大学学习、教学、科研和创新的质量,在强化西班牙在西班牙语国际教育中的地位的同时,也应该开始提供使用英语或者其他语言的高质量教育。

同时,大学国际化也应该是一个横向的进程,包括在区域和国家两个层面上共同发展的进程。为了能够参与到全球生产网络和全球知识运用的网络中,国际开放应该与其对最近的地域产生的影响相融合。

该战略从分析本国高等院校和高等教育体制的国际化出发,找到本国高等教育在国际合作和国际竞争的环境中所面临的挑战。根据这些挑战,提出一系列远景、目标,以及具体的措施,并确定其具体的执行者以期在确定的时间内完成可测量的结果。

该战略提出之际,虽然面临来自预算困难的挑战,但是这并未成为阻碍;相反,它成为了各种新机遇的源泉。因此,西班牙政府、各地区和各自治区将制定与该战略目标一致的方案,为该战略提供财政支持。另外,该战略也试图通过增加国际学生的人数,以及具有国际竞争力的项目,来增加西班牙大学吸引经济资源的能力。

(二)国际国内背景

在欧洲层面上,大学现代化是当今的重要日程之一。《欧洲 2020》战略第一次在欧盟的历史上确定了在教育方面的目标,2010 年建立了欧洲高等教育区。2013 年欧盟委员会在欧盟范围内启动了《欧盟高等教育国际化战略》。2014 年 1 月启动了新一代的教育计划(伊拉斯莫斯＋,Erasmus＋)和科研计划("地平线 2020"计划,Horizonte 2020),在很多国家科研创新的新政策与高等教育改革都紧密联系。

在欧洲高等教育区的层面上,2007 年"博洛尼亚进程"的 47 个国家的教育部达成了《欧洲高等教育区国际化战略》,[①] 2012 年通过了《2020 欧洲高等教育区流动战略》。[②] 2013 年欧盟通过了《欧洲高等教育国际化战略》。[③] 这些战略都为推动学生和人员的国际交流,以及高等院校和高等教育体制的国际化提供了具体的措施和目标。欧洲高等教育区的各成员国也应该制定本国相应的战略、目标、具体措施以及可测量的指标。

《欧洲高等教育区国际化战略》确定了"博洛尼亚进程"各成员国国内以及整体上都应该在五个领域内采取共同的措施以促进欧洲高等教育区的国际化:(1)改善有关欧洲高等教育区的信息;(2)增加欧洲高等教育在世界上的吸引力和竞争力;(3)加强基于结构化合作伙伴关系的合作;(4)加强与世界上其他地区的政治对话;(5)提高国际排名。

2009 年的《鲁汶公报》确定在 2020 年至少 20％的欧洲高等教育区的本科生具有在国

---

① European Higher Education in a Global Setting: A Strategy for the External Dimension of the Bologna Process.

② Mobility for Better Learning: Mobility Strategy 2020 for the European Higher Education Area.

③ European Higher Education in the World.

外留学的经历。为此,《欧洲高等教育区流动战略》制定了具体的措施以促进学生以及大学工作人员的国际流动。2013年,欧盟提出了关于从第三国以科研、学习和实践为目的的进出欧盟的行政规定,以简化针对有关人员的政策,最终达到吸引人才的目的。

在西班牙国内,《西班牙大学国际化战略》与西班牙其他政府战略紧密相连:《科技和创新法》第39条明确提出了大学国际化;另外,经济与竞争部的《西班牙科技和创新战略2013—2020》中也明确提出了国际化。两个文件中都明确提到了本战略的基本核心:流动。为了支持创业及其国际化,2013年9月颁布的2013年第九号法令规定了新的适用于国际流动的框架,以吸引人才。另外,还有《西班牙经济国际化战略计划2014—2015》,也同样提到了大学国际化。同时,为了增加西班牙作为进行知识活动的理想之地的吸引力,西班牙大学国际化也是西班牙政府外交与合作部在全球对外战略中的重要目标之一。

另一方面,《国际卓越校园》(CEI)是一项由国家部门牵头的项目,通过财政资助以下活动,推动了西班牙校园国际化战略的发展:(1)跨国校园的发展;(2)建立关于学习和知识的跨国流动的国际桥梁;(3)在国外建立世界课程的卓越中心;(4)在西班牙组织国际性的活动;(5)参加高等教育、科研创新方面的国际项目、组织和网络;(6)有关学习、知识和就业方面的国际流动的项目和教育机构战略的发展。这个计划为西班牙大学国际化制定了并将执行一段时间的一系列行动。

(三)国际化因素

1.进出口流动,人才引进

学生、青年学者、教师和管理人员、服务人员的流动应被视为欧洲高等教育区国际化的原动力,欧洲各机构均致力于发展让这些群体来到各自国家的程序,并为其在欧盟各国内流动提供便利。

与此同时,在西班牙本国,最新通过的通过移民法签证或发放培训居留权或调研居留权来吸引人才的政策,对于希望前来公立或私人机构培训、调研、发展和创新的外国人,打消了流动壁垒。

(1)学生流动

根据联合国教科文组织提供的数据,现行流动学生人口为400万,这个数据在2020年增加到700万。流动学生数量的增加主要有以下几个原因:

a.人力资本对于各国发展的重要性。众所周知,人力资本是社会经济发展的中心要素。

b.各新兴国家的经济发展。新兴国家仍无力为现行需求或兴趣提供足够的、合适的教育资源。

c.吸引留学生在教育产业中占有重要经济地位。吸引留学生的目的在于为大学创收。

d.对国家和国际金融市场的支持。例如,在"伊拉斯莫斯+"这一项目里,从公私层面的国际学生流动中,2014年至2020年产生的金额是140亿欧元,项目目标为:到2020年,至少有400万流动学生。

e.非英语国家里英语授课课程的增加。这一情况在本科和研究生教育中均是如此。

f.得益于信息和交流技术的进步,"慕课"和其他在线或"半现场"式课程有所发展。

g.教学机构的声誉与国际化程度的联系日益紧密。

西班牙教育、文化和体育部致力于为留学生进入大学提供便利。根据《教育质量提高组织法》，留学生进入大学的入学考试已取消，并根据惯例规定：入学以中学成绩或同效力的其他成绩为参考，大学也可自行规定参考其他功能相近的考试成绩。

这些规定由 6 月 6 日的第 412/2014 号皇家法令（RD）制定，并由此制定了公立大学学位教育录取程序基本标准。照此程序，对于很多来自国外教育系统、希望前来西班牙就读大学的学生，曾经一道重大的障碍已被清除：即不再需要参加入学考试。

在欧洲委员会内政总局（DGHACE），有一项提议也正在商议中：欧洲议会指令（DPE）和理事会提出的关于欧盟境内其他国家学生调研、学习、交流、带薪或不带薪实习等的进入和居留许可的要求，这一提议修改、整合了目前欧盟对外国留学生的入学进行规定的两项法律文本（欧洲委员会第 2004/114 号和第 2005/71 号）。

该提议的目的在于将欧盟变为欧盟境内其他国家学生、学者最具吸引力的目的地，因为这些人完全有可能成为提升欧盟竞争力的合格劳动者。

学生方面，主要的新政策可能有：

a.为进入欧盟制定工作程序及其简化程序；

b.学生学业结束后仍可停留一段时间以寻求就业；

c.欧盟内的流动。

其他人员方面，在进出口流动中，西班牙与若干国家签署了关于青年人流动的特殊双边协议，允许近两年内，1200 名西班牙青年在相应国家拥有短期的劳动或职业生涯。西班牙正积极将此协议扩展到日本、澳大利亚、韩国等国家。

（2）教师、学者以及管理人员和服务人员的流动

除了最新通过的移民法（它消除了流动壁垒并对大学雇佣的外国学者、外国教师作出了专门说明，详情参考第 14/2013 号法令第 72 条），学术人员的大量国际流动还得益于如下因素：

a.经济全球化带动就业市场逐步国际化。

b.继一系列显示出派出和接受留学生均对社会经济有好处的研究出台后，为防止人才浪费和智囊流失等方面的考虑和措施。[①]

c.劳动力输出国就业培训能力提高，使得国内劳动市场需求与就业能力产生差距，导致就业市场不能像其他接收国那样向本国劳动者提供合适的就业机会。

d.世界范围内经济融合方式多样化，使得优质劳动者在各国间自由流动，自然也促进了欧盟内优质移民的流动。

e.新的发展中国家或欠发达国家的出现，使这些国家同时成为具有一般培训经历或高学历的劳动者的输出国，使得更多具有高学历的移民流向发展程度更好的国家。

f.若干政府都采用选拔机制吸引人才并希望留下其中的佼佼者，这些政策增加了留学生在学业结束后留在国外的概率。

---

① 参考德意志学术交流中心 2013 年关于跨境学生流动对东道主国家经济的财务影响的国际研究。

此外,移民法在第五章第二部分有关于国际流动的相关内容,按经济利益原因分类,对一系列不同外籍人士进入西班牙和在西班牙停留的相关条件作出了规定,其中包含外国学者,他们的入境条件有望简化。

综上所述,在吸引外国人才方面,西班牙具有最为先进的法律法规,这一条件使得名牌大学的本科或研究生有条件进入西班牙就业市场,使得高质量从业人员只需一份批准文件即可在西班牙全境内居住或工作,并且,各大学、教研组织或中心、商业学校的雇佣人员也可享受这一待遇。

最后值得一提的是,就国际流动这一问题与伊比利亚美洲各国签署的双边协议是西班牙在这方面取得的新进展。

2.学习经历和学位承认

为了成为一个吸引国际人才的国家,承认国外学习经历和国外成绩是至关重要的。

为了实现这一目标,让西班牙大学体系国际化的一个基本因素就是具备一个现代化、灵活、高效的高等教育学分和学位承认体系,且这一体系应与欧洲高等教育区和世界范围内关于留学生和人员流动的各种变化相协调。

有必要让我国的学位承认体系适应新的形势,这种新形势的特点是:可能会有大量高水平的留学生或外国劳动者进入我国,他们可能会对我国中长期的社会经济发展作出巨大贡献。

欧洲高等教育区已经打造出一系列为国际高等教育合作提供便利的工具,如评分框架、欧洲学分转换体系、欧洲学位承认体系,以及在质量保障领域等方面的共识发展等。

这些工具的逐步发展和使用在留学生和毕业生流动方面产生了深远影响,这些影响必然波及传统的高校学分和学位承认体系,所以应当尽快适应。

值得重申的是,通过诸如欧洲委员会、欧洲高等教育质量保证协会(ENQA)、欧洲大学联盟(EUA)、欧洲学生联盟(ESU)、欧洲信息网络中心(ENIC)、欧盟国家学术信息认可中心(NARICEU)等国际组织制作的各项报告,都能看出应当重审现行的相关机制,以便它们在欧洲高等教育区的崭新舞台上、在学分和学位承认过程中更为高效地发挥作用。

在调整我国承认体系中率先发挥作用的因素应当有:(1)西班牙批准《里斯本协议》中关于高等教育成绩互认的内容。(2)正确执行欧洲学分互认体系(ECTS)。(3)在欧洲资格框架的欧洲成绩评定框架内植入西班牙成绩评定体系。

作为基本原则,对《里斯本协议》中关于高等学校成绩互认内容的执行应当拒绝如下的学分或学位承认:在《里斯本协议》包含的某个国家内(除西班牙外)学习的内容与在西班牙学习的内容存在"本质性差别"。

在欧洲高等教育区内,作为对学生就业或与其学习成果相关的衡量单位,对欧洲学分体系的正确执行应与比现行体系相互配合,同时在欧洲高等教育区之外继续使用原体系,以方便非欧洲国家的第三方国家执行欧洲学分体系或执行由具有相关资质的认证机构证明的相近、相兼容的学分体系。在这一方面,应当促进"欧洲—拉丁美洲高等教育空间"的创立,或至少创立一个西班牙与拉美各国共享的空间。

尤其值得一提的是,欧洲学分互认体系的执行及其在相应的《欧洲文凭补编》(SET)中的综合文件内容,都对提高我们的承认体系很有价值。

综上所述，《里斯本协议》的各项原则应被纳入承认标准，对在国外获取的成绩和学分的承认采取更为积极的态度，这种态度得益于欧洲高教领域中的相互信任。因为各种组成欧洲高等教育质量保证协会，或中期内组成《欧洲质量保证登记册》（EQAR）的认证机构或相关组织的存在，我们有了广泛存在的良好质量，而这正是欧洲高教领域的有力支持。

认证的共同标准具有方法上的趋同性，从这一观点来看，国家质量评估与认证机构一直积极参与到了欧洲认证联合会（ECA）的各种以简化共同项目认证为目的的项目中，只通过仅有的、各参与国机构提供的与项目学习结果和文凭相关的评估来进行。

这些项目成了"博洛尼亚进程"后续工作小组（BFUG）中有争议的欧洲共同项目认证方法（EEAPC）的提案基础，而该方法最终被2015年欧洲高等教育区部长级会议采纳。

在欧洲高等教育区之外，也应使用质量保障工具和透明保障工具，推动欧洲高等教育区成绩框架、欧洲学分互认体系和《欧洲文凭补编》的执行，并努力促成《欧洲质量保证登记册》。

与此同时，国家质量评估与认证机构已联合哥伦比亚和哥斯达黎加的国家高等教育认证体系（SINAES）等机构启动这一领域关于欧洲认证联合会教学法有关的多项行动，这在美洲大陆上是仅有的由国际机构外部评判的行动。

大学总秘书处（SGU）同样正努力发展立法，以具备学位承认、认证的合理程序。

最后，在为组成欧洲高等教育区这个整体的不同教育类型间的流动提供便利这一方面，我国也应有所进步，这些教育类型包括：大学教育和职业、艺术、体育培训等高等教育。应在各类型教育间互认学分和搭建桥梁，使得在不同高等教育间的继续学习成为可能。

3.教学人员和学者的认证

进入大学机构的现行标准应当具有与融入欧洲高等教育区和欧洲研究区（EEI）相适应的国际规模。

除了"具有国际声誉的专家（可获取认证）"这一句，以及欧盟各学校中教师如具有相当于大学教授的职称则可在西班牙得到认证这一事实之外，评价委员会中的现行监管法规几乎不存在评价候选人国际背景的标准。

因此，在最近针对西班牙大学体系的诊断报告和推荐中（第1条和第8条），提出了开放国际层面的对话交流和人员聘用，并认为通过建立含有非本单位成员的选举委员会，所有的职位，包括教授甚至是领导层，都可以在欧洲或国际范围内录用。

事实上，最近针对西班牙大学体系改革优化的建议报告"开放现行的公立大学认证体系之外的附加通道"这一项，是基于为大学直接、无限期聘用国内外博士而提出的。

在此情况下，这项国际化策略应当加强各种可能的优化措施，以便在高校教员和学者的认证程序中强化对国际活动的评价。

这种评价不仅应当影响教学机构，也应影响对教员、学者的培训，应纳入有利于国际化和对外开放的因素，并在国家质量评估与认证机构以及各自治大区的评价机构的各行动协议和实践活动中有所体现。

现行的各评估机构中的委员会、工作组和评估团队的组成都应与我们主张的国际化动态相协调，为此，应当制定程序，保障那些具备较好的国际背景的教员和学者被录用。

国际背景应当成为选拔和晋升过程中的基本要素。海外受教育经历、教学经历和调研经历应当成为学术生涯发展的重要组成部分。

4.项目认证

西班牙大学评估是围绕制定国家标准的学位认证展开的,这需要大学和各责任机构付出巨大努力。

从2014年起,自2008年开始执行的检验后的认证系统程序更新,就此终止了西班牙司法框架下的第一个认证阶段,表明该程序的效率和精确程度都有待提高。

对欧洲高等教育区的反思为出发点,国家质量评估与认证机构作出了巨大努力,在学位认证中发展更高效的制度化方法。与此同时,其大学质量保障体系评估程序使其可以将责任分化给各机构,并在各中心证明了其具有的创新性,在与国际政策接轨的认证体系中,"弱化"自身认证的分量。

与此同时,在国家认证程序中,国家质量评估与认证机构还为有需要的工程和信息学项目纳入了可能的学位欧洲质量认证。毫无疑问,这是一项良好的尝试,学位可以开启国家质量评估与认证机构的国家认证程序,并且,在符合条件的情况下申请欧洲质量认证有助于加强西班牙大学体系国内评估系统的国际化进程。

由此,西班牙体系对2012年布加勒斯特部长声明中关于"向国际倡议开放国家体系"的要求作出了回应,同时确保了西班牙评估模式的完整性。

事实上,2015年《博洛尼亚进程实施报告》(IIPB)的其中一项指数即为:质量外部保障进程中国际活动的参与水平。

在此背景下,国际化策略应当伴有更高水准的制度化的质量外部保障体系,与我们融入欧洲高等教育区相和谐。

5.科研项目:国际博士

围绕欧洲高等教育区范围内的博士项目的发展,提出了一系列建议:2005年卑尔根部长声明、欧洲大学联盟萨尔茨堡建议和2011年欧洲委员会创新博士培养原则。

国际化策略的重点在于:与留学博士生的流动措施相关的发展,需要来自国内以及欧盟、"伊拉斯莫斯+"、"地平线2020"计划和"玛丽·居里行动"(AMC)等现行流动项目的支持。

与此同时,还应在欧洲范围内加强有研究生教育的学校和有博士教育的学校间的衔接,以促进与国外大学和公司共同培养高质量的国际博士项目的落成。

6.技术和创新转让

为了让西班牙各高校具有国际领导地位,必须促进和简化学术领域和商业领域间的知识和技术转让,为研发创新合作提供开放、灵活的环境。应当增进各种想法的交流和传播,增进对新观点的共享模式的采用并将其投入到各种商业、非商业实践中。此外还很重要的一点是:创立具有技术基础的新企业,将其作为研发创新成果商业化的基本渠道,以推动大学创业活动。

在此背景下,有必要采取一些措施,使其有利于开放的全球创新模式的建立、保障各种知识产权的战略管理和知识、技术的有效转让和调研成果的国际商业化,使得西班牙大学的经济回报可以最大化。这些措施可以在以下领域开展:

①为成果的鉴定、吸引、分析和传播开发有竞争力的经济智能体系和国际监控工具。

②为我国经济的关键部门或关键技术挖掘具有执行潜力的、进行创新研究或具有创新技术的国际团队。

③促进大学、研发创新中心、学者和公司的国际交流，鼓励学者、科研人员、技术人员的流动及性质稳定的公私合作。

④定义知识保护模式和研发成果保护模式，使其为知识和成果的传播提供便利，并将规定的各项程序纳入模式，采取行动来强化其结构和管理，并对知识和技术的国际转让方面的学者、科研人员和专业人员增强激励。

⑤制定有效的国际合作和配合机制，制定促进科研成果商业化的促进机制。

7.就业能力

目前的国内外形势下，良好的就业能力——寻求第一份工作的潜力和适应未来可能产生的变化的能力——是高等教育改革的共同目标之一，因此，在国际化战略中应予以考虑。

战略提出了旨在促进就业的若干措施，这些措施不仅针对学生或校园人士，也包括流动条件下的劳动力插入等各方面。

政府应推动在国际劳动力市场上观察机制的参与度，以获取关于各学习计划是否真正适应国际形势下高质量需求的有价值的信息。

还应促进与工业和商业部门开展的国际合作项目，并尽可能运用各种机制：企业教授、实习、教师和研究者在企业的停留、吸引工业访学者、培养国际型创业者，等等。

为加强就业能力的培养与各大学和其他机构的社会委员会——如就业和社会安全部、大学—企业联合网——进行合作至关重要。最近由教育、文化和体育部和社会委员会签署了协议，研究不同学位的可雇佣性，帮助学生合理选择专业，也让可雇佣性较低的各项目尽快适应劳动市场的需求。

8.与世界上其他地区的教育合作

西班牙及其大学体系提供的各种机会中关于知识和信息传播的方面催生了大部分流动项目。

为此，不仅应当具备教育、文化和体育部的外部网络的支持，还应具有就业和社会安全部、经济与竞争力部（MINECO）、西班牙对外贸易学院（ICEX）、西班牙外交与合作部（MAEC）以及西班牙合作事务所（AEC）和各合作办公室的外部网络的支持。

教育、文化和体育部与教育咨询和补充网络（CAE）有着广泛联系，这些网络性质稳定、经验丰富，在很多国家都开展了活动，战略地位重要，且能与教育方面的领导层及各国大学部门紧密联系，这赋予其各项基本工具，使其可以参与到能够实现战略目的的合作中去。

此外，还应予以重视的是西班牙对外贸易学院、驻外商务办等部门在商业推广方面的协同合作潜力。

所有这些外在条件都意味着我们具有推进西班牙各大学及其教育、调研资源的优质工具，在西班牙语语言、文化的传播方面有所作为，由此，还能激励对西班牙语的学习的需求，亦能增加外国人前来我国学习的动力，如有更多机会与国内外企业一道推动西班牙大学体系的知识转让,等等。

教育、文化和体育部的对外教育行动拥有西班牙政府的学位中心,有近 1 万名注册学生,在其中进行西班牙教育体系规定的非大学层面的学业。也有混合学位中心和大量提供双语教学的中心,共计有学生两万余名。还有分属于别国学位中心的多个部门,有12000 多名学生在其中接受西班牙教育体系规定的、与所在国自身教育体系一体化的非大学层面的学业。这意味着大量机会,因为,在学生选择西班牙作为自己的留学目的地时,语言知识和对西班牙文化的兴趣常常成为巨大动力,而这些学生及其家庭本身又会成为我们文化的传播者和推动者。

对外网络中分布于国外的各中心,如各部委和西班牙对外贸易学院、塞万提斯学院和合作办公室等机构,因其在学位承认或留学可能性方面的答疑解惑,或是提供信息、推动西班牙机构的留学项目等工作,这些机构都常常成为与民众的联系点;同时,对于居住在国外的西班牙公民,它们也是重要的信息中心。仅在 2013 年,某些教育机构就通过其向民众提供的不同渠道接待了超过 1 万件咨询。因此,这些中心成为与公民联系、为其服务、传播信息、提供指导的直接通道,为世界各个角落拉近了距离、最为直接地提供了来自西班牙大学体系的机会。

最后,对外网络中的各中心,尤其是各教育咨询机构,都与其所在国国家和地区层面的不同教育部门有着密切联系,所以,在推动与欧盟、欧洲高等教育区、伊比利亚美洲和地中海地区以及工业化国家和新兴国家的大学体系和机构的合作方面,这些中心扮演着重要角色。通过它们的努力,推动开展双边合作、签订双边协议、举行国际论坛和国际教育展来开展交流合作都变得更为容易。

(四)目的与行动核心

大学总秘书处通过大学政策总会与各自治区合作,通过大学理事会与各大学合作,也通过与涉及大学体制的所有参与者、公司、经济和社会机构合作,提出了包括 28 项具体措施的四大战略核心。

大学总秘书处和各自治区在其权限内负责国际化措施的执行,并充分尊重大学的自主权。

目标、核心战略以及措施:

2020 年总目标:

为提高西班牙的对外吸引力和国际竞争力,以及推动西班牙以知识为基础的社会经济发展,西班牙大学国际化战略的总目标是:强化大学教育体系建设,巩固其国际吸引力;推动优秀学生、教师、研究人员以及管理服务人员向内向外的流动;提高教学质量,推动西班牙语作为高等教育的教学语言;促进课程以及科研、发展和创新(I+D+i)的国际化。

1.建立与巩固高度国际化的大学体制

为了使学生能够在开放的国际环境中工作,大学应该向学生提供必要的培训以及培养其相关的能力,因此,大学必须拥有具有国际经验的教研人员以及管理服务人员,以支持大学体制的国际化,推动欧洲高等教育区关于质量监控体系以及互认体系的本土化。

①改进有关国际化的法律框架。教育文化和体育部以及各自治大区修改各自有关法律框架,在国家以及地区两个层面上,改善有关大学国际化的条件。

②教学课程国际化。制定有关推动教学课程国际化的指南和建议,其中应该包括横向能力:交流、领导力、团队合作、积极公民资格、国际化进程、国际市场营销等等。

③流动。通过完善各项措施,在学生的本科和硕士学习项目中引入流动窗口、促进教研人员和服务管理人员的知识流动及工作、就业流动等方式,来促进国际流动。

(1)流动措施。在高校信息整合制度中制定搜集和整合进出口流动信息的制度。

(2)学生流动。流动窗口。研究流动窗口在本科和硕士项目中实行结构一体化的可行性,并提出落实建议。

(3)教研人员和服务管理人员的流动。在教研人员和服务管理人员的认证及专业中评价其各项国际活动,并介绍在职业选择和晋升程序中的国际化标准。

(4)就业流动。完善有关在国外公司及高校就业、实践、实习等国际性机会方面的信息。建立国际流动网页。

(5)引入、停留和居留,签证和授权。简化有助于留学生、外籍教师和外籍学者引入、停留和居留的政策框架。

④国内的国际化。在西班牙高校校园内促进多语言、多文化和国际化的氛围。编写国内的国际化教程,使得国内大部分无法"流动"的学生也能从国际化中获益。

⑤承认学历和学习期限。提高对欧洲高等教育区内及执行《里斯本公约——欧洲高等教育领域文凭互认协议》的其他国家的学历和学习期限的承认进程的效率。

⑥跨国质量保证。对欧洲高等教育区的项目以及跨国机构认证进行开放,包括欧洲共同项目认证研究、欧洲注册质量办事处、欧洲质量标准,等等。

2.增加各高校的国际吸引力

应当提高西班牙一流大学校园的国际知名度和认可度,如优美的居住、学习、教学和工作环境等,采取行动以吸引知识领域的人才和国际投资。

①高校国际化。西班牙教育、文化和体育部和各大自治区会促进制度化和国际化策略的发展、更新和落实。国际化应当被视为是对高校各部门均有影响和基本意义的。

②接待服务。优化对留学生和外籍参观者的到来、居留和离开进行帮助的各项服务,为其在西班牙的定居生活提供咨询、陪伴和指导。

③留学生的适应性课程。从制度层面普及留学生适应性课程的设计和开展,这些课程不仅限于西班牙语语言方面,也包括研究、评估和学习方法方面、文化方面及每位学生的专业方向方面。

④英语及其他外语的教学课程。增加用英语或其他外语授课的本科及硕士课程的数量。建立教研人员和管理服务人员等所有高校人员学习英语的项目。

⑤跨国多学位。与国外一流高校一道,促进跨国多学位制度,在世界范围内提供灵活的学位攻读项目,找出推行共同学位项目中的各种障碍。

⑥高校的国际地位。提高西班牙各高校的国际地位。明确相关标准和指标,使西班牙得以提升在不同方面的全球高校排名中的地位,重点关注在西班牙校园中开设的国际型课程的教育、科研和创新。

⑦参与国际网络、计划和项目。促进各高校参与到高质量的联盟,以及欧盟联合教育的项目和团体中,如"伊拉斯莫斯+""科研、发展和创新(I+D+i)"及"地平线2020"计划

和其他一些教育、科研及创新方面的国际项目。

⑧在国外推动西班牙高校和高校体制。在国际高校教育市场上加大力度推广西班牙各高校,发展"学在西班牙"品牌概念。参加世界高校教育展,发展、更新高校网站主页,并为外来师生开设网页。

3.提高周边国际竞争力

各大高校在不断加入国际知识网络的同时,应当融入其周边的社会生产环境,成为其活跃的一分子并为其发展贡献力量,向社会发送和传递知识。

①国际化的高校—企业论坛。组织高校—企业论坛,以促进学生、行业专家和创新专家、领头人对国际计划和项目的共同参与。

②高校的区域责任。高校应与企业、知识产权人、地区政府和社会机构联合,参与创立知识生态制度,如国际优质校园、地区智能专业化的战略创新与研究(RIS3)、欧洲创新与技术学院下属创新和知识联盟下的区域创新联盟(RIC)。

③评估与转让(transferencia)办公室的国际化。在研发创新的成果保护方面加强国际化程序,促进发表、商业化、创立技术型企业,等等。

④高校成果和服务。树立高校业务和服务典范,以向其他国家进行出口,并保留相关产权。

4.加强与世界上其他地区的高等教育合作

西班牙各高校应当更加积极地参与到具有新知识的国际生产联盟并与世界上其他地区的优秀联盟与制度合作,如通过利用好欧盟各种教育和研究项目提供的合作和资助机会来与欧盟各国合作,也与各发展中国家、新兴国家和发达国家合作。

①欧盟与欧洲高等教育区。推动与欧盟和欧洲高等教育区各国在学历互认、质量保障和相互流动等方面签订双边协议、开展合作。

②伊比利亚美洲知识空间。加强西班牙在"伊比利亚美洲知识空间"及其项目——如"巴布洛·聂鲁达"项目、"伊比利亚美洲科技发展项目"(CYTED)和伊比利亚美洲创新项目等——中的参与和领导地位。

③地中海欧洲高等教育和研究空间。在建设"地中海欧洲高等教育和研究空间"、地中海联盟项目和地中海青年办公室的框架内,推动与地中海各国和各高校的双边协议的签订和开展合作。

④发达国家与新兴国家。在西班牙的外交行动中开辟途径,与美国、"金砖国家"、"薄荷四国"、澳大利亚、加拿大、韩国进行专门合作。

⑤以发展为目的的合作。加强与西班牙外交与合作部的"合作与发展援助总体规划"有关的发展中国家的合作。

⑥高等教育多边机构和项目。提高在欧盟、欧洲高等教育区、国际经济合作与发展组织等层面上与高等教育相关的政治论坛中的参与度。

(五)关于行动与指标的提议

基于前文提到的国际化背景、现状、挑战和各种因素,以及各种目标、主要任务、战略提出了如下行动计划。计划内容以表格形式呈现,以便与相应的任务和目标对应。

1.制定和巩固高度国际化的大学体系

提高西班牙大学体系国际化程度的一项基本行动就在于完善法律框架,以在如下各个方面对国际化有所裨益。

表 9-3　完善法律框架

可操作目标1.1	完善国际化的法律框架
行动1.1	审视国家级层面和各自治大区的法律框架
重点	大学总秘书处和大学政策大会(CGPU)工作组,以审视现行法律框架并确定采取哪些调整措施来减少障碍、促进高校国际化
涉及部门	大学总秘书处、大学政策大会、欧洲统一文化倡议中心(CI-CUE)、教育信息总系统(SGIE)、西班牙教育国际化服务中心(SEPIE)、西班牙外交及合作部
成果	对需要采取的调整作出报告
日期/指标	2015年上半年

各机构和体系的国际化进步在很大程度上是基于人为因素。高校所有成员——不管是学生、老师、学者还是管理和服务人员——都应当学习、发展和完善必要的能力,配合国际合作并积极参与到其中。

在学生方面,国际化能力的获取与其学习计划相关,也与学校的培养计划相关。各高校应当提供专门的、跨专业的能力培训,提高学生在开放的国际环境中工作的能力。

表 9-4　提供能力培训

可操作目标1.2	为在开放的国际环境中工作提供培训
行动1.2	促进跨学科能力融合和更加国际化的培养方案
重点	大学总秘书处和欧洲统一文化倡议中心的论坛,来自大学基金会网络、西班牙对外贸易学院和各公司的代表,共同推动培养方案的国际化导向和建议服务,在其中纳入如下能力的培养:交流、领导、团队合作、公民积极性、国际化进程、国际化市场策略、目标市场信息,等等。
涉及部门	大学总秘书处、欧洲统一文化倡议中心、大学基金会网络、各企业、西班牙对外贸易学院、西班牙驻外经济和商业办公室网络
成果	培养方案的国际化和跨学科、跨文化能力的获得
日期/指标	2015年上半年

学术团体的国际流动也应当是西班牙高校国际化策略的重要组成部分,因为它使得新知识、新能力和技能可以交流并用于帮助个人职业发展,并最终带来机构的优化。

流动方面的完善需要相应的测量,即对数据进行搜集和分析,让我们可以在各种不同类型的流动的真实数据和特点的基础上提出相应的倡议。

表 9-5　测量学术团体的国际流动

可操作目标 1.3	国际流动的测量
行动 1.3.1	制定数据搜集体系
重点	在大学信息综合系统(SIIU)内和大学总秘书处配合下制定体系来获取学生、教研人员和管理及服务人员的进出的必要的流动数据
涉及部门	大学总秘书处、欧洲统一文化倡议中心、教育信息总系统
成果	大学信息综合系统内所有大学群体流动数据的搜集体系
日期/指标	2015 年下半年

在培养方案中建立流动窗口有助于将流动在结构上与方案实现一体化,从而为进出口流动提供便利,也能为其他可能的流动提供补充。

关于通过学分流动来在国外实现短期学习,教育、文化和体育部将继续向"伊拉斯莫斯＋"项目的奖学金获得者提供帮助,若有在表 9-6 的重点中指出的优先考虑国家中有学生流动的,教育、文化和体育部将重点推动关于其纲要的双边协议。

表 9-6　促进学生的国际流动

可操作目标 1.3.2	增加本科和硕士生的国际流动
行动 1.3.2.1	在本科和硕士教育中开设流动窗口,促进进出口学分流动
行动 1.3.2.2	通过支持"伊拉斯莫斯＋"项目和其他有帮助的多边或双边纲要(如哥伦比亚的"无国界科学"),激励进出口学分流动和学位流动。
重点	欧洲统一文化倡议中心——教育研究科学杂志的报告,阐明将流动窗口与本科和硕士培养方案实现结构一体化的可能,并提出必要的可行性行动的建议,包括可能实施的标准改动等
涉及部门	大学总秘书处、欧洲统一文化倡议中心——教育研究科学杂志、西班牙教育国际化服务、教育信息总系统
成果	流动窗口与本科和硕士方案的结构一体化,在其中为进出口国际流动和公司实习保留部分学分
日期/指标	流动窗口:2015—2016 学年; 2015 年 12 月; 进出口流动:经济合作与发展组织(OCDE)测量; 留学生数量:占总数的 2.7%

包括博士生在内的教师和学者的流动是知识自由流通的决定性因素,可以促进国际上教育、研究和创新方面的联盟和项目间的跨国合作,有助于通过与国外教育体系的比较来提高我国大学教育体系的质量。

在"国家人力资源流动计划"(PNMRH)中,有助于国际流动的国家举措都将会继续进行,包括:(1)大学教师和"入门级"学者在国外的停留;(2)年轻博士在国外的停留;(3)国外机构的博士后学者。

此外,通过参与欧洲级别的论文答辩委员会和签订双边协议,还将有对硕士和博士师资流动有帮助的行动。

学术人员流动要求灵活的工作条件和国际活动的专业背景知识。西班牙各高校对《研究人员宪章》(CI)和《招聘行为准则》(CCR)的采用和逐渐实施的过程使得各学校在就业条件、招募人才和教研人员专业方面的声誉和吸引力不断上升。

表 9-7 促进高校人员的国际流动

可操作目标 1.3.3	增加高校人员(教研人员和管理服务人员)的国际流动
行动 1.3.3	对认证和教研人员、管理服务人员中关于教育、研发创新、和知识转让的各项国际活动的评估。
重点	审定关于教研人员认证和管理服务人员专业的承认方面的标准和方向。
涉及部门	大学总秘书处、国家质量评估与认证机构、国家科研活动评估委员会(CNEAI)、欧洲统一文化倡议中心(CICUE)——西班牙大学学术委员会(CASUE)、西班牙教育国际化服务、教育信息总系统
成果	对教研人员、管理服务人员的补充评估和承认国际化标准的引入
日期/指标	2015 年下半年

尽管出现了经济危机,欧盟内外依然有很多岗位虚位以待,岗位流动可以抓住这一契机。对别国就业机会的信息的缺失,加上包含各跨国公司工作岗位、实习和实践机会的流动计划数目稀少,造成了很多人乐意跨国工作却无法成行。

在这方面,教育、文化和体育部将继续通过"阿尔戈全球"(ARGO GLOBAL)系列项目提供帮助,以促进所有西班牙大学通过在欧洲、美国、加拿大各公司和西班牙驻亚洲各公司安排的实习而对学位、职称获得者的补充培养。也将通过"法罗全球"(FARO GLOBAL)项目,对得到教育、文化和体育部承认的西班牙各公立、私立大学任何学位的高年级大学生流动提供帮助。

表 9-8 增加岗位流动

可操作目标 1.3.4	增加岗位流动
行动 1.3.4	更多获取关于国际岗位或就业的机会的信息
重点	不断更新流动网,提供关于国外公司或大学流动协议、就业机会、实践、实习等方面的信息
涉及部门	教育信息总系统、大学总秘书处、教育研究科学杂志
成果	关于西班牙大学毕业生的国际可雇佣性的报告
日期/指标	一直持续

在全球人才竞争的背景下,采取措施来简化留学生、外籍教师和学者进出西班牙和在西班牙的居留标准,并为其提供便利,显得尤为重要。

表 9-9　简化留学流程

可操作目标 1.3.5	为留学生、外籍教师和学者前来西班牙提供便利
行动 1.3.5	采取有利于留学生、外籍教师和学者进出、居留西班牙的措施,提供国家标准委员会相关内容
重点	简化标准框架,使其有利于留学生、外籍教师和学者的进出和居留
涉及部门	大学总秘书处、教育信息总系统、西班牙外交及合作部、西班牙教育国际化服务
成果	留学生和外籍教师、学者快速通道
日期/指标	2015 年上半年

在学生方面,即使是非流动学生,西班牙校园的本土国际化亦可使其发展双语、多文化能力,以及有利于就业的专业能力。

表 9-10　本土国际化

可操作目标 1.4	本土国际化
行动 1.4	加强西班牙大学校园的国际化进程,提高多语言能力和国际化氛围
重点	推动有助于与留学生和外籍教师进行知识学习和交流、经验交流的活动
涉及部门	欧洲统一文化倡议中心——教育研究科学杂志、各高校
成果	本土国际化手册
日期/指标	2015 年下半年

关于学位和学历承认,应朝能满足欧洲高等教育区要求的自动承认体系方向努力,来调整现行程序、让我们更好地融入欧洲高等教育区。

关于欧洲高等教育区之外的国家,应当考虑是否需要与经济合作与发展组织的成员国签订关于成绩互认的《里斯本协议》,以及在欧洲学分互认体系的学分间和相关国家间使用的学分间建立对应表格的可能性。

关于拉丁美洲,一旦落实在伊比利亚美洲知识空间内讨论已久的《学位和学历互认的框架协议》,则应当根据签订时相互认可的相关经历来制定获准大学的名单。

表 9-11　优化学位和学历承认

可操作目标 1.5	学位和学历承认
行动 1.5	提高对欧洲高等教育区内和其他国家的学位和学历承认程序的效率和有效性
重点	推动对博洛尼亚的工具的使用,如《里斯本互认协议》(CRL)、欧洲学分互认体系、与国外学历对等的《文凭和表格补编》(SDT)等,它们提供了更好的自动化承认国外学历和学位的可能

续表

可操作目标 1.5	学位和学历承认
涉及部门	大学总秘书处、大学政策总局（DGPU）、西班牙大学联盟（CRUE）、国家质量评估与认证机构
成果	为留学生和国外学位更好地融入西班牙教育、生产体系提供便利
日期/指标	2016 年下半年。最长回复时间：1 个月

在质量保障方面，应当加强外部质量保障体系，提供来自布加勒斯特部长声明的相关建议，这些建议是朝《欧洲质量认证方法》(EEAC)靠拢的。

表 9-12　加强质量保障体系

可操作目标 1.6	跨国质量保障
行动 1.6	在制度层面和纲要层面提高国际评估和认证的效率和有效性
重点	明确在认证和采用《欧洲质量认证方法》方面的障碍
涉及部门	大学总秘书处、大学政策总局、国家质量评估与认证机构、西班牙大学联盟
成果	与欧洲高等教育区一道，发展外部质量保障的国际体系
日期/指标	2016 年下半年，采用《欧洲质量认证方法》

2.增加各高校的国际吸引力

在制度层面，获取高度国际化的高校体系的一个必要条件就是：各高校在全球范围内重视教育和科研的基础上，采取国际化战略。这项工作的很大部分已经通过"国际卓越校园"项目已经实施的内容和《伊拉斯莫斯宪章》(CE)的要求获得了实施，因此，大部分西班牙高校已具备总体战略计划，其中就包括国际化战略。

表 9-13　推动国际化战略

可操作目标 2.1	加强制度层面国际化战略的发展和落实
行动 2.1	支持各高校的国际化专门战略，并提供专门帮助
重点	关注和支持各机构发展制度化战略
涉及部门	大学总秘书处、大学政策大会、欧洲统一文化倡议中心——西班牙大学联盟、经济和竞争部
成果	为制度化的国际化战略提供支持措施，并将由此产生的收益投入到更好的制度建设中
日期/指标	2015 年 6 月；70%的高校具有专门的国际化战略

我国各高校应当对留学生和外籍学者提供欢迎、支持服务,帮助他们融入我国大学体系以及文化、社会氛围。

表 9-14　支持留学生和外籍学者

可操作目标 2.2	向留学生和外籍学者的停留和进出提供支持
行动 2.2	加强对进出流动师生的咨询、指导和帮助
重点	发展帮助留学生的《流动行动交流》、接待办公室、居住和停留服务
涉及部门	欧洲统一文化倡议中心——教育研究科学杂志,以及教育、文化和体育部,就业和社会安全部,西班牙外交及合作部的对外网络,西班牙对外贸易学院,西班牙国际开发合作署,各合作办公室
成果	"西班牙欢迎你"(Welcome to Spain)计划
日期/指标	2015 年下半年

针对留学生开设的进行语言和文化培训的适应性课程以及对其专业方向的入门级课程有助于留学生更好、更快地适应,从而保障其专业成绩。

表 9-15　增强留学生的适应能力

可操作目标 2.3	留学生适应性课程
行动 2.3	在西班牙所有高校总体规划并落实留学生适应性课程
重点	设计语言、学习方法和技巧、文化、专业方向的培训项目,相应的学习成绩可与能否正式入学挂钩。
涉及部门	大学总秘书处、欧洲统一文化倡议中心、梅内德斯·佩拉约国际大学(UIMP)、各高校
成果	留学生更好地融入我国高等教育体系
日期/指标	开设无须认证语言和专业方向水平的留学生适应性课程。2015—2016 学年。

开设国际质量的双语课程(英西或其他语言)有助于学生交流和流动,并更好地为西班牙学生在国际环境及多文化环境中的学习和就业提供机会。

表 9-16　开设双语课程

可操作目标 2.4	增加双语开设的本科和硕士课程,不管是用西英双语还是别的语言开设
行动 2.4	在所有教研人员、管理和服务人员中推动更高水平的英语学习
重点	从制度层面制定激励机制,促进教研人员、管理和服务人员学习英语和其他外语
涉及部门	欧洲统一文化倡议中心
成果	本科双语课程或全英语授课课程的项目增加(50%可用英语)
日期/指标	2015 年上半年。制定本科、硕士双语课程(英语或其他外语)的出发点和目标

创立双学位或多学位学习项目也将得到支持,因为这些项目有助于加强个人和学校在国际环境中就业、合作和竞争的实力。

表 9-17　加强校际合作

可操作目标 2.5	共同项目
行动 2.5	增加西班牙大学与国外高质量大学间的共同培养或双学位项目,包括师生流动框架
重点	明确发展国际共同项目的过程中存在的操作型障碍和规定性障碍,包括相互承认等方面
涉及部门	大学总秘书处、国家质量评估与认证机构、西班牙大学学术委员会、西班牙教育国际化服务、教育信息总系统
成果	共同项目障碍报告
日期/指标	2015 年上半年

尽管国际战略的最终目标尚未形成,但显而易见的是,如果我们的高校在全球排名中处于更有利的地位(即使排名的标准和结果可能引起争议),是有助于让我们的高校在制定国际流动的国家计划中变得更有吸引力的,因为选择过程不免优先考虑将排名靠前的国家作为目的地。

表 9-18　提高高校地位

可操作目标 2.6	提高西班牙各高校的国际地位
行动 2.6	在有助于提高国际排名中机制、专业和院系等排名的方面,明确教育、科研和知识转换的标准和衡量系数
重点	与经济和竞争部、欧洲统一文化倡议中心、西班牙大学联盟研发部门建立工作组,提供建议和实用性指导来提高全球排名位置
涉及部门	大学总秘书处、欧洲统一文化倡议中心、西班牙大学联盟研发部门、西班牙教育国际化服务、经济和竞争部
成果	有利于提高各高校全球排名位置的实用性指导手册
日期/指标	2015 年上半年

　　高校的国际吸引力与其在各联合会、协会、项目、科技平台及优质国际计划中的参与度紧密相连。其参与度在通过高质量教学和研发创新,以及在企业设计并落实学习的路途上都是至关重要的。

　　为此,为了更好应对和解决 21 世纪巨大的全球挑战,还应当推动西班牙各高校参与到与这样一些企业的合作中:具有"伊拉斯莫斯＋"项目的"知识与战略合作联盟"(ACAE)的新技术,或具有"地平线 2020"计划的新倡议。此外,各高校也可在各自适当的领域推动其周边地区的发展并加强公民社会的建立。

表 9-19　加入国际计划

可操作目标 2.7	参与到各联合会、协会、项目、科技平台及优质国际计划中
行动 2.7	推动各高校参与"国际优质校园"项目、"伊拉斯莫斯＋"的新工具和欧盟的"地平线 2020"项目中
重点	在诸如"伊拉斯莫斯＋""创新和知识社区"(KIC)和"玛丽·居里行动"等要素下,对计划准备、财团养成建立激励和支持措施
涉及部门	大学总秘书处、西班牙教育国际化服务、经济和竞争部
成果	对财团养成和计划准备形成支持措施
日期/指标	2015 年上半年

　　应当通过推动在展会和国际活动中的参与度、开发网站主页等方式来提高西班牙大学体系的品牌形象。有必要展现出西班牙的吸引力和其教育资源,采用合适的品牌宣传来汇集所有的教育资源和价值。

表 9-20　参与国际教育展会及活动

可操作目标 2.8	推动西班牙各高校参与国际高等教育展
行动 2.8	对外推广西班牙大学教育体系的品牌形象
重点	建立促进会,采取行动,与欧洲统一文化倡议中心、西班牙对外贸易学院和经济和商业办公室网络进行合作,参与到国际高等教育展和其他全球性教育盛事。开发网站主页,提供留学生就读西班牙的相关信息,包括移民网页和"学在西班牙"品牌,以便其融入知名国际品牌圈,并在国际竞争中根据具体情况进行自我创造、维持地位
涉及部门	西班牙教育国际化服务,西班牙对外贸易学院,欧洲统一文化倡议中心,教育、文化和体育部对外网络,就业和社会安全部,西班牙外交及合作部,西班牙对外贸易学院,西班牙国际开发合作署(AE-CID),各合作办公室,经济和商业办公室网络(Red OFECOMES)
成果	为推动"学在西班牙"主页而进行的大学推广标准计划(PPUC)的更新
日期/指标	2015 年下半年

3.提高周边国际竞争力

各高校应当提高其周边企业的国际竞争力,积极与地区、区域和国家周边企业交流在国际知识联盟中产生和获得的知识。

表 9-21　加强企业互动

可操作目标 3.1	增加各高校及其周边企业的互动,创办校企论坛
行动 3.1	在地区、国家和国际层面促进校企战略合作
重点	组织校企论坛,以促进其对国际公司实习、工业博士和工业创新领军型项目和计划的共同参与
涉及部门	大学总秘书处、大学基金会网络(Red FUE)、西班牙大学联盟、西班牙教育国际化服务、经济和竞争部、西班牙对外贸易学院、经济和商业办公室网络、工业能源与旅游部(MINETUR)
成果	校企国际行动方案
日期/指标	2015 年下半年

各高校应当作为地区知识和创新经济体系的主体采取行动,与地方领导和周边企业、社会进行合作,制定与"智能专业化的战略创新与研究"相协调的周边社会经济发展规划。

表 9-22　加强地区互动

可操作目标 3.2	加强各高校与其周边行政、地理区域的互动
行动 3.2	加强各高校在欧洲创新与技术学院（EIT）中的创新和知识社区中的创新区域社区（RIC）的参与度
重点	在合作中与各自治政府加强国际化优质校园在地区创新战略中的补充地位
涉及部门	大学总秘书处、大学政策大会、西班牙大学联盟、经济和竞争部、各自治大区
成果	欧洲技术学院中区域创新社区的"国际优质校园"项目
日期/指标	2016 年

在各项国际活动中，各高校应当完善其知识转让措施和对知识产权的管理。

表 9-23　优化完善知识产权处理

可操作目标 3.3	研发创新成果评估和转让机构的国际化
行动 3.3.1	落实研发创新活动中知识转让和知识产权管理的程序
行动 3.3.2	西班牙各高校知识转让机构的国际化
重点	采取措施，激励对欧盟在研发创新国际项目中关于知识产权管理和知识转让的建议和实践的采用
涉及部门	经济和竞争部、大学总秘书处、西班牙大学联盟中的研发部门、研究成果转化办网络（Red OTRI）
成果	为国际项目中的知识产权管理和知识转让活动提供帮助
日期/指标	2016 年上半年

知识领域不断增长的国际化趋势提供了在全球知识生产和高等教育市场中的很多机会，我们应当通过发展合适的商业、项目和服务模式来抓住这些机会。

表 9-24　拓展合作模式

可操作目标 3.4	针对出口的大学项目和服务
行动 3.4	发展大学教育的商业、服务和产品模式。在教育领域,对国际化、对外市场和校企合作提供支持
重点	在与大学基金会网络和企业的合作中推动教育的商业、产品和服务模式,使其在国外可以落实
涉及部门	大学总秘书处、工业、商业和旅游部,大学基金会网络,欧洲统一文化倡议中心,西班牙对外贸易学院和经济和商业办公室网络
成果	大学的商业、产品和服务模式
日期/指标	2016 年下半年

4.加强与世界其他地区在高等教育方面的合作

西班牙是欧盟成员,并且也加入到了推动欧洲高等教育区发展的博洛尼亚进程,因此与其他欧洲国家在高等教育方面展开了众多的合作。但同时也应该加强与世界其他地区的合作,作为伊比利亚美洲的成员,西班牙尤其应该与拉丁美洲加强合作。

表 9-25　加强与欧洲地区的教育合作

可操作目标 4.1	在国家层面上增强与欧盟和欧洲高等教育区高等院校及机构的合作
行动 4.1	推动与欧盟国家在学历认可、质量保证、人员流动和商业推广方面建立双边合作关系和签订双边协议
重点	与具有院校合作和学生流动传统的重点国家签订或者更新双边协议
涉及部门	大学总秘书处,教育、文化和体育部下属的教育咨询网,西班牙外交与合作部,Universidad.es 基金会,西班牙大学国际化与合作委员会,西班牙大学联盟,欧洲教育项目独立机构(OAPEE),国家质量评估与认证机构,西班牙对外贸易发展投资局
成果	增加符合学生、教师和院校利益的有效的双边协议
日期/指标	2016 年上半年。全面启用欧洲高等教育区的工具。与欧盟和欧洲高等教育区的国家签订学历认可与质量保证的双边协议,包括法国、德国、意大利、葡萄牙

基于语言、地理、历史和文化的原因,西班牙应该主导推动建立伊比利亚美洲知识区(EIC)。西班牙是联系欧洲大陆和伊比利亚美洲的桥梁,自然也应该成为欧洲高等教育区和知识伊比利亚美洲区的联系纽带,协调并促成欧洲—拉美高等教育区。

表 9-26　加强伊比利亚美洲内部合作

可操作目标 4.2	加强与伊比利亚美洲高等院校与机构的合作,推动知识伊比利亚美洲区
行动 4.2	推动与伊比利亚美洲国家在建立共同的知识和高等教育区方面确定双边合作关系以及签订双边协议
重点	与伊比利亚美洲具有院校合作和学生流动传统的重点国家签订或者更新双边协议,进行商业推广
涉及部门	大学总秘书处,教育、文化和体育部的对外网络,就业与社会保障部(MEySS),外交与合作部,西班牙对外贸易发展投资局,西班牙国际合作发展署,合作办公室,Universidad.es 基金会,西班牙大学国际化与合作委员会,西班牙大学联盟,国家质量评估与认证机构
成果	增加符合学生、教师和院校利益的有效的双边协议,加强西班牙大学与伊比利亚美洲大学的关系
日期/指标	2015 年上半年。推动与智利、墨西哥、巴西、哥伦比亚、阿根廷和乌拉圭的双边协议,增加校际间的双边协议

　　地中海联盟各国的高等教育部联合发布了《开罗宣言》,决定建立欧洲—地中海高等教育与研究区(EEMESI),西班牙也因此参与到在地中海南北岸 16 个国家中开展硕士和博士学生流动的共同项目和职业实习中。

表 9-27　加强与地中海区域的教育合作

可操作目标 4.3	在国家层面上加强与地中海区域的高校及机构的合作,推动欧洲—地中海高等教育与研究区
行动 4.3	推动与地中海国家之间建立共同的知识和高等教育区的双边协议,进行商业推广
重点	与地中海地区具有院校合作和学生流动传统的重点国家签订或者更新双边协议
涉及部门	大学总秘书处,教育、文化和体育部的对外网络,就业与社会保障部,外交与合作部,西班牙对外贸易发展投资局,西班牙国际合作发展署,合作办公室,Universidad.es 基金会,西班牙大学国际化与合作委员会,西班牙大学联盟,国家质量评估与认证机构
成果	增加符合学生、教师和院校利益的有效的双边协议,加强西班牙大学与伊比利亚美洲大学的关系
日期/指标	2015 年上半年。推动与智利、墨西哥、巴西、哥伦比亚、阿根廷和乌拉圭的双边协议,增加校际的双边协议

　　在工业国家和新兴国家中,与美国、中国、东亚和其他新兴国家中顶尖的高等院校合作,建立和推动高质量的教育、科研和创新中心。

　　欧盟与美国、加拿大和其他工业国家,如澳大利亚、日本、新西兰和韩国签订了双边协议,教育、文化和体育部和西班牙的高等院校应该积极参与到这些协议的执行当中。欧盟和其伙伴国共同资助在教育与科研领域中的学生和人员流动,以推动高等院校以及教学人员的国际化。

表 9-28 加强与工业国家和新兴国家的教育合作

可操作目标 4.4	在国家层面上加强与工业国家和新兴国家的合作
行动 4.4	推动与工业国家的合作与双边协议,共同发展高质量的教育和科研项目
重点	与重点国家签订和更新双边协议,这些国家包括美国、金砖国家、薄荷四国、澳大利亚、加拿大、韩国等等。进行商业推广
涉及部门	大学总秘书处,教育、文化和体育部的对外网络,就业与社会保障部,外交与合作部,西班牙对外贸易发展投资局,西班牙国际合作发展署,合作办公室,外交与合作部,工业能源与旅游部,Universidad.es 基金会,西班牙大学国际化与合作委员会(CICUE),欧洲教育项目独立机构
成果	增加符合学生、教师和院校利益的有效的双边协议
日期/指标	2015 年下半年。推动与美国、俄罗斯、印度、中国、澳大利亚、加拿大、新加坡的双边协议,增加院校间的双边协议

高等教育是与发展中国家开展的合作项目中最重要的一部分,以帮助这些国家具备社会经济发展所必需的能力。

表 9-29 加强与发展中国家的教育合作

可操作目标 4.5	在国家层面上加强与发展中国家的合作
行动 4.5	推动与发展中国家的合作与双边协议,进行商业推广
重点	与外交与合作部制定的合作与发展支援总计划中的发展中国家签订和更新双边协议
涉及部门	大学总秘书处,教育、文化和体育部的对外网络,就业与社会保障部,外交与合作部,西班牙对外贸易发展投资局,西班牙国际合作发展署,合作办公室,外交与合作部,西班牙大学国际化与合作委员会,西班牙大学联盟
成果	增加符合学生、教师和院校利益的有效的双边协议
日期/指标	2015 年下半年。与《西班牙合作总计划 2013—2016》中的重点国家开启双边协议

西班牙应该更加积极地参与到已签署的各类机构和多边项目中,尤其是那些有利于高等教育国际化以及能够帮助西班牙迎接挑战的机构和项目,并在其中发挥更多的影响力。

与此同时,西班牙也应该更加积极地参与到欧盟与世界上其他地区举行的有关教育的政治对话的论坛中,包括临近地区(俄罗斯、中亚、之前提到过的工业国家)、战略合作伙伴(巴西、中国、印度、墨西哥、南非),以及各类多变论坛,如地中海联盟、非洲国家联盟、拉丁美洲、加勒比海和太平洋地区。

表 9-30 加强多边合作

可操作目标4.6	积极参加各类机构和各类高等教育的多边项目,以及积极参加欧盟和欧洲高等教育区的政治对话论坛
行动4.6	积极参与有关高等教育的国际论坛
重点	在欧盟、欧洲高等教育区、合作和经济发展组织当中更加积极地参与到各类有关高等教育的政治性的合作论坛中
涉及部门	大学总秘书处,教育、文化和体育部的对外网络,就业与社会保障部,外交与合作部,西班牙对外贸易发展投资局,西班牙国际合作发展署,合作办公室,外交与合作部
成果	最大限度地增加西班牙在有关高等教育的各类委员会和工作组当中
日期/指标	2015年下半年。增加西班牙在有关高等教育的各类国际委员会和工作组当中的领导力和协调能力

5.战略实施与监督

在西班牙,大学教育地方化要求各自治区共同参与《西班牙大学高等教育国际化战略》(以下简称《战略》)实施,各自治区有权责管理大学经费。

多年来,西班牙教育、文化和体育部与各自治区共同革新和调整教育行动和战略,在此基础上产生的《战略》将由国家政府和各自治区共同协商通过。特别是国家教育、文化和体育部与各自治区要在各自的职权范围内致力于改善法律框架,促进大学的国际化和制定国际化战略。

在宪法规定的范围内,西班牙政府将通过教育、文化和体育部与自治区,在尊重大学自主权的前提下,实施国际化目标。

《战略》的成功实施取决于西班牙大学系统内各单位的积极响应。首先是大学,即该战略的主要参与者和受益者。西班牙大学系统国际化战略的很多行动必须有学校的响应,这也是成功的关键。教育、文化和体育部通过大学总秘书处负责西班牙的大学政策,并在经济合作与发展组织、欧盟委员会、博洛尼亚进程监督工作小组、欧洲大学研究所等高等教育国际组织和计划中,保持教育、文化和体育部的代表地位。西班牙驻各国大使馆教育参赞配合该战略的各项行动,为所在国的教育系统和高等院校提供信息和联络。

西班牙教育国际化服务中心是负责管理"伊拉斯谟+框架"内各自治区教育计划的国家机构。同时,为了使西班牙融入欧洲高等教育区,在博洛尼亚专家团合作下,中心负责开展前"终身学习计划"中还在实施的项目,如欧盟的伊拉斯谟世界之窗项目(Erasmus Mundus)和田普思项目(Tempus,意为时间)。

国家质量评估与认证机构保证教学人员和教育计划的质量,并通过国际组织进行认证。

就业和社会保障部通过移民局秘书处,与经济与竞争力部(MINECO),外交与合作部以及内政部共同介入学生入境、续签、签证和审批。就业和社会保障部有网站为西班牙人提供海外工作、学习或居住信息。

经济和竞争力部通过国家研究和创新秘书处配合《西班牙2013—2020年科技和创新战略》,为支持和共同融资国际项目,负责管理国家研发计划(I＋D计划),并管理参与欧盟研发项目的国家计划。西班牙对外贸易发展投资局在海外进行西班牙教育项目的推广,并向国际市场上宣传"STUDY IN SPAIN"品牌。西班牙对外贸易发展投资局与西班牙国家旅游局(Turespaña)、教育、文化和体育部以及塞万提斯学院共同开发西班牙教育门户网站:www.studyinspain.info。这些均为教育、文化和体育部对外西班牙大学教育的推广起到了补充作用。

外交与合作部负责"对外行动"和《2013—2016年西班牙合作总体规划》,与研发、创新和学习发展工作组共同执行大学间合作计划。

工业能源与旅游部促进校企合作研究和鼓励创业。

为提升各校国际化成果,西班牙大学校长会议通过西班牙大学国际化与合作委员会,积极参与大学国际化。其他委员会在国际化行动中也起着至关重要的作用,如研发委员会、大学生事务网、西班牙大学学术委员会和研究成果转化办。

各校—企基金会促进和发展大学成果与服务商业化,紧密联系社会,促进大学不断走向国际市场。

以上制定《战略》的单位和部门应当根据规定,进一步执行《战略》。该《战略》将由大学总秘书处设立的委员会监督执行,同时上述参与制定《战略》的各部门也要协同监督,以保证战略行动的协调性,做好与大学政策大会和大学理事会的协调工作。由大学秘书长主持的西班牙大学国际化战略监督委员会要每年对该《战略》中各项行动的执行程度进行审查,并撰写年度审查报告,针对问题要有解决方案,以确保战略目标的实现。报告将提交给大学政策大会和大学理事会。

国际化战略将建立一个带有记分卡的评估系统,衡量西班牙大学的国际化成果和进程,以评估是否符合具体目标和行动方针。该评估系统将由大学总秘书处与学校协商进行,内容包括:2015年12月至2018年更新西班牙大学国际化水平评估;2015年12月至2018年根据战略核心和具体目标监测指标。针对通过外界调查获得信息的行为进行评估。

6.根据评估得出的结论和建议。

通过该系统希望建立一种对战略进行监测、定量和定性评估的办法,以便发现并采取必要的变更或纠正措施。

国际化战略的成功,除了确立上述法定措施和变化之外,还需要大量资金投入。如导言所述,符合战略目标和行动的地区、国家和自治区计划项目将为国际化战略提供资金。

虽然光有资金并不能保证战略的成功,但很多行动都需要资金的支持。任何资金的投入都必须符合战略目标,绝不能视为大学或其他相关单位里的普通经费。同时,通过竞争机制聘请博士后或已获得高级职称教师的外籍教师,以及定期访问教授,对大学和研究人员来说,这种人才引进计划将是该战略成功的最佳保证。

7.西班牙大学国家化战略的特点以及对我国的启示

正如《战略》中所阐释的西班牙大学必须国际化的原因,当今全球化发展是大趋势,任何一个国家都无法不被全球化的大流所影响。社会和经济的全球化要求大学培养出能够在国际环境中工作的高素质人才。国际化被认为是西班牙大学发展的重要战略和重要助推器;同样,国际化也是我国高等教育面临的必然选择和发展趋势。因此,在分析《战略》具体内容的同时,也是重新审视我国高等教育国际化的过程,该《战略》及其实践对我国高等教育的国际化产生了一定的启示:

《战略》特别强调高等教育国际化不是仅仅限于学生流动性和签订国际性的协议,它包含的内容相当的丰富,是一个全方位系统性的教育战略。[①] 在党的十九大报告中,习近平总书记明确提出"要加快一流大学和一流学科建设,实现高等教育内涵式发展"。为实现内涵式发展,必须坚持国际化办学之路,实现高等教育国际化的内涵式发展。[②] 目前,与欧美很多大学相比,我国大学国际化办学的内涵式发展还处在起步阶段,注重量而忽视质的发展,很多国际合作与交流停留在"握手寒暄""签订协议""你来我往"的浅表层次。[③]《战略》中提到,国际化还应该包括建设国际化的课程、科研国际化、国内国际化、跨国质量保证体系、学习和就业以及知识的国际流动、增加英语或其他语言的学位等内容。高等教育国际化应该全面服务于学校的人才培养、科学研究、社会服务、文化传承与创新等职能。

《战略》中提到"高等教育国际化是一个横向的进程,包括在地区和国家两个层面上共同发展"。"中央政府、各地区和各自治区将制定与《战略》目标一致的方案,为该战略提供财政支持。"《战略》在具体的措施中提到了每一项改革措施所涉及的部门,大学总秘书处在2013年成立了大学国际化工作组(Grupo de trabajo de internacionalización de univer-sidades),以推动该《战略》的执行,参与的部门包括就业与社会保障部、外交与合作部、科研与发展部、工业部等国家机构,还包括所有自治区政府和其他与西班牙大学体制有关的机构,如西班牙大学校长大会、大学—企业基金网等等。该《战略》也是西班牙教育历史上,所有与大学体制相关的部门采取的第一次联合行动。[④] 国际化发展并不是一所大学的"单打独斗",也不是中央政府或者教育部门的"独角戏",需要国家层面的统筹安排,也需要多层次多部门的联合行动以及学校制定适合自身的发展战略。因此,一提到国际化,不能单纯地只想到国内大学与国外大学的合作,更需要国内各部门的支持,需要各部门与各学校以及各学校之间的相互配合与共同行动,同时尊重各自的自主权。高等教育国际化既然涉及如此众多的部门,应该设立专门的机构推动战略的实施。西班牙

① 谭铖:《西班牙高等教育国际化战略及其启示》,载《新疆师范大学学报(自然科学版)》2016年第35期。

② 伍宸、宋永华:《高等教育国际化内涵式发展的依据、维度及实现路径》,载《高等教育研究》2018年第8期。

③ 宋永华、王颖、李敏等:《研究型大学国际化"4S发展战略理论"与实践——以浙江大学为例》,载《教育研究》2016年第8期。

④ Luis Delgado, *Estrategia española para la internacionalización de las universidades Balance de dos años*, in: *Internacionalización de la Educación Superior en España: Reflexionesy Perspectivas*, Ed. Adriana Pérez-Encinas, 2017, p.21.

设立了战略追踪委员会(CSE),大学国际化工作组也派代表参加该委员会。其主要工作就是监测各项具体措施的实施情况。另外,2015 年还成立了西班牙教育国际化服务中心,该中心是《战略》关键的执行机构,主要工作包括:推动西班牙高等教育体制国际化以及其在所有国际领域的发展,在海外推广西班牙的教育和科研项目,提高西班牙接待外国留学生和科研人员的能力以及帮助西班牙的学生和科研人员在国外的学习与工作等等。①

《战略》还尤其强调"国内的国际化",目的在于"使得国内大部分无法'流动'的学生也能从国际化中获益"。"通过推动能够促进与国外教师学生进行学习互动和知识互动的活动,提高大学的国际化、培养多语言和国际化的环境",促进校园内语言能力和跨文化能力的培养;同时,也可以促进职业能力的培养,使学生将来能够更加适应就业市场。主要的措施包括制定国际化的课程,培养跨文化和国际化的学习方式和能力培养等等。这一点也明确地指明了国际化除了人员交流、签订合作协议以外,国内校园也是大学国际化重要的一部分,使大部分学生都能享受到国际化带来的好处,使所有学生、教师和管理服务人员都具备国际化的能力,这才是真正的全面的全球化。②

《战略》中还提出了要创建一个"基于质量和语言的国际品牌"。高等教育是一个国家软外交的支柱之一,要充分发挥西班牙高等教育的外交功能,不仅在拉美大陆,也要在世界上其他地区宣传和推广西班牙的教育体制以及语言文化。西班牙拥有 84 所大学,要把这几十所学校共同打造成西班牙品牌,"让西班牙高等教育体制成为高质量与高水平的同义词"③。西班牙语拥有 4 亿母语使用者,是世界上使用人数第二的语言;在美国也拥有 4 万左右的西班牙语使用者,是美国的第二大语言。因此西班牙语在全世界应该拥有很大的潜力。"西班牙的大学能够也应该提供西班牙语和英语的双语学位,让学生在未来能够因此拥有更多的机会。"除了双语课程以外,还特别提出应该向包括服务和管理人员在内的所有学校员工提供英语课程,这样才能进一步提高校园的国际化。另外,也要致力于提高西班牙语在高等教育中的地位,不仅要在西班牙语国家中开发市场,也要在对西班牙语语言和文化感兴趣的其他国家和地区寻找西班牙语发展的可能性。这对提高西班牙大学的世界影响力和增加西班牙的国际吸引力都非常有帮助。中国在这方面与西班牙面临同样的挑战。中文拥有世界上最多的母语使用者,而英语

① Alfonso Gentil Álvarez-Ossorio,*La internacionalización del sistema universitario español como diplomacia pública* in:*Internacionalización de la Educación Superior en España:Reflexiones y Perspectivas*,Ed. Adriana Pérez-Encinas, Servicio Español para la Internacionalización de la Educación (SEPIE),2017,p.24.

② Pablo Martín González,*Internacionalización de la Educación Superior en España:Reflexiones y Perspectivas*,Ed. Adriana Pérez-Encinas, Laura Howard, Laura E. Rumbley, Hans de Wit, Servicio Español para la Internacionalización de la Educación (SEPIE),2017,p.2.

③ Alfonso Gentil Álvarez-Ossorio,*La internacionalización del sistema universitario español como diplomacia pública* in:*Internacionalización de la Educación Superior en España:Reflexiones y Perspectivas*,Ed. Adriana Pérez-Encinas, Servicio Español para la Internacionalización de la Educación (SEPIE),2017,p.25.

是全球化社会中最被广泛运用的语言,能够掌握这两门语言,有助于学生提升在就业市场中的竞争力。同样,为了吸引国外学生和外国人才来中国学习工作,也有必要增加中国校园的国际化氛围,因此非常有必要对服务管理人员进行语言培训,提高中国大学的国际化氛围。但是这一点在西班牙国内也存在争议,向服务管理人员提供英语课程可能收效甚微,倒不如向相关人员提供有关校园国际化的课程,让他们认识到校园国际化所带来的好处,使他们具备国际化服务的意识,这比提高他们的语言能力可能更实际更有助于国际化校园的建设。

五、西班牙国际合作

西班牙国际化的历史并不长,而且也并不是一直呈持续性发展,但是在最近三十年中成效显著。随着全球化的发展,西班牙学生与全世界的学生一样,在接受高等教育方面拥有了更多的选择。因此,西班牙的大学不得不同全世界的大学进行竞争,吸引本国学生以及高水平的外国学生和教研人员来到西班牙。因为经济危机,西班牙政府对公立大学的财政支持也受到影响,为了生存和发展,西班牙大学不得不寻找其他的收入途径。因此,国际化不仅是西班牙大学提高自身水平的战略,也是增加其经济收入的重要途径之一。很多西班牙大学,尤其是私立大学和商学院,都纷纷加入全世界争取本科生和研究生的竞争当中。

自 2007 年起,为了吸引更多的海外学生,一些西班牙大学开始积极参与到各类国际组织和研究生教育展当中。很多大学也制定了市场策略以及吸引人员的政策,这些措施都发挥了非常积极的作用。教育部、外交部、地方政府,甚至一些市政府都开始在几个国际重要的教育展中推广西班牙高等教育品牌。2008 年成立了直属于教育部的 universidad.es 平台,致力于在全世界推广西班牙高等教育,吸引更多的学生和研究人员来到西班牙。2010 年,西班牙教育部发布了《大学战略 2015》,最终目的就是对西班牙高等教育进行现代化改革,主要措施包括提高西班牙教学和科研水平,让西班牙高等教育体制国际化,使西班牙高等教育与建立在知识基础上的经济变革接轨,提高西班牙的创新能力。[①] 为了达到这些目的,该《战略》中特别推出了《国际卓越校园》计划(Campus de Excelencia Internacional),该计划的目的就是要在 2015 年之前通过对最具潜力的西班牙大学进行战略性的投资,尤其在科研方面,以提高这些大学的国际知名度。经过研究,这项计划取得了一定成绩,西班牙大学在 2009—2015 年间在大学国际排名中都有了明显的进步。[②] 2015 年成立了西班牙教育国际化服务中心,该中心也直属于教育部,通过资源整合,承担起了 universidad.es 的任务。

---

① 西班牙教育部(Ministerio de Educación),Estrategia Universidad 2015,2010,p.5.,https://www.uab.cat/doc/DOC_cei_estrategia2015_edicio2010,最后访问日期:2018 年 7 月 5 日。

② Teodoro Luque-Martínez, Luis Doña-Toledo, Domingo Docampo, Influencia del programa Campus de Excelencia Internacional en la posición de las universidades españolas en el ranking de Shanghái,http://redc.revistas.csic.es/index.php/redc/article/view/947/1406,最后访问日期:2018 年 7 月 5 日。

(一)西班牙与欧洲:"伊拉斯莫斯＋"

西班牙大学国际化战略中最重要的就是加强人员流动,在国家层面上,西班牙最重要的人员流动项目就是"伊拉斯莫斯＋"。从 1987 年到 2017 年间,超过 625000 名西班牙学生通过该项目到国外留学,是欧洲国家中派出学生最多的国家之一。从 2001 年起,西班牙超过德国和英国,成了"伊拉斯莫斯＋"学生最青睐的国家。西班牙政府也大力支持"伊拉斯莫斯＋"项目,共同出资 3000 万欧元推动学生的流动。[1] 2014—2015 学年,西班牙接收了超过 42000 名"伊拉斯莫斯＋"学生,外国留学生注册总人数达到了 85000 人,在欧洲保持领先。[2] 作为派出和接收"伊拉斯莫斯＋"学生最主要的国家之一,可以在一定程度上体现出西班牙国际化的教育体系,但是这并不能说明西班牙拥有高质量的高等教育。因为很多学生选择西班牙的原因是因为这里的风景、气候、热情的人民以及西班牙语的重要性,还有很多学生是因为与西班牙学生交换而来到西班牙。很多西班牙学生通过"伊拉斯莫斯＋"到其他国家学习,有一部分原因是西班牙年轻人的失业率非常高,于是他们不得不选择去其他国家接受更高质量的教育和寻找就业机会。[3]

科研方面,西班牙和西班牙科研人员在欧盟的各类研究项目(比如,"地平线 2020"计划)中参与度相对较低,西班牙高等教育还有很长的路要走。但是无论如何,通过欧盟的项目,西班牙的学生、教师和管理服务人员都获得了一定的经验,鼓励他们承担起更具竞争力的角色,可以在一定程度上推动西班牙高等教育的区域化和国际化。同时,通过伊拉斯谟世界之窗项目(Erasmus Mundus),西班牙也和中东、北非、拉美加强了关系和合作。

(二)西班牙与拉丁美洲:

西班牙与拉丁美洲,因为历史、文化和语言的联系,在很多领域都开展了合作。在高等教育方面,西班牙在这一地区也一直发挥着重要的影响力。西班牙高等教育国际化的步伐就主要是从这一地区开始的。从 10 多年前开始,大多数的西班牙大学已经在充足的资金支持下,与拉丁美洲和北非的高等院校展开合作。这些项目都是西班牙外交部支持的"校际合作项目"(PCI),使得许多西班牙大学与拉美和北非建立了牢固的合作关系。但是,随着全球化的到来,西班牙与拉美的学术和科研关系也面临着挑战。

首先,随着全球化的到来,拉美的高等院校也开始了自己的国际化发展,通过在科研

① Alfonso Gentil Álvarez-Ossorio,*La internacionalización del sistema universitario español como diplomacia pública* in:*Internacionalización de la Educación Superior en España:Reflexiones y Perspectivas*,Ed.Adriana Pérez-Encinas,Servicio Español para la Internacionalización de la Educación (SEPIE),2017,p.24.

② Laura Howard y Adriana Pérez-Encinas,*Internacionalización de la Educación Superior en España:Reflexiones y Perspectivas*,Ed.Adriana Pérez-Encinas,Laura Howard,Laura E.Rumbley,Hans de Wit,Servicio Español para la Internacionalización de la Educación (SEPIE),2017,p.12.

③ Hans de Wit,Laura E.Rumbley y Jeannette Vélez Ramírez,*Internacionalización de la educación superior española en perspectiva global* in:*Internacionalización de la Educación Superior en España:Reflexiones y Perspectivas*,Ed.Adriana Pérez-Encinas,Servicio Español para la Internacionalización de la Educación (SEPIE),2017,p.65.

领域的合作以及共同学位等项目,拉美的高等院校找到了许多其他的合作伙伴,拥有了自己的多边合作网络。因此,西班牙要想在该地区继续保持自己的影响力,就需要和全球其他地区的高等院校展开竞争。

其次,全球化和教育国际化带来的另一个影响就是对多语言能力的需求。许多拉美高等院校为培养学生的多语言能力,已经制定了相应的政策和战略。虽然在实施过程中遇到很多障碍,但是不可否认的是,越来越多的拉美学生和教研人员已经开始在非西班牙语国家寻找自己的位置和发展途径。

再次,德国和低地国家的合作机构与拉美已经展开了各类项目,如德国学术交流中心(DAAD)、法国高等教育署(Campus France)和荷兰高等教育国际交流协会(Nuffic)。通过这些项目的开展,可以帮助拉美高等院校提高自身实力、促进人员流动以及开展合作项目。与此同时,这些国家也成为拉美学生及教研人员流动的目的地。但是西班牙目前为止还没有平台与拉美开展类似的合作项目。另外,西班牙对于非欧洲学生要收取一定的费用,而德国的教育完全是免费的。同时,西班牙大学在国际排名方面也低于其他欧洲国家。以上综合因素造成了来西班牙学习的拉美学生越来越少,他们转而去了其他欧洲国家。2010—2011学年,南美学生占到了西班牙外国留学生的35.9%;但是到了2015—2016学年,这一数字降低到了20.1%。[①]

最后,通过各类合作项目,拉美高等院校已经积累了一定的经验。在国际合作方面,他们不再满足于单纯参加国际联盟,而是希望通过建立合作关系从中获利。[②]

(三)西班牙与美国

美国在外的留学生中有9%来到西班牙,在接收美国留学生数量方面位列世界第三,仅次于英国和意大利。但是这样的流动并不是永恒的,随着拉美高等院校在国际合作方面越来越成熟,很多美国留学生也选择到拉美和加勒比海地区的大学进行学习和研究,目前这个比重占到了美国留学生中的16%。[③]

(四)西班牙与中国

西班牙与中国在高等教育方面保持着良好的合作。在国家层面上,西班牙政府与中国政府签订了2015—2019年《第二期教育合作与交流执行方案》。根据该方案,中国和西班牙每年互相提供15个奖学金到对方国学习。另外,西班牙外交与合作部联合国际开发

① 西班牙教育与职业培训部(Ministerio de Educación y Formación Profesional),*Sistema estatal de indicadores de la educación* 2018,p.30,http://www.educacionyfp.gob.es/inee/dam/jcr:61b8a13e-2c23-40e3-b476-ec26e2d69744/SEIE-2018-final.pdf,最后访问日期:2019年2月18日。

② Hans de Wit,Laura E.Rumbley y Jeannette Vélez Ramírez,*Internacionalización de la educación superior española en perspectiva global* in:*Internacionalización de la Educación Superior en España:Reflexiones y Perspectivas*,Ed.Adriana Pérez-Encinas,Servicio Español para la Internacionalización de la Educación(SEPIE),2017,p.67.

③ Hans de Wit,Laura E.Rumbley y Jeannette Vélez Ramírez,*Internacionalización de la educación superior española en perspectiva global* in:*Internacionalización de la Educación Superior en España:Reflexiones y Perspectivas*,Ed.Adriana Pérez-Encinas,Servicio Español para la Internacionalización de la Educación(SEPIE),2017,p.68.

合作署每年分别向 11 所中国大学提供 1 名西班牙专业教师,以帮助推动中国的西班牙语教育。西班牙教育、文化和体育部每年向 4 所中国的中学分别派送 1 名西班牙教师,以促进西班牙语在中国中学的发展。最近 10 年,西班牙大学对于中国学生的吸引力也越来越高,在 2015—2016 学年,中国留学生人数占到了西班牙外国留学生人数的 5.1%,达到了36334 名。①

①　西班牙教育与职业培训部（Ministerio de Educación y Formación Profesional）,*Sistema estatal de indicadores de la educación* 2018,p.32,http://www.educacionyfp.gob.es/inee/dam/jcr:61b8a13e-2c23-40e3-b476-ec26e2d69744/SEIE-2018-final.pdf,最后访问时间:2019 年 2 月 18 日。

第十章　意大利高等教育发展战略研究

一、意大利发展概况

地处南欧地中海地区的意大利共和国(Repubblica Italiana),国土面积 301333 平方公里,人口数量 6080 万,主要民族为意大利人,官方语言为意大利语,大部分居民信奉天主教。[①] 纵观历史发展,意大利半岛早在史前就已经有人类活动的迹象,最早可追溯到旧石器时代早期。公元前 9 世纪伊特鲁里亚人曾在此创造出灿烂的文明。公元前 754 年罗马建成。古罗马前后经历王政(前 509 年)、共和(前 509—前 27 年)、帝国(前 27—476 年)三个阶段,存在长达 1000 年。共和时期,罗马基本完成疆域扩张,帝国时期,成为以地中海为中心,跨越欧、亚、非三大洲的大帝国。西罗马帝国于 476 年灭亡,东罗马帝国于 1453 年灭亡。公元 962 年至 11 世纪,意大利北部和中部成为"日耳曼民族神圣罗马帝国"的一部分,而南部则为拜占庭领土,直至 11 世纪诺曼人入侵意南部并建立王国。12—13 世纪在意大利的神圣罗马帝国统治瓦解,分裂成许多王国、公国、自治城市和小封建领地。随着经济实力的增强,文化艺术空前繁荣。15 世纪,人文主义和文艺复兴运动在意大利应运而生,16 世纪在欧洲广泛传播。15 世纪末,法国和西班牙争夺亚平宁半岛斗争激化,导致了持续数十年的意大利战争。16 世纪起,大部分领土先后被法、西、奥占领。18 世纪民族精神觉醒。19 世纪民族复兴运动兴起。1861 年 3 月建立王国。1870 年攻克罗马,完成领土统一。此后,意大利同其他欧洲列强进行殖民扩张竞争,曾先后占领了厄立特里亚(1885—1896 年)、索马里(1889—1905 年)、利比亚和爱琴群岛(1911—1912 年),并在中国天津取得一块商业租界(1902 年)。"一战"时获得了东北部特伦蒂诺、上阿迪杰、威尼斯·朱利亚和多德卡尼索斯等地区。1922 年 10 月 31 日墨索里尼上台执政,实行长达 20 余年的法西斯统治;其间包括入侵埃塞俄比亚(1930—1936 年),帮助佛朗哥在西班牙打内战和与德国结成罗马—柏林轴心(1938 年),随后卷入"二战"(1939—1945 年)并沦为战败国。1946 年 6 月 2 日全民公投,废除君主立宪,同年 7 月 12 日组成共和国第一届政府。"二战"后,参加马歇尔计划、签署"大西洋公约"并积极参加欧洲一体化进程,系欧盟创始国之一。

在政治体制上,意大利实行议会共和制。总统为国家元首,和武装部队统帅,代表国家的统一,由参、众两院联席会议选出。总理行使管理国家职责,由总统任命,对议会负责。本届政府成立于 2018 年 6 月,是"二战"结束后意大利的第 65 届政府,现任总理朱塞

[①] 中华人民共和国驻意大利共和国大使馆,《意大利国家概况》,http://it.chineseembassy.org/chn/zjydl/,最后访问日期:2018 年 6 月 27 日。

佩·孔特。在议会模式上,议会是最高立法和监督机构,实行两院制,由参议院和众议院组成。参、众两院分别普选产生 315 名(不包括终身参议员)和 630 名议员,任期 5 年。总统有权在任期内任命 5 位终身参议员,本届参议院共有 6 名终身参议员。议会的主要职能是:制定和修改宪法和法律,选举总统,审议和通过对政府的信任或不信任案,监督政府工作,讨论和批准国家预算、决算,对总统、总理、部长进行弹劾,决定战争状态和授予政府必要的政治决定权力等。两院权力相等,可各自通过决议并相互关联,这被认为是长期以来意大利政府更迭频繁、议会效率低下的结构性原因。目前,意大利政府全力推动议会改革,削弱参议院部分权力。2017 年 12 月 29 日,马塔雷拉总统签署法令解散议会。2018 年 3 月 4 日,意举行议会选举,联盟党(前北方联盟)、力量党等组成的中右联盟胜选,五星运动是得票最多的单一政党,民主党领衔的中左联盟得票率大幅下降。3 月 23 日至 24 日,意大利第 18 届议会参、众两院分别举行议长选举。力量党参议员卡塞拉蒂当选参议长,五星运动众议员菲科当选众议长。

在经济发展方面,意大利是发达工业国,欧洲第四大、世界第八大经济体。意大利人均国内生产总值居欧盟第 12 位、世界第 27 位。服务业发达,占国内生产总值的 75%。中小企业发达,被誉为"中小企业王国",中小企业数量占企业总数的 99.8%以上。地区经济发展不平衡,北方工商业发达,南方以农业为主,经济较为落后。然而,意大利经济中的第三产业,即服务业发展较快,始终保持上升势头,在国民经济中占有重要地位,产值占国民生产总值的 2/3,多数服务业与制造业产品营销或供应有关。其中旅游业尤其发达,意大利是世界第五大旅游国。主要旅游城市包括罗马、威尼斯、佛罗伦萨等。旅游从业人员约 32 万人。据统计,2014 年,外国旅游者在意大利平均逗留 6.6 天,人均日消费 99 欧元,同比增长 6.4%,意大利人境外旅游平均 5.8 天,人均日消费 74 欧元。① 另外,新闻出版比较发达,全国有各种报纸杂志 52 种。主要报纸有:《晚邮报》(il Corriere della Sera)、《共和国报》(la Repubblica)、《新闻报》(la Stampa)、《24 小时太阳报》(il Sole 24 Ore)、《体育报》(la Gazzetta dello Sport)和《信使报》)(il Messagero)等。此外,还有一些地方报和主要政党的机关报。

在外交上,意大利的对外政策基本点是立足欧洲,积极参加欧盟建设,促进欧洲一体化进程;依靠北约,重视发展跨大西洋盟友关系,关注地中海事务和西亚北非局势,致力于在该地区发挥重要作用;关注乌克兰局势,主张俄乌通过对话和平解决危机;与俄经济合作密切,对向俄实施制裁持谨慎态度;主张联合国安理会改革,但坚决反对增加常任理事国,强调联合国在建立国际新秩序和解决地区冲突中的主导作用,积极参加联合国框架下的维和与人道主义救援行动,力促欧盟及其成员国在难民问题上承担更多责任;在反恐问题上主张加强国际合作、标本兼治;主张世界多极化和加强地区性合作;认为应对现行国际金融体制进行改革,加强全球经济治理,增进与中国等新兴国家在国际金融机构的合作,已成为亚投行创始成员国;强调通过对话解决地区冲突和南北差距,减免债务和增加对第三世界国家的援助;同 120 多个国家建立外交关系。

---

① 中华人民共和国外交部:《意大利国家概况》,https://www.fmprc.gov.cn/ce/ceit/chn/zjydl/t1305971.htm,最后访问日期:2018 年 6 月 27 日。

在文化与教育方面,意大利是西方文明的摇篮,在整个西方的文明史以及高等教育发展史上占有独特的开创性的重要地位。意大利教育体系分为三个阶段,即5年初级教育(小学),8年中级教育(3年初中,5年高中),大学、专科院校等高等教育,16岁以下可享受义务教育。意大利政府教育投入约占国内生产总值的4.2%,低于欧盟5.3%的平均水平。在25~64岁的意大利人中42.2%的最高学历仅为中学,教育程度远低于欧盟整体水平。义务教育阶段完成后,15~19岁人群中82.4%选择继续深造学习。当前,意大利大学毕业生就业情况不容乐观,15~29岁的年轻人中26%处于失业状态。意大利境内著名大学有罗马大学、米兰圣心天主教大学、米兰理工大学、都灵理工大学、博洛尼亚大学、帕多瓦大学、那不勒斯大学、比萨大学和佛罗伦萨大学等。

二、意大利高等教育发展简史

作为古罗马帝国所在地和文艺复兴发源地,意大利对欧洲乃至整个世界的历史文化发展都产生了深远的影响。从历史文化角度来看,意大利文化对全人类有着重大的意义;从社会发展角度来看,意大利的高等教育及文化推广也具有很高的价值。意大利这个国家给人古老而常新的观感,这不得不归功于这个国家在人类历史上所留下的许多世界第一的积累:第一部法律——罗马法诞生于此,为现代西方社会的政治法律体系提供了基础;第一家银行——锡耶那牧山银行也诞生于意大利,为后来的文艺复兴以及启蒙运动等资产阶级文化运动奠定了经济基础;同样,世界上第一所大学——博洛尼亚大学也同样诞生在意大利,为人类文明的发展作出了功不可没的杰出贡献。

意大利的大学是旨在促进科学进步,发展研究学习的高等教育机构。从建立的组织机构来看,分为公立大学和私立大学两个大类。意大利政府非常重视本国高等教育的发展,意大利从战后的四五十年代,一直发展到90年代跻身世界重要工业国之一,并坐拥多项重要的人类物质与非物质文化遗产,与其重视教育事业的发展,培养高素质人才有着密切的关系。本文将从中世纪时期开始,对意大利高等教育的发展史做简要的梳理。意大利作为西欧国家,它的高等教育可以追溯到中世纪(11、12世纪)。当时一些学者和学生在意大利的北部城市博洛尼亚(Bologna)创建了"工作室"(universitates studiorum)。当时建立的这些"工作室"的主要宗旨是,为国家的发展提供科技支持和为所有公民提供教育和培训,以便他们将来在社会上找到适合自己技能的工作。[①]

(一)从中世纪到意大利统一

早在中世纪时期,意大利就已经出现了一批现代大学的雏形,如博洛尼亚大学、帕多瓦大学和帕维亚大学等,其中博洛尼亚大学被称为"大学之母",并被公认为世界上最古老的大学。而西方"大学"之理念也可再往前追溯到古希腊时期的著名哲学家柏拉图,以及他在公元前3世纪在阿卡德木斯(Akademos)旁边的神圣的小树林中成立的柏拉图学院(Academia),在柏拉图之后,各个哲学流派都以此为榜样,建立传道授业之学院,各哲学流派中众多学徒、追随者在此进行思辨、研究,著述立论。在因此而繁荣发展的各个学院

---

① 阿不都西库尔·扎依提·穆哈西:《浅析意大利高等教育和中国高等教育的差异》,载《教育现代化》2017年第19期。

中,古代研究者们将数学、音乐、文学、修辞学,甚至自然科学等培养知识,发展人能力的学科统统归入"哲学"(filosofia)这一大类。中世纪早期,宗教统治下的意大利,经济发展滞缓,社会被一种压抑、消极、禁欲主义的阴霾所笼罩着。社会中的各种教育机构及组织都是为宗教神学服务,学校教育在学习古典文化的基础上以宗教神学为主。当时的精英教育——大学是培养少数的教会和政界重要人物的摇篮,有些大学在当时甚至只开设神学和古典文学两门学科,人们以进入大学学习神学为荣,神学思想贯穿整个中世纪早期教育。在意大利只有贵族、高级僧侣以及其他上层社会家庭的子弟有受教育的权利,其他阶层的后代基本上不能进入学校学习,这种教育模式在意大利中世纪早期是无以取代的。[①]中世纪后期兴起的文艺复兴运动,打破了这种神话。文化学术的复兴促进了教育的复兴。在文艺复兴的过程中,意大利人沿着希腊罗马教育思想家的足迹,人文主义教育思想开始萌芽。为了反对中世纪教会对教育的垄断,适应社会经济发展的需要,培养符合近代资本主义所需人才,文艺复兴运动的开拓者——人文主义者开始积极探索,开始在社会中以传播人文主义思想为目的兴办各种世俗学校。人文主义者在意大利的佛罗伦萨、威尼斯、帕多瓦、费拉拉、曼都亚等重要城市创办了各种宫廷学园。"快乐之家"在这些学园中最有名,其主创者维多利诺·达·费尔特雷(Vittorino da Feltre)于1423年在曼都亚所创办的学校,慕名而来的不仅有意大利本国富豪、贵绅的子弟,还有来自德意志的学员。在这里除了官宦子弟外,还有其他的穷苦学生,总数达到70人之多。[②] 1429年,教育家盖利诺·达·维罗纳(Guarino da Verona)受伊斯特家族之聘在费拉拉创办了一所宫廷家教,除了招收全国各地的学生外,还招收来自德、法、英各国的学生,学校实施通才教育[③]。随着中世纪及文艺复兴时期这些学院的建立,公民的学习内容逐渐多样化,教学质量及教育规模显著提升,而各个学院建立的初衷和目的,也遵从了文艺复兴时期的普遍思潮,是让学生的身心各方面都得以全面发展,培养的是具有高度责任感的社会公民。

众所周知,文艺复兴及其之前的时期是意大利各方面大发展的时期,伴随着经济的繁荣、财富的增加、人口城市的发展,对教育的要求逐步多元化,除了教会学校(Collegio Religioso)以外,世俗学校(La scuola laica)开始在意大利半岛上蔓延。9世纪以后兴起的意大利世俗学校在当时的西欧声誉很高。"在佛罗伦萨,以及一般而言在整个意大利半岛,世俗学校从13世纪以来就很兴盛了。"[④]如"在佛罗伦萨将近10万人口中,约有8000～10000名青年进入城里的私立学校上小学,在那儿学习语文的基本知识,1000名高年级学生则进入专门学校,学习经商必需的数学知识;另外还有500人升入大学预科,在那儿学习拉丁文法、修辞和逻辑"。虽然这些数字可能有些夸大,它们却表明佛罗伦萨人对教育相当重视,居民识字率是罕见的高,可能在男性人口中高达1/4或1/3。[⑤]教师们也以人

---

①　唐齐粒、唐伪:《近代早期意大利教育状况探析》,载《传承》2012年第16期。

②　[德]雅各布·布克哈特:《意大利文艺复兴时期的文化》,何新译,商务印书馆1979年版,第39页。

③　王廷之:《欧洲中世纪的教育》,载《四川大学学报(社会科学版)》2004年第9期。

④　[美]坚尼·布鲁克尔:《文艺复兴时期的佛罗伦萨》,朱龙华译,生活·读书·新知三联书店1985年版,第64页。

⑤　[美]坚尼·布鲁克尔:《文艺复兴时期的佛罗伦萨》,朱龙华译,生活·读书·新知三联书店1985年版,第79页。

文主义的世俗精神教化学生,世俗教育的发展,提高了意大利人的文化素质,改变了意大利的社会进程,这也是近代教育的雏形。

文艺复兴运动带来的人文主义教育思想是近代早期教育发展的精神动力,它使社会上的教育摆脱了宗教神学的束缚,推行服务于世俗社会的人文主义教育。社会普遍倾向于把人培养成为一个全才,第一个系统地表述文艺复兴教育思想的人文主义者弗吉里奥(Pietro Paola Vergerio)阐述了著名的博雅教育即通才教育、全面教育的新教育思想。[①]他强调儿童教育的重要性,承认个体之间存在先天的差异,因此重视后天教育对人的生存发展的作用,主张"人有能力培养完人"的思想,不是要求学生精通所有学科,而是要求教师如何使受教育者身心均衡发展,是对人的价值的肯定、对人的能力的自信。12世纪,意大利出现了欧洲最早的大学,最初有博洛尼亚大学(欧洲第一所正式大学)以及后来的萨莱诺医科学校(后来成为欧洲最早的医科大学)。15—16世纪,意大利共有16所大学,为西欧各国之最。在帕托瓦、那不勒斯、费拉拉、佛罗伦萨、锡耶纳等城市中心相继都出现了大学,其中最著名的要数帕多瓦大学、都灵大学和卡塔尼亚大学。在14世纪前后,有些大学虽然仍在教会的控制下,但世俗政府与教会对其领导权的争夺相当激烈,政府享有很重要的监督和管理权,从而使这些学校带上了鲜明的世俗性。文艺复兴带来的经济复兴、城市复兴,使意大利经济和社会结构发生了显著变革。为适应商品经济发展的需要,意大利各地开始普遍注重实用世俗教育。这主要表现在同经济活动密切相关的算术、商业簿记、民法等科目相当发达,并得到人们的普遍重视。在市民们看来,知识尤其是世俗文化知识很有价值,他们已经认识到,一个人有了知识就有了才能,家长总是想方设法让自己的孩子接受某种实用的技能教育,以便他们将来能找到一份较好的职业。13世纪佛罗伦萨因开办公证人学校而闻名遐迩,不少外地的学生慕名前来就读。除佛罗伦萨之外,博洛尼亚大学的民法学也饮誉西欧,威尼斯还设有专门教人记账理财的商业学校。与大学兴起同步产生的"城市学校"——手工业者联合会所创办的行会学校与商人联合会创办的商业学校的合称,由市政机关统一管理,因为为培养僧侣而设立的原有的教会学校已不能满足市民阶级的文化需要。此外,城市公社还鼓励工场主等开设私人培训班,以便满足商业活动的需要。各类学校的兴起,世俗教育得以进一步的发展和完善,代表了意大利近代教育的基本形成,也对欧洲近代大学的普及起了巨大的推动作用。综上所述,伴随着经济的发展,人文主义、宗教改革的影响,意大利基督教的宗教神学被世俗教育所取代,教育家们对于儿童教育的强调、对教师作用的重视、对课程内容设置趋于实用性等在文艺复兴运动后得到了很大的改观,教育的发展加快了意大利向近代社会迈进的步伐。

经过漫长的中世纪,从文艺复兴的无限辉煌,再到新航路的开辟以及世界政治、经济、文化版图的重新洗牌,意大利半岛在1861年迎来了统一。意大利半岛统一初期,随着社会的逐步稳定与发展,各个地区增进政治融合的进程,政治上的融合也带来了各个地区之间大学的结合与归并。例如,从两西西里王国(Regno delle Due Sicilie)继承发展而来的那不勒斯大学(Università di Napoli),以及西西里岛内的梅西纳大学、巴勒莫大学以及卡塔利亚大学。此外,还有继承了曾经的托斯卡纳公国中各所高等教育机制传统的锡耶纳

---

① 周采:《外国教育史》,华东大学出版社2008年版,第119页。

大学、比萨大学，以及佛罗伦萨高等教育进修学院等。在伦巴第大区，形成了帕维亚大学这样的高等学府。另外，还有从原有萨丁王国的领土上发展诞生的都灵大学、热那亚大学，以及萨萨里大学等。同时，与教皇国拥有紧密联系的还有博洛尼亚大学、费拉拉大学、佩鲁贾大学、乌尔比诺大学以及马切拉塔大学等。1870 年，即意大利统一之后不到 10 年的时间内，还建立了帕多瓦大学和罗马大学两所重要高校。

(二)20 世纪初期及法西斯时期的高等教育

20 世纪的意大利社会风起云涌，在经济社会的不断发展中，政权交替、局势更迭。从 20 世纪初期开始，随着社会主义等新思想的传播，意大利国内逐渐开始流传"人民的大学"这样的概念。在这样的观念的催生之下，人们希望能够建立以普通公民为主要受众的高等教育体系，并以此作为政治及文化层面上公民权利的推动力量。私立高等学府的设立标志着意大利高等教育的发展进入了一个崭新的阶段，1902 年，通过的高等教育法令认可了私立高校的地位，并准许其颁发学位证书，第一个拥有学位颁发权的高校便是米兰的博科尼大学(Scuola di Studi Commerciali Luigi Bocconi di Milano)。1922 年，同样在米兰，开设了另一所重要的私立大学——圣心天主教大学(Università Cattolica del Sacro Cuore)。然而，在此之后 20 余年的法西斯政权将这上述这些私立高校的发展统统遏制在萌芽阶段。

1923 年，教育家秦梯利(Giovanni Gentile)发起的秦梯利改革(La Riforma Gentile)对现代意大利的整个教育体制(不仅仅是高等教育)带来了非常深远的影响，并极大地增加了高等院校的数量。此次改革使得文科高中(liceo classico)成了高等教育最为主要的学生来源，使其毕业生能够进入大学的各个专业院系学习。为此，改革设立衔接高中与大学之间的"预科"体制，并将其作为衔接基础通识教育与高等专业教育之间的必经之路。因此，预科面向各类中等教育院校招收高等教育的预备生源，并主要以文科高中为主，文科高中的毕业生能够选择大学里面的所有专业以及院系。同年，意大利国家科研委员会(CNR)正式成立，该委员会旨在推动全国范围内各高校科研事业的发展，委员会的首任主席为数学家维托·伏尔特拉(Vito Volterra)。

法西斯政权的统治为意大利社会的各个方面都带来了不同程度的影响与动荡，高等教育这个领域也未能幸免。1931 年，法西斯当局强迫在意大利境内的各个高校担任教学任务的学者、教师表态并宣誓对法西斯政权的完全忠诚，否则将会失去教职。在此压力之下，大部分的高等院校选择服从政府当局的要求，然而也有少部分的学者坚持自己的政治立场，最终被排除于高等学府的教学岗位之外。法西斯的独裁统治也为意大利高等教育的发展带来了很大的负面影响。1938 年，由于一系列带有种族歧视色彩的法令的颁布，意大利也失去了一大批优秀的科学研究人员与卓越的大学教师，他们大部分都拥有犹太血统。在相关法律颁布之后，这一部分具有犹太血统的大学教授及研究人员选择离开意大利，移居他国，寻求庇护。

(三)"二战"结束后至今高等教育的发展

第二次世界大战之后，意大利的高等教育发展渐渐地回归正轨，开始开展正常的教学及研究活动，但多多少少仍然受法西斯主义严格的强制性风气与行政管理风格的影响。

随着意大利共和国的诞生,教学和研究领域的自由才逐渐得以保障,具体的体现,如《意大利共和国宪法》的第 33 条中所规定的高等院校科研与教学自由权[①]。而 20 世纪 60 年代,意大利高等教育领域的关键词是"学生运动"。其中较为典型的是 1967 年学生为反对同年夏天参议院通过的关于上涨学杂费的决议占领了米兰天主教圣心大学(Università Cattolica del Sacro Cuore di Milano,意大利北部著名私立大学)。1968 年,诸如此类的学生抗议运动范围扩大到了公立院校,而发动这些学生运动的最终目的,归根结底还是在于反抗带有法西斯色彩的陈旧的学术制度与高校氛围。

20 世纪 80 年代,意大利高等教育领域进行了一系列深入的改革,其中包括跟高校院系设置相关的措施,1989 年 5 月 9 日颁布的第 168 号法令[②],规定并保证了高校人事组织、教学、财政的自主权。90 年代末,随着巴萨里尼法令(Leggi Bassanini)[③]的颁布,高等教育领域又再次迎来了一次较为深刻的变革,极大地增加了各个高校的职能自主权。而此次改革最为显著的特点,也就是它对高等教育课程年限,即高校学制所带来的变革,引入了"3+2"的学制安排,3 年专业基础课程,以及两年专业研修课程,因此这次改革也被后人称为三加二学制改革。为此,各所高校设置的专业需要参照并遵从国家层面的一些普遍标准,以达到切实有效的培养目的。这次改革也为各所高校的各个专业课程的开设以及课程培养方案的规划带来了更大限度的自由发挥空间,使得高校能够更加灵活地安排课程,也使得高校的学生能够充分地根据社会的需求与个人的能力来安排自己的学业,为意大利现代高等教育的发展注入了活力,带来了积极的影响。

21 世纪以来,意大利的高等教育也在不断地经历着激烈的变革。首先,是伴随着信息化时代而来的高校远程信息管理标准化[④]的各项措施在意大利各所高校中的落实和普及。然后,为高等教育带来深远影响的还有 2003 年的莫拉蒂改革(la Riforma Moratti)[⑤],在此改革的背景之下,意大利的高校具备了根据自身需求,并按照规章制度设立基金会的权利,这也使得这些由高校成立的学术研究基金会成为非营利性的组织管理机构,部分地参与高校资金及不动产的管理运营,也增加了高校私有化的进程。"意大利教育行政管理的发展经历了从'中央集权制'(centralistico)到'等级制'(gerarchica)到'多

---

① Costituzione Repubblicana,Art.33:《意大利共和国宪法》第 33 条。

② 维基百科(意大利文版),Esame di maturità(意大利高中毕业考试),https://it.wikipedia.org/wiki/Maturit%C3%A0_classica.最后访问日期:2018 年 6 月 27 日。

③ Leggi Bassanini,巴萨里尼法令的颁布,又称"巴萨里尼改革",得名于时任意大利公共职能与地区事务部部长弗朗科·巴萨里尼(Franco Bassanini)所倡导的针对意大利内政及社会等多个方面实施的改革措施。

④ 高校远程信息管理标准化(la normazione delle università telematiche)是指大学等级的高等教育机构使用信息技术提供远程课程,并对完成远程课程的学习者颁发被法律认可的文凭与学位的标准化进程。

⑤ La Riforma Moratti,莫拉蒂改革,得名于时任意大利高等教育、科研部长莱蒂齐亚·莫拉蒂(Letizia Moratti),这次改革所提出的一系列措施对意大利这个教育体系带来了深刻的变革与影响。莫拉蒂改革中所颁布的法令废除了在此之前对意大利教育体系进行规范并设置高校行政组织模式的贝凌各法令(la Riforma Berlinguer),然而之后又被继任的教育部部长吉尔米米(Gelmimi)所发起的改革所修改。

元化'(poliarchico)的发展道路。"这体现了对地方和学校自治权的重视。改革的重点是高级中等教育与培训阶段。改革的主要方面有,延长了义务教育与培训的年限至18岁;体现了教育与培训制度的"一体化""开放性""平等性"和权利的"去中心化"的特征,并采用欧洲质量标准的证书制度与认证制度。

自20世纪后期以来,全球化及区域一体化对各个国家都带来了很大的影响。各国也都在致力于培养适应这一时代变革的人才,以增强国际竞争力。随着欧洲经济、政治一体化进程的不断深化,欧洲教育一体化也在不断向前发展。全球化、信息化社会的到来也无不深刻地影响着欧洲和意大利的教育改革。另外,失业已成为影响意大利的一个周期性的现象。意大利的失业率高于欧盟的平均水平,是少数几个失业率高于20%的欧盟国家之一,甚至有好几年的失业率在30%以上。尤其是15~24岁年龄组的青年失业率甚至是其他年龄组的2倍,且女性高于男性,南部高于北部。因此,保证15~24岁之间的青年的第一次就业是意大利所面临的严峻挑战[①]。因此,自新政府上台之后,就致力于高等教育制度的改革,以应对这一挑战。

三、意大利高等教育发展现状

(一)意大利高等教育教学组织现状

意大利作为文艺复兴的发祥地,一直被视为欧洲的文化大国。因此,意大利政府也十分重视本国高等教育的发展。意大利各地的众多知名高校都具有悠久的发展历史和深厚的文化底蕴。笔者曾于本科及研究生时期作为交换生亲身感受过意大利高等教育,就读于意大利北部的私立名校——米兰天主教圣心大学,在亲历感受之后,笔者也亲身感受到了意大利高校齐全的课程设置,以及雄厚的师资力量。在此,对意大利高校发展现状的教学组织方面简要介绍如下。

1.意大利高校的类型及数量

当代意大利高等教育体系主要分为普通大学教育、艺术和音乐学院教育、高等技术教育和职业培训等三个独立领域。大学是进行教育和批判性传播知识的地方,它系统地融合科研和教学,并确保学术自由。大学治理基于自治和责任原则,它利用自治法规设立管理(大学校长、学术委员会和管理董事会)和教学科研机构,通过学院、课程、学部、研究院和服务中心等实施机构教学和科研。意大利的高等教育系统主要是基于大部分的公立大学(67所大学),在这些公立大学就读的高校学生占总入学人数的92%(175万)。另外的8%的大学生(其中2.6%的学生注册远程网络授课课程,并依法获取有效学位)就读于私立大学(全意大利共29所,其中11所是远程信息网络大学)。[②] 在所有就读于私立大学的学生中,超过40%的学生就读于11所网络大学,人数超过40000人。在"3+2"学制改革后,高等院校中的院系专业的数量在2007—2008学年达到最高值,总计5879个专业,然后从2008—2009学年开始有所减少。大学专业的数量在三加二学制改革之后至

---

① 彭慧敏:《"墨拉蒂改革"——意大利教育与培训制度的重建》,载《中国职业教育》2009年第30期。

② Sezioni Riunite in Sede di Controllo Referto Sul Sistema Universitario 2017 pp.21-25

2006 年之间有着明显的增加，而从 2006—2007 学年开始，专业的数量和课程的数量呈现出合并及下降的趋势。

在普通大学教育领域中，很重要的一个组成部分是博士课程（I Dottorati di Ricerca）的数量和设置，因为它是高校教学与科研衔接的平台，也是高校综合实力的重要体现形式。在整体课程数量达到最高峰的 2007—2008 学年，博士课程的数量大约为 2200 门。然后，随着总体课程数量的下降，博士课程在 2012—2013 学年降至 1500 门。在 2013—2014 学年，随着 2010 年第 240 法令的颁布（Legge 30 dicembre 2010，n.240），高校中个别同类别的课程归并结合起来，博士课程的数量已降至 914 门，而这种数量的下降在办学规模相对较小的高校以及意大利南部的高校中幅度更大。然而，攻读博士学位课程的人数与奖学金获得者的人数的比例在一段时间内保持相对稳定，为 55～57％。

自 1999 年以来，艺术（artistica）、音乐（musicale）和舞蹈（coreutica）这三个艺术类科目被统称为“AFAM”（Alta Formazione Artistica，Musicale e Coreutica），高等教育机构也被视为大学教育系统的一部分。因此，在此门类之下又有 137 个公立高等教育机构，共收录 5.5 万名大学生。然而，艺术类高校纳入高等教育监管系统的时间较短，暂时缺乏切实有效的法律监管，意大利目前也在致力于改进高等教育的这一领域。

综上所述，意大利的高等教育自中世纪诞生以来，历经改革变迁，至今已然发展成为一个具有多方面因素综合协调，并持续发展的领域。而过去没多久的三加二学制改革，则为整个意大利高等教育体系留下了十分深刻的影响，这些影响直接地体现在了高等教育学位的颁发上。在意大利完成高等教育的学生根据所修课程的不同，会被授予多种不同的学位。三加二学制改革的两个阶段之间的分水岭有日渐明显的趋势，在学制改革之后三年的本科生教育和两年的研究生教育不再被视为一个整体的课程，而是两个独立的学位课程；其中前半段三年的基础课程也逐渐成了高等教育第一阶段的主要构成，给申请的学生提供了在职业道路以及学术道路的选择上更大的灵活性。高校学生可以选择在三年的基础课程（Corso Triennale）之后选择参加后两年专业课程（Corso Magistrale）的入学考试，继续本专业的研究已达到更高的专业知识水平，或者选择直接用三年制高等教育基础阶段的文凭作为工作世界的敲门砖，开始自己的职业生涯。事实上，在三加二学制改革之后，只有大约一半的大学生选择在完成基础阶段三年制课程之后，选择继续攻读后两年的专业课程。在一般情况下，成功完成第一阶段三年制课程的学生均有资格申请攻读后两年专业课程，但在申请的过程中他们需要参加一系列学术水平方面的选拔与考试，因此攻读专业课程的学生相比之前三年的所有学生来说，有着更高的学术水平，从而也保障了高等教育第二阶段的生源水平。但需要注意的是，并非所有的专业都遵从三加二学制改革之后的招生选拔程序，其中，医学（medicina）、建筑（architettura）与法律（giurisprudenza）专业，由于其相关工作对毕业生专业水平的要求，上述这些专业并没有预设基础及专业两个阶段的课程，而是将这两个阶段合二为一，在学生五年的学业完成之后统一授予相当于其他专业完成专业阶段课程（corso magistrale）的学位。

2.高等教育培养管理系统及学位颁发

意大利主管高等教育的政府部门成立于 1989 年“高等教育与科研部”（Ministero dell'istruzione，dell'università e della ricerca）。依照意大利共和国宪法的规定，高等院校在法律范围内享有相应的自治权,即大学在管理上可以依法实行自治。高等院校的行政机构主要由校长、学术委员会、行政管理委员会、学术评议会、系主任(或院长)组成。[①] 校长是学校的法人代表,政府授权校长全权负责管理大学。大学一般都设有学术委员会、行政管理委员会、学术评议会。校长由学校全体正副教授组成的选举团从大学正教授中选举产生,每三年选一次。学术委员会由全体教授和部分副教授组成,其中最年长者和最年轻者分别担任委员会的主任和秘书,学术委员会的职能是选举校级领导,并就学校体制、教学、学术、科研、发展战略等重大问题发表意见。行政管理委员会由校长、行政管理委员会主任、教职工代表、学生代表、投资赞助方代表、政府主管部门提名代表、大区及当地政府代表组成,主要任务是讨论决定学校发展计划、预算计划、预决算拨款经费和留用基金的使用,校有资产的监护,校内人员的调配和任课教师的聘用,管理规章制度的制定,有关合同协议的签署等问题,是学校日常运行的主要管理机构。学术评议会由校长和各系主任组成,开会时,一般要求管理委员会主任参加。学术评议会由校长负责主持,主要研究决定学校的总课程表以及招生、考试、毕业等问题,是学校学籍管理的主要部门。意大利不同的学校还根据自己的实际情况设有特殊职能的专门委员会。意大利的学院院长和系主任,一般由院系所有正副教授组成的选举团从该系正教授中选举产生,三年选一次。系主任的工作,主要是领导系里的教学活动和主持系务会议,但其权力职能主要在学术上,没有太多的行政事务管理权。

在招生上,除高等体育学院、高等师范学院以及高等艺术学院外,学生入学不需任何推荐与国家范围内的公共考试,只需持本人高中毕业证书及高中毕业考试成绩,就可申请注册入学,包括申请攻读意大利国内各所知名公立大学学位课程。在正式注册入学后,一般只交纳很有限的注册费、书费、食宿费,上述费用占总费用的小部分,因此由学生本人自理。在学籍管理上,意大利高校大多采用学分制和分级淘汰制。公立大学实行单一学分制,12 个月为一学年,从每年 11 月 1 日开始到次年的 10 月 30 日结束。学校授课时间到5 月底结束,然后分两个阶段考试,夏季考试在 6—7 月,秋季考试在 9—10 月,特殊情况还安排冬季考试,时间在 1—2 月。考试科目由系务委员会根据教学大纲确定,各门考试科目之间一般没有连带关系。考试多采用开卷形式并以口试为主,30 分为满分,18 分及格。每门课的考试预设多轮机会,学生如果在第一轮的考试中取得不及格的成绩,或成绩不理想,可申请在第二轮进行重考,学校取最好成绩记载学分。如果一名学生注册了一门课程,却不参加考试,即被视为拒考,且不能够拿到该门课的学分。因此,若一个学生长期不参加考试,则一直拿不到所修专业的足够学分,无法进行毕业论文开题答辩,便不能获得学位。然而,延期毕业并不会对一个学生的学籍造成太大的影响,因为一个学生在校期间只要有一门专业课考试获得通过,他的学籍就可以一直保留。本科学生在校期间,一般要学完 18～20 门课程,考试通过后,论文答辩合格,就可获得学士学位证书。如果在规定年限考试门数不够,则不能毕业,按肄业处理。肄业可以到社会上谋职,也可继续在大学注册学习,但不能拿到本科文凭。意大利专科学习一般三年,三年所有课程考试合格后,

---

① 韩永进、王霆钧:《意大利高等教育与科研》,载《清华大学教育研究》1997 年第 4 期。

发给大专毕业证书。大专生若要转读本科,则还要求修业 2~3 年。[①] 意大利大学的自然淘汰率非常高,据意大利官方统计,全国每年能按期修完规定的课程,并取得毕业文凭的仅占同期注册人数的 1/3,大多均因完不成学业而被淘汰。这种高淘汰率与意大利只注重实际能力不注重文凭的社会择业观有相当大的关系,也与意大利大学只负责学生听课考试,学生学习工作完全由自己自由选择的传统有一定关系。

意大利高等教育系统,特别是本科教育已经通过三加二学制改革得到了深刻的变革,即三年制专业基础课程,接着两年制专业研修课程的模式课程。

本科教育(corso di laurea):在学制安排及学位颁发方面,正如上文所提到的,在三加二学制改革之后,意大利高等教育的学制普遍组织模式为三年专业基础教育(corso triennale),加上两年的专业研修课程(corso magistrale),因此与我国的四年制本科及硕士研究生形成了对应关系。即使在两年的专业研修课程完成之后,毕业生被授予的学位从严格意义上来说并不等同于我国的硕士学位。因此,在学位体系上,意大利高等教育体系中可以说是并没有与"硕士学位"相对应的阶段。我们可以将专业课程(包含基础课程和研修课程)看作本科教育的前后两个阶段。本科后教育[②](corso di post-laurea):意大利大学的本科后教育,仅设专业文凭(corso di master)和博士学位(dottorato di ricerca),并没有对应的硕士学位。专业文凭学制为两年,主要面向理工科获得本科学士学位的学生招生。毕业后的本科学生,通过一定考试和推荐录取。学习期满后通过考试和论文答辩后,理科学生被授予专家证书,工科学生被授予工程师证书。意大利专业培养的目标就是让获得学士学位的学生很快成为某一方面的专家,学生在学习期间,主要以实验研究为主。

意大利的博士学位学制为三年,以协助导师研究为主。博士研究生入学要有导师的推荐和严格的竞争考试。意大利的博士考试一般分笔试和口试两次进行。笔试满分为60 分,获 40 分才有资格参加口试,口试通过就可以被录取。博士研究生的三年学习,主要分为主导课程研究和论文写作两个阶段。主导课程基本按个人的研究计划进行。论文写作时的课程须接受导师的指导和帮助,博士研究生的主要任务还在研究工作上,博士生的研究工作一般在本校进行,也可以在校外和国外其他大学或研究机构进行,半年以内导师可以批准,半年以上要经过导师团批准。在校的博士研究生每年年终,要向导师团提交一份有关自己学习和研究的书面报告,导师团据此报告及表现给出认真评价,对表现不佳者,导师团很快建议校长取消其攻读博士学位的资格。意大利对博士研究生的论文质量要求非常高,每一名博士研究生的论文写好后,都要认真装订成册,提前送交国家学术委员会评阅,学位论文被认可后,有关方面便以书面形式通知博士学位申请人按指定的时间和地点参加答辩,博士论文答辩被认为是全国最高级别的答辩,因而严肃性和权威性要求相当高。答辩由国家教育部直接负责,具体工作由临时组成的答辩委员会实施完成。答辩委员会通常由 5 人组成,其成员全部由意大利教育部聘请,答辩地点一般都设在罗马。论文答辩通过后,要分别送罗马和佛罗伦萨国家图书馆收藏,意大利的博士学位直接由国家授予。意大利自 1980 年开始设立博士学位起,政府就规定,攻读博士学位的名额一般

① 韩永进、王霆钧:《意大利高等教育与科研》,载《清华大学教育研究》1997 年第 4 期。

② 本科后教育(Istruzione post-laurea),即研究生教育。

不向外国公民提供,博士研究生均享受国家奖学金。然而值得注意的是,近年来,特别是经济危机以来,由于财政状况的缩紧,意大利高等教育领域各个专业的博士生享受的国家奖学金的名额也急剧减少。攻读博士学位的学生通常年龄较大,因此大部分的学生都希望能够在得到奖学金的支持的情况下继续学术研究,因此部分博士生也会在高校内担任教职,获取一定的报酬。

(二)意大利高等院校科研现状

意大利的科学研究及发展创新活动,主要集中在高等院校以及国家及地区层面的一些公立及私立的研究机构内。然而,高校则是科研活动当之无愧的主角。意大利政府投资的科研经费中,有 35% 的资金被高校吸收,31.3% 的科研经费则被公立的研究机构拿走。而在科研经费的投入上,意大利政府层面投资的科研经费则占据着主导地位。从 80 年代初以来,私营企业投入已逐渐占到整个科研经费投入的 45% 以上。为了适应私营企业的投入需要,扩大大学对私营企业投入的吸收能力,意大利政府于 1989 年 10 月公布了大学自主法案,给了大学的科研活动许多自主权。该法案规定,大学是独立法人,可以自由决定其科研活动,自由接受各种科研投入;也可进行专项借款投入有效益的科研项目。以此促使大学的科研活动市场化、社会化,使科学技术研究有力地推动社会经济发展。

在高校中,意大利各所大学的科研主要采用教授牵头制,行政机构一般不直接参与科研活动。科研的选题、经费申请、社会筹资、科研工作、成果鉴定与转让都由主管教授来组织负责。为了使这种科研机制顺利运行,意大利政府建立了完善的教授科研档案,社会上的企业或单位可以通过计算机很快查到,方便了企业与大学合作开发科研项目和有偿使用科研成果。意大利大学的教授还享有科研上的充分自主权,他们除了完成国家和学校的重大计划性科研项目外,可以自主承担校外各种科研项目,这使每一位著名教授都和企业有广泛的项目合作。选定科研项目的教授可以按照自己的目标,组织专家评审委员会,招聘中、高级研究员,自由组织科研机构与人员。意大利大学的研究员都是经过严格选拔的,一般都通过全国性竞争考试,由大学教授组成的委员会录用,一经录用就享受国家公务员待遇。研究员一般不从事教学活动,只从事科学技术研究,只有在特殊情况下才暂时从事一些授课活动。项目研究的人员安排好以后,在整个研究过程中,研究和科研服务系统可以独立进行行政与财务管理。

意大利大学在科研上的充分自主权是与经济责任相关的,许多项目都担负着市场效益的风险责任。这就需要强有力的社会经济发展信息系统来支持,这种支持主要由意大利政府来承担,为此意大利政府建立了完善的科研宏观政策与科技信息指导系统。在政府中执行这一功能的是 1989 年 5 月 9 日成立的"大学与科学技术研究部"。该部主管全国大学和国家研究机构,广泛咨询国家科学技术委员会、国家大学委员会、教育部、外交部、欧盟政策协调部、经济计划部际委员会,听取大学校长常务会建议。每三年起草一个大学发展计划,并向意大利议会提交一份高等教育形势报告和科研情况报告。详细提出每年和多年科研计划、部门计划和专门计划,并促使其尽快实施,预算拨给大学和国家研究机构的经费,协调全国使用公共基金的科研活动,协调意大利参加欧盟和国际大学教育与科研的计划和各项活动。向经济计划部际委员会提供鼓励和依靠私立科研部门和社会经费的计划,协调大学与各级教育之间的关系,提供较为翔实的国际国内科研情报信息。从总体上看,该部很好地协调了高等教育和科研与国民经济发展之间的关系,有力推动了意大利的科技向生产力转化的速度。

1.高校科研经费投入

根据经济合作与发展组织①(OCSE)的相关报告研究,意大利对于科学研究的资金投入远低于各个成员国的平均投入水平。与 GDP 相比,意大利政府在科研方面的财政支出份额低于欧洲平均水平和主要工业发达国家(例如,日本在科研领域的支出几乎是意大利的 3 倍)。与其他的欧盟成员国相比,意大利的科研经费支出仅仅只超过了另两个国家——希腊和波兰。然而,在意大利国家层面,不同的大区对科研的投入也有着很大的区别:皮埃蒙特是意大利各大区中对科研经费投入最多的地区,其科研经费的投入与 GDP 的比例几乎达到了英国的平均水平。科研投入达到了欧盟平均水平的还有拉齐奥大区、利古里亚大区、艾米利亚—罗马尼亚大区、弗留利—威尼斯—朱利亚大区和伦巴第大区。而低于欧盟平均水平和意大利平均水平的,则是对科研的投入非常有限的一些南部及边境欠发达的大区,其中有卡拉布里亚大区、莫利塞大区、瓦莱—达—奥斯塔大区、撒丁岛大区和巴西利卡塔大区。公共研究经费中的一部分用于大学,这种公共资金中的一部分来自普通融资基金(Fondo di finanziamento ordinario,FFO),该基金解决了科学研究支出的很大一部分,如大学教师和工作人员的费用;另一部分的资金则来自一系列为基础研究或工业研究提供资金的具体项目经费,另外还有各个大区政府和地方当局所分配的资源,以及欧盟国家之间国际科研项目的共同筹资所带来的经费。

在意大利,私营企业对于科研经费的投入相当有限,其相对于国民生产总值的比例大约相当于整个欧盟平均数的一半,仅占经合组织国家平均水平的 1/3 以上。同时,公立机构及政府部门对于科研的经费投入也少于欧盟的平均值,大约只占 GDP 的 0.52%,而经合组织国家的平均值为 0.7%。这仅相差十分之几,相当于约 30 亿欧元,即意大利公共研究经费总额的 1/3 左右。从事科学研究的工作人员的数量(与总劳动力相比)虽然在过去30 年中不断增长,但仍远低于经合组织国家的平均水平。在这种情况之下,在区域基础上出现了显著差异,中北方往往与欧洲平均水平一致,而在南方则明显低于欧洲平均水平。包含国立的高等院校在内的公共研究机构在意大利的科学研究领域中发挥着非常重要的作用。公共部门研究人员的数量高于欧洲平均水平,意大利要高于它在欧盟中的一系列盟友,如德国、法国和西班牙等。然而,意大利的科学研究活动的主体力量并非高等院校,相反在英国和欧洲的其他主要国家中,科研活动几乎全部在高等院校进行。在意大利,一般而言,公立及私立的研究机构专注于应用型研究,而在高等院校中,则主要从事的

①　OCSE 是 Organizzazione per la cooperazione e lo sviluppo economico 的缩写,对应的中文是"经济合作与发展组织",在中文中有时候也被简称为"经合组织"。意大利的经合组织协议是在 1960 年 12 月 14 日签署的经济合作与发展组织公约下成立的,并于 1961 年 9 月 30 日生效,取代了 1948 年成立的欧洲经济发展合作组织 OECE,以迎合美国政府提供的"马歇尔计划"的一系列规划,旨在重建战后的欧洲经济。意大利属于 OCSE 最初的 20 个成员国之一,如今 OCSE 已经发展成为包含 35 个成员国的跨大洲的经济发展合作组织。

是基础研究。但是在各种门类的研究当中,对于人文社科专题的科研项目则几乎完全是高等院校的特权;相反,各种研究机构则是在自然科学和应用工程领域占主要的份额,例如医学方面的研究,其中近1/3的科研活动是由医院等研究机构完成的。

2.科学研究成果及重点领域

在科学研究的成果及学科方面,意大利在数学和物理学、地球科学和医学(上述学科通过文献计量学考察其科研成果),以及决策科学、经济学、金融学以及心理学(通过非文献计量学考察),与其他社会科学和人文学科领域相比,在国际期刊上发表的相关文献数目较多。意大利的科研成果的产出率很高:每位研究人员的文章数量和他们在国际期刊上所发表的文献的被引用次数都是比较中高的。意大利各高校及研究机构的科研成果的影响力(以实际引用量对预期引用量来衡量)从文献计量学和非文献计量学领域来观察,均高于欧洲和世界平均水平。特别是在自然科学、数学、工程和医学领域,意大利在欧洲的地位优于西班牙,影响力水平与法国不相上下;意大利在上述这些学科中所取得的科研成果的影响甚至高于德国、荷兰、瑞典以及瑞士。在非文献计量领域,目前的意大利的出版物的引用率及影响力均高于世界平均水平;与欧洲主要国家相比,意大利在各个研究领域通常名列北欧国家和英国之后,与德国不相上下或略高于德国,并且总体上比法国和西班牙更具影响力。

在意大利国内范围来看,不同的地区之间的高校科研成果的产出情况也有具体的差异。总体而言,科研水平以及科研成果的质量和影响力一般都会受到其研究者所属的高等院校的地理位置条件的显著影响,如意大利南部各个大区的高等院校的研究成果不如中部与北部的各所院校;然而在后者中,科研成果数量与质量双双取胜的高校大都位于意大利的东北部,其次是西北部的各所大学以及中部的各所高校。科研经费的投入在科研成果的产出上也发挥了重要的作用:研究质量随着各高校可用的科研资金(包含普通融资基金和缴费收入)的增长而提高。在具备这样的正比例关系的学科中,最典型的是从事自然科学研究的学科,如物理学、生物学以及工程科学。而人文科学和社会科学则没有因为经费投入的不同而体现出这么明显的差异。从研究人员的角度来看,通常具有正高职称的教授与副教授、讲师等具有中级职称的研究人员和其他专业技术研究者(如助教、无编制的教学人员,以及非全日制教研人员等),具有更强的研究能力,并能产出更高质量的研究成果;通常,研究成果的质量与研究人员的年龄成反比。

(三)意大利高等教育现状中存在的问题

意大利的高等教育自中世纪诞生以来,历经了各个不同阶段的发展,目前已成为一个历史悠久并具有较强的教学组织能力以及科学研究实力的教育系统。但正如每一个发展中的事物都会遇到各种不同的阻碍与困难,现阶段的意大利高等教育中也存在大大小小亟待解决的问题。其中最明显的就是大学毕业率较低以及学生延迟毕业的现象普遍这两个近年来产生并有所恶化的问题。

首先,就大学毕业率这一问题来看,虽然近年来意大利大学毕业生的数量有所增加,但总体毕业率还是低于欧盟国家高等院校的平均水平。1993年至2012年间,意大利持有高等教育文凭的毕业生在工作人口中的比例从5.5%上升到了12.7%,年龄在25～34岁之间的高校毕业生占总共工作人口的比例从7.1%上升到了22.3%。该比例有着显著增加,这表明,高等教育不再局限于人口的一小部分,而逐渐地向更加大众化的趋势发展。因此,从高校招收人数及每年的入学人数来看,意大利的高等院校与我们中国的高校近年来发展状况类似,也同样逐渐地变成每个学生通过自身努力都能够有机会进入其中并接受高等教育的"人民的高校"。尽管如此,纵观整个欧盟,意大利仍然是大学毕业生比例最低的国家之一,这其中的一个重要因素,也正是因为高等院校招生扩大化,使得高等教育的门槛不断降低,学生的基数变大所造成的。2012 年,据统计,在欧盟平均水平标准上,每 100 名年龄在 25～34 岁之间的居民中有超过 35 名高等院校毕业生,而意大利的同年龄段比例为 22.3%,低于欧盟的平均水平。尽管从 20 世纪 90 年代末到 2012 年,25～34 岁人口中持有中等教育(各类高中及中级职业技术学院)的毕业生的比例上升了 10 多个百分点,但与欧盟平均水平相比,比例差距仍然保持不变。究其原因,意大利与主要西方国家之间的主要差异之一是意大利缺乏高等职业培训课程。在除了意大利以外的欧盟国家,拥有高等职业培训课程毕业文凭的工作者约占具备高等教育文凭的总人数的 1/4。按照意大利现行的相关教育法令,意大利高等院校的毕业生都持有"国际教育标准分类法"5a 级学位,这样的学位是传统学术研究型高等教育的典型代表。然而,仅与颁发"国际教育标准分类法"5a 课程文凭的各个欧盟国家相比,意大利是欧盟以内,除德国以外的毕业生比例最低的国家。大学是促进经济发展的重要手段,发展大学与社会中各个经济领域的联系是高等教育培养人才的重要目标。根据上述的一系列事实,显然意大利在这方面做得仍有很大的不足,没有积极地采取例如高等职业培训课程等高效的继续教育手段,与传统的学术研究型高等教育相互补,积极改善教育与经济发展之间的衔接状况。

另外,意大利的各所高等院校还以学生延迟毕业的现象普遍而著称。金融危机趋势下,意大利本国媒体甚至戏称意大利的高等学府是"失业者的停车场",由此可见高等教育领域中这一问题的急迫性与普遍性。

综上所述,意大利的高等院校在近年来扩大的招生的范围,使得高校入学更加容易,而毕业则因为该国经济形势的实际情况而变得越发的困难,加大了招生与毕业之间的矛盾,这也成了意大利高等教育发展到如今面临的最急切也最主要的问题。

四、意大利高等教育发展战略及规划

(一)扩大高等教育普及范围

与我国类似,意大利同样面临着扩大高等教育规模、普及高等教育的问题。据统计,2014 年意大利 25～34 岁人口中拥有高等教育文凭的只占 24.2%[①],在经合组织国家中排在倒数第二位,仅仅高于土耳其,不仅与高等教育发达国家有明显差距,也明显低于欧盟平均水平。

自从 2008 年金融危机以来,意大利经济一直萎靡不振,近 10 年的实际经济增长率为

---

① Rapporto Biennale ANVUR 2016:pp.12-15.

负[①],因此不得不采取财政紧缩政策,明显减少了对于教育科研的支出,教授和研究员数量从 2010 年的 58885 人下降到了 2017 年的 54235 人[②],学生的奖学金、助学金发放也受到了很大影响;另外,经济的萧条让就业形势也变得十分严峻,2017 年意大利的青年人失业率达到了 32.6%[③],是欧盟平均值的两倍。财政和就业两方面的不利因素大大影响了意大利青年人的职业规划和选择,2013—2014 学年度,意大利大学注册入学人数触及了历史新低,仅为 26900 人次[④]。

大学注册人数的下降从长远来看会影响国家科研产出,从而影响国家的产业升级,所以意大利也在吸引青年人注册进入大学方面采取了一系列措施。首先,在财政最困难的 2010 年、2011 年之后,意大利逐渐实现了大学奖学金、助学金的正常发放,这对于出于经济衰退环境下的青年人来说是最直接最有效的吸引措施。其次,意大利教育部加大了对于大学毕业生就业的扶持力度。在这些措施的帮助下,近两年意大利大学的注册入学人数开始回升。

(二)提高高等教育的国际化水平

高等教育的国际化是当今世界的一个重要潮流,各国大学的国际学生数量一直处于增长当中。高等教育国际化的好处主要有三点,首先,国际学生能带来巨大的经济效益,尤其是以澳大利亚和英国为代表的英语国家吸引了大量外国学生,教育产业已经成了它们的支柱产业,如 2013—2014 年间,外国学生一共为澳大利亚带来了 163 亿澳元的收入[⑤],而英国的教育产业已经成了该国的第四大出口产业。其次,大学课程的国际化以及大学生源的国际化可以提高高等教育的水平,增加学生与多语言多文化和多教育背景的接触,提高学生的课堂参与度,继而对于其就业产生积极影响。最后,吸引国际学生可以为将来的国家推广、国家营销储备人才,提升国家的软实力。

意大利同样将吸引外国学生进入本国高等教育体系学习作为最重要的核心目标之一。据统计,2016—2017 学年度在意大利大学注册的外国学生人数为 77352 人,相当于该学年度总注册学生人数的 4.61%。这一数据和 2005—2006 学年度的 2.55% 相比虽然已经有了较大提高,但是总体上来说在所有经合组织国家中仍处于较低水平。在经合组织国家大学外国学生总人数中,意大利仅有 3%,远远落后于其他两个非英语欧洲国家法国和德国的 11% 和 10%。究其原因,除了前殖民地因素造成的官方语言人数的巨大差异之外,意大利近年来的经济不景气也让意大利作为学习目的地和工作目的地的吸引力有所下降。

---

①　世界银行,《意大利经济发展数据》,https://data.worldbank.org.cn/country/italy? view=chart,最后访问日期:2018 年 6 月 27 日。

②　Rapporto Biennale Anvur 2018,意大利国家大学科研评估委员会(Agenzia nazionale di valutazione del sistema universitario e della ricerca,ANVUR),pp.132-151.

③　意大利国家统计局,《教育与工作:就业市场》,https://www.istat.it/it/archivio/247045,最后访问日期:2019 年 2 月 16 日。

④　Rapporto Biennale Anvur 2018,意大利国家大学科研评估委员会(Agenzia nazionale di valutazione del sistema universitario e della ricerca,ANVUR),pp.176-181.

⑤　L'internazionalizzazione della formazionesuperiore in Italia,pp.59-61

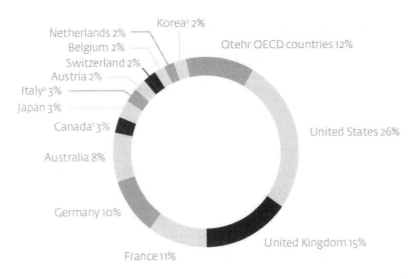

图 10-1　经合组织各国大学外国学生人数占比

　　另外,意大利大学的英语授课专业数量不足也是意大利不能吸引更多外国学生的重要原因之一。从覆盖专业来看,意大利大学开设的英语授课专业主要集中在经管和理工方面(见表 10-1),而意大利引以为豪的和文化遗产有关的人文社科专业并没有成为外国学生选择专业时青睐的对象。造成这一现象的原因是理工、经管专业的教师拥有海外经历的比例相对较大,拥有更好的英语语言能力,更能够胜任英语教学的任务。

表 10-1　意大利大学开设英语授课专业最多的 10 个专业类别

英语授课课程数量	专业类别
24	经济学
17	经济和公司管理
13	通信工程
10	医学
9	计算机工程
9	计算机
9	生物学
8	医药生物技术
7	自动化工程
7	国际关系

　　针对语言的隔阂在意大利大学国际化过程中造成的阻力,除了努力提高教师队伍的英语水平之外,意大利还在努力提高意大利语在各种国际生活领域中的使用频率和地位。截止到 2018 年,意大利外交部发起的世界意大利语言文化周已经举办到了第十八届,旨在通过展示意大利语现代文学、电影、音乐、电视以及科学的发展宣传意大利语文化。另

外,意大利还在致力于提高意大利语在本国优势产业例如时尚行业当中的地位,并最终希望意大利语成为这些行业的工作语言,实现弯道超车,从而提高本国大学该领域专业对于外国学生的整体吸引力。

在吸引外国学生方面,国家设立的推广机构一般都扮演着重要的角色,如英国文化教育协会、法国高等教育署下属的 Campus France、德国学术交流中心(DAAD)。意大利唯一一家这类国家设立的推广机构是由意大利外交部、意大利教育部、中意基金会于 2010 年成立的意大利教育中心办公室(UNITALIA),目前在越南、印度尼西亚、巴西、伊朗和韩国等国家设立了办事处①,主要协助当地使领馆推广意大利大学教育,并帮助学生进行留学手续的办理。总体来看,和其他国家同类的推广机构相比,意大利教育中心办公室承担的职能相对单一,不能像其他机构一样成为代表国家协调国际学生工作的关键部门。

除了将外国学生引进到本国大学学习之外,实现大学国际化的另外一个途径是走出去,其中最主要的就是通过本国大学海外分校的设立实现的。这是以英国和澳大利亚为代表的英语国家高校在突破本国大学承载能力限制方面作出的新尝试,海外分校的建立能够突破地域限制直接在生源地吸引更多国际学生的就读。从大学拥有的海外分校数量上来看,美国以 109 所占据首位,随后分别是英国(45 所)、法国(31 所)、俄罗斯(22 所)和澳大利亚(21 所)。从海外分校的分布国家来看,阿联酋(32 所)、中国和中国香港地区(27 所)和新加坡(13 所)是分布数量最多的 3 个国家和地区,这也反映了世界经济重心在近年来的变化。

国家财政的扶持在大学国际化的进程中起到了至关重要的作用,意大利每年向大学的拨款当中有一部分专门服务于推动大学的国际化,其中在 2014 年设立了专门帮助国际学生来意的资金项目,总金额达到了 1 亿 2150 万欧元,相当于全年度大学总拨款(fondo finanziario ordinario)的 1.73%。国际学生拨款的分配主要参考了当年度国际交换生人数、国际学生所修学分总数以及至少在外国大学修得 9 学分以上的毕业生人数。不过值得一提的是,意大利拨款的计算方式重点奖励了大学在国际化上的增加值而不是总值,之前已经在国际化上较为领先的院校则面临着后续增长乏力的问题,在这种计算方式中就处于了比较不利的位置。

(三)增强高校和学生的自主性

意大利大学近年来也迈出了向海外扩张的步伐,米兰比可卡大学在马尔代夫法福岛成立了分校,而理工领域的名校都灵理工大学则在乌兹别克斯坦首都塔什干设立了分校。意大利境内的海外分校目前只有位于博洛尼亚的约翰—霍普金斯大学分校和博洛尼亚大学下属的中国学院。②。

1.高校的自主性

在管理方面,意大利 1989 年第 168 号法令规定,意大利高等院校有权制定本校的规章制度,规定决策体系规则、财会制度和校长的职权范围。由此,意大利高校获得了更多管理上的自主权,可以根据自身的特点来制定相应的发展战略。

---

① L'internazionalizzazione della formazionesuperiore in Italia,pp.105-106
② CRUI:L'internazionalizzazione della formazione superiore in Italia,pp.153-153

在财政方面,意大利 1993 年第 537 号法令第 5 条规定,意大利高等院校每年可以从国家获得一笔预算,预算使用方式完全由高校自主决定,不再需要听取意大利教育部的指导。这项改革改变了意大利高校的属性,虽然它们仍旧属于公立机构,它们不再是一种自上而下的教育体系的分支机构,而是可以和国家在规则制定和资源使用上进行协商和讨论的独立组织。在意大利,虽然国家仍然在提供资金方面扮演着关键角色,但它本身已经不是教学和科研产品的直接生产者。另外,1997 年第 306 号总统令规定了意大利高校在征收学费方面的自主权,在此之前意大利高校的运营费用几乎完全依靠国家的拨款,这次改革之后学生及其家庭也成了高校筹资的重要来源。财政上的自主也帮助意大利大学更加市场化,更加适应社会对于教育产品的需求。和中国类似,在意大利对高校的拨款的决定体系中,高校的入学人数是一个决定性的指标。能否吸引到足够多的学生入学,将决定高校获得财政拨款的多少,另外也将决定高校的学费收入的高低,这种市场化评价体系的引入引导高校开始在教学和科研上自主进行差异化的选择。

在教学方面,意大利教育部 1999 年第 509 号法令规定,将原有的五年制大学课程拆分为三年的第一阶段(相当于我国的本科阶段)和两年的第二阶段(相当于我国的硕士研究生阶段)。在满足国家对于每个专业最低学习内容的要求之后,每个高校可以自由决定各专业课程的学习内容和教学方法。通过这次改革,意大利高校的博士课程和硕士授课课程获得了极大发展,意大利高校开始提供更加差异化,更能满足终身学习的各种教育产品[①]。

意大利高校的自主性对我国高等教育的发展也有着重要的参考意义,我们可以从意大利的高等教育自主创新模式中观察到:明确不同类型的大学在国家创新体系中的分工,能够有效地提高大学的自主水平。事实上,中国的高等教育体系与意大利具有很多的类似之处,其中最明显的是以集中控制和财政投入为主。我国高等学校按照教学内容的不同,可以分为综合性大学、理工科院校、医学类院校、文科类院校、师范院校、艺术类院校及其他;按照学校隶属的不同可以分为部委院校、教育部直属院校和地方院校。近年来,随着学校排名逐渐成为学校获得资助、吸引优质教师和引导学生选择学校的重要因素,各类学校都试图向综合性大学方向发展。这一过程反而削弱了学校原有的学科特色和优势,而一些原本以教学为主的学校,也将科研纳入教师的考核中,降低了教学的重要性。在国家创新体系中,不同类型的高校都有其独特的作用,因此建议国家在对高校的评价中能够纳入多元化的考核方式,并提高大学的自我管理水平。

2.学生的自主性

学生的自主性主要体现在学业生涯选择上的自主权。首先,学生在入学方面可以获得相当大的自主权。意大利大学专业在招生时分为有人数限制专业和无人数限制专业,有人数限制专业主要集中在工程、医学、法学等热门专业,由于意大利高校教育资源供过于求,其他无人数限制专业在通过高中毕业考试之后基本可以实现自由入学。

其次,学生可以享受在选课上的自主权。学生选课在新学年开始前完成,每年两次更改选课的窗口期,既保证了学生的选择权利,也方便了学校的管理。一般来说,意大利大

---

① Mario Bolognani:Strategie competitive e università,pp.32-35

学专业的课程设置可以分为专业必修课、专业选修课和一般选修课三类,其中一般选修课的选择范围会涵盖本校开设的与本专业较为贴近的大部分课程。另外根据学校的不同,学生还有一定的自由学分,可以自行决定修习学校课程、修习社会课程或者从事社会实践活动。

另外,学生在改变专业、转校方面有极大的自主权。意大利高校在学生改变专业、转校方面有相当成熟的制度,学生在学校内部没有人数限制的专业之间转换时仅需要提出简单申请,在转换学校时学校之间也有比较成熟、便利的对接制度;另外,在改变专业和转校时,学生之前的已修学分也可以获得快速的认证。

最后,学生可以较为自由地选择考试时间和毕业时间。意大利高校每年有 3～5 次不等的考试期,学生可以自由选择本学年的修习课程和考试时间。学生可以根据自身情况的不同,灵活安排学业,获得更多社会实践的机会。

(四)构建产学研结合的大学科研

从科学产出来看,在过去 10 年间,意大利的科学产出一直高于世界平均水平,在 2015—2016 年度,意大利的科学产出占到了世界总科学产出的 3.9%,但是和英国、德国、法国等其他欧洲大国相比,意大利所占的份额仍然偏低[①]。按照学科产出进行比较的话,意大利的医学和自然科学产出和世界平均水平乃至欧盟 15 国平均水平相比都有比较明显的优势,农业科学和工程学的产出基本与欧盟 15 国平均水平持平,而人文社会科学的产出则低于欧盟 15 国平均水平和经合组织国家平均水平。

从研发费用来看,欧盟委员会 2017 年发布的《国家报告》显示,2015 年意大利的研发费用占到了当年国民生产总值的 1.33%,较欧盟平均值明显偏低。不过值得注意的是,其中意大利私营部门的研发费用占比(0.74%)和欧盟平均值(1.30%)相比劣势更加明显,而意大利的公立部门的研发费用占比(0.56%)和欧盟平均值相比(0.71%)差距就不十分明显[②]。这一数据表明,中小企业为主的意大利私营部门的研发能力与欧洲先进国家相比差距明显,公立部门,尤其是高校正是意大利国家科研主要的主要支撑力量。

对于科研成果,意大利大学鼓励成立衍生企业,实现科研成果的企业化利用。这些衍生企业除了属于大学之外,可能的所有者还包括:

1)大学教授和研究员;

2)研究项目成员、博士后和在校博士生;

3)外部人员或企业,大学为其提供运营场所、设备和服务。

另外各种研究机构、科技产业园、公立机构、企业和企业联盟、银行以及保险公司也可以和以上主体一起成立衍生企业或者进行参股。

自从 2000 年大学被授权成立衍生企业以来,成立的各种衍生企业总数达到了 1220

---

①　Rapporto Biennale ANVUR 2018 意大利国家大学科研评估委员会(Agenzia nazionale di valuta-zione del sistema universitarioe della ricerca,ANVUR),p.199

②　意大利教育部,《大学体系报告》,https://www.miur.gov.it/web/guest/sistema_universitario,最后访问日期:2019 年 1 月 8 日。

家。2007 年以后,每年成立的衍生企业数量稳定在了每年 100 家左右[①]。衍生企业的成立除了能将科研成果转化为经济效益之外,还为博士毕业生等高资质人才提供了就业机会。

不过这些衍生企业在服务当地经济和引领全国企业家文化方面并没有达到期望的效果。根据数据统计,虽然衍生企业的死亡率很低(低于初创企业的平均水平),大部分企业的营收还是仅仅徘徊在生存线上下,大部分企业的年营收低于 10 万欧元,不过意大利经济的整体低迷也是造成这种现象的重要原因之一。

在大学和企业合作方面,意大利也有一些成功的案例,其中最为突出的就是菲亚特克莱斯勒集团与都灵理工大学的深度合作。菲亚特克莱斯勒集团是世界上最大的汽车公司之一,总部位于意大利都灵,菲亚特集团本身以及和菲亚特集团有关的衍生产业占到了意大利国民生产总值的 1/4 以上。而都灵理工大学是意大利历史最为悠久的理工大学,也是规模最大的科技类大学之一,在意大利有着非常重要的影响力。都灵理工大学在工程、建筑与设计和城市规划方面是欧洲最杰出的大学之一,其中在汽车、电子与计算机、机械和土木工程等科技领域具有世界顶尖水平。菲亚特集团和都灵理工大学之间的合作由来已久,都灵理工大学不仅将科研成果与菲亚特集团深度共享,还每年为菲亚特集团输送了大量汽车工程专业的优秀毕业生,成了这家企业成功的关键之一。

受美国拜杜法案的影响,许多欧洲国家的政策制定者,包括学术界,在一段时期内,普遍认为最有利于促进大学科研成果技术转移的知识产权所有权归属模式,是将产权交给大学。只有从大学层面重视科研成果的商业开发,才能够依托大学的管理和智力资源,敦促科研成果从象牙塔走向市场。但是,从意大利知识产权归属的改革经验可以看出,它并没有跟随欧洲其他国家知识产权所有权归属模式调整的大趋势,而是根据本国法律、政策的现有条件,以及本国产学研合作的实际情况,设置了相对灵活的知识产权归属模式,也取得了良好的效果。在我国,很长一段时期内,大学知识产权所有权归属的划分,主要按照"职务发明"和"非职务发明"来进行区分。其中,涉及"职务发明"的技术转移活动往往会遇到"国有资产"的处置权问题。由于知识产权所有权涉及处置权和收益权等后续问题,难以满足技术转移方式越来越多样化的需求。我国向市场经济体制的转型过程中,所有权制度的建设是一个核心的问题,包括知识产权的所有权安排。以前,按照《专利法》和《科学技术进步法》的规定,接受财政资助的科研成果的知识产权所有权人应该是国家、大学或其他项目执行单位为"持有人"。经过历次法律修改,国家实现了将知识产权所有权让渡给大学。大学不仅仅是科研成果知识产权的持有人,还成为能够支配、处置和享受收益的完整产权所有权人。2015 年,我国修订了《促进科技成果转化法》,进一步明确了技术成果转化过程中的知识产权的所有权、处置权、收益权这三种权利之间的关系。对于技术转移中的知识产权可以按照"先处置,后备案"的方式进行,既解决了国有资产的冲突问题,又提高了技术转移的效率。

---

① 意大利教育部,《大学体系报告》,https://www.miur.gov.it/web/guest/programmazione_finanziamenti,最后访问日期:2019 年 1 月 8 日。

五、意大利高等教育国际合作与交流

意大利高等教育历史悠久,很多大学建校至今都已超过 500 年,而博洛尼亚大学、帕维亚大学、帕多瓦大学、比萨大学、罗马大学均闻名于欧洲乃至世界。众所周知,欧洲是世界学术研究和高等教育的集中地之一,欧洲的许多国家都拥有世界一流的名校。意大利作为欧洲最早开展高等教育的国家,它以其独特的风光和充满艺术气息的文化背景,吸引着越来越多国际学生的目光。

2004 年,中意两国政府成立"中意政府委员会"(comitato per promuovere i legami si-no-italiani),旨在推进两国经贸及科教文化的交流;2005 年 7 月,包括《中意互相承认高等教育学历学位协议》在内的 4 份文件及此后的《简化留学人员签证手续》等相关协议的签署,正式揭开了两国教育交流的新篇章;意大利政府制定的"马可波罗计划"吸引了大量中国学生赴意自费留学。上述的一系列举措,都代表着意大利高等教育国际化的脚步不断前进,也同样意味着意大利对华留学教育市场已全面开放。新中国成立 60 年来,我国的出国留学工作为国家经济建设、社会发展、科技进步和教育改革提供了丰富的人才资源支持。随着我国出国留学政策的不断完善和发展,人民生活水平的不断提高,我国的出国留学规模不断扩大,在外留学人员数量不断增加,并逐步成为一支独特的民间外交力量,为祖国的发展建设和对外宣传作出了积极贡献。因此,对意大利高等教育国际合作交流的政策深入了解也成了中意教育合作的切实需求。

(一)中国留学生在意大利高校学习的现状

随着中意两国教育合作交流的逐渐深入和发展,中国前往意大利留学人员逐年增多。其中,国家公派赴意留学人员主要通过国家留学基金委的"国家建设高水平大学公派研究生项目""中意两国政府互换奖学金生项目""青年骨干教师出国研修项目"以及"米兰理工大学研究生项目"等项目出国进修深造。据中国驻意大利使馆教育处截至 2009 年年底的统计数据,中国在意大利的留学人员总数达到 5600 人,并主要分布在罗马、米兰、佛罗伦萨等地区。

其中国家公派 162 人,占留学人员总数的 2.9%;单位公派 173 人,占留学人员总数的 3.1%;其余约 94% 均为自费留学人员。仅 2009 年度,就有 6 名中国在意大利留学的自费留学人员获得 5000 美元的国家优秀自费留学生奖学金。杨长春参赞自 20 世纪 80 年代一直在国家教育部服务,目睹了 30 年来国家留学政策的不断改善,他表示:"随着国家实力的增强,新时期的留学形势较以往发生了天翻地覆的变化,国家教育部将根据这些新形势继续完善政策以培育留学生,考察团对意大利 3 个城市留学生的访问也说明意大利已逐渐成为一个中国留学的目的大国。"正如上文中介绍到的那样,目前意大利加入了欧盟高等教育标准即博洛尼亚协议,本科学制为 3 年,硕士学制为 2 年,博士学制按照不同专业学制通常为 3~5 年不等。所有的公立大学学位均受到中国承认,部分私立学校可在中国涉外监管网上查到。在意大利的一些世界顶级设计类院校,虽说文凭不能在国内得到认证,但因在行业内享有盛誉而受到很多留学生的青睐。另外,意大利的高等教育中公立高校部分采用免收学费的体制。目前就欧洲而言,德国、法国吸收高中生较为困难,而赴意大利留学的高中生可享受免大学学费教育,因此,本科赴意大利留学的"马可波罗计划"

和"图兰朵计划"让国内很多符合要求的高中毕业生都可以享受到意大利的免费高等教育。

作为世界时尚中心,意大利的马兰戈尼、多莫斯、柏丽慕达都是顶级的设计学院。尤其柏丽慕达是由范思哲等30多个顶级品牌公司联合成立的学校,学校承诺会安排每个学生到这些企业至少实习3个月。就设计领域来说,也只有意大利多所公立大学开设工业设计专业。工业设计是意大利政府着力建设的专业,每投入1欧元可产出1000欧元,因此像米兰理工、杜林理工、罗马大学、佛罗伦萨大学都设有工业设计专业,高中生和本科生都可申请。意大利的建筑设计专业也对我国高中生开放,像费拉拉大学、米兰理工、罗马三大都招收中国学生。除了服装设计、工业设计、建筑设计专业外,工程类、医药类、旅游类专业也深受中国学生的追捧。

随着赴意大利留学的学生人数不断增加,意大利中国留学生管理事务也逐步趋于体系化发展。据全意学联主席董卫研究员介绍,2002年以前,意大利的中国留学人员主要以各城市的学联为单位开展活动,也曾有过短暂而松散的全意学联组织,但因其无章程,机构也不健全,因而人们大都不了解其存在。随着新千年的到来,在中国经济发展势头的推动下,也得力于意大利对中国留学生政策的逐步开放,留学意大利的势头不断升温,从国内到意大利留学的人数不断增加。在意大利的中国留学生意识到,成立一个全国性的联接各地学联的留学人员组织——全意学联势在必行。在中国驻意使馆教育处的全力倡导下,全意学联得以筹备组建。另外,中国在意大利的留学人员还分别在各个地区成立了多个基层的二级学联。

(二)意大利高校国际化政策

在欧盟成立以来,欧洲一体化的背景开始对其各个成员国产生重要的影响,而意大利的高等院校国际化的进程也在此基础上开启:首先,通过了实行高等教育三级制学位体系(学士—硕士—博士三级制);其次,为了方便与欧盟其余成员国之间的学生交流与学术互通,建立了以学分(ECTS)为学业计量单位的大学学分体系。另外,意大利与欧盟其他成员国共同采用"文凭补充文件"(supplemento di diploma),以对在本国取得具体学位所要求掌握的内容作出详细的说明。此外,意大利也积极改革博士生培养体系,促进高级科研人员的流动性,有效地加强了意大利高校与欧洲各国的高等院校、国际性组织的学术合作与人员交流,喜迎了大量来自欧盟各国的国际学生以及研究生院。在公立大学中,以米兰理工大学(Politecnico di Milano)为例,该校通过上述的国际化的措施,不断改革自身的教学与科研体系,加强国际间的科研合作,改良师资及科研人员的聘用机制,使得高校教师的聘用模式变得更加的灵活,也有利于引进更多的国际性高级科研人才,经过这一系列的国际化改革措施,米兰理工大学也成了意大利公立大学国际化办学的标杆与典范;同时,根据国家的经济发展状况及发展战略的变化,不断优化调整自身国际化办学的方向。在意大利北部众多的私立高校中,以设计专业著称的欧洲设计学院(IED-Istituto Europeo di Design)以其教学方面独具特色的国际性教学网络,研究方面国际化的设计咨询服务,以及分散于各个国家的教学实践基地,保证了它全球领先的设计类高等教育的质量,也成了意大利私立院校中国际化办学的领军者。由此看来,意大利公立及私立高校国际化的优秀案例,无疑能够成为我国高等教育国际化的榜样,并为我们提供有益的启示与借鉴。

　　欧洲高等教育领域的国际化改革始于"博洛尼亚进程"①，而这个具有重要意义的改革始于 1987 年启动的"伊拉斯莫"②计划。如今该计划已经成为欧洲大学促进交流与合作的重要支撑，其参与对象也已经扩散到全世界各主要地区和国家，计划最初包括三个主要措施："建立欧洲各国大学之间的学分转换体系""促进教师和科研人员的流动以及联合开发课程""促进欧洲各国大学生的流动并相互承认学习经历"。1998 年 5 月，为了进一步促进欧洲一体化进程，来自德国、法国、英国和意大利的教育部部长签署了《协调欧洲高等教育系统结构》的宣言。1999 年在欧元顺利启动后，欧盟的 29 个成员国在意大利博洛尼亚大学共同签署了著名的《博洛尼亚宣言》，宣言提出要在 2010 年建立"欧洲高等教育区"。为了实现这个目标，消除各成员国高等教育之间的交流合作障碍，意大利采取了一系列措施，包括实行高等教育三级学位体系，建立以 ECTS 为基础的大学学分体系，颁发"文凭补充文件"，改革博士研究生培养体系，促进各国学生和教师之间的流动，推进高等教育的欧洲维度等。

　　而意大利高等教育国际化的措施具体在于以下几个方面。第一，建立高等教育三级学位体系。改革之前，意大利采用 4 年制的一级学位体系，学生毕业发放大学毕业证书 (laurea)。1980 年意大利引入了博士学位，1990 年设立了 3 年制的大学文凭，相当于我国的大学本科文凭。获得大学毕业证书的学生可以申请攻读博士学位，一般学制为 3～4 年。改革之后，意大利建立新的三级学位体系，第一级为学士，学制为 3 年，主要学习理论知识和专业技能；第二级为硕士，学制 2 年，主要培养专业领域的高级人才；第三级为博士，学制为 3～4 年，申请者必须拥有硕士学位并通过严格的面试和考试。新的学位体系开启了意大利的高等教育与欧洲高等教育的自由流动与合作之路，由于新的学位体系与国际接轨，国际学生的数量开始大幅增加，意大利大学的国际办学开启新的篇章。其次，强制免费颁发"文凭补充文件"。根据 2003 年柏林会议的建议，2004 年意大利教育、大学与研究部规定每个大学必须免费给毕业生颁发意大利语和英语的"文凭补充文件"。"文凭补充文件"的内容包含持有者的所有学习信息：学历信息、学历层次、学习的主要内容、文凭的功能、文凭的证明信息以及意大利的高等教育制度。"文凭补充文件"的颁发有利于意大利大学文凭被国际大学所承认，促进了意大利高等教育的国际化交流与合作，也促进了国际人才市场对意大利设计高等教育的了解和认可。另外，还有对于高层次研修人员的相关政策，即革新博士生培养体系。根据新的博士生录取规定，博士生录取要经过严格的面试和笔试，博士生要在导师和指导委员会严格的考核下进行博士研究学习，每年都

---

①　博洛尼亚进程(Bologna Process)，是 29 个欧洲国家于 1999 年在意大利博洛尼亚提出的欧洲高等教育改革计划，该计划的目标是整合欧盟的高教资源，打通教育体制。"博洛尼亚进程"的发起者和参与国家希望，到 2010 年，欧洲"博洛尼亚进程"签约国中的任何一个国家的大学毕业生的毕业证书和成绩，都将获得其他签约国家的承认，大学毕业生可以毫无障碍地在其他欧洲国家申请学习硕士阶段的课程或者寻找就业机会，实现欧洲高教和科技一体化，建成欧洲高等教育区，为欧洲一体化进程作出贡献。

②　"伊拉斯谟"计划定位在"硕士"层次的高等教育交流上，通过建立 100 个跨大学的"欧洲硕士专业"点和提供近上万个奖学金和访问学者名额的方法，吸引更多外国教师和学生在欧洲的大学学习，加强欧盟成员国大学之间的学术联系，提高欧洲高等教育的质量和竞争力，扩大欧洲高等教育在世界上的影响。该项目既面向欧洲学生，也面向第三国(欧洲以外)的留学生和访问学者。

有部分学生因无法继续开展博士学习而被终止学习计划,如设计类博士生指导委员会的成员除了包括本校的教授,还有来自国际其他高校的教授以及来自企业的资深设计师和工程师参与培养计划的制定与考核,以保证每个博士生的研究课题都对国家和产业产生最大的社会和经济效益。为了鼓励博士生到国外大学、科研机构和企业进行学习和交流,国家发放给每个被录取的博士生每年 1 万欧元的奖学金,在国外学习期间奖学金增加50%,这一举措已经成为博士生培养中重要的一环。此外,积极地促进学生、教师和科研人员在国际高校间的流动。为促进学生和教师的流动,2001 年意大利政府颁布了《学生福利法》。根据该法,意大利学生去海外学习和国际学生在意大利学习都将得到意大利政府的补助。同时欧盟的"伊拉斯莫"计划也为学生海外学习提供补助金,学生海外学习的成绩可以通过"全国大学生和研究生注册系统"进行备案,以方便各个大学之间的学历互认。近年来,在欧洲经济不景气的背景下,"伊拉斯莫"计划的经费不降反升,可见欧盟和意大利政府对于高等教育国际化非常重视。最后,意大利还积极促进相邻地区之间的高等教育交流互通,如设立联合学位推进欧洲、地中海地区高等教育的合作。为促进意大利高校与欧洲、地中海地区高等教育机构的合作,意大利政府鼓励高校设立联合学位。目前,意大利与欧盟国家共同建立了"法意大学"(French—Italian University)、"德意大学"(German— Italian University),与地中海地区的 7 个国家共同建立一所虚拟大学(UNIADRION)。同时,意大利大学还与其他国家大学共同开展"一体化学习计划",在欧洲高等教育一体化进程的推动之下,意大利高等教育的国际化进程得到了迅速发展。另外,近年来,随着西方经济体经济发展的放缓,亚洲新兴经济体的快速崛起,意大利与亚洲国家的经济往来快速发展。中国、巴西、印度、俄罗斯、土耳其等新兴经济体对于意大利国家经济的发展越发重要,为了服务国家的经济发展战略,像米兰理工大学知名公立高校也加大了在这些发展中国家的招生和国际合作,甚至在中国和印度都设立了分校区。

第十一章　英国高等教育发展战略研究

一、英国发展概况

英国的全称是大不列颠及北爱尔兰联合王国,由英格兰、苏格兰、威尔士和北爱尔兰四个部分组成。它们有各自的首府,分别是伦敦、爱丁堡、加的夫和贝尔法斯特。下面将简单介绍英国的人口、政治、经济、文化、宗教和教育的基本情况。

(一)人口

根据英国国家统计局对英国人口 2018 年中期的统计数据(目前为止的最新数据),英国总人口为 66436000,绝大多数人口仍然集中在英格兰地区,高达 55977000,占全国人口总数的 84.3%。其次是苏格兰地区,占 8.2%。人口最少的地区是北爱尔兰,仅占全国人口总数的 2.8%。2017 年年中至 2018 年年中,英国人口增长了 0.6%,增速与上一年相同,是自 2004 年中期以来的最低水平。[①]

(二)政治

英国是一个单一制、君主立宪的民主国家。英国目前的君主,也就是国家元首,是女王伊丽莎白二世。理论上英国最高权力的拥有者是君主,但实际上君主基本上只拥有象征性的地位,行政权由英国政府代为行使,现任的英国首相是特蕾莎·梅。政府从议会中产生,议会是英国政治的中心,是英国的最高立法机构。议会是两院制的,但有三个部分,包括君主、上议院和下议院。由于英国是一个权力下放的联合王国,除了英格兰,在苏格兰、威尔士和北爱尔兰地区,都有各自的议会、各自的政府。经君主同意之后,行政权由各地区政府行使。但是三个地区议会的权限大小各不相同,地区政府所拥有的权力也就有所不同。因此,英国不同于联邦制国家,而是一个权力下放的单一制国家。英格兰是英国最大的地区,没有这样的权力下放的行政或立法机构,而由英国政府和议会直接管理所有问题。

(三)经济

英国的市场经济在一定程度上是受到政府监管的。英国财政部由财政大臣领导,负责制定和执行政府的公共财政政策和经济政策。英格兰银行是英国的中央银行,负责发

---

① Office for National Statistics,Population estimates for the UK,England and Wales,Scotland and Northern Ireland:mid-2018,https://www.ons.gov.uk/peoplepopulationandcommunity/populationandmigration/populationestimates/bulletins/annualmidyearpopulationestimates/mid2018,最后访问日期:2019 年 9 月 29 日。

行本国货币,即英镑。苏格兰和北爱尔兰的银行保留发行当地货币的权利,但前提是必须要有足够的英格兰银行(Bank of England)货币储备,以备发行。自1997年以来,由英格兰银行行长领导的英格兰银行货币政策委员会一直负责将利率设定在达到财政大臣每年设定的经济总体通胀目标所需的水平。英国是世界第五大经济体,欧盟内仅次于德国的第二大经济体。2018年英国国内生产总值2.03万亿英镑,人均国内生产总值30750英镑,国内生产总值增长率1.4%,通货膨胀率2.3%,失业率4.1%。英国是欧盟中能源资源最丰富的国家,主要有煤、石油、天然气、核能和水力等。能源产业在英国经济中占有重要地位。近年来,政府强调要提高能源利用效率,发展核能和可再生能源,减少对传统矿物燃料的依赖,建设"低碳经济"。2016年由于三座主要燃煤电厂关闭,燃煤发电量占比从2015年的22.6%锐减至9.2%,为1935年以来最低水平。英国经济的支柱产业是服务业,包括金融保险、零售、旅游和商业服务等,产值约占国内生产总值的3/4。伦敦是世界著名的金融中心,拥有现代化金融服务体系,从事跨国银行借贷、国际债券发行、基金投资等业务,同时也是世界最大外汇交易市场、最大保险市场、最大黄金现货交易市场、最大衍生品交易市场、全球第三大保险市场、重要船贷市场和非贵重金属交易中心,并拥有数量最多的外国银行分支机构或办事处。[①]

(四)文化与宗教

英国的文化受到多方面因素的影响,如国家的岛屿地位;作为西方自由民主国家和大国的历史;作为一个由四个"国家"组成的联合王国,每个"国家"都保留着自己独特的传统、习俗和象征意义。大英帝国有许多前殖民地,包括澳大利亚、加拿大、印度、爱尔兰、新西兰、巴基斯坦、南非和美国等。通过这些前殖民地的语言、文化和法律制度等可以看到大英帝国的影响。因此,英国巨大的文化影响力使其被称为"文化超级大国"。在宗教信仰方面,1400多年来,基督教以不同形式占据了英国宗教的主导地位。尽管在许多调查中,大多数公民仍然认同基督教,但自20世纪中叶以来,定期去教堂做礼拜的人数大幅下降,而移民和人口变化也影响了宗教的变化,促进了一些其他信仰的增长,其中最著名的是伊斯兰教。

(五)教育

作为联合王国,英国的权力下放也体现在教育方面。除英格兰地区由英国政府管制之外,苏格兰、威尔士和北爱尔兰均由该地区的政府负责。每个地区的教育阶段都可分为五个阶段,即早期教育、小学教育、中学教育、继续教育和高等教育。法律规定,全日制义务教育针对5~(北爱尔兰地区为4岁)16岁之间的孩子。在英格兰地区,对1997年9月1日出生的孩子的义务教育已延伸至了18岁。但这并不意味着孩子非得去学校接受教育,其可以由父母安排在家学习。孩子在上小学之前可以上幼儿园,但是政府的资助相对有限。中学以后的教育形式比较多样,可以选择继续教育或高等教育。孩子可以在继续教育学院或者高等学院接受继续教育;而接受高等教育是在大学或其他高等教育机构里,

---

① 中华人民共和国商务部,《英国经济及产业情况》,http://www.mofcom.gov.cn/article/jiguanzx/201905/20190502866379.shtml,最后访问日期:2019年9月29日。

一般是全日制的。本文重点介绍英国政府管制下英格兰地区的高等教育情况。

在英格兰地区,通常情况下学生从 18 岁开始便可以作为大学生进入高等教育机构,接受学术教育。高等教育通常从攻读学士学位开始,一般需要 3 年。许多教育机构现在提供综合性硕士学位,尤其是 STEM 学科,通常需要 4 年才能拿到学士学位,前三年与一般的学士学位课程并行。接着学生可以攻读研究生学位,通常需要一年(授课型)或两年(研究型)。然后可以攻读博士学位,需要至少 3 年时间。学生也可以在取得学士学位后直接攻读博士学位。个别学校(如牛津大学、剑桥大学)还提供副博士学位,类似于研究型硕士学位。

学生在 18 岁以前的教育是由英国教育部负责的,而高等教育除了受教育部的监管以外,商业、创新与技能部(Department for Business, Innovation and Skills)也会在一定程度上对其负责。英格兰高等教育机构可分为公立高等教育机构和非公立高等教育机构。其中,非公立高等教育机构包括私立院校,如白金汉大学。目前英国政府设立了学生事务办公室(Office for Students,简称 OFS),作为英国高等教育领域的核心管理机构,代替了原来的公平入学办公室(Office for Fair Access,简称 OFFA)。学生事务办公室坚持以"学生为中心"的理念,力图确保每一个进入高等教育领域的学生都能获得可以丰富他们生活和职业的高等教育体验。将会对高等教育领域的信息公开化、教学质量、经费分配等产生影响。高等教育质量保证署(Quality Assurance Agency,简称 QAA)则作为独立机构对大学进行检查,以保障英国高等教育的水准,提高英国高等教育的质量,为学生调查他们是否受到了应得的高等教育。下文将对此进行详细阐释。

(六)中英关系

英国于 1950 年 1 月 6 日成为第一个承认中华人民共和国的西方大国。2015 年 10 月 19 日至 23 日,中国国家主席习近平对英国进行国事访问。其间与英国首相卡梅伦在唐宁街 10 号首相府举行会晤。中英两国发表《中英关于构建面向 21 世纪全球全面战略伙伴关系的联合宣言》,开启持久、开放、共赢的中英关系"黄金时代"。[①] 这是一次历史性的会晤,建立了中英关系史上的新的里程碑,标志着中英关系再上新台阶,在诸多领域实现重要突破。2017 年是中英建交 45 周年。2018 年 2 月,英国首相特蕾莎·梅访华,会见中国国家主席习近平,延续中英关系的"黄金时代"。

二、英国高等教育发展史

人们通常把 12 世纪牛津大学和剑桥大学的先后创立,看作是英国高等教育的开端。[②] 回顾其近 900 年的高等教育发展史,在 21 世纪之前英国大学就已经巍然矗立于世界高等院校之林,成绩斐然。它经历了 12 世纪至 18 世纪漫长的古典大学创立与发展时期、18 世纪中后叶到 20 世纪 60 年代近代大学创立时期,以及整个 20 世纪后半叶高等教

---

① 中华人民共和国外交部,《中国同英国的关系》,https://www.fmprc.gov.cn/ce/ceuk/chn/zygx/zygxgk/,最后访问日期:2019 年 9 月 30 日。

② 杨贤金、索玉华、张金钟等:《英国高等教育发展史回顾、现状分析与反思》,载《天津大学学报(社会科学版)》2006 年第 3 期。

育体系的完善时期。这三个时期分别见证了英国大学的三个突出特征,即"古典""规模""系统"。纵横观之,英国高等教育的发展史就是从古典走向现代、从精英走向大众、从院校走向系统的发展历程。

(一)古典大学的创立与发展时期(12—18世纪中后期)

之所以将"古典"作为这一时期英国大学的标识,是因为此时的英国高等教育史就是牛津大学和剑桥大学这两所古典大学的创立和发展史,被后世称为"牛桥时代"。在世界上最古老的博洛尼亚大学成立大约100年后,旷世文明的牛津大学于1167年在英国一个小镇上成立。几十年后,另一所高等教育的丰碑——剑桥大学也于1209年在相距不远的地方落成。此后,在长达600多年的时间里,英国几乎始终只有牛津和剑桥这两所大学(苏格兰除外)。这两所名校最初是由师生迁移聚集而形成的。经过几个世纪的发展,牛津和剑桥两所大学势力不断壮大,当之无愧地成为英格兰地区高等教育发展水平的标尺。牛桥时代不仅开创了世界高等教育的先河,而且奠定了"大学"这个新生事物的古典范本。可以说,后世的所有关于高等教育的变革,既是对古典大学传统职能的延展和深化,也是对大学与其发展环境之间关系的演变从理论到实践的验证。从这一角度来说,今天高等教育和高等院校的变革都绕不开牛津剑桥大学这两个重镇,它们形塑了人类对"大学"概念的理解和记忆的根植,并把这些古典的、传统的基因铭记在人类出于对高深知识探求而催生的大学之上。毫不夸张地说,牛桥时代的高等教育是英国的时代,也是古典传统大学根深叶茂的时期,并将之传于后世,泽芳万代。

鉴于此,在梳理英国高等教育这一时期的特点时,本文主要以牛津和剑桥两所大学为代表。在这个漫长的古典大学的创立和发展时期,又以17世纪为界分为前期和后期两个阶段。前期,牛津和剑桥两所大学一直维持着古典人文主义教育传统,教学内容几乎都以古典文科和神学为主。其基本特点是与宗教紧密结合,担负为僧俗统治阶级培养人才以及保存和传递文化的任务。这一阶段之于英国高等教育体系而言,属于典型的精英教育。正是在这一时期,牛津和剑桥成为英国民族知识界的"双驾马车",成为对英国影响最大的私人机构。两所大学作为经院哲学的堡垒,至都铎时代起便成为王室最优秀大臣的培养场所。他们为教会和国家输送官员、牧师和教师,同时在全国传播英国的普通话和文化。他们使得这个时期的高等教育成为一个整齐划一的精英群,只有他们能够自信地超越所肩负的责任感——完成或允诺王室和帝国分派的任何任务。

牛桥时代到16世纪后期,尤其进入17世纪之后,一些新式院校兴起,产学结合的新风尚为高等教育的迅速发展开启了新的气象,逐渐突破了两所大学一枝独秀的局面。苏格兰地区的高等教育也开始发展起来,3所新的大学(圣安德鲁斯、格拉斯哥、阿伯丁)在1410年到1500年之间建立,1582年第四所苏格兰大学——爱丁堡大学成立。这几所大学长期秉承民间办学、地方自治的传统。直到18世纪末期,英国真正被称之为大学的学校有了6所。这些有别于传统古典大学的新学院,不仅在办学宗旨、教学内容方面突破了牛津剑桥两所大学圈画的范围,而且在办学形式、培养目标上也有了一定的创新。但无论如何,这一时期是牛桥时代,即使有新的大学出现也没能改变什么。正如学者比尔·雷丁斯认为"高等教育的改革不能完全废弃传统,而应该透彻地研究传统,以理解其真正的意义……传统中的理性之处在于,它不仅仅是被分离出来和被肯定的,而且也是被给予生命的,即它是被逐渐保存下来的,而不是凭空设想的"。就这样,牛桥时代的高等教育精神一直绵延至今,深深烙印在英国乃至全世界的高等教育发展之中。

(二)近代大学的创立时期(18世纪中后叶—20世纪60年代)

这一时期是古典大学垄断被打破的时期,涌现了适应资产阶级国家发展的新型大学,使英国高等教育的体系初步建立起来。这一时期英国高等教育的发展集中在规模的扩张上,一是大学数量的增加,二是学生数的增长。

从中世纪大学兴起到进入"牛桥时代"之后的很长一段时间内,英国各高校几乎一直处于自治状态。到工业革命之后,尤其是进入19世纪,英国教育界面临着各种严峻的挑战。一方面,从文艺复兴到工业革命,英国的社会与经济得到飞速发展。随着资产阶级国家的建立,新兴壮大的资产阶级政权迫切需要高等教育为其提供劳动者和高级人才。另一方面,源自古典大学的传统办学方针相对保守陈旧,与社会发展严重脱节,不能满足新兴资产阶级国家社会发展的需要。对此,英国政府对高等教育的发展开始进行反思,并在19世纪中后期逐步开始进行高等教育改革,为本国高等教育事业的发展注入新的生命力和活力,以保持英国作为世界教育强国的地位。在此发展过程中,英国的大学推广运动可谓功不可没,成为英国高等教育改革的重要助推器。

19世纪20年代,英国掀起了兴办近代大学的"新大学运动"(New University Movement)。运动最初由以牛津和剑桥两所大学为代表的传统古典大学进行的自我改革拉开帷幕,他们通过内外部管理方式和办学模式的变革,积极地与当时的经济、政治和文化思潮发生千丝万缕的联系,采取了诸如设立自然科学学科、取消对信仰的限制、建立荣誉学位制度、完善导师制等措施。[1] 可以说,牛桥等古典大学既受时代的影响,诸如新时代的新生命力,从而掀开英国高等教育变革的大潮,又通过牛桥两所顶尖大学自身的变革促成了英国高等教育发展环境的变化——社会新阶层出现和文化新思潮涌现——变革的动力源源不绝。在大学与环境的交互作用下,受功利主义教育思潮的影响,一些开明人士在英国首都和地方城市设立了一批不同于牛津和剑桥等古典大学的高等院校。这些近现代形成的新大学,其办学经费来源于民众捐款,学院性质属于私立高等学校,办学相对自由,不受政府控制,自我管理严格,课程设置废除了宗教神学,注重科学技术应用之学,向大众推广科学实用教育,明确表明学院要为英国社会的中产阶层服务,其毕业生也多服务于当地的工商业。这些新大学突破和弥补了传统古典大学与社会需求发展相脱节的局限,极大地加速了英国高等教育的近代化进程,为大学的推广运动提供了条件。

近现代新大学的建立打破了牛津和剑桥对英国高等教育的垄断,其中伦敦大学的建立则可以算作新大学对既有高等教育体系的一个突破口。伦敦大学作为新大学的特征十分明显:新的大学学院的管理模式、非寄宿制的学生管理以及对神学教育的摒弃,对高等教育发展的新趋势产生了很大的连带效应。伦敦大学创立之初就规定学院是世俗的高等教育机构,在入学条件上废除了宗教限制,教育内容添加了职业教育课程,目的是为满足中产阶级的教育诉求和社会经济发展需求。继伦敦大学之后,城市学院逐步广泛兴起。

---

[1]　焦高圆:《大学推广运动:英国高等教育改革的助推器》,载《河南财政税务高等专科学校学报》2018年第32期。

以 1851 年曼彻斯特的欧文斯学院的设立为标志,城市大学作为新大学的一种新形式蓬勃发展。各地中产阶级和社区民众踊跃捐款,设立为当地工商业发展服务及满足居民教育需要的城市学院,如伯明翰的梅森理学院、埃克塞特工学院等,此后这类学校被统称为城市学院(civic college)。城市学院的出现提高了英国高等教育的灵活性,满足了地方社会经济、文化和技术的发展需要,扩大了高等教育的受教育群体,也为高等教育独立发展、自主自办提供了经验。

总地来说,这一时期英国高等教育的改革围绕“规模”扩张主要从两个方面进行:一是对传统古典大学的变革,加强古典大学与社会发展需求的紧密结合,扩大学生容纳度;二是兴办适应社会政治经济发展需求的近代城市大学,以期提高大学对社会发展的贡献,增加高等院校数量和提升入学率。通过一系列改革,英国大学的功能类型逐步变得多样化,并开始了探索现代高等教育体系发展的新趋势。英国政府在从法律层面确定大学保有较大的办学自主权的同时,利用财政拨款和其他资源配置方式对大学进行间接干预与管理。1919 年,英国政府专门成立“大学拨款委员会”,并将之作为政府对大学进行干预管理的中间带和缓冲器。这种方式不仅开创了“政府—中介机构—大学”这一独特的高等教育管理模式,而且在确保大学办学自主权尽可能少受干涉的同时,实现政府对大学的宏观调控,得到全世界众多国家的认可和借鉴。大学拨款委员会在英国存在了近 70 年,对英国高等教育和大学的发展起了到极其重要的作用。

尽管伦敦大学和城市学院这一系列新型高等教育机构广泛设立,但当时英国能接受教育的人口总量占总人口的比例仍然非常低。1861 年,在英格兰大学接受教育的人口占总人口的比例为 0.02%,到 1911 年这个比例只上升到 0.06%。① 新大学运动中设立的新型高校带来了与英国传统高等教育不一样的教育新模式,促进了英国高等教育的发展,也在一定程度上满足了部分民众接受高等教育的诉求。但是这种需求仍然不能跟上时代发展的步伐,于是,整个 20 世纪成为英国高等教育庞大体系形成的时代。

(三)高等教育系统完善时期(20 世纪中后叶至 20 世纪末)

这一时期,英国高等教育得到了进一步发展,随着近现代大学的职能越来越多样化,由传统办学模式与时代发展之间的冲突带来的弊端也更加凸显。但是,这一时期英国高等教育体系基本得到完善,更重要的是由于政府较之以往更加注重对高等教育的支持和管理,出台了大量的政策文件,从罗宾斯时代到后罗宾斯时代,从“双重制”管理体制到统一的管理体系,英国大学在办学规模和学校职能上得到了极大发展,进入大众化发展阶段。因此,用“系统”作为这一阶段高等教育的主要特征是适宜的。

尽管通过 19 世纪后半叶的改革,英国的高等教育在实业方面有了较大发展;但由于国家自大学产生以来形成的对高等教育采取不干涉政策以及先于国家形成的传统大学势力之强大,相对于欧洲许多老牌资本主义国家而言,英国高等教育近代化的步伐极为缓慢。到 20 世纪上半叶,英国的高等教育依然保持了“精英教育”的模式,“重质量、轻数量”,使得英国高等教育在规模上远远落后于西方发达国家。第二次世界大战以后,英国

---

① 万湘:《英国大学制度演变的研究》,湖南师范大学 2006 年硕士学位论文。

高等教育的弊端更加凸显,和其他国家相比明显落后,以至于不得不通过政府倡导的改革来解决存在的问题。

进入 20 世纪后,英国高等院校的数量和入学人数得到进一步的发展,一方面得益于新增大学的出现,另一方面得益于传统城市大学的升级。继"新大学运动"之后 20 世纪又有一批大学诞生,如威尔士大学(1893)、伯明翰大学(1900)、诺丁汉大学(1881)、基尔大学(1949)、艾克斯特大学(1955)等。同时,在 19 世纪成立的一批城市学院也先后改为大学,扩大了办学规模,拓宽了招生范围。到 20 世纪 60 年代初期,英国大学已经超过了 20 所。

学校数量上适度扩张之后,自 20 世纪 60 年代开始,由英国政府主导的高等教育系列重大变革开始了(见表 11-1)。以 1963 年的《罗宾斯报告》(Robbins Report)为肇始,绵延至 21 世纪今天的教育改革,奠定了英国高等教育在世界一流大学和一流教学质量的崇高地位。贯穿整个 20 世纪的这一时期的改革进程,则使英国高等教育在 20 世纪末之际,诸如办学方针、制度设计、发展策略、管理机制等方面发生了翻天覆地的变化——英国高等教育在变革中完成了从古典教育到现代教育,从贵族教育到平民教育,从精英教育到大众教育的彻底转型。

表 11-1 20 世纪英国高等教育改革系列政策一览表

时间	名称	主要内容	主要影响
1963 年	《罗宾斯报告》	未来 20 年的高等教育发展目标 扩大招生人数,增加经费,创办新大学 成立全国学位授予委员会 提出"罗宾斯原则":谁有资格谁上大学	高等教育进入迅速发展时期,大学数量增加,新大学在专业结构、课程设置及科学研究等方面有所创新 从精英教育向大众化教育转进
1966 年	《关于多科技术学院与其他学院的计划》	提出高等教育"双重制" 政府依据"阶梯原则"设置的双重模式对高等教育分层分级管理	既保留大学的学术性传统,又通过大力发展公共高等教育,扩大适龄青年接受高等教育的机会 从精英体系演变成"精英—大众"的高等教育体系
1985 年	《20 世纪 90 年代高等教育发展》	放宽入学要求,改革"罗宾斯原则"为"谁能受益谁上大学" 高等教育应为改善国民经济作贡献 发展政府起领导作用的继续教育和终身教育,重视与企业的联系 加强科研评估	标志英国高等教育进入后罗宾斯时代 英国的高等教育大众化浪潮在 20 世纪 80 年代末、90 年代初真正到来

续表

时间	名称	主要内容	主要影响
1987 年	《迎接挑战》	建立新的拨款机构"大学基金委员会"取代"大学拨款委员会"	拉开对"双重制"管理体制改革的序幕 政府逐步加大对大学的调控
1988 年	《教育改革法》	多学科技术学院及大多数高等院校由中央政府直接管理 成立"高等教育质量保障署",评估大学办学质量	在引导大学办学方向和监督大学办学行为方面起到重要作用 从精英教育向大众教育的转变已经完成
1991 年	《高等教育——一个新的框架》	建立一个大学、多科技术学院和高等教育学院统一的拨款结构 在英格兰、苏格兰和威尔士各设立一个高等教育基金会,负责分配国家提供的教学和科研经费 取消全国学位授予委员会,赋予多科技术学院以学位授予权 结束双重制,允许多科技术学院更名为大学,制订标准加强质量控制	总结了教育改革法的实施情况,制定高等教育体制改革计划 逐步实现更多的英国青年接受高等教育这一目标
1992 年	《1992 继续教育和高等教育法》(简称《教育法》)	废除"双重制",使"学院成为大学的一个部分" 理顺高等教育管理体制,建立起单一的高等教育框架 符合条件的 34 所多科技术学院升格为大学	是英国高等教育系统结构发展的分水岭,双重制终结,高等教育体制更加趋于完善 标志着英国高等教育进入大众化时代,大学数量猛增,学生人数大涨
1997 年	《学习社会中的高等教育》(简称《迪尔英报告》)	扩大教育规模 扩充经费来源 完善管理机制 提高高等教育质量等	自《罗宾斯报告》之后第一个全面回顾与反思英国高等教育并对未来发展作出战略构思的纲领性文件 为英国 21 世纪的高等教育制定了蓝图

如表 11-1 所示的 20 世纪英国高等教育改革系列政策一览表,可以清楚地看到这一时期法案之多、范围之广、内容之详细,体现了这一时期英国的高等教育,在英国政府的大力支持下,既致力于高等教育系统的发展又在总体上确保大学质量的高水平。其历程经历了从精英教育走向大众教育,从象牙塔走向世俗社会,从纯粹的学术机构变为国家的支柱性产业,从政府的全额拨款到在资源获取与配置中引入市场机制的现代高等教育管理体制变革的过程。

20 世纪 60 年代,英国政府迫于社会、政治、经济等各方面变革的压力,成立了以罗宾斯勋爵(L.Robbins)为首的高等教育委员会。在考察了法国、联邦德国、荷兰、美国、苏联等十几个国家的情况,并对英国大学及各高等教育机构作了详细、深入的分析之后,1963 年罗宾斯委员会提交了长达 335 页的《高等教育:1961—1963 年首相委任的以罗宾斯勋爵为主席的委员会报告》(简称《罗宾斯报告》)。《罗宾斯报告》提出了英国未来 20 年高等教育的发展目标,建议扩大高等教育的招生人数,增加高等教育经费,创办新大学,成立全国学位授予委员会,为不属于大学的高等院校的学生颁发学位或其他资格证书等。最重要的是,报告提出了"罗宾斯原则",即"所有具备入学能力和资格并希望接受高等教育的青年都应该获得高等教育的机会"。[①] 该原则的提出标志着英国高等教育正式从精英教育向大众化教育转进。《罗宾斯报告》发表后,英国高等教育进入了一个迅速发展时期,具体表现在大学数量的增加和新大学在专业结构、课程设置及科学研究等方面的新尝试。更为重要的是 20 世纪 60 年代中期确立的高等教育"双重制"(the binary system),使英国高等教育体制发生了重大变化。

1965 年,英国教育和科学大臣克罗斯兰德(A.Crosland)提出实行高等教育的"双重制",在他的主持下 1966 年政府颁布了《关于多科技术学院与其他学院的计划》(A Plan for Polytechnics and Other Colleges,简称"计划"),正式确立了该项制度。所谓双重制,就是把高等教育分成由大学构成的"自治"部分和由各种学院如多科技术学院、教育学院等构成的"公共"部分。政府依据"阶梯原则"设置的双重模式,"将大学置于顶端、其他机构在下的阶层化安排",[②]必然使双重制的两种结构间存在差异。"双重制"一方面保留了大学的学术性传统;另一方面通过大力发展公共高等教育,扩大了适龄青年接受高等教育的机会。双重并进,导致了英国高等教育从精英体系演变成了"精英—大众"(elite-mass)高等教育体系。它的实行为英国社会经济的发展培养了大批实用型科技人才。如果说罗宾斯报告》确定了推行高等教育"机会均等"的理想与奋斗目标的话,那么"计划"则是实现这个理想采取的最具体的行动,为实现高等教育入学机会均等迈出了实实在在的第一步。

受全球经济危机的影响,20 世纪 70 年代英国高等教育进入调整和收缩时期。20 世纪 80 年代英国的反经济危机政策和新公共管理运动的后果之一就是试图激发高等教育对知识社会中经济增长的促进作用,从而使高等教育转变为国家机器上的关键一环,大学追寻知识的自由模式及其象牙塔隐喻的社会基础受到破坏,传统大学受到来自社会环境变化的更大挑战。英国高等教育的改革在危机过后继续深入进行。

进入 80 年代后,英国社会各界对包括高等教育在内的整个教育领域中的各种问题深刻反省和广泛讨论,各种专门的研究机构和组织对高等教育开展了全面系统的调查研究,相继提出一系列改革的设想和建议,旨在为 20 世纪 80 年代和 21 世纪初英国高等教育的发展方向提供各种政策选择。1985 年,议会发表了《20 世纪 90 年代高等教育发展》(The

---

①　Tony B., Maurice K., *Process and Structure in Higher Education*, 2ⁿᵈ edition, London: Routledge,1992,p.21.

②　Tony B.,Maurice K.,*Process and Structure in Higher Education*, 2ⁿᵈ edition, London:Routledge,1992,p.30.

Development of Higher Education into the 1990s)的绿皮书,这是 1979 年撒切尔政府执政以来发表的第一份重要文件,被媒体认为是"英国高等教育后罗宾斯时代开始的标志"。[①] 文件首先改变了"罗宾斯原则",主张把"罗宾斯原则"重新解释为"所有有能力并希望从高等教育中受益的人都应该有接受高等教育的机会"。也就是把"谁有资格谁上大学"的"罗宾斯原则"改进为"谁能受益谁上大学"的新原则,放宽了入学要求;文件同时特别强调高等教育应该为改善国民经济作出自己的贡献;还主张发展政府起领导作用的继续教育和终身教育,提出加强科研评估,重视与企业的联系,争取从私人财源中获得更多资金,更好地管理以产生更大的经济效益。后罗宾斯时代意味着英国的高等教育的大众化浪潮在 20 世纪 80 年代末、90 年代初真正到来。

此后的 1987 年和 1988 年,英国政府又分别发表了《迎接挑战》(Meeting the Challenge)白皮书和《教育改革法》。法案通过建立新的拨款机构以及把多学科技术学院及大多数高等教育学院改为中央政府直接管理等措施,使双重制中大学与非大学的结构与经费两部分连接起来,从而拉开了对"双重制"管理体制改革的序幕。1988 年,英国制定《教育改革法》,成立"大学基金委员会"取代大学拨款委员会。作为一个独立机构,大学基金委员会的成员由英国教育和科学大臣任命,与大学拨款委员会相比,高等教育界人士在大学基金委员会成员中所占比例减少,工商、金融及专业技术领域的人士有所增加。《教育改革法》从内容和形式上均体现出英国政府逐步加大了对大学的调控。英国政府通过大学基金委员会等机构以间接调控的方式建立了英国高等教育的基本权力结构,实现了中央政府对全国高等教育的有限度管理。此后,英国还成立了"高等教育质量保障署",对大学办学质量与水平进行评估,在引导大学办学方向和监督大学办学行为方面亦起到了重要作用。1987 年后,英国高等教育的入学率已经从 20 世纪 60 年代初的 5% 左右稳定地提高到了 15% 以上,[②]这标志着从精英教育向大众教育的转变已经完成。

1991 年 5 月,教育和科学大臣等提出《高等教育——一个新的框架》(Higher Education:a New Framework)的白皮书,总结了教育改革法实施以来的实践结果,建议对高等教育体制作出重大改革。英国首相梅杰在白皮书前言中说:"它将有助于我们达到使更多的英国青年接受高等教育这一目标。"白皮书推行的改革措施主要有:建立一个大学、多科技术学院和高等教育学院的统一的拨款结构;在英格兰、苏格兰和威尔士各设立一个高等教育基金会,负责分配国家提供的教学和科研经费;取消全国学位授予委员会,赋予多科技术学院以学位授予权;结束双重制,允许多科技术学院更名为大学,同时制订相应的标准,加强质量控制,符合标准的其他规模较大的学院也可易名。在此基础上,1992 年 3 月 6 日议会通过了《1992 继续教育和高等教育法》[The Further and Higher Education (Scotland) Act 1992],简称《教育法》。《教育法》形成了英国高等教育系统结构发展的分水岭。法令进一步理顺了高等教育管理体制,基本解决了大学与多科学院之间无序竞争问题。法令废除了高等教育"双轨制",建立起单一的高等教育框架。符合条件的 34 所多

---

① 贺国庆、王保星、朱文富:《外国高等教育史》,人民教育出版社 2003 年版,第 84 页。

② United Nations Educational, *Scientific and Cultural Organization*. *Statistical Yearbook*. New York:United Nations,1998,pp.17-67.

科技术学院全部升格为大学,致使英国大学数量猛增,2000 年已经有 166 所大学与学院,学生人数达到 180 万。[①] 此前已建立的大学被称为"皇家特许大学"或"老大学",而新升格的大学则被称为"法规大学"或"新大学"。《教育法》标志着英国高等教育双重制的终结。1963 年《罗宾斯报告》中有两条重要的管理建议没有被采纳,其中之一就是"学院成为大学的一个部分",所以也可以说,这是 30 年前《罗宾斯报告》迟到的结果,英国高等教育体制更加趋于完善。英国开放大学校长丹尼尔(J.Danniel)认为,《教育法》的公布标志着英国高等教育进入大众化时代,高等教育领域中一场新的革命静悄悄地展开了。[②]

1997 年国会颁布了《学习社会中的高等教育》(The Dearing Report:Higher Education in the Learning Society),简称《迪尔英报告》。报告回顾了 60 年代以来英国高等教育的变革,描述了今日高等教育的状况,提出目前存在的主要矛盾与问题,展望了未来 20 年学习社会的预期,作出关于迎接 21 世纪挑战的主要举措,为英国 21 世纪的高等教育制定了蓝图。报告提出改革高等教育的主要建议包括,扩大教育规模、扩充经费来源、完善管理机制和提高高等教育质量等内容。《迪尔英报告》发表后反响巨大,被认为是自《罗宾斯报告》之后,第一个全面回顾与反思英国高等教育并对未来发展作出战略构思的纲领性文件。

现当代英国高等教育改革是高等教育性质的改革,高等教育制度告别传统深厚的贵族模式,趋于民主化,由贵族教育向平民教育转型;当代英国高等教育改革,也是高等教育类型的改革,高等教育结构由过去的一元变为两元(双重),又趋于多元,形成多层次、多规格的教育体系。因此,20 世纪对于英国高等教育来说,是从古典精英大学向现当代高等教育系统转型发展的时期。英国政府通过相继出台一系列改革文件,在 20 世纪末期已经形成了包括古典大学、近代大学、多科技术学院、教育学院、继续教育学院和开放大学等多种形式的高等教育体制,在高等教育的办学形式、高等院校的办学规模以及课程设置、办学目标等多方面都成为与社会发展关系密切的高等大众教育系统。这一时期高等教育系统的完善也为进入 21 世纪,英国政府着力于提升高等教育质量奠定了规模上和数量上的基础,从而为高等教育能更好地适应环境的发展变化提供了前提。

三、英国高等教育发展现状

进入 21 世纪,英国高等教育进入质量全面提升时期。在 20 世纪,英国政府根据时代的不同要求曾先后出台多部高等教育改革法案,通过不断扩张规模、拓宽就学机会、保障公平等维持了其在世界高等教育舞台上的领先地位(见表 11-2)。其结果是到 21 世纪,英国高等教育已完全实现了大众化,因此这一阶段的高等教育改革能聚焦到更加具体的问题上,即在实现公平的基础上着手提高高等教育质量。面对 21 世纪风起云涌、错综复杂的国际国内形势,英国政府以"质量"为主题,追求卓越,更加注重密切地联系当代社会,继

---

① Richard L.,John K.,Claus M.,*The Impact of Robbins-Expansion in Higher Education*.Harmondsworth:Penguin,1969,p.61.

② John D.,The Challenge of Mass Higher Education,*Studies in Higher Education*,1993,Vol.18,No.2.

续 20 世纪对高等教育的改革。如表 11-2 "21 世纪英国高等教育改革系列政策一览表"所示,英国政府继续通过政府法律法规等规制行为实现这一发展目标。这些政策文件意味着英国高等教育管理体系正在 21 世纪时代环境的影响下变得更加完善,也意味着政府和高校的关系发生着深刻变化,传统的古典大学发展模式离今天越来越远。

表 11-2　21 世纪英国高等教育改革系列政策一览表

时间	名称	主要内容	主要影响
2003 年	《高等教育的未来》	创建一流的科学研究,建设更紧密的高校与企业的交流和联系,保证一流的教学水平,扩大高等教育规模以满足经济和学生的需要,创造公平的入学机会,给予高校更多的自由与投入	英国政府进入 21 世纪面对知识经济社会、经济全球化和教育国际化所制定的国家发展战略的重要组成部分
2011 年 2015 年	《高等教育:学生处于中心》	通过公平入学实现社会流动,改革高等教育体系,建立新的高等教育管理框架　确保大学提供最高水平的教学,为潜在的学生提供更多的信息支持,使他们能够做好自己的职业规划	保证英国政府继续支持世界领先的科学与研究,促进高等教育改革的持续成功与稳定
2014 年	《研究卓越框架》	英国政府资助机构用来评价本国高等院校科学研究项目质量的一个行动计划　重点评估项目的产出、影响以及环境三个要素	其结果决定英国各高等院校在未来六年所获得的研究经费
2016 年	《知识经济时代的成功:教学卓越、社会流动与学生选择》	教学卓越框架是《研究卓越框架》计划的延续　从教学和研究两个方面强化现代大学的职能	政府将对现有的教学相关行政管理机构和教学评价作出重大改革,并在未来两年执行教学卓越框架
2017 年	《高等教育与科研法案》	设立学生办公室简化高等教育管理体系,提升运行效率　支持科研合作与创新,提高产出效益　放宽对新兴高等教育机构的限制,鼓励竞争保障教育质量　关注学生特别是处境不利的学生的发展,促进教育公平	开启了英国高等教育近 25 年来最大规模的改革　试图确保英国高等教育在世界上的领先地位　其具体实施效果尚待检验

自 2003 年始,教育与技能部出台《高等教育的未来》(The Future of Higher Education)白皮书以来,英国政府多次明确"高等教育是国家的财富,其对社会和经济发展的贡献无与伦比"的共识。传统古典大学"象牙塔"式的发展被英国政府越加重视的姿态逐渐

取代,英国大学被深刻地融入社会政治经济发展环境之中。2003 年的这一法案强化了政府对高等教育的管理,是继"新公共管理运动"之后的一系列改革在高等教育领域的延续与深化,也是英国政府进入 21 世纪面对知识经济社会、经济全球化和教育国际化所制定的国家发展战略的重要组成部分。这份报告书以充分的自信和高度的危机感,分析了英国高等教育取得的成就与面临的挑战,在力图保证英国高等教育世界一流水平的战略目标的指引下,提出了英国高等教育未来若干年的战略选择目标及措施。这些措施围绕"质量提升"的主题,涵盖了高等教育发展的方方面面,它包括创建一流的科学研究,建设更紧密的高校与企业的交流和联系,保证一流的教学水平,扩大高等教育规模以满足经济和学生的需要,创造公平的入学机会,给予高校更多的自由与投入等。很显然,报告适应 21 世纪全球高等教育环境的变化,所提出的新政策既强调市场化,又增加政府投入、扩大规模,加强国家竞争力导向,高等教育资源较以往将更加丰富。

2011 年,英国商业、创新与技能部(Department for Business,Innovation,and Skills)发布了白皮书《高等教育:学生处于中心》(Higher Education:Students at the Heart of the System),进一步强调要通过公平入学来实现社会流动,同时改革政府与大学的关系,建立新的高等教育管理框架。2015 年,保守党也宣称要确保大学提供最高水平的教学,为潜在的学生提供更多的信息支持,使他们能够根据以往毕业生的职业道路做好自己的职业规划;并承诺继续保证英国政府支持世界领先的科学与研究,促进高等教育改革的持续成功与稳定。至此,英国高等教育管理体制发生了根本性的变化,与之相应的大学的办学状况也不同以往。20 世纪 90 年代,大学和学生数量有限,双重制的终结使英国政府将高等教育纳入统一的拨款体系,高校的主要经费来源为政府拨款。然而随着高等教育市场化的不断深入,英国政府坚持"受益者付费"原则,学生缴纳的学费成为当前英国高等教育机构资金来源的主要渠道。高等教育拨款委员会于 2014—2015 年资助的 130 所高等教育机构中,有 90 所获得的拨款只占其总收入的约 15% 甚至更低。[①] 此外,多样化高等教育机构的兴起和非传统学生的涌入也正改变着英国高等教育的结构与布局。这一时期的高等教育格局向着办学形式多样化、经费来源渠道多元化、办学目标国际化以及教学科研越来越受到全社会重视的路向迈进。

随着知识经济的发展,英国政府进一步认识到科技是推动经济发展和改善社会福利的重要方式。研究卓越框架在取得科研方面的成功的同时,公众开始关注到高校偏离了人才培养的方向,不利于社会发展。研究评估考核(Research Assessment Exercise,RAE)也受到了广泛的批评,认为教学已经成为英国大学最薄弱的环节。[②] 要加强对高等教育的管理,最重要的方面就是对教育资源意即教育经费投入的管控,英国政府很早就意识到了这一点。20 世纪末,为提高高等教育拨款委员会分配经费的绩效,英国政府从

---

① Department for Business & Skills (BIS,2016):Success as a Knowledge Economy:Teaching Excellence,Social Mobility and Student Choice(2016-05-16),https://www.gov.uk/ government/ uploads/ system/uploads/attachment _ data/file/523396/bis-16-265-success-as-aknowledge-economy. pdf. accessed oct 28,2017.

② Johnson J.,TEF will include metrics on widening participation,*Times Higher Education*,2015.

1983 年开始,启动了多轮高等院校的研究评估考核,并根据评估结果分配高校科研经费。[①] 进入 21 世纪,这一趋势得到强化。2014 年 12 月,英国官方发布研究卓越框架(Research Excellence Framework,简称 REF)的评估结果,取代了 20 世纪末进行的研究评估考核。可以说,研究卓越框架是英国政府资助机构用来评价本国高等院校科学研究项目质量的一个行动计划,比研究评估考核更强调大学对外部环境的影响,其评估指标主要是项目的产出、影响以及环境三个要素,其结果直接决定了英国各高等院校在未来 6 年所获得的研究经费。通过经费分配,英国政府鼓励高等院校更多地为国家和社会服务;在这一过程中,英国政府与大学的关系更加密切,不食"人间烟火"的传统古典大学要符合政府要求才能获得更多的办学资源。

为了进一步提升大学教学质量,英国政府又于 2016 年推出教学卓越框架,作为研究卓越框架的延续,其平衡教学和研究的评价标准打破了英国高校传统格局,为高等教育的改革提供了一种新的思路,并在一定程度上对全球高等教育产生了重大影响。2016 年 5 月,英国政府发布《知识经济的成功:教学卓越、社会流动与学生选择》白皮书,提出政府将对现有的教学相关行政管理机构和教学评价作出重大改革,并在未来两年执行教学卓越框架计划。[②]教学卓越框架是研究卓越框架计划的延续,从教学和研究两个方面强化现代大学的职能。

为进一步巩固高等教育的领先地位,大学的科研也不能放松。英国政府于 2017 年 4 月出台了《高等教育与科研法案》(Higher Education and Research Act)。这是继《教育法》颁布以来,英国政府对高等教育领域的又一次重要改革。法案开启了本国高等教育近 25 年来最大规模的改革,是英国政府为使高等教育满足当前社会发展需要,在先前一系列改革基础上出台的。为确保英国高等教育在世界上的领先地位,法案强调通过设立学生办公室简化高等教育管理体系,提升运行效率;支持科研合作与创新,提高产出效益;放宽对新兴高等教育机构的限制,通过鼓励竞争保障教育质量;关注学生特别是处境不利的学生的发展,促进教育公平。此次改革涉及英国高等教育的诸多方面,在出台过程中也招致了一些不满与质疑,其具体实施效果尚待检验。

纵观 900 年的英国高等教育发展,古典与现代、传统与革新、规模与质量始终并存。这让英国高等教育的变革看上去更像是一个渐进的过程——看似保守缓慢,但从未停顿,短期看进展小,长此以往却成长为高等教育强国。直到今天,在权力的首脑机关,牛津和剑桥的影响依然特别抢眼。英国政府的最高级官员半数以上毕业于牛津或剑桥。国家机关的大臣们,尤其是外交部的官员们,最喜欢从牛津招募新人。这些有着合适出身的抱负远大者通常得到未来最高层官员谋得的有限职位中的 40%～50%。在伦敦的法院、律师界,这个比例还要高得多。无论在政府部门还是在伦敦新闻界,无论在英国广播公司还是在各大城市的银行里,在英国的最高领导层,最好的证明就是毕业于牛桥。这个精英阶层

[①] 吴结:《英国高等教育拨款中介机构的演变及其对我国的启示》,载《教育学术月刊》2009 年第 1 期。

[②] Department for Business Innovation & Skills,UK.Success as a knowledge economy:Teaching excellence,social mobility and student choice.http://www.gov.uk,2016.

本身就是一个神话,这个神话又在神话中得到发扬光大,他们的优秀品质连续几个世纪都得到了证明。无外乎学界公认,牛津和剑桥两所大学不仅是教育界的楷模,而且是英国学识的国都和精神生活的天堂。由于它们自中世纪以来坚持不断更新的思想,和时代同步,也经常与时代针锋相对。但同步也好,相对也罢,抑或超前更好,没有人能够否认牛津剑桥对英国、对世界高等教育史的伟大意义。

进入 21 世纪以来,尽管英国高等教育遭遇的挑战越来越多,其改革仍方兴未艾。传统大学如何在今天迎来新的活力始终是英国高等教育不断发展的源动力,或说"成也古典败也古典"的发展悖论一直围绕在其传统的精英大学周围。但总地来说,今天的英国高等教育已经确定了其领先世界的声誉。根据 2016 年 QS 世界大学排名,英国的 163 所公立院校中共有 10 所英国大学进入世界前 50,18 所英国大学进入世界前 100,30 所英国大学进入世界前 200。英国高引用的文章中所占的份额仅次于美国,并已取代美国成为加权引用影响力指标的第一名。在 2015 年全球创新指数排行榜上,英国成为世界上第二大创新型国家。[①]

究其根本,英国高等教育发展的历程之漫长、改革之延续无其他国家能与之媲美。英国的各个大学在与政府和社会的关系越来越密切的过程中,在与世俗社会和平民大众越来越多的合作中,在教学内容和教学形式越来越丰富、越来越贴近现代生活的变化中,不断壮大;尽管道路比较曲折,但终究积极地在与环境的互动中向前发展,并获得全世界的肯定。自中世纪大学最初在英国建立始,英国以牛桥两所大学为代表,奉行精英教育,为上层社会培养"绅士",为贵族和宗教服务。到文艺复兴时期,英国高等教育以"自由教育"为主,以培养个性自由发展的人为目标,继续走精英教育的发展路子,大学只是少数人的特权。伴随经济的发展,精英教育无法满足英国人民日益增长的对高等教育的需求,高等教育无法适应工业的现代化和科技的进步,高等教育大众化的呼声越来越高,这种精英教育与大众教育,古典人文主义教育与科学技术教育的冲突越来越激烈,更多的人需求高等教育,更多人需要高等教育专业化。于是英国政府适时出手,选择用一系列政策法案规制大学的发展,不仅提供支持和帮助,也引导大学加强与社会的联系,扩大招生规模和范围。凡此种种,成就了今天享誉世界的英国大学与高等教育系统。

可以说,正是英国高等教育这种渐进和缓慢的变革历程,使其高等教育的发展常处革新而不忘本的道路。仅就牛津剑桥两所最古老大学的地位而言,即使是在英国 19 世纪初到 19 世纪 60 年代英国高等教育的改革和扩张时期,尽管新大学运动和城市学院发展迅猛,依然没有改变牛津剑桥两校的地位,精英教育仍然占据社会的主流。19 世纪 60 年代以后,高等教育双重制形成,其调和精英教育和大众教育之间的矛盾,发展高等教育规模,促进高等教育大众化。进入 20 世纪高等教育主要解决是的平等的入学机会的问题,规模得到很大发展。由于绅士文化的影响,21 世纪以来,英国的大学转向高度重视高等教育

---

① World Intellectual Property Organization,The Global Innovation Index 2015.http://www.wipo.int,2015.

质量,重视人格的培养,崇尚自由教育。① 绅士文化对英国高等教育的质量评估理论和实践有着深刻的影响,英国高等教育对质量标准的确立,被世界上其他国家不断地仿效。

四、英国高等教育发展战略

英国政府高度重视高等教育工作,教育部联合相关部门以及高等教育质量保证署颁布有关政策文件,对高等教育和高校发展予以持续引导和支持。

(一)英国高等教育发展战略文本(译文)

1.英国政府文件

(1)英国创新和技能部 2015 年文件(全文)②

商业创新和技能部——政策文件:

2010—2015 政府政策:通向高等教育

于 2015 年 5 月 8 日更新

问题:

政府希望确保资助大学的体系在财政上是可持续的。我们认为,可以通过要求毕业生——高等教育中受益最大的人群——支付比过去更多的教育费用来实现这一目标。

我们还希望确保高等教育机构提供创新、高质量的学习。我们认为,实现这一目标的方法是让各院校竞相吸引学生和他们带来的资金。

行动:

我们已经:

·为高等教育创建了一个新的资助体系,在这个体系中,毕业生为他们的教育作出更多贡献。

·通过审查选择性(教育)提供方(译者注:非公立高等教育机构)获取资金的方式,创建了一个更加多样化,更具竞争力的高等教育部门。

背景:

2010 年 5 月,政府的联合协议阐明了我们的目标,即创建一种更为可持续的高等教育资助方式。

《高等教育经费和学生资助的独立审查》指出了现有资助体系存在的三个问题:

·财务可持续性的需求;

·更广泛的参与;

·更高的质量。

该组织于 2010 年 10 月发表的报告《确保高等教育可持续发展的未来》(Secure a Sustainable Future for Higher Education)就这些问题进行研究并提出一些可能的解决方案。

---

① 刘强:《当前英国高等教育改革的路径与发展——基于〈高等教育与科研法案的分析〉》,载《比较教育研究》2018 年第 8 期。

② 2010 *to 2015 government policy:access to higher education*,https://www.gov.uk/government/publications/2010-to-2015-government-policy-access-to-higher-education/2010-to-2015-government-policy-access-to-higher-education,英国政府网,最后访问日期:2018 年 5 月 1 日。

所考虑的解决方案有：

①什么都不做（保持现有制度，不削减政府拨款）；

②减少学生人数；

③减少政府拨款。

在 2011 年 6 月咨询报告《高等教育：学生处于体系的核心》（Higher Education：Students at The heart of The system）的影响评估中提供了这些方案的详细信息。咨询委员会在 2011 年 6 月就建立一种更为可持续的高等教育资助方案的提案征询了意见。

我们已经咨询了谁？

我们就如何将学生人数控制措施应用于有指定课程的选择性（教育）提供方（译者注：非公立高等教育机构）进行了咨询。我们得出结论：选择性（教育）提供方（译者注：非公立高等教育机构）需要满足新的条件以便能被指定作为学生支持目的。

法案和立法：

《2004 年高等教育法》（Higher Education Act，2004）允许大学制定其学费（标准），即所谓的"可变学费"。它们于 2006—2007 学年推行。

1998 年的《教学与高等教育法》赋予部长（State of Secretary）①制定年度规章的权力，为接受高等教育的学生提供支持，以及学生贷款的偿还方式和偿还时间。

自 2006—2007 学年起，符合资格在公立学校就读的学生可获全额学费贷款，该贷款只有在学生找到工作后才会偿还。这意味着没有符合资格的学生需要预先支付学费。

影响：

2010 年，我们对高等教育经费和学生资助提案进行了影响评估："中期影响评估：对高等教育经费和学生资助的紧急改革。"

合作单位：

公平入学办公室：通过监督"入学协议"来促进高等教育公平入学的独立机构。所有想要收取更高费用的英国大学和学院都必须有"入学协议"。这份协议概述了每所学校将如何吸引和支持来自弱势背景的学生。

英国高等教育拨款委员会（HEFCE）：负责管理大学和学院高等教育教学和研究的公共资金。HEFCE 有助于确保高等教育的责任和良好实践。

学生贷款公司（SLC）：为大学生提供贷款和助学金的非营利性组织。

高等教育独立审裁者办公室（OIA）：在英格兰和威尔士管理学生投诉的独立机构。

大学和学院招生服务中心（UCAS）：负责管理英国高等教育课程的申请。

QAA：确保高等教育标准和提高高等教育质量的独立机构。

附录 1：建立一个更加多元化，更具竞争力的高等教育部门

这是主要政策文件的支持详情页。

高等教育（HE）部门有两种教育机构，分别受到不同制度的约束：

• 获得公共资金资助的高等教育机构；

• 选择性（私人资助的）高等教育机构，如"私立"大学。

---

① 译者注：此处指英国教育部部长。

不同的制度：

这些应用于选择性高等教育机构（译者注：非公立高等教育机构）制度的不同之处在于：

- 它们无法自动获得政府提供给公立院校的学费贷款和助学金；
- 它们不受学费上限约束；
- 它们不需要接受英国独立审裁者办公室（的监管）（译者注：未正式要求私立教育机构接受 OIA 的监管）；
- 它们的每门课程需要政府批准，然后学生才有资格获得政府资助的学费贷款和助学金；
- 它们不像公立院校一样面临质量控制措施，也不受公共信息要求的限制；
- 它们不像公立院校一样受到学生名额限制。

为其他高等教育院校译者注：非公立高等教育机构课程作出新安排：

我们正在审查其他高等教育院校通过学生资助的程序。我们将为其他高等教育院校提出一些额外的要求，作为今后获得这项支持的条件，包括：

- 限制学生人数；
- 对质量保证提出更严格更透明的要求；
- 更严格和透明的财务可持续性、管理和管理调查。

这些措施将帮助我们为所有高等教育机构提供平等的机会，让学生获得政府资助的学费贷款和助学金。

我们就如何将学生人数控制措施应用于其他有指定课程的院校提供意见。我们得出的结论是：选择性提供方（译者注：非公立高等教育机构）需要满足新的条件以便能被指定用于学生资助目的。

附录 2：为高等教育建立新的资助体系

这是主要政策文件的支持详情页。

政府为高等教育引入了一个新的、更具可持续性的资助体系。现在所有的公立高等教育院校可向上全日制课程的学生收取高达每年 9000 英镑的学费。

学生可以申请学费贷款，并在受雇于年收入高达 21000 英镑的工作时还贷。

学费和财政支持

由于我们要求毕业生支付更高的学费，我们正在为所有符合条件的学生引入一个新的财政支持系统：

- 无须预付学费；
- 所有学生都可以申请学费贷款；
- 更多的可用于补贴生活费用的助学金。
- 通过"国家奖学金项目"和"入学协议"，为低收入家庭的学生提供更多财政资助。

"学生资助计算器"会评估学生可以获得哪些贷款、助学金和额外帮助。

（2）英国教育部 2018 年文件（全文）[①]

回顾 18 岁以后的教育和资助（皇家版权 2018）

（英国教育部 2018 年 2 月公布）

职权范围

政府致力于对 18 岁以后的教育（以下简称"18 后教育"）和资金进行重大审查，以确保联合（教育）系统适用于每个人。随着重大改革的实施，本次审查将探讨如何确保（我们的）针对 18 岁及以上年龄的教育体系适用于所有人并能得到资金体系的资助。该资金体系为学生和纳税人提供物有所值的服务和工作，激励整个行业的选择和竞争，并鼓励我们国家所需技能的发展。

我们的 18 后教育和培训体系有很多优势：我们拥有世界一流的高等教育体系，来自弱势背景的年轻人进入大学的人数创下了纪录。2017 年《高等教育与研究法案》为 18 后教育系统的发展进一步奠定了基础。我们成立了学生事务办公室，以运营新的大学注册系统并保证最低标准；新设了公平入学和参与办公室主任，以推动社会流动性；制定了"卓越教学框架"，以使大学对其向学生提供的教学和成果负责；我们鼓励教育体系进一步多元化，增加新的教育机构，以更低的成本向学生提供更短（年限）的学位。

政府已经推出了《2017 年技术和继续教育法案》，该法案将学徒制学院的职责扩展到包括技术教育，并提供相应的学位。将建立新的技术学院，侧重于更高水平的技术技能，并有资格为学生提供贷款和助学金。现已启动了一项单独的审查，以确定如何最好地将技术教育改革扩展到第 4 级和第 5 级，其结果将纳入本次审查。

必须建立这些重要成就。

本次审查将进一步探讨如何使我们的 18 后教育体系与一个为学生和纳税人服务的资助体系相结合，并得到支持。例如，近年来，该体系鼓励 18 岁的青年获得 3 年制学位，但并没有为这个年龄段追求技术或职业道路的年轻人提供全面、高质量的路径。大多数大学对至少部分课程收取尽可能高的学费，而 3 年制课程仍然是常态。毕业生的平均债务水平有所上升，但这并不表示所有毕业生的工资回报都有所提高。这一体系也没有全面提供我们经济所需的先进技术。

本次审查将重点关注以下问题：

1）18 后教育和培训部门的选择和竞争：

• 我们如何能够帮助 18 岁之后的年轻人在学术、技术和职业道路上作出有效的选择，包括收入水平和教学质量等信息。

• 考虑到已经在进行的改革，我们如何支持一个更具活力的市场，同时保持世界级高等教育和研究部门的财务可持续性。

• 我们如何鼓励更灵活的学习（例如，兼职、远程学习和走读学习选择），并补充政府正在开展的工作，以帮助人们在人生的不同阶段学习。

[①] Review of Post-18 Education and Funding, https://assets.publishing.service.gov.uk/government/uploads/system/uploads/attachment_data/file/682348/Post_18_review_-_ToR.pdf，英国政府网，最后访问日期：2018 年 6 月 1 日。

• 如何确保市场能提供更多的选择,包括具有更高学位的学徒培训,更短更灵活的课程,特别是快速学位专业以及可以推动竞争的支持型创新型的新教育机构。

• 我们如何确保在全国范围内,包括通过新"技术教育机构"(译者注:此处特指"职业技术教育机构"),提供世界一流的技术教育。

2)一个面向所有人的(教育)系统:

• 我们如何才能确保弱势背景的人也能有平等机会接受所有形式的 18 后教育和培训并取得成功。

• 弱势学生和学习者如何获得来自政府以及大学和学院的生活补助。

3)提供我们国家所需的技能:

• 我们如何通过为强大的经济作出贡献,通过提供我们国家所需的技能,来最好地支持实现我们"产业战略"抱负的教育成果。

4)让毕业生和纳税人物有所值:

• 学生和毕业生如何回报(政府或者社会提供给他们的)学习成本,包括他们的回报水平、期限和持续时间,且同时确保 18 后教育(与培训体系)的受益者与其教育成本之间(存在)关联。

• 确保 18 后的教育和培训资金分配透明,不成为选择或提供服务的障碍,考虑到如何最好地提高机构效率,以及让学生和纳税人认为物有所值。

• 政府和院校如何与学生和毕业生就学生资助的性质和条款进行沟通,确保这种沟通尽可能清晰(符合相关的法律要求)。

我们当前的 18 后教育体系的许多要素都运转良好,而且有一些重要的原则政府认为应该在未来继续保持。因此,审查的建议将以下列需要为指导:

• 坚持学生应该承担学习成本的原则,同时确保支付是渐进的,因(学生毕业后的)收入而异;

• 继续进行准备就绪的改革,建立强大的技术和继续教育部门,以鼓励(培养)国家所需的技能;

• 对可从 18 后教育中受益的学生人数不设上限;以及

• 帮助大学和学院在实现政府目标[包括科学、研发(R&D)和工业战略(industrial strategy)]方面的作用。

本次审查不会就 2012 年之前有关贷款或税收的条款提出建议,其建议必须与政府减少赤字的财政政策一致,并使债务占国内生产总值的百分比下降。

整个审查将由英国教育部牵头,并向英国教育国务大臣、财政大臣和首相汇报。

由 Philip Augar 领导的独立小组将就上述问题的审查提供意见。该小组将由来自 18 后教育和商界的专家组成,并尤其与正在或最近参与 18 后教育的人员交换意见。

该小组将在(英国)政府于 2019 年年初完成全面审查之前的过渡期发布报告。

（3）英国教育部和国际贸易部 2019 年联合颁布文件（部分内容）①

2019 年 3 月 16 日,英国教育部和国际贸易部联合颁布政策文件——《国际教育战略:全球潜力、全球增长》。该战略阐述了英国政府的教育出口雄心,以及它将如何支持英国教育部门获得全球机会。这项新的国际教育战略力争到 2030 年实现两大目标。其一,将教育出口的价值提高到每年 350 亿英镑;其二,将选择在英国高等教育系统学习的国际学生总数提升至每年 60 万人。

通过与教育部门的磋商,该战略制定了五项跨领域的策略行动:

1)委派一名国际教育杰出人物领衔海外活动。

2)确保教育极大地促进英国教育在广度和多样性方面向国际受众提供更充分（的服务）。

3)继续为国际学生提供宜人的学习环境,并提供越来越多的具有竞争力的学习机会。

4)通过实施各部门部长级接触框架,以及实施针对政府海内外各部门之间协调的正式架构,构建政府整体框架方案。

5)通过提高英国每年公布的教育出口数据的准确性和覆盖面,为出口活动提供更清晰的图景。

针对教育部门不同分支的各自需要和挑战,上述（策略）行动由更具体的行动支持。它们旨在帮助英国从早期至高等教育的整个教育领域构筑全球市场份额。

2.QAA 文件

QAA 2017—2020 年战略

——建设世界一流质量（2017 年 5 月 1 日发布）②

英国大学和学院因其提供的教育质量和严谨的学术标准享誉世界。QAA 的使命——确保英国无论在世界上何处提供高等教育,均保障其水准,提高其质量——让英国当之无愧地享有这一美誉。

无论在英国还是在全球,高等教育的规模、多样性和提供方式都在发生变化。因此,随着英国四个地区即将进行的改革,监管环境也在发生变化。QAA 已经准备好迎接这些新的挑战,并将继续作为联合监管体系的一部分,使所有学生无论在现在还是将来都能受益。

为了支持这一目标,以及我们"世界领先的,具有独立保障的英国高等教育"的愿景,我们提出了"建设世界一流质量",即 QAA 2017—2020 年战略。

这一战略将引导我们在本部门进行重大变革。该战略以五个核心价值观为基础,即合作、创新、专业、责任和诚信。这些价值观塑造了我们所做的一切。该战略结合了我们多年的专业知识和经验,为英国的高等教育带来持久的价值。

---

① International Education Strategy:global potential,global growth,https://www.gov.uk/government/publications/international-education-strategy-global-potential-global-growth,英国政府网,最后访问日期:2019 年 3 月 17 日。

② QAA:Building on world-class quality（strategy 2017-2020）,https://www.qaa.ac.uk/docs/qaa/news/qaa-strategy-2017-20.pdf? sfvrsn=746ef681_10,最后访问日期:2018 年 8 月 1 日。

Chris Banks,QAA 董事会主席

Douglas Blackstock,QAA 首席执行官

我们的使命:保障和提高英国高等教育向世界展示的水准和质量。

我们的追求:世界领先的,具有独立保障的英国高等教育。

我们的价值观:合作、创新、专业、责任和诚信。

到 2020 年,QAA 将被学生、学校和政府认可和重视其作为:

专业的独立质量(保障)机构,支持英国高等教育多元化的联合监管体系;

提供有价值的服务,即提供保障并促进质量提高。

利用我们的国际声誉和伙伴关系造福于英国高等教育。

目标一:

QAA 将作为专业的独立质量(保障)机构为英国高等教育多元化联合监管体系提供帮助。

我们将通过以下措施来实现这个目标。

第一,确保和承担威尔士的质量保障。

第二,确保 QAA 针对苏格兰的以提高(质量)为导向的方案为苏格兰带来成效,并在苏格兰以外(地区)产生更大的影响。

第三,在英格兰和北爱尔兰的监管和质量体系的设计与实施中发挥关键作用。

成功标准:

第一,QAA 是指定的质量保障机构,为英格兰和北爱尔兰提供有效的质量评估体系。

第二,QAA 在英国四个地区的高等教育质量保障方面都发挥着主导作用,确保在全英范围内高等教育质量监控方式的可比性和共同利益。

第三,以提高(质量)为导向的,基于风险(评估)的方案所带来的益处得到了(教育)提供方的认可和重视。

目标二:

QAA 将提供有价值的服务,包括提供保障、促进质量提高。

我们将通过以下措施来实现这个目标。

第一,为英国高等教育机构和政府提供可靠的建议和指导。

第二,帮助改善学生的学习体验。

第三,开发和提供满足用户需求的创新活动和服务。

成功标准:

第一,QAA 拥有清晰的、受支持的产品和服务。

第二,QAA 因其观点和建议而被认为是值得信赖的专家。

第三,在英国政策不断变化的背景下,英国的(高等教育)质量准则及其组成部分仍是现在通行的。

第四,我们工作中的分析和洞察,为推动改进和变革提供证据。

目标三:

QAA 将利用我们的国际声誉和伙伴关系造福于英国高等教育。

我们将通过以下措施来实现这个目标。

第一，提供有针对性的智力支持，帮助英国在高等教育领域（进一步）国际化。

第二，与国际伙伴合作，寻求改进英国跨国教育规定的监管框架。

第三，保障国际质量审查和其他服务的需求，从而认可 QAA 为一个备受尊重的权威机构。

成功标准：

第一，认可 QAA 的工作积极促进了英国跨国教育。

第二，QAA 有偿服务的需求量持续增长。

第三，质量主题的报告和分析受到重视，并保持 QAA 作为（高等教育）思想领导者的地位。

第四，QAA 在 2017—2018 年度成功通过了欧洲高等教育质量保证协会（ENQA）审核，并保持了其在欧洲质量保证注册制度中的地位。

我们的价值观：专业、创新、合作、责任和诚信。

专业：

第一，QAA 为英国政府提供专家咨询。

第二，QAA 运用其专业加强国际质量保障。

第三，QAA 运用其知识和专业使（教育）提供方、学生和利益相关者受益。

创新：

第一，QAA 提供创新性的新方案、新服务和有价值的活动，以增强实践、支持（教育）提供方。

第二，QAA 创新地评估我们的内部制度和程序，持续提供性价比高的优质服务。

合作：

第一，QAA 有一个体现共同监管，能代表广大学生、（教育）提供方和利益相关者利益的董事会，与之一起共同领导 QAA。

第二，QAA 与监管部门、行业机构和专业机构一起，为了（教育）行业的利益而合作。

第三，QAA 与学生和学生团体合作，吸引学生参与并增加学生的学习体验。

第四，QAA 合作支持英国本土的特色需求。

责任：

第一，QAA 通过我们的管理结构对我们的利益相关者负责。

第二，QAA 设有投诉和申诉程序，以确保我们对自己的决定负责。

诚信：

第一，QAA 是一个有诚信的机构，并且作为注册慈善机构，一切所为符合公众及其受益人的利益。

第二，QAA 的运作公开公平，无论何时均以诚信行事。

支撑这些目标是确保 QAA 财政可持续发展，并能够实现我们的目标，坚持我们价值观的资源战略。

(二)英国高等教育相关发展战略剖析

1.英国教育政策制定主体与影响因素

英国教育政策的制定主体涵盖英国议会、内阁、枢密院、教育部等,受到国内外诸多因素的影响。其中国内政治因素,如政党政治、利益团体,以及国内经济因素,是影响英国教育政策制定的重要因素。英国政府始终致力于探索学校教育及培训如何与社会、经济、文化及科技发展的需求紧密结合,不断调整思路、制定规划、明确定位、转变重心,其教育改革具有稳健性、延续性和一致性的特征。

2.英国教育部名称更迭与聚焦点演变

英国教育部成立于1944年,迄今为止更名频繁,但每一次变革都是紧紧伴随着社会的变迁与时代的进步,充分再现了英国各届政府视焦的重新调整。

其中,1964年更名为"教育与科学部"(Department of Education and Science),重视教育与科学对经济的促进作用。

1992年又更名为"教育部"(Department for Education)。

1995年更名为"教育与就业部"(Department for Education and Employment),合并教育部和就业部,强调将教育输入和输出作为一个整体来统筹。此外,在全国推行英国国家职业资格证书(National Vocational Qualification System,NVQ)和全国通用职业资格证书(General National Vocational Qualification,GNVQ),从根本上改变了传统教育培训重理论而轻实践的倾向。

2001年更名为"教育与技能部"(Department for Education and Skills),旨在适应大众终生学习的需要,凸显技能的重要地位,构建终身学习体系,强调教育与学生并非仅限于初次就业的浅层次链接,而是与大众的工作和生活有着更为深远的联系。

2007年变更最大,教育与技能部直接被划分为两个部门,即"儿童、学校和家庭部"(Department for Children,Schools and Families),以及"创新、大学和技能部"(Department for Innovation,Universities and Skills),强调科学研究和技术创新与教育的链接,并推动英国成为全球科技、研发与创新的领导者。

2009年6月,"创新、大学和技能部"整合成"商业、创新和技能部"(Department for Business,Innovation and Skills)。但部门名称中,"大学"二字的缺失引起了英国大学和学院工会(University and College Union,UCU)的不满。

2010年,"儿童、学校和家庭部"则又更名回教育部,主管基础教育领域。"商业、创新与技能部"继续负责高等教育与继续教育。

2016年,英国新任首相特蕾莎·梅上台后,撤销了"商业、创新与技能部"将其所辖大学管理职能并入教育部(Department for Education)。[①]

总之,英国教育部历次更名,均再现了英国政府的执政理念及教育政策所关注焦点的演变,是与时俱进、统筹规划,强化顶层设计与不断实践总结的结果。

---

① https://www.gov.uk/government/organisations/department-for-education,英国教育部网,最后访问日期:2019年1月1日。

3.英国高等教育质量保证署世纪三大发展战略

英国设置了专门的 QAA。作为非营利性组织，QAA 独立于政府和高等院校之外，可以提供更为客观中立的质量评估，确保高等教育机构的质量和学术标准，同时发布指南、提供对策建议，从而促进高等教育机构教育质量的提升。由此，奠定了英国高等教育外部质量保障体系的坚实基础。

QAA 在 21 世纪发布了三个发展战略规划，分别陈述了 QAA 在各阶段已取得的成绩，QAA 在未来的英国高等教育中应当发挥的作用及如何规划，包括《2006—2011 年战略规划》《2011—2014 年战略规划》《2017—2020 年战略规划》。

其中，《2006—2011 年战略规划》涵盖"捍卫标准(safeguarding standards)、支持和提升质量(supporting and enhancing quality)、提供专家意见(offering expertise)、合理化管理（rationalizing regulation）、全球合作(working worldwide)"这五个战略主题和九项战略目标[①]。

QAA 在《2011—2014 年战略规划》中阐明以"公正、专业、责任、开放、独立"为其价值体现，并提出了四项承诺和四个目标[②]。

《2017—2020 年战略规划》是 QAA 目前最新的战略规划(详见译文)，其目的是充分发挥 QAA 多年的专业知识和经验，继续保障英国高等教育在世界上的一流质量，并应对全球高等教育规模、多样性、提供方式和监管环境的变化所带来的新挑战。该战略提出以"专业、创新、合作、责任、诚信"五个核心价值观为统领，并对每个价值观进行了具体阐释，从多个维度确保 QAA 的价值观落到实处。此外，在该战略中，QAA 还提出了三大目标和具体实施措施，以及衡量各个目标是否获得成功的标准。

(三)英国高等教育相关发展战略的启示

第一，英国政府重视高等教育在国家发展中的战略地位，相关发展战略、政策机制及教育优先发展的各项措施较为全面、系统、稳定。

第二，英国政府重点着眼于从战略层面领导英国高等教育体系的发展，如分析研判全球高等教育信息，设定英国高等教育的整体目标、预期效果及每一阶段应达成的目标；赋予英国高等教育多样化的使命，发展其多样化能力；确定公共经费开支预算；注重国家力量与市场力量、公平与效率、学术与职业的平衡等。

第三，英国政府注重高等教育发展与经济社会发展之间的紧密联系，教育开放规模与国际合作力度大。其在高等教育发展战略制定中，重视将高等教育与更广泛的社会联系在一起，着力解决高等教育需要如何创新和变革，从而迎接新的社会经济、信息技术、产业

---

① 　九项战略目标参见，沈悦涵：《英国高等教育质量保障局发展战略规划探究》，载《文教资料》2012 年 8 月号中旬刊；李晓娟：《英国高等教育质量保证署 2006—2011 年战略主题》，载《世界教育信息》2006 年第 8 期。

② 　四项承诺：实现高等教育固有的价值、保证学生的权利、保障高等教育中的公共利益、提高平等和多样的重要性。四个目标：第一是满足学生的需要并得到他们的重视；第二，在越来越多样化的英国和国际环境中捍卫质量标准；第三，提升英国的高等教育质量；第四，加强公众对于高等教育标准和质量的理解。沈悦涵：《英国高等教育质量保障局发展战略规划探究》，载《文教资料》2012 年 8 月号中旬刊。

调整和文化挑战。英国政府尤其重视未来需求规划,着眼于如何规划高等教育体系,从而满足与不断扩大的需求所匹配的治理、结构、能力和关系。

第四,通过高等教育的三个核心角色:"教与学""研究""参与",及其互动关系,深入推进英国高等教育系统全面履行其对社会的责任,包括商业、经贸、区域、地方、社区,以及更广泛的教育部门和国际社会,从而为高等教育的未来发展构建一个可实现的愿景。

第五,英国高等教育战略规划体现了对不同国籍、性别、阶层、未成年与成年学生、非全日制与全日制学生、残疾或弱势背景学生等进入大学校园学习的关照,再现了现代教育民主化、多元化、国际化、大众化、终身化的特征。

英国高等教育战略,不但打造了英国教育品牌,扩大了英国在国际教育市场上的份额,而且确保了英国高等教育的国际地位,实现了自我利益与其他诸多利益的共存,使英国高等教育取得了享誉全球的社会效益和相当可观的经济效益。

质量监管方面,除了大学内部质量监管系统和新闻媒介的监督之外,则以英国教育部为首,财政部、外交部、卫生部等相关政府部门,会同高等教育拨款委员会、QAA、公平升学办公室等中间机构[①],以及相关行业组织共同展开对英国高等教育的外部监管工作。其中,QAA 始终将战略规划作为其工作的重点。近年来,在相继完成《2006—2011 年战略规划》《2011—2014 年战略规划》后,出台了《2017—2020 年战略规划》。其战略规划呈现出简洁明了,实效性和可操作性强的特征,且覆盖高等院校、学生、社会公众、国际国内等多个维度。总体上,历次战略目标的出台相比前次更为简练,内容的整合与提炼更为精当,充分体现了对现状的考量,平衡了高校、学生、市场等多方利益,并前瞻性地回应了未来发展趋势的需求,对学生权益的维护,对国际化挑战的应对,对 QAA 作用的提升等,均得到了体现。

当前,英国高等教育国际化进程也受到了脱欧等外部因素的影响。2019 年 1 月 8 日《参考消息》转发英国《星期日泰晤士报》网站 1 月 6 日报道(题:英国大学由于面临资金的多重威胁,招收留学生的数量超过了英国本国学生)指出:"在英国一些顶尖高校,留学生的数量将很快超过英国学生。在财政等因素的严重打击下,校长们把目光锁定在资金丰厚的留学生身上以维持收支平衡。在伦敦,伦敦政治经济学院的外国学生已经超过英国学生,其中 2/3 的学生来自海外,帝国理工学院的外国学生也超过了英国学生。如果英国在无协议情况下脱欧,英国将被削减 13 亿英镑的欧盟研究基金,将导致欧盟学生的数量大幅下滑。"[②]英国教育国际化发展路径经历了怎样的历程?下文将从历史和现状的维度论及英国高等教育国际合作与交流情况。

---

① 2010 年 10 月 12 日,题为确保未来的高等教育持续发展的布朗报告指出:"建立高等教育理事会,取代目前由英格兰高等教育拨款委员会、质量保证署、公平升学办公室和独立评审办公室等分别承担的职能。这一机构将履行五大职责:管理对优先开设科目的经费投入,设立并执行基本质量标准,不断提高弱势家庭学生的入学率和毕业率,确保学生从高等教育竞争中获益,解决学生与教育机构之间的争端。"详见《中国教育报》2011 年 1 月 4 日第 3 版。

② 英国媒体报道:《英高校拟扩招留学生"创收"》,载《参考消息》2019 年 1 月 8 日第 8 版。

五、英国高等教育国际化

（一）教育国际化对英国的意义

教育国际化可以追溯至第二次世界大战后。长久以来，教育被各国视为促进经济增长的重要途径之一。自从 WTO 把教育纳入《服务贸易总协定》（GATS）中，教育被界定为服务贸易领域之一。目前教育是仅次于医疗保健的全球第二大行业。从 1970 年到 2010 年，全球范围内小学入学率从 1.84 亿人上升到 5.44 亿人，中学入学率从 4 亿人上升到 6.91 亿人。与此同时，接受高等教育的学生人数从 3300 万增加到 1.78 亿。[①] 2012 年全球教育支出总额估值为 4.5 万亿美元。全球在教育方面的支出的增长一方面是由于人口结构的变化，预计全球总人口将从 2010 年的近 69 亿增加到 2020 年的 76 亿。[②] 另一方面和发展中国家收入的增加以及发展中国家对教育的重视程度的提高有关。许多成为新兴经济体的发展中国家将教育视为优先项，并将相当一部分的家庭收入用于教育，如中国、印度、巴西等。值得指出的是，全球人口结构的变化和发展中国家收入的增加可能会增加国际学生的数量。据英国文化协会（British Council）估计，随着新兴市场的持续增长，2011 年至 2020 年间，包括在本国学习的学生在内，全球高等教育入学总人数将从 1.78 亿增至 1.99 亿。在增加的 2100 万学生人数中，预计国际学生约占 45 万，其中约 13 万将前往教育国际化发达的主要国家，包括美国、英国、澳大利亚、加拿大、德国、法国和日本。[③]

英国是排名第二的受国际学生欢迎的接受高等教育的留学目的地，仅次于美国。英国的教育因其悠久的历史、高质量的教学和严谨的学术作风在世界享有盛誉。这无疑为英国这个老牌教育大国带来了机会。根据 QS 公布的 2019 年最新世界大学排名情况，英国有 4 所大学世界排名前 10，有 18 所大学世界排名前 100。[④] 因此，在教育行业迅猛发展的背景下，英国可以充分利用其在教育方面的优势，为英国经济带来丰厚的利润。而事实上，英国在这一点上也确实发挥了自身的重要作用。英国的教育国际化包罗万象。从小学开始到中学教育，再到高等教育、职业教育、继续教育等，几乎涉及每一个阶段的教学。

---

① HM Government，International Education：Global Growth and Prosperity，https://assets. publishing. service. gov. uk/government/uploads/system/uploads/attachment_data/file/340600/bis-13-1081-international-education-global-growth-and-prosperity-revised.pdf，accessed June 8，2019.

② HM Government，International Education：Global Growth and Prosperity，https://assets. publishing. service. gov. uk/government/uploads/system/uploads/attachment_data/file/340600/bis-13-1081-international-education-global-growth-and-prosperity-revised.pdf，accessed June 8，2019.

③ British Council，The shape of things to come：higher education global trends and emerging opportunities to 2020，转引自 HM Government，International Education：Global Growth and Prosperity，https://assets. publishing. service. gov. uk/government/uploads/system/uploads/attachment_data/file/340600/bis-13-1081-international-education-global-growth-and-prosperity-revised. pdf，accessed Augest 26，2018.

④ https://www.topuniversities.com/university-rankings/world-university-rankings/2019，QS 世界大学排名网，最后访问日期：2019 年 6 月 15 日。

此外,还有各式各样的语言学校和语言培训,以及科研合作等。仅就高等教育来说,赴英留学的国际学生就为英国经济作出了巨大贡献。据英国商业、创新与技能部(The Department for Business,Innovation and Skills,以下简称BIS)统计,2011—2012年度,共有43.5万名国际学生就读于英国的163所公立高等教育机构。另有5.3万名国际学生在159所非公立高等教育机构学习,其中70%的学生是本科生。[①] 在2017—2018年度有近46万名国际学生在英国接受高等教育,创下了英国有纪录以来的最高水平。[②] 2011年,英国的全球市场份额为13%,高于2006年的12.8%。[③] 据BIS估计,2011年教育出口总值为175亿英镑。而在高等教育方面,仅2011—2012年度,国际学生支付的学费(不含奖学金)和生活费就分别高达39亿英镑和63亿英镑。另支付其他15项与高等教育有关的费用共计11亿英镑。[④] 近年来,英国教育出口总值呈持续增长之势。英国教育部2019年公布的最新数据显示,2016年英国教育出口总值(含TNE[⑤])为199亿英镑,较2010年增长了26%。2016年国际教育出口总值(不含TNE)高达181亿英镑,较2010年增长了22%。其中,高等教育出口总值达到134亿英镑,约占教育出口总额(含TNE项目)的67%。[⑥] 英国国际学生人数的持续攀升和教育(尤其是高等教育)出口价值的高速增长反映出教育(尤其是高等教育)国际化对英国的重大意义。

(二)英国高等教育国际化的现状

英国政府非常清楚自身在教育国际化方面的优势。一方面,虽然用英语授课在全球范围内变得越来越普遍,但是希望由英语为母语的教师来授课的需求仍未消减。这使得赴英留学的学生数量依旧可观。另一方面,对于很多成为新兴经济体的国家来说,不仅希望本国的学生接受高质量的英国教育,更希望借助英国在教育方面的丰富经验和雄厚实力帮助提高自身的教育质量,促进教育体系的革新。英国政府也表示愿意通过教育为纽

---

① BIS,Privately funded providers of Higher Education in the UK,转引自HM Government,International Education:Global Growth and Prosperity,https://assets.publishing.service.gov.uk/government/uploads/system/uploads/attachment_data/file/340600/bis-13-1081-international-education-global-growth-and-prosperity-revised.pdf,accessed August 26,2018.

② HM Government,International Education Strategy:Global Potential,Global Growth,https://assets.publishing.service.gov.uk/government/uploads/system/uploads/attachment_data/file/799349/International_Education_Strategy_Accessible.pdf,accessed March 16,2019.

③ HM Government,International Education:Global Growth and Prosperity,https://assets.publishing.service.gov.uk/government/uploads/system/uploads/attachment_data/file/340600/bis-13-1081-international-education-global-growth-and-prosperity-revised.pdf,accessed August 26,2018.

④ HM Government,International Education:Global Growth and Prosperity,https://assets.publishing.service.gov.uk/government/uploads/system/uploads/attachment_data/file/340600/bis-13-1081-international-education-global-growth-and-prosperity-revised.pdf,accessed August 26,2018.

⑤ TNE是Transnational Education(跨国教育)的缩写。具体可参见英国Universities UK网站中关于TNE的网页:https://www.universitiesuk.ac.uk/international/heglobal/pages/default.aspx。

⑥ HM Government,UK Revenue from Education Related Exports and Transnational Education Activity in 2016,https://assets.publishing.service.gov.uk/government/uploads/system/uploads/attachment_data/file/773167/SFR_Education_Exports_2016.pdf,accessed June 8,2019.

带,积极建立与海外国家和地区之间的联系。下面主要介绍英国如何结合这两方面的优势,努力提高其高等教育国际化水平的情况。

1.积极招收国际学生

英国 BIS 在 2013 年的报告《教育国际化:全球增长与繁荣》中称 75% 的教育出口收入来自在英国学习的国际学生。① 英国政府将与英国大学联合会(Universities UK)、英国文化协会(British Council)和其他合作伙伴一道,致力于实现"合法学生数量不限",支持完成学业希望留在英国的博士和毕业生创业者的政策。自从"合法学生数量不限"政策实施以来,非欧盟国家的国际学生数量创下新高。2019 年 3 月英国教育部与英国国际贸易部联合公布了关于应对教育国际化的新战略政策报告:《教育国际化战略:全球潜力,全球增长》(International Education Strategy:Global Potential,Global Growth)。报告提道,2017—2018 年来自非欧盟国家的学生人数进入英国高等教育机构连续第七年超过 17万。② 因此,这项政策将作为英国政府一项长期的政策继续执行下去。这份新的政策报告表示,英国未来在教育国际化方面的核心目标是到 2030 年教育出口总值增长到 350 亿英镑。为达到这一目标,英国政府将努力增加在英留学接受高等教育的人数,争取到2030 年突破 60 万。③ 中国作为英国的国际学生来源大国,在近年来赴英留学人数持续上涨。据英国高等教育统计局(下文简称"HESA")分析,2017—2018 年中国学生数量比2013—2014 年增加了 21%,且对于留英的国际学生而言,2017—2018 年来自中国的学生人数多于其他任何一个海外国家,三分之一的非欧盟学生均来自中国。印度作为英国另一个国际学生来源大国,尽管在 2016—2017 年的人数下降到了 16550 人,但在 2017—2018 年已回升到了 19750 人。④

英国还通过 TNE 向海外学生提供英国教育。国际学生可以通过远程教育、在线课程接受英国教育,也可以通过英国在海外开设的分校或与其他国家的合作办学项目等接受英国教育。如此一来,国际学生不用到英国也可以享受高质量的英国教育。通过 TNE招收的国际学生人数以及因此创造的经济价值亦是相当可观的。TNE 学生人数往往多于在英留学的国际学生。2011—2012 年,有 57 万名学生通过远程教育或海外分校攻读英国学位,其中本科生 47.4 万名,研究生 9.6 万名。共有 124 所英国教育机构提供了这些

①　HM Government,International Education:Global Growth and Prosperity,https://assets.publishing.service.gov.uk/government/uploads/system/uploads/attachment_data/file/340600/bis-13-1081-international-education-global-growth-and-prosperity-revised.pdf,accessed August 26,2018.

②　HM Government,International Education Strategy:Global Potential,Global Growth,https://assets.publishing.service.gov.uk/government/uploads/system/uploads/attachment_data/file/799349/International_Education_Strategy_Accessible.pdf,accessed March 16,2019.

③　HM Government,International Education Strategy:Global Potential,Global Growth,https://assets.publishing.service.gov.uk/government/uploads/system/uploads/attachment_data/file/799349/International_Education_Strategy_Accessible.pdf,accessed March 16,2019.

④　HESA,Higher Education Student Statistics,UK,2017/18-Where students come from and go to study,https://www.hesa.ac.uk/news/17-01-2019/sb252-higher-education-student-statistics/location,accessed June 8,2019.

课程的认证。此外还有近8000名国际学生通过远程教育在英国非公立高等教育机构学习。[①] 2017—2018年,在英国境外攻读英国学位的学生人数接近70万。[②] 英国139所大学在海外招收了国际学生,占英国院校总数的84%,包括红砖大学[③]和1992年后成立的大学。[④] 2016年,TNE创造了19亿英镑的价值,约占英国国际教育出口总值的10%,相较于2010年增长了73%。[⑤]

此外,为扩大招生人数,英国还为希望通过政府奖学金计划向英国输送大量学生的国家提供支持。比如,在巴西的"科学无国界"项目中,巴西希望通过与英国合作,在四年内英国为巴西培养1万名学生,预计此项目能给英国带来超过两个亿英镑的利益。[⑥] "在这一项目中,英国在基础科学和应用科学不同领域具有特殊优势的110家大学面向巴西博士生开放。与此同时,英国国内葛兰素史克、联合利华、罗尔斯罗伊斯等公司积极参与。该项目不仅为英国大学提供了科研人才,同时促进了产学研的联合发展。"[⑦]再如,英国与印度尼西亚合作的"UK-Indonesia Dikte"项目,旨在每年为印度尼西亚培养150名博士生。

2.积极建立对外合作关系

为了扩大英国教育在国际上的影响力,创造更多经济收益,英国积极与其他国家建立合作关系,提供教育服务。目前英国已与多个国家建立了合作办学关系,许多英国大学在海外开设了分校,如中国、澳大利亚、新加坡、马来西亚、乌兹别克斯坦、迪拜等。英国还确定了8个国家(中国、印度、巴西、沙特阿拉伯、土耳其、哥伦比亚、墨西哥、印度尼西亚)和

---

① HM Government, International Education: Global Growth and Prosperity, https://assets. publishing. service. gov. uk/government/uploads/system/uploads/attachment_data/file/340600/bis-13-1081-international-education-global-growth-and-prosperity-revised.pdf, accessed August 26, 2018.

② HESA. Higher Education Student Statistics, UK, 2017/18—Where students come from and go to study, https://www.hesa.ac.uk/news/17-01-2019/sb252-higher-education-student-statistics/location, accessed June 8, 2019.

③ 红砖大学:最初用来指成立于19世纪英格兰的主要工业城市的9所大学,但随着20世纪60年代大学数量的激增和理工学院的重组,以及1992年《高等教育法案》的颁布,有时更广泛地用来指成立于19世纪末和20世纪初在英国主要城市的大学。最初的红砖学院(或其前身)中有6所最初作为公共(civic science)科学学院或工程学院成立,在"一战"前获得了大学地位。最初的9所大学中有8所是罗素集团的成员。

④ UUK. Five (financial) reasons why UK institutions engage in TNE, https://www.universitiesuk.ac.uk/International/Pages/5-financial-reasons-UK-institutions-engage-in-TNE.aspx, accessed June 8, 2019.

⑤ HM Government: UK Revenue from Education Related Exports and Transnational Education Activity in 2016, https://assets. publishing. service. gov. uk/government/uploads/system/uploads/attachment_data/file/773167/SFR_Education_Exports_2016.pdf, accessed June 8, 2019.

⑥ HM Government, International Education: Global Growth and Prosperity, https://assets. publishing. service. gov. uk/government/uploads/system/uploads/attachment_data/file/340600/bis-13-1081-international-education-global-growth-and-prosperity-revised.pdf, accessed August 26, 2018.

⑦ 《国外如何打造一流大学一流学科》,载《经济日报》2015年8月26日第8版。

1个区域(海湾地区)作为国际教育的重点区域。①

具有代表性的合作项目有"英—印教育研究计划"(UKIERI)和"中英教育合作伙伴行动计划"(UKCPIE)等。UKIERI旨在加强英国与印度在科研和教育方面的合作伙伴关系。该项目第一期(2006—2011)的目标是为UKIERI建立一个框架,使英印教育和研究关系能够逐步改变。第二阶段(2011—2016)重点讨论两国商定的主题领域,包括领导力发展、创新伙伴关系、技能发展和增强流动性。第三阶段(2016—2021)于2016年4月启动,至今仍在进行中。UKCPIE是一项为期三年的中英联合政府项目,旨在加强中英教育和技能关系。该项目于2011年10月在第六届中英教育峰会上启动,每年投入价值约400万英镑,主要包括四个方面,而高等教育正是其中之一。

英国政府在2012年发起了一项名为"GREAT"的项目。这是英国政府有史以来颇具雄心壮志的国际市场营销项目,为鼓励世界各国到英国访问、学习以及经商,英国致力于提供最好的资源。这也是英国首相提出的"全球增长竞赛"(global race for growth)的一部分。"Education is GREAT"(教育是伟大的)就是该项目中专门针对推广国际教育市场的子项目之一。英国文化协会(British Council)、英国国际贸易投资局(UKTI)和英国外交与联邦事务部(Foreign & Commonwealth Office)试图通过GREAT项目,在中国、巴西、印度、美国、韩国、印度尼西亚和欧洲新兴国家等多个重点市场推广英国教育。②项目推广以来取得了良好的进展。在2017—2018年,"Education is GREAT"项目已经在36个国家展开,覆盖了欧洲、亚洲、非洲、拉丁美洲和中东地区。GREAT项目和英国文化协会的共同努力为英国经济在这两年创造了3.09亿英镑的价值。③

下面将重点介绍中英两国在高等教育领域的合作情况。

(三)中英合作办学

1.情况简介

在教育国际化、经济全球化的背景下,中英两国都积极参与到对外合作办学的队伍当中来。中国,尤其在2001年加入WTO之后,加大了中外合作办学的力度。自2004年中英两国建立全面战略伙伴关系以来,各领域各层次的合作不断加强,其中在教育方面的交流和合作是中英人文交流的重要途径。但是,在2006年,中国教育部认为中外合作办学的质量无法得到保障,因此全面暂停了各种形式的中外合作办学审批工作,直到2010年

① HM Government, International Education: Global Growth and Prosperity, https://assets.publishing.service.gov.uk/government/uploads/system/uploads/attachment_data/file/340600/bis-13-1081-international-education-global-growth-and-prosperity-revised.pdf, accessed August 26, 2018.

② HM Government, International Education: Global Growth and Prosperity, https://assets.publishing.service.gov.uk/government/uploads/system/uploads/attachment_data/file/340600/bis-13-1081-international-education-global-growth-and-prosperity-revised.pdf, accessed August 26, 2018.

③ HM Government. International Education Strategy: Global Potential, Global Growth, https://assets.publishing.service.gov.uk/government/uploads/system/uploads/attachment_data/file/799349/International_Education_Strategy_Accessible.pdf, accessed March 16, 2019.

才重新开始批准中外合作办学。《国家中长期教育改革和发展规划纲要（2010—2020）》[①]指出要加强国际交流与合作,引进优质教育资源,提高交流合作水平。在国家政策的支持下,各种中外办学项目开始涌现。我国教育部中外合作办学监管工作信息平台显示,截至2019年年初中英合作办学机构共计21个,合作办学项目共计204项。[②] 可以说,中英在联合办学方面的合作是广泛而积极的。

2.中英合作办学的方式

中国开展的中外合作办学（Chinese-foreign Cooperatively-run Schools,简称CFCRS）方式有两种,即中外合作办学机构和中外合作办学项目。其中,中外合作办学机构又可以分为独立法人和非独立法人两种。而QAA的分类方式有所不同,它把中英合作办学模式分为三种,即分校模式、项目合作模式和远程教学模式。其中项目合作和远程教学模式还可以再细分。项目合作模式可分为两种。第一种,专业不变,学生可在中国完成全部学业,也可在中国学习一段时间后到英国继续接受同一专业的教学。但不管学习地点是否改变,学生都将获得英国院校颁发的学位证。第二种,学生首先要在中国完成一个专业的学习,然后根据项目合作协议转到与中方院校合作的英国院校继续学习另一个专业,并可继续攻读更高学位。两种模式的区别在于:参与第一种合作模式的学生所学专业不变,学习地点可能会变也可能不变;而参与第二种合作模式的学生在攻读学位过程中,学习地点会变,且赴英国之后所学专业也会变。远程教学模式也可再分为两种。第一种,学生远程学习由英国高等教育机构提供的专业和课程,但没有任何"支持中心"的帮助;第二种,学生远程学习由英国高等教育机构提供的专业和课程,同时能获得经英国学校批准的"支持中心"的帮助。所谓"支持中心"就是指能为学生在远程学习过程中提供帮助的第三方。比如,牛津布鲁克大学与英国特许公认会计师公会（The Association of Charted Certified Accountants,简称ACCA）联合开办的会计与金融专业。再如,中国学生攻读英国格林威治大学提供的硕士在线课程可以得到云南财经大学老师的指导和帮助。

QAA对中英合作办学模式的分类方法与中国教育部的分类方法的存在差异的主要原因之一是分类标准不一致。QAA主要是以英国高等教育机构在合作办学中的参与程度以及教学输出地点作为分类标准。比如,按照中国教育部的分类标准,宁波诺丁汉大学和西交利物浦大学属于同一类别,然而QAA认为这两所大学的办学方式还不完全一样。QAA认为,宁波诺丁汉大学仅仅是英国诺丁汉大学的一所海外分校,诺丁汉大学享有对宁波分校的全部学术控制权。而西交利物浦大学则是由中国的西安交通大学和英国的利物浦大学合作创办的一所独立的全新的教育机构,利物浦大学向其授权开设专业并颁发学位证。因此,QAA在最新的《中英联合办学评估报告（2012）:综述》（以下简称《综

---

① 中华人民共和国教育部,《国家中长期教育改革和发展规划纲要（2010—2020）》,http://old. moe.gov.cn/publicfiles/business/htmlfiles/moe/info_list/201407/xxgk_171904.html,最后访问日期:2019年6月12日。

② 中外合作办学监管工作信息平台,《中外合作办学机构与项目（含内地与港澳台地区合作办学机构与项目）名单》,http://www.crs.jsj.edu.cn/aproval/orglists,最后访问日期:2019年6月12日。

述》》[①]中提到,只有宁波诺丁汉一所大学属于海外分校模式。但同时,QAA 也指出西交利物浦大学又与一般的项目合作办学不一样,因为其具备一些海外分校的特征,如它是独立院校。所以 QAA 认为西交利物浦大学可以说是介于海外分校和项目合作之间的一种中英合作办学的产物。

下面是 QAA 在《综述》中统计的中英合作办学的合作模式、参与院校数量以及合作数量(见图 11-1、图 11-2)。[②]

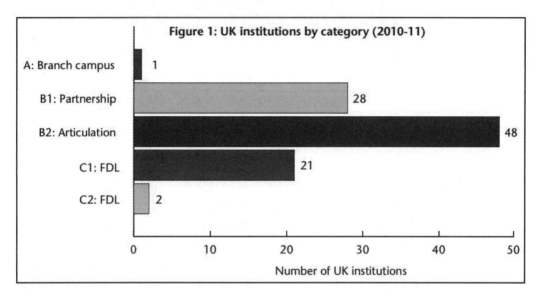

图 11-1　2010—2011 年参与中英合作办学的英国院校数量及合作模式分布

如图 11-1 所示,其中横坐标(Number of UK institutions)代表英国高校数量,纵坐标表示不同的合作模式。A 代表分校模式,B1、B2 分别表示上文提到的第一、二种项目合作模式,C1、C2 分别代表第一、二种远程教学模式。由图 11-1 可知,英国大多数院校是以项目合作模式参与中英合作办学的,其次是远程教学模式。

由图 11-2 可知,截至 2012 年中英合作办学的 282 个合作项目中,项目合作模式在合作数量上占了绝对优势(277 项)。其余 5 项中只有 1 项是分校模式(宁波诺丁汉大学),另外 4 项是远程教学。项目合作模式中又以 B2(上文提到的第二种项目合作模式)最常见(共 210 项),而 B1(上文提到的第一种项目合作模式)仅有 67 项。另外,在图 11-2 中没有 C1(第一种远程教学模式)的分布情况。这是因为,在第一种远程教学模式中,学生直接与英国院校对接,没有参与合作的中方院校的帮助和支持。因此,C1 某种程度上不算是中英合作办学。

---

① 由于 QAA 一般几年才公布一次对中国的 TNE 开展情况的评估报告(上一次是 2006 年),因此 2012 年的版本已经是迄今为止所提供的关于中英联合办学评估的最新报告。

② QAA,Review of UK transnational education in China 2012:Overview,https://www.qaa.ac.uk/docs/qaa/international/tne-china-overview-(1).pdf? sfvrsn=e43ff481_2,accessed February 26,2019.

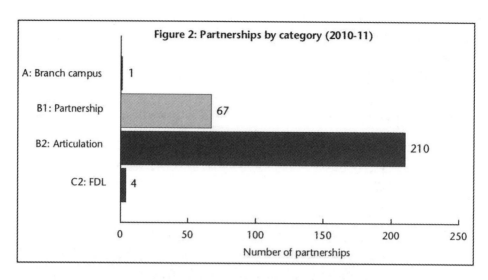

图 11-2　2010—2011 年中英合作办学模式与数量分布

此外,结合图 11-1 和图 11-2 不难发现,中英合作办学项目数量与参与合作办学的英国院校数量并不对等,原因就在于多数英国高校参与的合作项目不止一项。

另外,《综述》指出通过中英合作办学在中国大陆地区学习的学生人数为 33874 名,在英国学习的学生人数为 5392 名。在众多中英合作办学专业中,42%系商业和金融专业,19%系工程专业。调查发现,尽管中英合作办学在中国的校址遍布地理位置较广,但大部分位于中国东部沿海的主要中心城市:北京、上海、宁波(浙江省)、苏州(江苏省)、广州和深圳(广东省)。[1]

3.典型案例

案例一:宁波诺丁汉大学

宁波诺丁汉大学(The Ningbo Campus of the University of Nottingham)是第一所以分校模式存在的,具有独立法人资格的中英合作大学。该校的目标是使这个在中国的分校成为诺丁汉大学的一个校区,初衷是让学生在中国也能获得"诺丁汉体验"。因此,在课程设置、教学方法、语言和教学资源等方面,该校均提供英式教育。作为诺丁汉大学的一个组成部分,宁波诺丁汉大学的学术标准和教学质量与英国诺丁汉大学一样。学生毕业后可获得英国诺丁汉大学文凭。

案例二:西交利物浦大学

西交利物浦大学是另一所以分校模式存在,同样具有独立法人资格的中英合作大学。该校由西安交通大学和英国利物浦大学联合创办于 2006 年。西交利物浦大学实行董事会领导下的校长负责制。西安交通大学是教育部直属全国重点大学,是"985"和"211"大

---

① QAA,Review of UK transnational education in China 2012:Overview,https://www.qaa.ac.uk/docs/qaa/international/tne-china-overview-(1).pdf? sfvrsn=e43ff481_2,accessed February 26,2019.

学之一。而英国利物浦大学是英国"红砖大学"之一,也是罗素大学集团^①成员之一。西交利物浦大学旨在融合中国和英国高等教育体系的优势。学生毕业时可同时获得双学位,即西安交通大学和英国利物浦大学分别颁发的学位。

案例三:伦敦大学玛丽女王学院与北京邮电大学的合作办学项目

伦敦大学玛丽女王学院与北京邮电大学的合作方式是中英合作办学中较为常见的方式。伦敦大学玛丽女王学院与北京邮电大学自 2000 年以来一直有科研合作和学生交流。伦敦大学玛丽女王学院亦是英国罗素集团成员之一。中国教育部于 2004 年 6 月批准了双方第一个合作办学本科项目。目前正在运行的合作办学项目有物联网工程、电信工程及管理、电子商务及法律三个专业的项目。这三个合作项目均为双学位项目,并结合了中英双方院校的教育优势由两所院校合办及教学。学生在两所院校都有注册,所学专业由两所院校联合教授。所有课程都在北京完成,不过学生也可以选择大四到伦敦完成学业。毕业时,如果学生满足了两所学校的学位颁发标准,学生将获得由伦敦大学玛丽女王学院和北京邮电大学颁发的两个学位证,两份毕业证和成绩单。

案例四:上海理工大学中英国际学院

上海理工大学中英国际学院(Sino-British College-University of Shanghai for Science and Technology,简称 SBC)由上海理工大学与英国 9 所大学共同创办,是上海理工大学的二级学院。与宁波诺丁汉大学和西交利物浦大学不同,该学院是一个非独立法人机构。该校的特色在于其是国内少见的"1 对 N"的合作办学模式。"1"指上海理工大学,"N"指英国的 9 所大学,包括布拉德福德大学(University of Bradford)、哈德斯菲尔德大学(University of Huddersfield)、利兹大学(University of Leeds)、利兹贝克特大学(Leeds Beckett University)、利物浦约翰摩尔大学(Liverpool Jones Moores University)、曼彻斯特城市大学(Manchester Metropolitan University)、索尔福德大学(University of Salford)、谢菲尔德大学(University of Sheffield)、谢菲尔德哈勒姆大学(Sheffield Hallam University)。

(四)中英孔子学院

创办于 2004 年的孔子学院是中外合作建立的非营利性教育机构,致力于适应世界各国(地区)人民对汉语学习的需要,增进世界各国(地区)人民对中国语言文化的了解,加强中国与世界各国教育文化的交流合作,发展中国与外国的友好关系,促进世界多元文化发展,构建和谐世界。孔子学院开展汉语教学和中外教育、文化等方面的交流与合作。所提供的服务包括:开展汉语教学;培训汉语教师,提供汉语教学资源;开展汉语考试和汉语教师资格认证;提供中国教育、文化等信息咨询;开展中外语言文化交流活动。据国家汉办统计,截至 2019 年 9 月 30 日,已在全球 158 个国家或地区设立了 535 所孔子学院,开设了 1134 个孔子课堂。其中,2018 年共计增加了 23 所孔子学院和 80 个孔子课堂。目前

---

① 罗素集团是由英国 24 所公立研究型大学自行组合的协会。该集团总部设在伦敦,成立于 1994 年,主要代表其成员(主要指政府和议会)的利益。集团成立于 2007 年。这个集团有时被认为是英国最好大学的代表。

在欧洲建有孔子学院 184 所,孔子课堂 323 个。①

自 2004 年中英建立全面战略伙伴关系以来,教育交流作为两国的重要双边合作领域,取得了显著的成果。在欧洲,英国是拥有孔子学院和孔子课堂最多的国家。根据国家汉办网站统计,共有孔子学院 29 所,孔子课堂 148 个。这 29 所孔子学院分别是:利物浦大学孔子学院、爱丁堡大学苏格兰孔子学院、伦敦孔子学院、纽卡斯尔大学孔子学院、伦敦中医孔子学院、曼彻斯特大学孔子学院、诺丁汉大学孔子学院、谢菲尔德大学孔子学院、卡迪夫大学孔子学院、兰开夏中央大学孔子学院、威尔士三一圣大卫大学孔子学院、兰卡斯特大学孔子学院、伦敦商务孔子学院、苏格兰中小学孔子学院、格拉斯哥大学孔子学院、南安普顿大学孔子学院、奥斯特大学孔子学院、伦敦大学金史密斯舞蹈与表演孔子学院、班戈大学孔子学院、UCL 教育学院孔子学院、阿伯丁大学孔子学院、知山大学孔子学院、利兹大学商务孔子学院、德蒙福特大学孔子学院、赫瑞瓦特大学苏格兰商务与交流孔子学院、赫尔大学孔子学院、伦敦玛丽女王大学孔子学院、考文垂大学孔子学院、牛津布鲁克斯大学孔子学院。②

其中,伦敦孔子学院是英国的第一所孔子学院。由北京外国语大学与伦敦大学亚非学院合建,设立时间为 2005 年 6 月 14 日。③ 伦敦商务孔子学院是全球第一家商务孔子学院。由清华大学与伦敦政治经济学院、汇丰银行、渣打银行、德勤会计师事务所、太古集团、英国石油公司合建,设立时间为 2006 年 4 月 6 日。④ 伦敦中医孔子学院是世界上第一所中医孔子学院。由黑龙江中医药大学、哈尔滨师范大学与英国伦敦南岸大学合建,设立时间为 2007 年 5 月 24 日。⑤ 伦敦大学金史密斯舞蹈与表演孔子学院为全球首家以舞蹈和艺术为主题的孔子学院。由北京舞蹈学院与伦敦大学金史密斯学院合建,设立时间为 2011 年 12 月 28 日。⑥ 英国的 29 所孔子学院各具特色,推动了中英各领域的交流。

如今,英国孔子学院作为一个跨文化交流机构,其社会影响力逐渐扩大,在教育政策交流、汉语国际教育、人文交流、学术合作、文化活动、商业往来等方面取得了显著成效,为增进中英人民的相互理解和友好交往贡献了力量,为推动中英关系的发展发挥了重要作用。

---

① 孔子学院总部/国家汉办,http://www.hanban.org/confuciousinstitutes/node_10961.htm,最后访问日期:2019 年 9 月 30 日。

② 孔子学院总部/国家汉办,http://www.hanban.org/confuciousinstitutes/node_10961.htm,最后访问日期:2019 年 6 月 12 日。

③ 孔子学院总部/国家汉办,http://www.hanban.org/confuciousinstitutes/node_6689.htm,最后访问日期:2019 年 1 月 5 日。

④ 孔子学院总部/国家汉办,http://www.hanban.org/confuciousinstitutes/node_6688.htm,最后访问日期:2019 年 1 月 5 日。

⑤ 孔子学院总部/国家汉办,http://www.hanban.org/confuciousinstitutes/node_6686.htm,最后访问日期:2019 年 1 月 5 日。

⑥ 孔子学院总部/国家汉办,http://www.hanban.org/confuciousinstitutes/node_40103.htm,最后访问日期:2019 年 1 月 5 日。

(五)英国高等教育国际化的发展趋势

1.相关部门的完善和协作

在高等教育国际化方面,英国教育部占有重要地位。此外,英国大学联盟(UUK),QAA,英国文化协会(British Council),英国商业、创新与技能部,英国贸易投资署(UKTI)等部门也为英国高等教育国际化的发展作出了积极努力。

2.利用新技术推广教育

随着科技的发展,新的教学手段也逐渐出现。目前正在全球兴起的"大规模在线开放课程",即"慕课"(MOOC)就是教育国际化发展的结果。目前,美国具有数量最多的在线课程,且拥有较完备的在线课程平台,如 Coursera、Udacity 以及 EdX 等。这些平台整合了包括哈佛大学、斯坦福大学和麻省理工在内的世界领先的教育机构和硅谷等创新集群的技术能力,以及来自比尔·盖茨(Bill Gates)等的风投资源。2013 年年初,英国爱丁堡大学(University of Edinburgh)成功在 Coursera 平台上开放了六门 MOOC 课程。课程上线时,有超过 31 万人注册。其中,超过 12.4 万人访问了课程内容。大约 9 万人积极参与第一周的学习。最后,3.6 万人进行了第五周的评估,学校颁发了 34850 张课程结业证书。这代表了积极参与课程的人中有 21%(或注册课程的人中有 12%)取得了结业证书。尽管这种高辍学率在大多数 MOOC 中很常见,但完成这门课程的人数(约 3.5 万人)大致相当于爱丁堡大学一年注册的全部学生人数。[①]

"慕课"具有巨大的市场潜力,甚至可以说"慕课"产生的影响是全球性的。这使英国政府认识到,新的教育技术可能从根本上改变了高等教育的教学方式,教育正逐渐成为一个真正的跨国行业。作为老牌教育大国,英国政府认为要抓住机遇,灵活创新。英国的开放大学(Opening University)与英国其他顶尖大学、大英图书馆、大英博物馆和英国文化协会一起,于 2012 年 12 月开创了英国首个 MOOC 平台 FutureLearn。FutureLearn 是一个大型开放式的网络课程(MOOC)数字教学平台。FutureLearn 的 12 个创始伙伴分别是:开放大学、伯明翰大学、布里斯托尔大学、加的夫大学、东英吉利大学、埃克塞特大学、伦敦国王学院、兰卡斯特大学、利兹大学、南安普顿大学、圣安德鲁斯大学和华威大学。截至 2018 年 5 月,已有 143 家英国和国际合作伙伴参与,其中包括非大学合作伙伴。

除了"慕课"以外,新的教育技术正在不断出现,全球教育技术市场正在飞速增长,从而带来了更多的机遇和挑战。据估计,英国教育科技行业的总出口价值约为 1.7 亿英镑。英国政府于 2017 年 2 月发布的《数字战略》(The Digital Strategy)中指出,教育技术(EdTech)是英国增长最快的行业之一,占所有数字公司的 4%,在为学校开发创新技术方面,英国企业已经成为世界领头羊。[②] 可以预见,在未来英国还将继续发展教育技术,以适应教育国际化的新环境。

---

① HM Government, International Education: Global Growth and Prosperity, https://assets.publishing.service.gov.uk/government/uploads/system/uploads/attachment_data/file/340600/bis-13-1081-international-education-global-growth-and-prosperity-revised.pdf, accessed August 26, 2018.

② Department for Digital, Culture, Media & Sport. UK Digital Strategy 2017, https://www.gov.uk/government/publications/uk-digital-strategy/uk-digital-strategy, accessed June 26, 2018.